中小学常用国家标准汇编

中国标准出版社　编

中国标准出版社
北京

图书在版编目(CIP)数据

中小学常用国家标准汇编/中国标准出版社编.—北京:中国标准出版社,2020.6
ISBN 978-7-5066-9550-3

Ⅰ.①中… Ⅱ.①中… Ⅲ.①中小学生—素质教育—教育实践—国家标准—汇编—中国 Ⅳ.①G631-65

中国版本图书馆 CIP 数据核字(2020)第 060742 号

中国标准出版社出版发行
北京市朝阳区和平里西街甲 2 号(100029)
北京市西城区三里河北街 16 号(100045)
网址 www.spc.net.cn
总编室:(010)68533533 发行中心:(010)51780238
读者服务部:(010)68523946
中国标准出版社秦皇岛印刷厂印刷
各地新华书店经销
*
开本 880×1230 1/16 印张 31.5 字数 954 千字
2020 年 6 月第一版 2020 年 6 月第一次印刷
*
定价 190.00 元

前　言

标准化建设是学校管理水平提升的基础性工作。为了进一步推进各中小学学生教育和管理水平，科学普及和贯彻实施相关国家标准，我们特收集整理了与中小学生校园生活中健康、安全密切相关的国家标准34项，其中强制性国家标准10项，推荐性国家标准24项。所收标准均现行有效，按内容分为安全、卫生、健康教育、教科书、校服、校车与交通、场所与设施、学校建设八类。

该汇编中标准的贯彻执行，将对中小学校的学生教育、校园管理和学校建设起到积极的促进作用。本书适用于广大中小学校师生、家长及学校相关部门的管理人员，中小学生校外教育和培训机构可参考使用。欢迎广大读者提出宝贵意见和建议。

编　者

2020年6月

目　　录

一、安　　全

二、卫　　生

三、健康教育

四、教　科　书

五、校　　服

六、校车与交通

七、场地与设施

八、学校建设

一、安　全

- GB/T 38716—2020　中小学生安全教育服务规范
- GB/T 33735—2017　中小学校地震避险指南
- GB 30533—2014　学校安全与健康设计通用规范
- GB 21027—2007　学生用品的安全通用要求
- GB/T 29315—2012　中小学、幼儿园安全技术防范系统要求

ICS 13.200
A 90

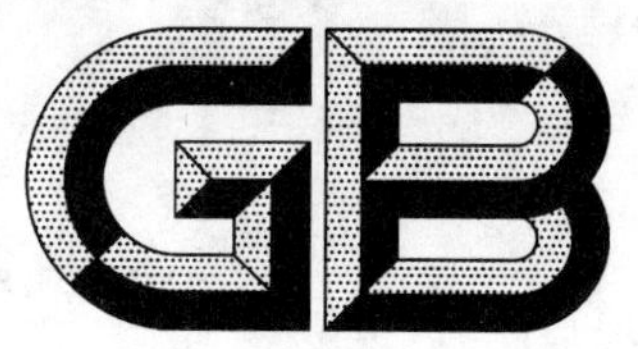

中华人民共和国国家标准

GB/T 38716—2020

中小学生安全教育服务规范

Primary and secondary school students safety education service specification

2020-03-31 发布 2020-09-01 实施

国家市场监督管理总局
国家标准化管理委员会 发布

前 言

本标准按照 GB/T 1.1—2009 给出的规则起草。

本标准由全国公共安全基础标准化技术委员会(SAC/TC 351)提出并归口。

本标准起草单位:中国标准化研究院、北京东方核芯力信息科技有限公司、北京森霖木教育科技股份有限公司、咸亨国际科技股份有限公司、陕西省标准化研究院、北京市应急管理宣传教育中心、青岛市应急管理局、青岛海丽应急安全管理咨询有限公司、江苏万事兴公共安全有限公司、教育部学校规划建设发展中心、北京市海淀区教育委员会、深圳市第一反应信息科技有限公司、北京朗润泰泽科技有限公司。

本标准主要起草人:秦挺鑫、张骥、彭静、张超、王皖、支良生、徐凤娇、李灯东、时会佳、张建刚、郑文娇、李奇佶、陈锋、赵建国、陆乐、和少楠、屈莹、刘红、任鸿雁、徐佳、汤奇强、郑德林、刘力真、李勤智、年江、闫阅、王东辉。

引　言

中小学生安全工作事关广大学生的生命健康、亿万家庭的幸福安宁，关系到教育系统和整个社会的和谐稳定，长期以来受到社会各界的高度重视。《中小学幼儿园安全管理办法》《中小学公共安全教育指导纲要》《关于加强大中小学国家安全教育的实施意见》等政策文件对于中小学生开展安全教育都提出了明确要求，但长期以来由于中小学生安全教育服务组织缺少专业指导，服务内容不统一、服务不规范，造成安全教育服务质量参差不齐。

2017 年 4 月 28 日，国务院办公厅印发《关于加强中小学幼儿园安全风险防控体系建设的意见》(国办发〔2017〕35 号)明确要求，"完善有关学校安全的国家标准体系""积极培育可以为学校提供安全风险防控服务的专业化社会组织""组织、指导学校有针对性地开展专项安全演练、预防和转移安全风险等工作"。

因此，制定本标准，从服务总则，服务组织要求，服务项目策划、实施与评价总结，持续改进等方面规范为中小学生提供安全教育服务的组织，提升其服务质量，确保服务效果，引导和推动中小学生安全教育健康发展。

中小学生安全教育服务规范

1 范围

本标准规定了中小学生安全教育的服务总则,服务组织要求,服务项目策划、实施与评价总结,持续改进。

本标准适用于开展中小学生安全教育服务的组织。

2 规范性引用文件

下列文件对于本文件的应用是必不可少的。凡是注日期的引用文件,仅注日期的版本适用于本文件。凡是不注日期的引用文件,其最新版本(包括所有的修改单)适用于本文件。

GB/T 18206 中小学健康教育规范

GB/T 19001—2016 质量管理体系 要求

GB/T 19025 质量管理 培训指南

GB 28932 中小学校传染病预防控制工作管理规范

GB/T 29315 中小学、幼儿园安全技术防范系统要求

GB 30533 学校安全与健康设计通用规范

GB/T 33735 中小学校地震避险指南

GB/T 35047 公共安全 大规模疏散 规划指南

GB/T 36733 服务质量评价通则

3 术语和定义

下列术语和定义适用于本文件。

3.1

安全教育 safety education

为中小学生提供的安全相关的培训和指导。

3.2

安全教育服务组织 safety education service organizations

为中小学生开展安全培训、指导服务内容的相关组织。

3.3

安全教育场所 safety education places

以普及安全知识、提升安全技能为主要内容的校内外教育活动空间。

3.4

安全教育课程 safety education courses

按照课程设计规范和要求编制的安全教育内容。

注:包括安全教育课程标准、讲义、教案、学材、素材等。

3.5

安全教育教具 auxiliary teaching aids for safety education

用以辅助开展安全教育课程、激发学生学习能力与思考能力的工具。

注：包括安全教育教学设备、教学仪器、教学模型等。

3.6

安全教育教辅　auxiliary material for safety education

用以辅助进行安全教育服务的有关资料。

注：包括安全教育教材、报刊、软件游戏、音视频等。

3.7

中小学生应急疏散演练　emergency evacuation drills for primary and secondary school students

使中小学生在发生紧急情况时能有序、迅速地安全疏散的模拟训练。

3.8

体验式安全教育活动　experiential safety education activities

采用设施设备互动体验、实际操作、模拟演练等方式使中小学生在模拟或真实环境中亲身感受和形体体验，以增强公共安全教育效果的教育活动。

3.9

情景模拟　scenario simulation

根据中小学生可能担任的角色，编制一套与该角色实际情况相似的测试项目，将中小学生安排在模拟的情境中处理可能出现的问题，用多种方法来测评其心理素质、潜在能力的一系列方法。

3.10

安全教育舞台剧　safety education stage plays

将灾害对应的关键知识点融入安全教育情景构建的舞台的戏剧艺术。

3.11

安全教育影视剧　safety education TV shows and movies

以银幕、屏幕放映为载体，将灾害对应的关键知识点融入安全教育影视内容的一种视觉与听觉综合观赏的艺术形态。

注：包括电影、电视剧、节目、动画等内容。

3.12

安全教育服务评价　assessment on safety education service

对所实施的安全教育服务内容和服务效果评判、分析后的结果。

4　服务总则

4.1　安全教育服务应按照相关文件的规定和要求，根据“积极预防，科学应对，寓教于乐”的方针，遵循“安全第一”的原则，通过规范安全教育服务活动，保障中小学生健康成长。

4.2　中小学生安全教育活动应贯穿于学校教育的各个环节，安全教育服务组织开展的中小学生安全教育是学校教育的补充，其服务内容、服务过程以及评价，都应遵循基础教育的规定和要求，有准备、按流程地实施安全教育活动。

4.3　安全教育服务组织应准确把握学生认知特点，注重实践性、实用性和实效性，从意识、知识技能和行为三个层面开展安全教育活动，使学生逐步建立安全意识，掌握必要的安全知识和技能，形成规范的安全行为。

5　服务组织要求

5.1　基本要求

5.1.1　服务组织应建立规范的规章制度和管理体系，包括但不限于服务管理制度、服务人员管理制度、财务管理制度、教育服务效果跟踪评估制度、应急预案等。

5.1.2 应提供符合安全条件的安全教育场所，组织应急疏散演练、模拟演练等大型活动时应为参加人员购买人身安全保险，瞬时接待500人以上时应出具风险评估报告。风险评估报告具体内容参见附录A。

5.1.3 校外安全教育服务组织及安全教育场馆基地应依法取得办学许可证或营业执照的经营范围有安全教育相关内容，无不良信用记录，有相对稳定的师资队伍，专职从事安全教育服务的教学人员不少于1人，依照相关行业规章和组织守则开展经营活动。

5.2 服务人员

5.2.1 服务人员应符合下列条件：

——遵守中华人民共和国法律，遵守关于未成年人保护、教育的法律法规与政策规定；

——无侵害未成年人合法权益和身心健康的违法犯罪记录；

——具备良好的职业道德和职业素养，具有高度的社会责任感；

——身心健康，无传染病疾病，无精神病史；

——服务语言和行为文明、健康、礼貌、得体，符合中小学生的认知特点；

——服务人员的工作服饰应卫生、干净、整洁，符合社会主流价值观，美观、大方、得体；

——有安全教育服务从业经验，具备安全教育服务的相关专业知识；

——服务人员应定期参加职业道德、专业知识、专业能力、沟通技巧等培训，持续提高服务能力。

5.2.2 服务人员指安全教育服务组织中的工作人员，根据服务内容分为教研人员、教学人员和其他服务人员。

5.2.3 教研人员根据需求开展课程标准设计、教学目的沟通确认、课程主题确定等工作。教研人员应掌握以下专业知识和专业能力：

——关于中小学生安全教育的有关法律法规及政策规定；

——不同学段安全教育内容重点和安全教育服务的方式方法。

5.2.4 教学人员根据教研人员的沟通结果开展课程内容设计工作(包括但不限于设计讲义、教案、PPT等有助于实现教学目标的学习资料)，并执行教学活动。应符合以下要求：

——具备安全专业知识，能够为不同年龄的学生提供咨询、讲解、专业指导服务；

——其他满足安全教育服务正常开展的专业知识和专业能力。

5.2.5 其他服务人员根据教研人员和教学人员确定的内容，开展活动方案设计和相关人员安排、活动安排，辅助教学人员开展课程执行等工作。应符合下列条件：

——具备安全教育相关背景；

——积极主动向学生开放活动，坦诚对待学生、学校提出的活动要求，组织沟通能力强；

——具备支持安全教育服务顺利实施的工作能力，其中从事需有国家统一资格要求职业的其他服务人员，应持有国家统一颁发的相关职业资格证书。

5.3 服务场地及设施设备

5.3.1 服务场地应与服务规模和服务内容相适应，应符合下列要求：

——符合学生活动需要和安全规定的场地，确保不拥挤、易疏散；

——校外场地及其周边环境治安状况、卫生状况良好，无坠落物；

——按照国家安全标准的图形内容张贴应急疏散、逃生等明确标识；

——服务场地应定期检查，保障空间安全。

5.3.2 场地设施设备应符合GB/T 29315和GB 30533的要求，满足下列要求：

——设施设备的技术要求符合国家法律法规及标准的规定；

——各项设施、设备、器材安全有效，对学生无安全隐患；
——各项设施、设备周边空间无安全隐患；
——各项设施、设备、器材应定期检查和维护。

6 服务项目策划、实施与评价总结

6.1 总则

服务组织应遵循以下三个步骤使服务项目符合服务对象要求：

a) 服务策划；
b) 服务实施；
c) 服务评价与总结。

6.2 服务策划

6.2.1 需求分析

服务组织应对服务对象的安全教育需求进行分析，需求分析应包括但不限于以下内容：

a) 分析服务对象所面临的主要风险；
b) 分析服务对象安全教育现状；
c) 分析服务对象安全教育需求；
d) 分析服务对象的服务目标和服务形式，包括中小学生、监护人和学校三方的诉求。

6.2.2 方案策划

6.2.2.1 策划方案要素

策划方案应包括但不限于以下要素：

a) 服务概况；
b) 服务目标；
c) 服务内容；
d) 服务方式；
e) 服务实施过程。

中小学生安全教育策划方案参见附录B；中小学生安全教育执行方案参见附录C。

6.2.2.2 确定服务概况

服务组织应根据服务内容确定服务概况，服务概况包括但不限于准备阶段服务、实施阶段服务、总结阶段服务、安全服务及应急服务等。

安全教育服务过程中，需求方和服务组织双方的责任和义务应明确。

6.2.2.3 明确服务目标

服务组织应制定服务目标，为服务内容和服务方式的确定提供框架。安全教育服务的目标主要包括以下方面：

——增进中小学生安全知识；
——训练中小学生安全技能；
——提高中小学生安全意识；
——强化中小学生安全习惯。

6.2.2.4 确定服务内容

根据需求分析、服务目标等开展服务内容设计。根据 GB/T 18206、GB 28932、GB/T 33735 和 GB/T 35047 的要求，考虑小学生、初中生、高中生学习及生活的范围和特点的不同，针对中小学生身心发展规律和认知特点，分学段、分人群、分主题地设置安全教育内容。安全教育内容包括但不限于社会安全、公共卫生、意外伤害、网络信息安全、自然灾害、人防安全以及影响学生安全的其他事故或事件。

安全教育服务内容应本着“小学以游戏和模拟为主、初中以活动和体验为主、高中以体验和辨析为主”的原则多形式地开展。

6.2.2.5 确定服务方式

根据需求分析、服务目标、服务内容等选择适合的服务方式。服务方式分为：

——传授式服务：增进中小学生安全知识和技能的服务方式，包括但不限于课程教授、专家讲座、安全教育舞台剧、安全教育影视剧、安全教育线上服务等。

——体验式服务：让中小学生在真实或模拟环境中进行安全教育体验的服务方式，包括但不限于互动体验、实际操作、模拟演练等。

——其他服务：通过咨询服务的形式开展安全教育服务内容，传授安全知识，包括但不限于安全教育校本课程开发。

6.2.2.6 细化实施过程

服务组织结合实际要求，为需求方提供科学、完整的服务实施过程，以便保障服务内容的顺利开展。服务实施过程应包括但不限于以下内容：

——准备阶段：需求对接、课程拟定、时间确定、方案确定、服务确定、人数确定，针对服务内容与服务方式等组织专家评审；

——实施阶段：安全服务、应急服务、引导服务、调度服务；

——总结阶段：服务总结、服务评价。

6.2.3 服务项目风险管理

在服务项目策划过程中应开展风险管理，以确保实现培训目标。

服务中委派服务人员负责识别风险控制措施，并给予其相应的职权。ISO 31000 为风险管理提供了框架，确保系统的风险识别、分析和评价过程得到落实，服务项目团队可参照其有关内容开展风险管理工作。

6.2.4 后勤保障

服务组织应确保服务项目的后勤保障相关细节。

服务项目后勤保障会根据服务方式的不同而有所变化。服务项目策划过程中应确定服务项目开展所需的后勤保障。

服务项目后勤保障包括但不限于场所、设施设备、教具教辅、人员配备、餐饮住宿、医疗救助、现场安保等。

6.3 服务实施

6.3.1 服务准备

服务准备包括但不限于：确定服务时间、服务场所、服务团队及完善后勤保障，具体如下：

——与服务需求方确定服务时间；
——服务场所应配备符合服务内容和服务方式的设施设备并满足安全要求；
——服务组织组建服务团队，负责服务内容的策划、执行与评价总结；
——服务组织应根据服务需求，联合需求方提供全面的后勤保障。

6.3.2 服务开展

根据制定的服务方案组织实施，由于服务范围、规模与方式可能存在不同，服务开展过程中的任务包括但不限于：

——确保服务过程流畅；
——监督服务环节和服务目标的实施；
——注重服务过程中数据采集、信息收集和过程资料；
——做好风险防范工作。

6.3.3 服务终止

按照安全教育服务计划在服务完成时终止服务，并明确告知培训对象。

在出现突发事件时应立即终止教育活动。

6.4 服务评价与总结

6.4.1 服务评价

服务项目结束后，按照 GB/T 36733 的要求，服务组织通过专门设立的督导部门或者第三方专业评价组织针对服务目标、服务执行、服务流程、服务效果等多个维度开展督导评价，形成反馈报告，并收集来自内外部的满意度调查。

安全教育服务督导评价反馈表参见附录 D。教学人员督导综合反馈报告参见附录 E。满意度调查表参见附录 F。

注：服务评价来源包括安全教育服务需求方、主管部门、组织内参与服务项目的人员等。

6.4.2 服务总结

服务项目结束后，应召开安全教育服务总结会议，根据服务整体效果、服务过程数据的分析结果以及需求方反馈意见进行集中研讨总结。

7 持续改进

服务组织根据 GB/T 19001—2016 和 GB/T 19025 的要求，建立服务质量评价管理机制，定期收集整理服务项目评价信息并加以分析，提出改进措施，不断提高服务质量。

附 录 A
（资料性附录）
风险评估报告

A.1 风险评估目的、依据、范围和程序

A.1.1 风险评估目的

陈述进行风险评估的主要目的，包括但不限于通过风险评估分析危险种类、特点、分布情况，贯彻安全方针，针对安全风险因素采取应对措施，为相关部门监管提供依据等内容。

A.1.2 风险评估依据

提供风险评估所支持的法律、法规、规范性文件和国家标准以及相关行业标准等。

A.1.3 风险评估范围

陈述开展风险评估的对象以及主要评估范围。评估范围包括但不限于场所安全设施设备及其周边环境等。

A.1.4 风险评估程序

叙述风险评估的工作程序。风险评估的工作程序可参照如下内容：前期准备，辨识与分析危险、有害因素，定性评估风险，提出安全对策措施建议，编制风险评估报告等。

A.2 项目概况

A.2.1 服务组织简介

对服务组织进行简要介绍。

A.2.2 项目概况

对进行风险评估的项目进行概述。

A.2.3 主要设备

对参与项目风险评估所涉及的主要设备进行介绍。介绍内容包括但不限于设备名称、设备用途等。

A.2.4 区域自然条件

对参与项目风险评估所涉及的区域自然条件进行介绍。介绍内容包括但不限于地理位置，水文、地质、地貌，气象特征，地震烈度等。

A.2.5 主要建(构)筑物

对参与项目风险评估所涉及的主要建(构)筑物进行介绍。介绍内容包括但不限于结构材质、耐火等级等。

A.2.6 消防及应急救援器材

对参与项目风险评估所涉及的消防及应急救援器材进行介绍。

A.3 危险、有害因素识别及危险、有害程度分析

针对项目的特点，综合考虑起因物、引起事故的先发诱导性原因，进行危险、有害因素识别及危险、有害程度分析，建议围绕自然危险有害因素、场地有害因素、设施设备有害因素、组织管理等方面开展。

A.4 风险评估方法的选择

为了达到风险评估的目的，针对项目特点，结合国内外风险评估方法，陈述所选择的风险评估方法。风险评估方法选择包括但不限于安全检查表法、预先危险性分析法（PHA）等。

大型活动安全风险评估需根据活动实际情况进行人的因素、场地因素、事件因素、物品因素、紧急疏散、安全防范及安全管理、事项审核等方面的量化评估和等级评定。

A.5 定性、定量风险评估

对项目所涉及的总平面布置及建（构）筑物安全、供配电安全、消防安全、安全生产管理等方面进行安全检查、评估。具体可参照表 A.1。

表 A.1 定性、定量风险评估

序号	检查项目和要求	评估/检查依据	拟采用的方案	检查结果	补充的对策措施和建议

A.6 安全对策措施及建议

陈述对项目所涉及的安全风险所开展的电气控制、消防疏散、安全生产管理等方面（包括但不限于）的对策措施及建议。

A.7 附件及附图

附件及附图的内容包括但不限于企业法人营业执照、项目总平面布置图、组织机构图、应急预案、演练记录等。

附 录 B
（资料性附录）
中小学生安全教育策划方案

B.1 项目背景

项目背景是指在什么环境、什么条件下开展服务内容，即开展项目的基础和缘由。建议结合相关的政策、通知等文件进行项目背景的编写。

B.2 项目概况

B.2.1 基本情况

陈述项目的概况，包括但不限于受众人群、受众目标等内容。

B.2.2 项目目标

根据项目需求与实际情况陈述项目目标。项目目标是指项目的服务目标，即通过服务内容达成的最终目的。

B.3 内容模块

B.3.1 课程内容

根据不同受众群体及需求进行课程内容的搭建，如消防安全、生活安全、灾害安全等。建议采用表格或文字的形式展示。

B.3.2 教具教辅

根据课程内容对所匹配的教具教辅使用情况进行说明。建议采用图文结合的形式呈现。

B.3.3 设施设备

根据项目具体服务内容，安排符合项目课程的设施设备。建议采用图文结合的形式展示，内容包括但不限于设施设备名称、设施设备介绍及设施设备图片展示等。

B.4 组织形式

组织形式应根据项目的服务内容进行设定。建议采用多样式的形式组织开展，包括但不限于拓展互动、情景模拟、实际演练、动手操作等。

B.5 项目优势

陈述安全教育服务组织策划项目的具体优势。内容包括但不限于人员优势、物料优势、服务形式优势、课程体系优势、服务经验优势、服务保障等。

B.6 成功案例

陈列既往类似的项目成功案例。内容包括但不限于项目名称、项目简要内容、项目完成情况及精彩展示。

附　录　C
（资料性附录）
中小学生安全教育执行方案

C.1　活动背景

活动背景是指在什么环境、什么条件下开展活动。建议根据活动主题侧重点编写相应活动背景。

C.2　活动目的

根据活动需求与实际情况陈述活动目的，即通过活动执行达成的最终目标。内容包括但不限于增进学生安全知识、训练学生安全技能、提高学生安全意识等。

C.3　课程系列

根据活动需求进行课程内容的设置，如消防安全、交通安全、灾害安全等。建议采用表格或文字的形式展示。表格形式示例见表C.1。

表 C.1　表格形式

课程系列	课程名称	体验形式
消防安全	××××××	设备体验
	××××××	实际操作
交通安全	××××××	拓展互动
	××××××	情景模拟
灾害安全	××××××	设备体验
	××××××	课程讲授

C.4　课程重点

陈述活动所涉及的课程核心内容、重要知识点。建议采用文字、图表、图片或视频等形式展示。

C.5　课程展示

用以展示授课过程以及实际效果。建议采用图片、视频等形式展示。

C.6　活动流程

C.6.1　活动概况

陈述活动开展的概要信息。活动概况的内容包括但不限于需求方名称、活动日期、活动时间、活动地点、活动人数等。

建议采用以下形式进行活动概况展示(以×××学校为例):

学校名称:×××学校

学生年级:××年级或××—××年级

活动日期:××××年×月×日

活动时间:××点—××点

活动地点:×××××

活动人数:××人

C.6.2 具体流程

根据活动时间及课程安排,编写具体的活动执行流程,如在××时间、××地点进行×××课程授课。活动流程展示示例见表C.2。

表C.2 活动流程展示

时间	课程内容	活动场所
8:50前	准时到达	安全教育体验馆
8:30-9:00	××××	室外
9:00-9:30	××××	室内
9:30-10:00	××××	室内
10:00-10:30	××××	室内
10:30-11:00	××××	室内
11:00-11:30	××××	室内
11:30-12:00	××××	室内
12:00-13:00	午餐+休息	学生自带简餐
13:00-13:30	××××	室外
13:30-14:00	××××	室外
14:00后	××××	集后返程

C.7 活动保障

陈列为活动所提供的系列保障。活动保障内容包括但不限于场所保障、人员配备保障、医疗救助保障、现场安保保障等。

附　录　D
（资料性附录）
安全教育服务督导评价反馈表

安全教育服务督导评价反馈表见表 D.1。

表 D.1　安全教育服务督导评价反馈表

服务项目		日期		督导人员	
序号	评价项目	评价说明			
1	服务分工	□优秀 □良好 □一般 □较差 □很差			
2	服务信息	□优秀 □良好 □一般 □较差 □很差			
3	岗位职责	□优秀 □良好 □一般 □较差 □很差			
4	服务内容	□优秀 □良好 □一般 □较差 □很差			
5	教具教辅准备	□优秀 □良好 □一般 □较差 □很差			
6	动员会	□优秀 □良好 □一般 □较差 □很差			
7	服务协调	□优秀 □良好 □一般 □较差 □很差			
8	突发事件处理	□优秀 □良好 □一般 □较差 □很差			
9	服务问题解答	□优秀 □良好 □一般 □较差 □很差			
10	服务投诉处理	□优秀 □良好 □一般 □较差 □很差			
11	服务事故处理	□优秀 □良好 □一般 □较差 □很差			
督导评价总结及意见、建议：					
服务效果简要分析：					

附　录　E
（资料性附录）
教学人员督导综合反馈报告

教学人员督导综合反馈报告见表 E.1。

表 E.1　教学人员督导综合反馈报告

<table>
<tr><td>服务项目</td><td></td><td>日期</td><td></td><td>督导人员</td><td></td></tr>
<tr><td>模块</td><td>项目</td><td colspan="4">评价说明</td></tr>
<tr><td>前期准备评价</td><td>备课方面</td><td colspan="4">□优秀 □良好 □一般 □较差 □很差</td></tr>
<tr><td rowspan="5">教学实施评价</td><td>概念讲解方面</td><td colspan="4">□优秀 □良好 □一般 □较差 □很差</td></tr>
<tr><td>教学组织方面</td><td colspan="4">□优秀 □良好 □一般 □较差 □很差</td></tr>
<tr><td>教学语言方面</td><td colspan="4">□优秀 □良好 □一般 □较差 □很差</td></tr>
<tr><td>教姿教态方面</td><td colspan="4">□优秀 □良好 □一般 □较差 □很差</td></tr>
<tr><td>教学演示方面</td><td colspan="4">□优秀 □良好 □一般 □较差 □很差</td></tr>
<tr><td colspan="2">教学效果评价</td><td colspan="4">□优秀 □良好 □一般 □较差 □很差</td></tr>
<tr><td colspan="6">综合反馈报告</td></tr>
<tr><td colspan="2">综合反馈
具体内容</td><td colspan="4">一、教学人员授课亮点：
1.
2.
3.
二、教学人员授课改善点：□严重　□一般　□轻微　□其他(出现次数)
1.
2.
3.
三、总结及意见、建议：
1.
2.
3.</td></tr>
</table>

附 录 F
（资料性附录）
满意度调查表

满意度调查表见表 F.1。

表 F.1 满意度调查表

项目名称	××项目
服务时间	年 月 日
服务地点	
服务方式	
效果反馈	
1. 对整体服务内容是否满意?	□非常满意 □满意 □一般 □不满意 □很差
2. 对教学人员的服务是否满意?	□非常满意 □满意 □一般 □不满意 □很差
3. 对服务组织形式是否满意?	□非常满意 □满意 □一般 □不满意 □很差
4. 对服务的设施设备是否满意?	□非常满意 □满意 □一般 □不满意 □很差
5. 对服务管理的效果是否满意?	□非常满意 □满意 □一般 □不满意 □很差
6. 对后勤服务保障是否满意?	□非常满意 □满意 □一般 □不满意 □很差
对此次服务的其他意见及建议： 签字： 日期：	

参 考 文 献

［1］ 中华人民共和国义务教育法
［2］ 中华人民共和国未成年人保护法
［3］ 关于建立健全基本公共服务标准体系的指导意见
［4］ 关于规范校外培训机构发展的意见(国办发〔2018〕80 号)
［5］ 教育部关于加强大中小学国家安全教育的实施意见(教思政〔2018〕1 号)
［6］ 关于加强中小学幼儿园安全风险防控体系建设的意见(国办发〔2017〕35 号)
［7］ 学生伤害事故处理办法(教育部令第 12 号)
［8］ 中小学幼儿园应急疏散演练指南(教基一厅〔2014〕2 号)
［9］ 中小学幼儿园安全管理办法(教育部令第 23 号)
［10］ 中小学公共安全教育指导纲要(国办发〔2007〕9 号)
［11］ ISO 31000 Risk management—Guidelines

ICS 91.120.25
P 15

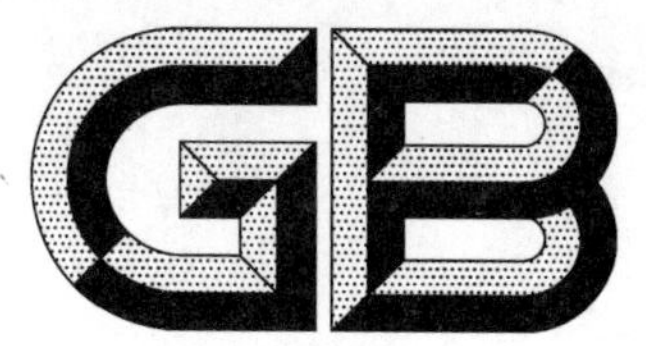

中华人民共和国国家标准

GB/T 33735—2017

中小学校地震避险指南

Guideline of avoiding the earthquake danger for primary and middle schools

2017-05-12 发布　　　　2017-12-01 实施

中华人民共和国国家质量监督检验检疫总局
中国国家标准化管理委员会　发布

前　言

标准按照 GB/T 1.1—2009 给出的规则起草。

本标准由中国地震局提出。

本标准由全国地震标准化技术委员会(SAC/TC 225)归口。

本标准起草单位:天津市地震局、中国地震局工程力学研究所、中国地震局地球物理研究所、四川省教育厅、四川省地震局、天津市津南区教育局、天津市津南区地震办公室。

本标准主要起草人:王公学、袁一凡、冯义钧、顾建华、禹华美、陈维锋、韩震、刘永强、张孟林、赵阳。

引　言

在我国灾害性地震和有感地震中，有时出现中小学生由于避险不当造成伤亡的现象，如躲避位置不当、惊逃室外途中被砸、跳楼等造成的伤亡。

制定本标准的目的是，向中小学校提供地震避险工作依据，促进中小学校防震减灾工作的开展，保障迅速有序地进行震时避险和震后疏散，最大限度地保护学生和教职工生命安全。

我国是地震灾害严重的国家，人们在地震血的教训中，总结出一些有效的地震避险方法。如唐山地震后总结出“震时就近躲避，震后迅速疏散”的方法，汶川地震总结出“能跑则跑，不能跑则躲”的方法，一些强有感地震总结出“不能跳楼、不能盲目外逃”的方法等。中小学校是组织严密的人员密集场所，中小学生具有接受能力强、但不具有完全行为能力的特点。本标准根据历史地震的经验和教训，结合学校的特点制定。

中小学校地震避险指南

1 范围

本标准给出了中小学校地震避险准备、震时避险、震后疏散的内容、程序、方法和要求。

本标准适用于中小学校地震避险工作，其他学校或其他灾害的避险也可参照使用。

2 规范性引用文件

下列文件对于本文件的应用是必不可少的。凡是注日期的引用文件，仅注日期的版本适用于本文件。凡是不注日期的引用文件，其最新版本(包括所有的修改单)适用于本文件。

GB 13495.1 消防安全标志 第1部分：标志

GB 50016 建筑设计防火规范

GB 50099 中小学校设计规范

3 术语和定义

下列术语和定义适用于本文件。

3.1

地震避险 avoiding danger of earthquake

为减轻因地震引起的建(构)筑物或其他设施破坏对人员的伤害采取的震前避险准备、震时避险和震后疏散的应急举措。

[GB/T 30353—2013，定义 3.3]

3.2

震时避险 avoiding danger in earthquake

地震发生时所采取的就近躲避和撤离的行为。

[GB/T 30353—2013，定义 3.1]

3.3

震后疏散 evacuation after seismic ground motion

地震动结束后，组织人员有序撤离建(构)筑物的避险行为。

[GB/T 30353—2013，定义 3.2]

4 地震避险准备

4.1 地震避险预案

4.1.1 地震避险预案可单独制定，或在地震应急预案、突发事件应急预案中增加地震避险内容。主要内容包括：

a) 学校基本情况。包括学校性质、隶属关系，老师、学生人数，学校建(构)筑物类型、抗震设防标准、承重墙分布，周边地质灾害隐患，疏散通道、疏散场地情况，可能发生的危险情况及风险点等；

b) 地震避险责任制。包括学校校长、管理干部、教职工地震避险工作责任及责任人,应急指挥组织及职责,地震避险时各自的岗位、位置、工作内容、操作程序,全体教职工工作范围内安全工作“一岗双责”(重点是地震时在岗、在校的教职工)等安全职责;

c) 震时避险方案。根据可能产生灾害的情景、房屋的抗震性能和学生年龄特点、学生所处地点的实际情况制定避险方案,内容包括不同环境下的避险方法与要求等。编制时可参照第5章;

d) 震后疏散方案。根据房屋的结构、布局、出口等实际情况制定疏散方案,内容包括疏散计划、疏散路线、疏散顺序、疏散方式和时机、疏散警报等。编制时可参照第6章;

e) 保障措施。包括应急知识教育与演练,教职工应急处置能力培训,疏散通道与疏散场地准备(如疏散通道和场所应设立醒目的标志和路线标识),通讯、广播、照明等物资准备,意外情况处置措施(如有师生被压埋或重伤,有较严重的火灾、实验室的化学物品泄漏等)等。

4.1.2 根据实际需要和情势变化适时修订地震避险预案,修订间隔宜不超过五年。

4.2 地震避险知识教育

4.2.1 地震避险知识教育的主要内容应包括:

a) 地震大小和远近的识别方法;

b) 地震烈度及其识别方法,参见GB/T 17742—2008;

c) 地震震感识别方法,参见附录A;

d) 地震预警与警报信号;

e) 震时避险方法;

f) 震后疏散方法。

4.2.2 地震避险知识教育宜采用下列形式:

a) 课堂教学。可开设专题课堂教学或纳入安全课堂教学中,也可结合自然课、地理课等相关课程,开展地震避险知识课堂教学;

b) 课外活动。包括:办黑板报或墙报,开办讲座,观看展览、影视和录像,网上作业、虚拟互动,举办地震避险主题教育活动等;

c) 体验活动。开展地震避险、自救演练,在相关培训基地、体验场馆等进行地震避险体验活动。

4.3 地震避险演练

4.3.1 地震避险演练宜结合地震避险知识教育,课间、课外等活动安排。地震避险演练方案编制应结合学生年龄、体能,并设定上课、课间、夜间(寄宿学校)等情景。

4.3.2 地震避险演练主要内容应包括:

a) 震时避险演练。包括躲避地点选择和姿势动作、撤离中行走方法和摔倒的处置、以班为单位的躲避、以年级或楼层为单位的撤离等;

b) 震后疏散演练。包括以年级或楼层为单位的疏散演练及全学校的集中疏散演练。

4.3.3 地震避险演练每月至少应开展一次。

4.3.4 地震避险演练宜利用课间操活动进行。

4.3.5 地震避险演练应纳入开学时的安全教育活动。

4.3.6 小学放学时,宜定期或长期使用设定的疏散路线疏散,作为地震避险的一种经常性练习。

4.3.7 地震避险演练宜按地震避险预案或者地震应急预案、突发事件应急预案规定的程序和方法进行,使地震避险行为成为常态。

4.4 地震避险设施与器具准备

4.4.1 建筑物应设置地震疏散通道,地震疏散通道要求按GB 50099、GB 50016的规定。

4.4.2 操场、绿地等作为地震紧急疏散场地时应远离：

a) 高大建(构)筑物、围墙；

b) 高压输变电线路等设施；

c) 易燃、易爆、有毒物质储放地；

d) 滚石、滑坡、泥石流等地质灾害源。

4.4.3 地震疏散通道、疏散场地按 GB 50016、GB 13495.1 的规定设置疏散标志和应急照明。

4.4.4 应保持疏散通道、安全出口畅通，不应占用疏散通道；不应将安全出口上锁，不应在安全出口、疏散通道上安装固定栅栏等影响疏散的障碍物；发现建筑物及设施、设备等存在安全隐患时，应及时予以消除。

4.4.5 建筑物应尽量减少装饰物，装饰物建设要牢固；室内应尽量减少悬挂物，悬挂物安装要牢靠；定期检查装饰物、悬挂物的安全性。

4.4.6 应配备应急通讯、广播、照明、监控、医疗救助等器具。

4.4.7 在建立地震预警系统的地区，宜安装地震预警接收报警装置。

5 震时避险

5.1 震时避险应遵从下列原则：

a) 因地制宜。根据建(构)物的抗震能力，人员所处位置、体能，室外环境等情况，选择合适的避险方法；

b) 果断。沉着冷静，按预案果断指挥、快速行动；

c) 有序。顺次撤离，避免踩踏或慌乱导致伤亡。

5.2 当感知到强烈震感、特强震感或地震预警终端发出警报信号时，学校各岗位的教职工应按地震避险预案引导学生避险。地震震感识别方法参见附录 A。

5.3 对于抗震能力弱的建筑物(建筑物抗震能力认定方法参见附录 B)，宜采取下列方法避险：

a) 在单层房屋或楼房的一、二层的学生，迅速撤离到室外的安全区域；

b) 在楼房三层及以上学生宜就近躲避。

5.4 对于抗震能力强的建筑物，宜采取就近躲避。

5.5 就近躲避的躲避方式宜采用：

a) 在教室、图书馆，躲避在书桌旁边或下面，远离窗户；

b) 在礼堂、食堂、体育场馆内，躲避在内承重墙的墙根、墙角；稳固的书架、排椅、桌椅、运动器具旁边或下面；

c) 在宿舍，躲避在小开间内，内承重墙的墙根、墙角，床旁边或下面；

d) 在室外，远离围墙、玻璃幕墙，远离可能倒塌的建筑物和跌落的大型物件等。

5.6 就近躲避的躲避姿势宜采用：

a) 蹲下，蜷曲身体，降低身体重心，缩小面积，额头置于膝盖间，双手保护头部；

b) 在排椅、床旁，趴下，伏而待定；如排椅等的长度小于身高，可在其旁蜷紧身体，头部尽可能贴近膝盖，双手护头，面朝下伏在地面上，或侧卧躺下；

c) 拿书本或书包等物品护住头部，用手帕、湿巾等物品捂住口鼻。

5.7 震时撤离应遵从下列要求：

a) 按预案快速行动并加强现场指挥控制；

b) 不整队但顺次有序，快速行走但不狂奔；

c) 室内避开悬挂物，室外避开装饰物、玻璃幕墙和围墙。

6 震后疏散

6.1 当强烈震感、特强震感地震动停止后，学校启动地震避险预案，发出疏散通知或警报。

6.2 接到疏散通知或警报后，在岗教职工用疏导用语引导学生按疏散方案规定的疏散路线和顺序到达指定的疏散场地。疏导用语参见 GB/T 30353—2013。

6.3 疏散的基本方法是：

a) 错开时间，分年级、分班级逐次下楼；

b) 前排走前门，后排走后门，不整队，顺次有序；

c) 快步过楼梯，快速行走，保持安静，不应奔跑。

6.4 疏散应遵从下列要求：

a) 安排专人负责维持秩序，在楼梯、拐弯处、楼门口等危险地段要有教职工值守，引导学生疏散，防止拥挤踩踏；

b) 疏散场地安排教职工值守，按照预案划分的区域安置学生；

c) 到达疏散场地后，应以班为单位清点人数，确保无学生遗漏；并查看学生有无受伤情况并进行现场处置；

d) 疏散后对建筑物采取临时封闭措施，防止学生擅自进入；

e) 在疏散场地内滞留超过一小时的疏散，可安排开展地震知识、灾害心理调节、安全等宣传教育活动；

f) 超过一天的疏散，应告知家长或联系家长前来接学生，对于住校生和一时无法与家长联系的学生，安置其食宿，或安排专人送其安全回家。

附　录　A
（资料性附录）
地震震感识别方法

A.1　轻微震感

主要特征是：室内人员有感觉；门窗轻微作响，悬挂物摆动，器皿作响。相当于烈度Ⅲ、Ⅳ度。

A.2　强烈震感

主要特征是：感觉剧烈的晃动，站立不稳，梦中惊醒；门窗、屋顶、屋架颤动作响；桌子振动和移动，桌子上的器物的移动或掉落。相当于烈度Ⅴ、Ⅵ、Ⅶ度。

A.3　特强震感

主要特征是：感觉到摇摆颠簸，行走困难，行动的人会摔倒，处不稳状态的人会摔离原地，有抛起感；有时还会观察到难以想象的现象，如强烈的地声、怪异的地光、难闻的地气等。相当于烈度Ⅷ度以上。

附 录 B
(资料性附录)
建筑物抗震能力认定方法

凡是达到下列三项要求的学校建筑,可以认为是抗震能力强的建筑:

a) 按 GB 18306 确定抗震设防要求,按高于当地房屋建筑的抗震设防要求进行设计和施工,采取有效措施,增强抗震能力。

b) 由具有资质的设计单位,按照 GB 50011 进行建筑的抗震设计。

c) 按规范标准严格保证施工质量,经过有资质的机构进行严格的施工监理,按照规定程序验收。

对老旧建筑,按照 GB 50023—2009 进行过抗震鉴定,并按照 JGJ 116 或通过专门技术鉴定的技术方法进行抗震加固,确认可以达到 a)能力的建筑物,可以认为是抗震能力强的建筑。

参 考 文 献

[1] GB/T 17742—2008 中国地震烈度表
[2] GB 18306 中国地震动参数区划图
[3] GB/T 30353—2013 人员密集场所地震避险
[4] GB 50011 建筑抗震设计规范
[5] GB 50023—2009 建筑抗震鉴定标准
[6] JGJ 116 建筑抗震加固技术规程

ICS 03.180
Y 51

中华人民共和国国家标准

GB 30533—2014

学校安全与健康设计通用规范

General health and safety specification for school design

2014-04-28 发布 2014-06-01 实施

中华人民共和国国家质量监督检验检疫总局
中国国家标准化管理委员会 发布

前　言

本标准的第4章、第5章、第6章、第7章、第8章为强制性的，其余为推荐性。

本标准按照GB/T 1.1—2009给出的规则起草。

本标准的技术内容参考了英国标准BS 4163:2000《学校和相关机构的安全与健康设计通用标准》。

本标准由中华人民共和国教育部提出。

本标准由全国教学仪器标准化技术委员会(SAT/TC 125)归口。

本标准起草单位：教育部教学仪器研究所、浙江省教育技术中心。

本标准主要起草人：党建伟、赵丽萍、任伟德、赵翔、马蔷、闫宗良、张耀东、陈韫春。

学校安全与健康设计通用规范

1 范围

本标准规定了学校健康安全的管理、计划和设计、教学工作环境、服务、教学区域设备、工具和加工有关健康安全的通用要求。

本标准适用于普通中小学校、中等职业学校。大学和相关机构可参照执行。

2 规范性引用文件

下列文件对于本文件的应用是必不可少的。凡是注日期的引用文件，仅注日期的版本适用于本文件。凡是不注日期的引用文件，其最新版本(包括所有的修改单)适用于本文件。

GB/T 156 标准电压

GB 1002 家用和类似用途单相插头插座 型式、基本参数和尺寸

GB 2099.1 家用和类似用途插头插座 第1部分:通用要求

GB 2811 安全帽

GB/T 2887 计算机场地通用规范

GB 2893 安全色

GB 2894 安全标志及其使用导则

GB/T 3609.1 职业眼面部防护 焊接防护 第1部分:焊接防护具

GB 3883.1 手持式电动工具的安全 第一部分:通用要求

GB 3883.3 手持式电动工具的安全 第二部分:砂轮机、抛光机和盘式砂光机的专用要求

GB 3883.6 手持式电动工具的安全 第2部分:电钻和冲击电钻的专用要求

GB 3883.10 手持式电动工具的安全 第二部分:电刨的专用要求

GB 3883.11 手持式电动工具的安全 第2部分:往复锯(曲线锯、刀锯)的专用要求

GB 3883.17 手持式电动工具的安全 第2部分:木铣和修边机的专用要求

GB 3883.22 手持式电动工具的安全 第二部分:开槽机的专用要求

GB 4208 外壳防护等级(IP代码)

GB 4706.1 家用和类似用途电器的安全 第1部分:通用要求

GB 5226.1 机械电气安全 机械电气设备 第1部分:通用技术条件

GB 5226.2 机械安全 机械电气设备 第32部分:起重机械技术条件

GB 5749 生活饮用水卫生标准

GB 5959.1 电热装置的安全 第1部分:通用要求

GB 6944—2012 危险货物分类和品名编号

GB 7793 中小学校教室采光和照明卫生标准

GB 7947 人机界面标志标识的基本和安全规则 导体的颜色或数字标识

GB/T 8196 机械安全 防护装置 固定式和活动式防护装置设计与制造一般要求

GB 8702—1988 电磁辐射防护规定

GB 9175 环境电磁波卫生标准

GB 12557 木工机床 安全通则

GB 13539.1　低压熔断器　第1部分:基本要求
GB 13623　铝压力锅安全及性能要求
GB 13955　剩余电流动作保护装置安装和运行
GB 13960.1　可移式电动工具的安全　第一部分:通用要求
GB 13960.2　可移式电动工具的安全　第二部分:圆锯的专用要求
GB 13960.5　可移式电动工具的安全　第二部分:台式砂轮机的专用要求
GB 13960.6　可移式电动工具的安全　带锯的专用要求
GB 14048.1　低压开关设备和控制设备　第1部分:总则
GB 14050　系统接地的型式及安全技术要求
GB 15066　不锈钢压力锅
GB 15606　木工(材)车间安全生产通则
GB 15630　消防安全标志设置要求
GB/T 15706　机械安全　设计通则　风险评估与风险减小
GB 15760　金属切削机床　安全防护通用技术条件
GB/T 16507　固定式锅炉建造规程
GB 16798　食品机械安全卫生
GB 16914　燃气燃烧器具安全技术条件
GB 16917.1　家用和类似用途的带过电流保护的剩余电流动作断路器(RCBO)　第1部分:一般规则
GB/T 17225　中小学校教室采暖温度标准
GB/T 17226　中小学校教室换气卫生标准
GB 18568　加工中心　安全防护技术条件
GB/T 18664　呼吸防护用品的选择、使用与维护
GB/T 18831　机械安全　带防护装置的联锁装置　设计和选择原则
GB 20905　铸造机械　安全要求
GB 21147　个体防护装备　防护鞋
GB 21746　教学仪器设备安全要求　总则
GB 21748　教学仪器设备安全要求　仪器和零部件的基本要求
GB 24385　卧轴矩台平面磨床　安全防护技术条件
GB 24541　手部防护　机械危害防护手套
GB/T 28001　职业健康管理体系　规范
GB/T 28002　职业健康管理体系　指南
GB 50033　建筑采光设计标准
GB 50034—2004　建筑照明设计规范
GB 50052　供配电系统设计规范
GB 50054　低压配电设计规范
GB 50057　建筑物防雷设计规范
GB 50169　接地装置施工及验收规范
GB 50174　电子信息系统机房设计规范
GB 50303　建筑电气工程施工质量验收规范
GB 50325—2010　民用建筑工程室内环境污染控制规范
GBJ 99　中小学建筑设计规范
GBZ 1—2010　工业企业设计卫生标准

GBZ 2.2—2007 工作场所有害因素职业接触限值 第2部分:物理因素

GB/Z 6829 剩余电流动作保护器的一般要求

JB/T 6696 电站式锅炉技术条件

3 术语和定义

下列术语和定义适用于本文件。

3.1

风险 risk

在危险状态下,可能损伤或危害健康的概率和程度的综合。

3.2

风险评估 risk assessment

在风险事件发生之前或之后(但还没有结束),对该事件给人们的生活、生命、财产等各个方面造成的影响和损失的可能性进行量化评估的工作。

3.3

危害 hazard

任何包括潜在的可以引起对人有害的事物。

3.4

窗地面积比 ratio of glazing to floor area

窗洞口面积与地面面积之比。

[GB/T 50033—2001,术语2.1.10]

3.5

照度均匀度 uniformity radio of illuminance

规定表面上最小照度与平均照度之比。

[GB 50034—2004,术语2.0.29]

3.6

统一眩光值(UGR) unified glare rating

度量处于视觉环境中的照明装置发出的光对人眼引起的不舒适感主观反应的心理参量,其值可按CIE统一眩光值公式计算。

[GB 50034—2004,术语2.0.33]

3.7

显色指数 colour rendering index

在具有合理允许差的色适应状态下,被测光源照明物体的心理物理色与参比光源照明同一色样的心理物理色符合程度的度量。

[GB 50034—2004,术语2.0.39]

3.8

一般显色指数 general colour rendering index

八个一组色试样的CIE1974特殊显色指数的平均值,通称显色指数。符号为Ra。

[GB 50034—2004,术语2.0.41]

3.9

眩光 glare

由于视野中的亮度分布或亮度范围的不适宜,或存在极端的对比,以致引起不舒适的感觉或降低观察细部或目标的能力的视觉现象。

[GB 50034—2004，术语 2.0.30]

4 健康安全的管理

4.1 风险评估

按照《中华人民共和国未成年人保护法》要求，并考虑到未成年人缺少经验，缺少风险意识，而且不成熟，要求学校应正确地评估未成年人面临的风险程度，然后采取措施保护他们的健康和安全。

注：《中华人民共和国未成年人保护法》指出：

——学校、幼儿园、托儿所应当建立安全制度，加强对未成年人的安全教育，采取措施保障未成年人的人身安全；

——学校、幼儿园、托儿所不得在危及未成年人人身安全、健康的校舍和其他设施、场所中进行教育教学活动；

——学校、幼儿园安排未成年人参加集会、文化娱乐、社会实践等集体活动，应当有利于未成年人的健康成长，防止发生人身安全事故；

——教育行政等部门和学校、幼儿园、托儿所应当根据需要，制定应对各种灾害、传染性疾病、食物中毒、意外伤害等突发事件的预案，配备相应设施并进行必要的演练，增强未成年人的自我保护意识和能力。

4.2 危害、风险和风险控制措施

4.2.1 危害

开展风险评估的第一个步骤应是判定危害。当所有危害被判定后，首先应考虑这些危害是否可以消除，如果可以，就不存在风险了，那么风险评估的过程就完成了(例如使用电池供电的电钻就消除了用电网的电钻可能带来的触电危险)。

4.2.2 风险

如果风险不可以消除，那么风险就需要评估。风险包括受伤的可能性、毁损的发生和严重的后果、主要的情况以及适当的风险控制措施。风险受教学区域中学生数量、经验、责任感程度的影响。

4.2.3 风险控制措施

风险控制措施可以是管理控制(如警卫)或是程序控制措施，如指导、监督和个人保护装置组合的工作系统。风险控制措施应该按以下顺序执行：

a) 如果可能，消除危害；

b) 如果不可能，选择更安全的取代；

c) 如果不可能消除危害或选择更安全的取代，应从根源上减少风险，如使用管理控制；

d) 具有联合指导和监督中的司法程序和工作系统；

e) 使用个人防护用具。

4.3 开展风险评估

4.3.1 应成立由教育、行业管理、企业及技术等多方面人员组成的风险评估专家组。

4.3.2 开展风险评估的时候应记住不要认为绝对的安全或是零风险。

4.3.3 风险评估包含：明确危害、提供合理的风险控制、满足法律的要求和构建风险控制建议等。

4.3.4 风险评估应按照以下步骤开展：

a) 第一步：寻找危害；

b) 第二步:讨论谁有可能被伤害以及会怎样被伤害;

c) 第三步:评估风险并决定已存在的预防措施是否足够或是否需要采取更多的措施;

d) 第四步:记录重大发现;

e) 第五步:评审评估,如果需要进行修订。

4.4 健康和安全的要求

4.4.1 学校应参照 GB/T 28001、GB/T 28002 建立学校健康安全管理体系,并予以贯彻实施。

4.4.2 学校应就有关活动的性质及进行的规模进行适当地安排,并有效地计划、组织、控制、监测、评审保护健康和安全的措施,且应予以记录。

4.4.3 设计技术部门的负责人应明白他们在健康安全中承担的责任,以及如何在学校或相关机构中将这些与健康安全责任人的任务联系在一起。

4.4.4 健康安全管理员应不断地监督现有的预防保护措施的有效性。健康安全管理员应至少每半年开展一次正式评审,以确保措施继续有效。

4.4.5 为了保证学校健康安全管理体系的持续有效,教育管理部门每年应至少进行一次检查,同时应确保教职工对健康安全法规和良好的实践方法的熟悉和了解。

4.4.6 应建立对受伤及小事故的报告进行评审制度,并把它作为有效的监督健康安全计划实施的有效措施之一。

4.4.7 健康安全管理员

学校应指定或安排一个或多个健康安全管理员协助实施这项标准并遵从健康安全法规。应对健康安全管理员进行足够的培训,结合他们自身的经验或知识使其能够实施风险评估的标准。

4.5 健康安全培训

4.5.1 学校应提供所有的必要信息、指示、培训和监督,以确保教职工在工作中的健康和安全。应考虑所有教职工在应对健康与安全方面的能力。

4.5.2 对进入学校或类似机构的工作人员,当他们暴露在任何风险的时候,应为他们提供适当的健康安全培训。

4.5.3 所有的教职工在最初的培训中都应接受安全使用仪器、机器设备和加工工序的培训。如果不能脱产培训,应进行在职培训。在食品教学管理的各个方面任教的教师和相关工作人员至少要有健康证明。

4.6 报告事故和危险的事情

发生重大事故(有关疾病、健康和危险的工作)后,事故现场有关人员应当立即报告本单位负责人。单位负责人接到事故报告后,应当迅速采取有效措施,组织抢救,防止事故扩大,减少人员伤亡和财产损失。所有的重大事故都应该报告和记录,报告既可以以学校完整报告的形式也可在安全手册中记录详情,在每一种情况中,都应考虑事故发生的情况和防止事故再次发生所采取的措施。

4.7 急救

4.7.1 学校应根据需要,制定应对各种灾害、传染性疾病、食物中毒、意外伤害等突发事件的应急预案,配备相应设施并进行必要的演练。

4.7.2 学校应根据可能发生或存在的有害因素及危害特点,在现场就近设置应急处理设施及防护装备,包括:淋浴设施、洗眼设施、急救箱、急救通讯设备及个体防护装备(如防护服、呼吸防护用品、防护面罩或眼镜、防护手套、防护鞋)等。

4.7.3 应急处理设施应有清晰的标识,并进行定期维护保养,以确保正常运行。

4.7.4 呼吸防护用品的选择、使用及维护应符合 GB/T 18664。

4.7.5 机械伤害防护手套应符合 GB 24541。

4.7.6 防护鞋应符合 GB 21147。

4.7.7 急救箱

4.7.7.1 急救箱应设置在易于发生伤害、易于急救人员取用的地方。

4.7.7.2 急救箱的配备应按照 GBZ 1—2010 的附录 A 表 4 的要求。

4.7.7.3 所提供的急救材料应符合相应卫生标准,并应由专人负责定期检查更新。

4.7.8 应由经培训、胜任的人员对危害进行急救。

4.7.9 当急救不能及时进行时,应立即就医或拨打急救电话。

5 计划和设计

5.1 一般要求

5.1.1 中小学校的建筑设计应符合 GBJ 99。

5.1.2 认真考虑每个学习区域的学生数量,以确保安全地学习和有效地监督。

5.1.3 应开展风险评估,以决定每个学习区的合适的人数。风险评估应考虑以下因素:

a) 各区域的大小和布局;

b) 各区域中各种家具和仪器的尺寸和数量;

c) 各区域中的工作性质;

d) 学生的年龄和能力;

e) 教师的资力和经验;

f) 实验教师员工的能力程度和其他的一些必要的支持;

g) 是否存在有特殊需要(残疾)的学生;

h) 是否有汉语为非母语的学生;

i) 学生的行为举止。

5.1.4 各区域中的设计应围绕安全工作区域的范围,每个新的或翻新的仪器、家具和设备及各部尺寸大小和占地面积均应予以考虑。

5.2 储存

5.2.1 一般要求

5.2.1.1 应有为学生的实验批量供应的材料和实验用品进行储存的地方。

5.2.1.2 材料和实验用品应安全地储藏。

5.2.1.3 要购买的数量及教学标准要求的任何储藏物品的数量都应尽可能的少。

5.2.1.4 每个学期末要对存货清单做一次检查,对存放时间过长的物品,要根据制造商的说明和环境保护法规做适当的处置。

5.2.1.5 对储存在高处的物品应提供适当的梯子。

5.2.1.6 高处存放的物品应摆放稳固且不外伸以保障教职工和学生眼、头和身体的安全。

5.2.1.7 图书室的书架应有足够的强度和稳度,摆放书籍时应考虑书架的承重能力,过高的书架应加以固定,避免倾倒。

5.2.1.8 应给化学物品、液化石油气、乙炔、氧气等提供适当的储存空间。危险物品[如易燃物(液体或气体)、有毒物、有腐蚀性的物体]应和其他危险性质不同的物体分开放置。应粘贴显著的安全警示标志。危险物质的贮存和使用还应符合 GB/T 28920—2012。

5.2.2 材料

5.2.2.1 大量储存的材料如木材、金属等应与教学区分开储存并明确标示。

5.2.2.2 储藏物应接近工作地点,便于输送。

5.2.2.3 应有足够的储物架子。

5.2.2.4 储存球状金属、厚木板、木头、金属以及塑料板材,材料的端部不应超出储物架子。如果垂直堆放,应有保护栏杆或链子。

5.2.2.5 为了保证材料总是处于良好的状态并且易于管理,木材和塑料应放在温暖干燥的地方,金属应放到在阴凉的地方。

5.2.3 食品

5.2.3.1 应正确分离和贮存食物。应为以下四个种类的食品提供独立的储藏空间:

a) 干果和坚果;

b) 新鲜的蔬菜水果;

c) 冷冻食品;

d) 易坏的食品。

应按照食品的类别,对照储物清单定期对其进行检查。

5.2.3.2 干制存放的食品(面包、瓶装、罐装食品)应保存在干燥、通风良好的房间,温度范围为 10 ℃~15 ℃,这些食品不应放在地板上,应放到空气流通循环好的地方。同时按照厂商的保存说明做。

5.2.3.3 生的、未经处理的蔬菜水果应和其他食物分开保存在阴凉、干燥、通风良好的地方,不应暴露在阳光下,保存的温度范围为 10 ℃~15 ℃。

5.2.3.4 冷冻食品保存的温度至少为-18 ℃。所有的冷冻室都应定期地检查,保证温度保持合适。

5.2.3.5 易腐烂食品(如鱼、肉、家禽、乳制品、加工过的蔬菜水果、打开过的罐头或瓶装食品、生的或半生的糕点、生面食品)应保存在 1 ℃~4 ℃之间,冷冻的油炸食品应保存在 1 ℃~3 ℃之间。

5.2.3.6 保存在冰箱或冰柜中的食物应包装好或放在适当的容器中,并标明日期。

5.2.3.7 生食品和熟食品应完全分开保存并用不同的操作用具。如果只有一个冰箱可供使用,应把生食品放到熟食品下方的架子上。防止待加工食品与直接入口食品、原料与成品交叉污染。

5.2.3.8 不应把热的食物直接放进冰箱或冰柜。应先让食物尽可能的冷却,如果有条件可使用冷却器。

5.2.3.9 应有足够的冰箱和制冷设备用来保存易坏的原料和已加工好的提供给在校学生一天饮食的食品。

5.2.3.10 重新加热的食物至少应在 70 ℃以上高温加热 2 min,热的食物的保持温度应不低于 63 ℃。

5.2.3.11 盛放直接入口食品的容器,使用前必须洗净、消毒。

5.2.3.12 贮存、运输和装卸食品的容器包装、工具、设备应安全、无害、保持清洁,防止食品污染。

5.2.3.13 食品不应接触有毒物、不洁物。

5.2.3.14 食品加工的地点不应靠近风扇加热的装置,这样易使空气中的灰尘沾染到食物上。

5.2.4 危险物质

5.2.4.1 危险物质按其具有的危险性或最主要的危险性依据 GB 6944—2012 分为 9 个类别。包括:

a) 爆炸品;

b) 气体;

c) 易燃液体；

d) 易燃固体、易于自燃的物质、遇水放出易燃气体的物质；

e) 氧化性物质和有机过氧化物；

f) 毒性物质和感染性物质；

g) 放射性物质；

h) 腐蚀性物质；

i) 杂项危险物质和物品，包括危害环境物质。

5.2.4.2 如果可能，学校应杜绝危险物质的使用。应优先选择无毒、无害或危险性小的物质。

5.2.4.3 应在厂商使用说明的指导下储藏和使用危险物品。

5.2.4.4 如果不可避免地要使用危险物品，应进行评估。基本的危险控制措施包括：

a) 确保安全的贮存，防止未经批准的人接近或取用；

b) 危险物质应分开保存，防止性质不同的物质互相接触[如酸和次氯酸钠(漂白粉)]；

c) 应提供足够的排气和一般通风；

d) 应提供与使用危险物品有关的说明及相关的培训；

e) 应提供个人保护设备，包括防护服、防护手套、护目镜和防护鞋等；

f) 当危险物品泄漏或意外事故发生的时候应有紧急措施，提供紧急对眼睛和身体的冲洗设备；

g) 如果可能，应预先装备好防止泄漏的设备。

5.2.4.5 危险物品应保存在上锁的储藏室或危险品柜中，储藏室或危险品柜应上双锁，并由两个人分别保管钥匙。其中在储藏室外墙的高、低处应各有一个向外的通风设备，危险品柜的通风应与储藏室的对外通风相联。

5.2.4.6 应预防储藏室内的泄漏。容积在一升或超过一升的瓶装的危险品应放在低处、不会被撞倒的地方。

5.2.4.7 应只保存在紧急工作中需要用的危险物品数量，不应过量存放危险物质。

5.2.4.8 存放或使用酸性物质的时候应靠近水源。

5.2.4.9 局域性的排气排风系统应定期检查，每年至少一次。

5.2.5 液化石油气(LPG)

5.2.5.1 使用液化石油气时应考虑以下因素：

a) 在建筑物中液化石油气的管道、配件的泄露及引起的爆炸；

b) 液化石油气罐在火中会猛烈的爆炸；

c) 液化石油气罐很重，使用及存放中的移动、处理或倾倒都是危险的；

d) 从气罐中释放出的蒸气液体可以猛烈地燃烧；

e) 皮肤和眼睛由于快速蒸发的 LPG 会受到灼伤；

f) LPG 是窒息剂；

g) 燃烧的 LPG 会产生有毒气体。

h) LPG 气体比空气重，易积聚在地下室、地洞、排水道、坑、沟或其他的低处。

5.2.5.2 在设计安装阶段，应采取防护措施，防止对 LPG 设施恶意地损坏和搞破坏。

5.2.5.3 LPG 储存区应明显标明“高度易燃液化石油气”“禁止吸烟”标志。

5.2.5.4 LPG 的气罐不应放在阻碍通道及建筑的任何逃生的出口或临近区域。

5.2.5.5 在 LPG 储存区应备有可携带的灭火设备。

注：关于消防设备的配备和消防设备使用的建议可以从当地消防部门获得。

5.2.5.6 在装有LPG设备的房屋应防火并且有很好的通风设备，应避免其他物品阻隔、限制了储存区的自然通风，并符合消防部门的要求。

5.2.5.7 LPG存放或使用应在通风良好的地方，这样如小面积的泄露，可以分散稀释，降低可燃的浓度。

5.2.5.8 LPG罐应存放在户外，远离可燃材料、有腐蚀性的材料和氧气罐。

5.2.5.9 LPG蒸气的密度比空气大，不应把液化石油气的气罐放在地下室或是离排水道、地窖、地下室很近的地方。

5.2.5.10 LPG气罐不应遭受机械损坏，不应放在高温环境中，应避免坠落或倾倒。气罐应放在专用的小车上或正确安全的地方，避免被撞倒。应特别留意气罐阀门是否关好，以免发生泄露，与空气产生可引发爆炸的混合气体。

5.2.5.11 LPG气罐的数量要保持在最少。除必须在用的以外，至多保留一个备用的气罐。

5.2.6 氧气瓶和乙炔气瓶

5.2.6.1 使用氧气和乙炔气瓶时应考虑以下因素：

a) 如果氧气瓶中的氧气是压缩气体，遭受损坏或在高温中会猛烈爆炸，若阀门被损坏，氧气瓶可能会变成一枚炸弹；
b) 氧气泄露可以使火更迅猛的燃烧；
c) 乙炔气瓶如果遇到火会剧烈爆炸；
d) 乙炔泄露会形成可以爆炸的混合物；
e) 气瓶很重，使用和存放中的移动、倾倒都很危险。

5.2.6.2 氧气和乙炔气瓶的保存数量应控制在最少。

5.2.6.3 气瓶应保存在通风良好的地方，不应在高温的地方存放气瓶，严禁曝晒，远离热源、电器设备和可燃材料。存放处应有明显的“压缩气体”和“可燃气体”的警告标志。

5.2.6.4 气瓶不应放在地下室，不应靠近排水道、地下室或其他地势低的地方。

5.2.6.5 气瓶应直立绑缚固定在专用小车或安全的地方，防止气瓶跌落或被撞倒。

5.2.6.6 不应使气瓶遭受机械损伤。

5.2.6.7 乙炔气瓶含有液体，所以阀门应设在高处。

5.2.6.8 氧气瓶应每3年检验一次。

5.2.6.9 氧气瓶嘴、吸入器、压力表及接口螺纹严禁沾有(染)油脂。

5.2.6.10 使用经检验合格的乙炔气瓶。

5.2.6.11 乙炔气瓶与氧气瓶的安全距离为5 m。

5.2.7 玻璃纤维增强塑料(俗称玻璃钢)

5.2.7.1 在使用玻璃纤维增强塑料材料时应考虑以下因素：

a) 树脂和催化剂可以被归类为有害物质；
b) 一些塑料制品如果过度加热或在火中燃烧会释放有毒气体；
c) 吸入这种气体或蒸气是有害的，气体可能会损伤呼吸道，且在一定情况下的损伤是不可逆的；
d) 树脂容器会裂开，造成泄漏；
e) 玻璃纤维增强塑料中的化学成分会引发火情；
f) 塑料薄片的折断可引起材料的破裂。

5.2.7.2 玻璃纤维增强塑料应存放在阴凉干燥的地方，远离直接受热的环境。

5.2.7.3　用于玻璃纤维增强塑料的催化剂(有机的氧化物)和触媒剂(钴类石油化物)要保存在隔离的(最好金属)器皿柜中,这样泄露可以控制。

5.2.7.4　氧化物要存放在有排气口的容器中,远离可燃物质,不应放在阳光下或靠近任何热源。

5.2.7.5　数量很多的树脂、催化剂、溶剂是很危险的火源,应禁止存放。

5.2.8　铸造和锻造材料

应为锻造燃料和铸造沙提供足够的储存区域,铸造和锻造设备周围区域应保持清洁。

5.2.9　便携设备

5.2.9.1　应给便携设备(手持工具、动力工具、机器零件等)提供适用的储藏室。便携设备应存放在特别设计的搁物架上,应及时检查返还的工具。

5.2.9.2　手持动力工具应安全保管,防止未经允许的使用。

5.2.10　个人衣物的保管

实验室、实训室应提供适当足够的存放衣物、书包的房间,应远离主要的实验工作区。所有进入实验室的工作人员及学生应穿上专门的防护服。

5.3　防火

5.3.1　应具有以下防火措施:

a)　火警探测器和火警警报器;

b)　火警逃生路线;

c)　消防设备和合理的统筹安排,包括:一旦失火情况下的使用,发生火情的通讯、检验程序;

d)　火警警报器的保养和消防设备的检验;

e)　设置消防安全标志,消防安全标志设置应符合 GB 15630。

5.3.2　一些灰尘中纯净的微粒(木头、塑料、一些金属)是可燃的,应有防止其在浓度达到一定程度的时候会点燃甚至引发爆炸或火灾的措施。

5.3.3　可燃灰尘的局域排气通风系统应是单独的,避免起动和运转时产生的火花点燃可燃灰尘进而引起爆炸。

5.3.4　应经常清理电器或其他设备中积累的尘土,以免引起仪器设备过热或短路。

5.3.5　应向地方消防部门咨询必要的安全防火的指导和建议。

6　教学工作环境

6.1　采光

6.1.1　应保证教室、图书室和实验室等主要教学用房的最佳建筑朝向,避免室内直射阳光。

6.1.2　教学用房宜双侧采光,主要采光面应位于学生坐位左侧,主要采光窗窗台高度宜为 900 mm。

6.1.3　教室、实验室及办公用房的窗地面积比不应低于 1∶6,并应防止窗眩光。

6.1.4　学校建筑的采光设计应符合 GB 50033,学校教室的采光应符合 GB 7793 有关规定。

6.2　照明

6.2.1　学校各区域应有足够的照明设备,各区域照明应符合表 1 要求,学校教室照明的其他要求应符合 GB 7793 的有关规定。

表 1 学校建筑照明标准值

房间或场所名称	参考平面及其高度	照度标准值 lx	统一眩光值(UGR)	显色指数(Ra)	照度均匀度
普通教室、各学科功能教室、图书阅览室、会议室、办公室	课桌面	300	19	80	不低于 0.7
实验室	实验桌面	300	19	80	不低于 0.7
美术教室	桌面	500	19	90	不低于 0.7
教室黑板	黑板面	500	—	80	不低于 0.7
体育活动场所	地面	300	19	80	不低于 0.7
厕所	地面	100	—	60	不低于 0.7
楼道或流动区域	地面	150	—	60	—
楼梯间	地面	150	—	60	—
注:"—"表示不要求。					

6.2.2 当白天天然光线不足而需要补充人工照明的场所,补充的人工照明光源宜选择接近天然光色温的高色温光源。

6.2.3 职业学校各专业实训室的建筑照明可根据专业性质,执行 GB 50034—2004 中 5.3 工业建筑一般照明标准值的规定。

6.2.4 普通工作台和仪器设备的照度应不低于 500 lx。精密仪器设备操作(工作)台的照度应不低于 1 000 lx。

6.2.5 纺织品工作间的照度应不低于 500 lx,显色指数为 80 Ra。

6.2.6 食品加工间的照度应不低于 500 lx,显色指数为 80 Ra。

6.2.7 禁止在工作区和进出通道的照明强度的突然改变。如果可能,宜使用自然光,若配备人工照明设备,灯光不应闪烁不定。

6.2.8 在锻造、制铜和焊接区应根据场所的要求,选用相应显色指数的光源,一般显色指数 80 Ra,便于观察到加热金属颜色的变化。

6.2.9 储藏室的照明装置应有人工监视。

6.2.10 计算机显示屏应放在远离灯光闪烁、反射以及有窗子的地方,在需要的地方装上窗帘。如果可能,计算机房最好长期固定配置防闪的灯。

6.2.11 补充的照明设备

在主要工作实验室照明不足的时候应为机械工具和机器设备提供补充的照明。补充的照明应符合 GB 50034。如果补充照明不够,应有另外的设备及时补上,同时应注意由光滑表面引起的光线反射而造成的影响。

6.3 采暖

中小学校各教学区的采暖应执行 GBJ 99 有关规定,中小学教室的采暖温度应符合 GB/T 17225。

6.4 换气及通风

6.4.1 换气

6.4.1.1 学校教室、各学科功能教室、实验室、实训室的换气应按照 GB/T 17226 的要求。

6.4.1.2 各学科功能教室、实验室、实训室的换气次数应不低于表 2 的规定。

表 2 功能教室、实验室、实训室换气次数

名　　称	换气次数 次/h
各学科功能教室(包括地理教室、美术教室、音乐教室等)	5
物理实验室	5
化学、生物实验室	5
通用技术实验室	5
实训室	5

6.4.1.3 各学科功能教室、实验室、实训室的二氧化碳浓度应不大于 0.15%。

6.4.1.4 空气中二氧化碳检验方法应按照 GB/T 17226 的规定。

6.4.2 通风

6.4.2.1 为了确保在具有以下机器运转区域中的工作人员及学生的健康舒适，应在以下区域配备局域通风设备：

a) 散发蒸气、油烟、油脂、气味、热气的烹饪用具；

b) 加热仪器，包括用于冶铜、锻造、焊接的仪器；

c) 木工用机器，包括锯、打磨机、刨床；

d) 化学加工设备，包括酸洗、塑料、喷染(彩喷)、发动机排气；

e) 金属加工机器(磨床、抛光机等)。

6.4.2.2 烹饪区域的通风系统应包括足够容量的抽油烟机，保证大量的气体被排放出去。

6.4.2.3 通风口要尽可能地靠近污染源。

6.4.2.4 如果排气口向外，设计时应考虑不应伤害到外面的人。

6.4.2.5 利用抽、排风设备时不应使室内产生负压，应确保抽进的空气和排除的废气相抵消。

6.4.2.6 通风系统至少每 12 个月应接受一次严格的检查，保养维护记录最少保持 5 年。

6.4.2.7 使用计算机的地方应有额外的通风设备，计算机房应符合 GB/T 2887。

6.5 地面、天花板、墙面和工作台面

6.5.1 地面

6.5.1.1 普通教室和各种专用教室、门厅、走道、楼梯应采用防滑、耐磨、防尘易清洁的地面，在同一教学区域的地面应是统一标准的。各室与走廊连接处不应设台阶，不应放置妨碍人们行走的物品。

6.5.1.2 化学、生物实验室应采用耐酸碱腐蚀、易于清洗的地面，并应设有排水设施。

6.5.1.3 舞蹈教室、多功能教室、体育活动室等应采用软性地面(如木地板等)。

6.5.1.4 计算机教室地面应采用防静电材料，其设计应有利于管线的维护与维修。

6.5.1.5 厕所和洗手间等应采用防滑易清洗的地面，并有可靠的排水设施。

6.5.1.6 在进行加热工作区域的地面应耐热、防火。

6.5.1.7 食品加工区的地面应耐滑、易冲洗。

6.5.1.8 地面上的油、水或化学药品应及时清理，每天应清理地板表面的污物和垃圾。

6.5.2 天花板、墙面和工作台表面

6.5.2.1 进行加热焊接的实验区的天花板、墙面和工作台表面应提供防反射表面。

6.5.2.2 实验区域的天花板、墙面和工作台表面应是平滑、干净、反射光线好的。

6.5.2.3 靠近加热区附近的墙面、天花板应是防火材料。

6.5.2.4 化学、生物实验台(桌)的工作表面应耐酸碱腐蚀。

6.5.2.5 物理、通用技术实验室的实验台应耐磨、绝缘、防火。

6.5.2.6 安装在天花板上的吊扇及投影机应安装牢固，并应由专人定期检查。吊扇应安装在灯的上面，避免吊扇旋转时遮挡灯光。

6.5.2.7 食品操作区

食品操作区应做到：

a) 食品操作区的工作表面应是平滑、易于清理的不锈钢，具有木材或塑料镶边的表面不应是锋利的；

b) 天花板和墙面的材料应适宜定期清洗；

c) 不同食物(如生食和熟食，肉食和素食)使用的桉板和水池应明确地分开并有牢固的标志。

6.6 噪声

6.6.1 学校应从声源上控制噪声，应尽可能选择低噪声设备。

6.6.2 实验、实训场所噪声应不大于 GBZ 2.2—2007 中 11.2 规定的限值。

6.6.3 如果实验、实训场所噪声超过 85 dB(A)，学校应提供关于听力风险评估、降低风险的措施、如何获得耳朵保护的信息、说明和训练。

6.6.4 当噪声达到 85 dB(A)时，应建议暴露在噪声中的人带上耳朵保护罩。

6.6.5 当噪声达到 90 dB(A)及以上时，学校应采用尽可能合理可行的办法降低损害，并应要求暴露在噪声中的人必须带上耳朵保护罩。

6.6.6 学校应用适当的标志标记出噪声区域，并应保证教职工及学生在危险的噪声区域用上耳朵保护罩。教职工及学生在这些地方应使用耳朵保护罩。

6.6.7 产生噪声的实验、实践场所与无噪声或低噪声场所在设计上应分开布局。

6.6.8 对噪声区域，在建筑设计上应采取隔声、吸声等减轻噪声影响的措施。

注 1：高强度的噪声能引起长久的失去听力。虽然严重后果的形成是一个长期的过程，但是，这种后果是不可逆转的。总地来说，如果间隔 2 m 的两个人互相大声说话，而在理解上有困难的话，就有可能存在噪声。

注 2：听力损坏取决于声音的强度和暴露在噪声中的时间。有些声音可以引起瞬间的损坏(如射击、重锤敲击的共鸣等)。

6.7 电磁辐射

6.7.1 学校区域内的电磁辐射应符合 GB 9175 中的一级标准(安全区)。

6.7.2 学校中应用的电磁辐射设备出厂时应具有由专业检测机构出具的满足“无线电干扰限值”的检测报告，运行时应定期检查泄能水平，不应在高泄能下使用。

6.7.3 当局域电磁辐射防护限值超过 GB 8702—1988 中的 2.1.2 限值时，应配备必要的职业防护设备，并应对在其区域内工作和学习的教职工和学生进行培训，培训内容应包括：

a) 电磁辐射的危害；

b） 电磁辐射防护规定；

c） 常用防护措施、用具及使用方法；

d） 个人防护用具的使用方法。

6.8 室内环境

普通教室、实验室、实训室、计算机房、功能教室等的室内环境污染物——氡(-222)、甲醛、氨、苯、总挥发性有机物(TVOC)和放射性指标限量应符合 GB 50325—2010 中的Ⅰ类民用建筑工程要求。

7 服务

7.1 总则

服务包括由管道或电缆提供的水、电、天然气、压缩气体。当用其他方法(口头说明、警告)不能控制危险时,危险区域应具有安全标志,安全标志应符合 GB 2894 和 GB 2893。

7.2 电器安装

7.2.1 一般要求

7.2.1.1 供电系统

7.2.1.1.1 有条件时,学校供电系统宜用 TN-S 系统。也可用 TT 或 TN-C-S 系统。

7.2.1.1.2 当供电系统为 TN-C 系统时,应改造成 TN-C-S 系统。

7.2.1.2.3 学校供电系统的接地型式和安全技术要求应符合 GB 14050,接地装置的施工及验收应符合 GB 50169。

7.2.1.2 学校配电系统的设计根据实际情况应符合 GB 50054 或 GB 50052。学校的电气工程质量应符合 GB 50303。学校的建筑防雷设计应符合 GB 50057。

7.2.1.3 学校使用的插头、插座应符合 GB 2099.1 或 GB 1002。电源插座应配备电流不大于 30 mA 跳闸的剩余电流动作断路器,安装在潮湿场所的剩余电流动作断路器的动作电流宜不大于 20 mA。

7.2.1.4 学校用电气系统和电器设备都应符合相应的国家标准或行业标准,仪器设备应符合 GB 21746、GB 21748。至少每年应检查测试电器设备和仪器的安装和使用。

注:检查测试的频率取决于机器的设计和使用情况。

7.2.1.5 学校配电箱和电器安装电缆的颜色或数字标识应符合 GB 7947。

7.2.1.6 为防止电击事故、电气设备损害事故及电气火灾的发生,学校应安装剩余电流动作保护装置,学校安装的剩余电流动作保护器应符合 GB/Z 6829,并应按照 GB 13955 的要求进行安装及运行。

7.2.1.7 电气仪器设备只能应用在预计的环境中。

7.2.1.8 应考虑计算机电源线路中的接地线泄漏保护,在有剩余电流装置时防止不知道的跳闸。应考虑接地线泄露断电,减小由于断电给相关仪器带来的危险。

7.2.1.9 要特别注意在高电流仪器上安装接地漏电保护装置(如信息技术设备、电气办公设备、制造加工设备)。

7.2.1.10 如果存在水或固体进入的危险,在这些环境中使用的仪器至少应有 IP44 的 IP 评估。关于说明和证明仪器外壳保护等级的测试的详细内容按照 GB 4208。

7.2.2 设计准则

设计时,应选用最佳安全技术。除了尽可能彻底和准确地分析每个危险外,还应遵守一些设计准则。初步设计完成后,危险检核是防止事故,改进设计的重要手段,危险检核内容参见附录 A。

7.2.2.1 **防护措施的选用**

根据使用环境,选用能适应最不利使用环境的防护措施。

7.2.2.2 **屏护和间距**

7.2.2.2.1 学校配电间应有永久性屏护,开关设备应有屏护罩。

7.2.2.2.2 在低压操作中,人体或所携带的工具等与带电体的距离不应小于 0.1 m;在 10 kV 及以下高压无遮拦操作中,人体或其所携带工具与带电体之间的最小距离不应小于 0.7 m。

7.2.2.2.3 各种屏护装置都应有足够的机械强度和良好的耐火性能。并应满足以下要求:

a) 用金属材料制成的屏护装置,为了防止屏护装置意外带电造成触电事故,应将屏护装置接地或接零。

b) 屏护装置一般不宜随便打开、拆卸或挪移,其上宜装有连锁装置,连锁装置可使打开屏护装置时自动切断电源。

c) 屏护装置应有足够的尺寸,并与带电体之间保持安全的距离。被屏护的带电部分应有明显的警告标志。

d) 配合屏护采用信号装置和连锁装置。信号装置一般用灯光或仪表指示有电;连锁装置为当人体越过屏护装置可能接近带电体时,所屏护的装置自动断电。

7.2.2.3 **超越开关**

为便于检修,可给供电不能中断的电路控制柜的面板上配备瞬时接触开关,以便能人工超越连锁装置。其附加规定:

a) 当被防护的检修门、盖或者板关闭时,超越开关应自动脱开;

b) 当超越开关正被起动或者脱开时,对设备的供电不应中断。

7.2.2.4 **应急短路开关**

应急短路开关应符合:

a) 在主操作台或者组件上安装的使所有安全连锁装置都能被短路的应急短路开关,该开关还应符合:

  1) 指示应急短路开关处于“接通”(ON)状态的指示灯应容易看到;

  2) 当应急短路开关处于“接通”(ON)状态时,可照明全部连锁装置的指示灯。

b) 如果使用应急短路开关会对系统造成过载和损坏,则应做出评估,以确定可能损坏的产品和首次损坏会出现的时间间隔。指示此时间限度和损坏原因警告标志应置于应急短路开关的附近。

c) 如果在单个设备的技术规范中有规定,则应在各个单独的控制室或控制台上设置接线端,供连接一个或几个外部应急短路开关。附加规定:

  1) 测试装置应是简单的、有安全装置的和故障安全的;

  2) 该接线端不应使其产品降低性能或者产生损坏。

d) 应设置过载防护装置,以防止产品可能产生超过容许限度的信号或者特征而损坏测试设备。

7.2.2.5 **测试点、测量仪表**

a) 应对测试点电路提供防护,以防止因测试点外部接地而可能引起设备故障。

b) 除非在设备使用说明中另有规定,否则测量仪表应采取过载旁路或其他防护措施,以便在测量仪表失效时消除终端上的高电压或大电流。

7.2.2.6 传输线终端电位

天线和传输线的终端应处于接地电位的状态(其外表面上的射频能除外)。

7.2.2.7 安装、更换或互换设备

a) 当安装、更换或互换整套设备、分系统或其中任一产品时,应规定切断电源的方法;
b) 控制器的设计和定位应能防止可能造成伤害的设备意外起动。

7.2.3 注意事项

7.2.3.1 一般管理要求

应遵循以下要求:

a) 电气操作人员应经过专业培训,熟练掌握电气设备的危险因素(参见附录B),未经培训人员不准许从事电气作业。
b) 电气线路应根据实际需要,采用屏护、遮拦、自动切断装置、告警信号装置和安全距离等措施。
c) 任何保险装置都不应随便拆卸和更换不合格的熔断器,更不应用铜丝或其他金属材料代替。
d) 不应随意在架设好的线路上增加负荷。
e) 不应随便乱拉临时线。
f) 局部照明应用36 V以下的安全电压,手持式灯应用12 V以下电压。
g) 手持电动工具(如手电钻、便携式砂轮机等)要定期进行耐压绝缘试验检查,确保其绝缘性能良好。
h) 一切靠电力驱动的设备金属或可导电外壳应有良好的接地线。
i) 电气设备使用完毕或作业中遇有停电时,应立即切断电源,并将操作部位恢复在开始位置。由零位上升调节的设备,在使用前应进行检查及校正使其处于零位,然后上升调节,在使用完毕后退回零位。
j) 电气作业应使用电气安全用具。电气安全用具应定期进行安全检查和耐压绝缘试验,不应使用不合格的电气安全用具。
k) 电气产品的更改设计和修理,应符合相关标准。
l) 应要求教职工严格遵守电气告警标牌的规定。如"高压危险请勿接近"、"有人作业、禁止合闸"等。
m) 当断开闸刀开关进行作业时,除粘贴"有人作业、禁止合闸"告警标牌外,应有人值守闸刀开关,避免发生意外。
n) 应经常检查避雷设备和设施,并对其接地电阻进行定期测量,每年至少两次,记录应存档。

7.2.3.2 带电操作要求

带电操作时应做到:

a) 除非万不得已,学校中电气设备的检修不应带电操作。
b) 带电操作时,应根据不同的作业场所,悬挂或粘贴不同的告警标志牌。告警标志牌应符合表3。
c) 低压带电操作应设专人监护,使用有绝缘柄的工具,操作时站在干燥的绝缘物上,并戴手套和安全帽,应穿长袖工作服,不应使用锉刀、量具等金属工具。
d) 在低压带电导线未采取绝缘措施时,操作人员不得穿越。在带电的低压配电装置上操作时,应采用防止相间短路和单相接地的隔离措施。

e) 操作时应分清相线、中性线,选好工作位置。断开导线时,应先断开相线,后断开中线。搭接导线时,顺序应相反。一般不应带负荷接线或断开线路。
f) 人体不应同时接触两根线头。
g) 带电部分只允许位于操作人员的一侧。

表 3 告警标志牌种类

名 称	悬挂位置	式样和要求	
		底色	字色
禁止合闸 有人作业	一经合闸即可送电到施工设备或线路的开关和刀闸操作手柄上	白底	红字
在此作业	室外室内作业场所或施工设备上	绿底色中有白圆圈	黑字,写于白圆圈中
止步 高压危险	作业场所临近带电设备的遮护栏上 室外作业场所临近带电设备的构架横梁上 禁止通行的过道上高压试验地点	白底红边	黑字,有红箭头
从此上下	作业人员上下的梯子上	绿底色中有白圆圈	黑字,写于白圆圈中
禁止攀登 高压危险	邻近作业场所,人员可能上下的铁架上	白底红边	黑字
已接地	看不到接地线的设备上	绿底	黑字

7.2.3.3 防静电要求

应做到:

a) 在一些特殊的场所(如仓库、半导体电子实验室等),应特别注意防静电危害。应使用防静电地面。防静电地面的电阻率应为每米小于 1 MΩ。盛有易燃液体的容器应接地。
b) 防静电场所的人员应穿着特殊的导电衣物及接地器。接地金属带应与工作台的地线连接。并应避免穿着合成纤维、羊毛和丝绸制的内衣和外衣,应该穿着棉或亚麻制衣物。
c) 使用金属氧化物半导体场效应器件注意事项:
   1) 装设恰当接地的导电台面,导电地毯和导电椅子面;
   2) 应使用接地金属带和鞋上装有接地器等措施;使操作人员和产品的接触部位充分接地;
   3) 在使用这种器件之前,使用者和设备都应瞬时接触一下处于地电位的金属物体;
   4) 器件引线的短路和器件的包装材料应同样处于地电位;
   5) 在焊接直接或间接与器件相连的导线或金属物之前,烙铁头应接地;
   6) 建议在器件插放与组装设备之前,不要把引线短路器去掉。在运输或贮存这种器件时,器件的引线必须连接在一起。

7.2.3.4 操作人员基本守则

操作人员应做到:

a) 在带电作业时,应把一只手放入衣袋中。若不能把手放入衣袋中,当一只手拿着工具时,另一只手不应触及任何金属物件。
b) 检修设备时,不仅应断开电源开关,还应把设备的电源插头从插座中拔下。
c) 未经测量,不应设想线路无电,应进行检查后确认。

d) 接近带电线路时，不应穿着松散的衣服、佩带金属框架的眼镜、戒指、手表或其他饰物。
e) 若在精神或体力上感觉到疲劳，应避免在带电线路上作业。
f) 除非可以确定连锁装置能切断电源，不应完全依赖连锁装置。
g) 检修设备时，应有足够的照明，以便看清楚所修理设备的最细微部分。
h) 检修设备时，应先对所有能够存贮电荷的部位进行放电。
i) 如将连锁开关短路，则是非常危险的。
j) 测量高压时，应首先使设备断电，将有关的电容器放电，再将电表引线接好，人员退至安全距离外加电，读取读数。不应手拿着测量引线进行测量。
k) 如果设备底盘有可能带电，检修时要通过隔离变压器接通电源。
l) 宜采取安全措施使设备具有自动防止故障的能力。
m) 不应使用普通灯泡做故障照明。
n) 使用电气设备前应仔细阅读设备使用说明书，并严格遵照使用说明书操作。

注：意外引起的低压大电流电弧可使眼睛近于失明。在易燃易爆气体中，应使用防爆电器。

o) 若有人在高压线路上作业，作业时旁边应有助手。

注：助手应经过电击施救方面的培训，知道如何切断电源将人救下，如何实施人工呼吸和人体心脏部位按压。

p) 为了防止雷电电击对操作人员的伤害，除了采取防护和控制雷电的技术措施之外，还应采取下述安全措施：
    1) 应留在室内，避免冒险外出。
    2) 离开敞开的窗户、壁炉、暖气、炉子、金属管道、洗碗池和插在电源插座上的电气器具。
    3) 在雷雨时不应使用接入电网的头发干燥器、电梳子或电剃刀等电器。
    4) 在雷雨时不应使用电话。
    5) 不应在围墙上、电话线路或电源线路上、管道上或其他金属构架上进行作业。
    6) 不应使用如钓鱼杆和高尔夫球棒等金属物体。穿着钉鞋的人员是极易引起电击的目标。
    7) 不应在敞开的容器中处理易燃材料。
    8) 不应驾驶拖拉机进行作业，特别是当拖拉机牵引金属设备时尤应注意。
    9) 不应留在水中及小船上。
    10) 乘车外出时应留在汽车内。
    11) 应躲避在建筑物内。若无建筑物可寻，则最好的防护物就是洞穴、沟渠、峡谷或者林间空地里的比人矮的树丛。
    12) 如果找不到任何防护物，则应远离该地域内的最高物体。若在附近有孤立的树木，最好的方法是蹲在开阔地上，离开孤立树木的距离应大于两倍的树高。
    13) 远离山顶、开阔地、铁丝栅栏、金属晒衣绳、暴露的棚子以及任何架高的导电物体。
    14) 感觉到电荷存在时(如毛发竖立、皮肤刺痛)，应立即伏卧在地上。
    15) 看见闪电出现时，应立即寻找躲避处。

7.2.4 食品技术领域

7.2.4.1 在食品领域的电气设备应配备剩余电流不大于 30 mA 电源插座。在可能有水的地方应有最大电流为 10 mA 的跳闸装置。

注：因为冰箱和计时烹调器可以由房间线路供电，所以不推荐整间房间用一个整体控制开关。电气炊具应使用单独的正确等级的线路以配合电器设备。

7.2.4.2 所有的电器应远离水池放置。

7.2.4.3 应注意确保工作区的电插座安放好，电线不应通过蒸煮机和其他热的表面。

7.2.4.4 应在各种类型的烤盘附近设警告标志，标明在机器运行时不应进行观看。

7.2.4.5 固定的电器设备(如蒸煮机、清洗机、烘干机)要安装好,并应由专业人定期检查(通常是每12个月检查一次)。

7.2.4.6 便携设备的电源线不应过长,并经常检查确保其保持在良好的状态。所有的设备在不使用时、调试前或清理时,其电源插头不应插在插座上。不应用潮湿的手接触机器。

7.2.5 计算机房

7.2.5.1 计算机房的设计及要求应符合 GB 50174。

7.2.5.2 服务器都应通过不间断电源独立供电,这样就不会因系统突然断电而影响系统供电。

7.2.5.3 应在机房安装足够的插座,避免过多接头和分机的使用影响计算机和周围的设备(如打印机、扫描仪、控制箱、监视器)。

7.2.6 主要工作区开关设备

7.2.6.1 工作区供电应符合 GB/T 156。

7.2.6.2 在工作区应使用符合 GB 14048.1 的独立开关,该开关能够切断给所有设备和插座的供电。该开关应很容易操作,并清楚地标明"主开关",在"断"的位置时是可锁的。这个开关装置不应控制照明、采暖、专用清洁设备用的插座线路。

7.2.6.3 设备上的主电源开关应设在容易接近的位置上,并应清楚地标明其功能。

7.2.6.4 没有电控装置和电压只有 220 V 交流电的工作间,如果有旋转的机器或其他设备(非便携机器),应安装一个独立的开关和一个紧急关闭系统。

7.2.7 工作区紧急开关系统

7.2.7.1 工作区紧急开关系统应符合 GB 5226.1。

7.2.7.2 各个工作区都应有独立的紧急开关系统。当发生紧急情况时,系统通过对应的紧急开关切断供电。

7.2.7.3 紧急开关系统不应控制专门为应付危险设计的线路(如排烟扇、照明、报警器等)。

7.2.7.4 紧急开关装置应是可遥控操作的电流检测器或是电路开关,当线圈被激活时,系统打开。开关装置应由一组易操作的按钮控制,安装在工作区周围大约 1.5 m 高的地方,使在工作台和机器周围的人能够清楚看到。若可能用单键操作的弹簧复位控制遥控连接器或电闸开关,应有电工负责维护此电闸。按钮应醒目,在黄色的表面上有红色的标识。

7.2.8 固定机器工具的电器设备

7.2.8.1 固定机器工具的电器设备应符合 GB 5226.1。

7.2.8.2 固定机器工具的电起动器、开关和控制及其安装应符合 GB 5226.1。他们的安装应使操作者容易控制,且不应接触任何运转的部位。所有的固定机器应装有紧急停止电闸(可以是普通的关闭电闸),且容易操作。

7.2.8.3 设备的供电应通过符合 GB 13539.1 或 GB 16917.1 要求的熔断器。

7.2.8.4 任何没有连接在设备上的控制器或隔离器要放置在 2 m 以外的地方,以便机器开动时可以安全控制。每个开关应标上使用方式和适用的机器。

7.2.8.5 应提供防止机器在一定形式的停机后(如供电失败、低压)自动重启的措施。

7.2.9 食品技术设备的供电

通过永久电缆安装的蒸煮机、洗涤机、洗碗机等食品技术设备的安装说明应清楚地标明随机供应的绝缘体附件,这样清洗时设备可以利用绝缘体附件达到绝缘目的。

通过插头和插座供电的电器应清楚地标明随机供应附件,这样清洗时设备可以绝缘。

7.2.10 便携式设备的供电

7.2.10.1 如果可能使用电池供电的便携式设备。

7.2.10.2 便携式设备的插头应与插座相配,不能以任何方式改换插头,需接地的便携式设备其插头不应使用任何转换插头。

7.2.10.3 使用时应避免人体接触接地物体,如管道、暖气片、冰箱等。

7.2.10.4 不应用电线拉动、搬运便携式设备及拔出插头。

7.2.10.5 不应使便携式设备暴露在雨中或潮湿环境中,如果不可避免在潮湿环境中使用,应使用剩余电路动作保护器。

7.2.10.6 便携式设备应符合 GB 13960.1。

7.2.10.7 户外使用的插头、插座应符合 GB 2099.1。

7.3 燃气设备

7.3.1 燃气燃烧设备应符合 GB 16914。

7.3.2 有燃气的区域应有切断装置,切断装置应在容易接近的位置并标示清楚。

7.3.3 燃气设备应当委托燃气供应单位实施安装、改装、迁移、拆除室内燃气设施等作业。

7.3.4 使用燃气设备应安装专用的安全保护装置(如灭火器,紧急切断开关),并有明显牢固标志。

7.3.5 燃气设备应由专业人员进行维护和维修。

7.3.6 应对室内燃气设施进行定期检查,发现设备异常、燃气泄漏应关闭阀门、开窗通风,禁止在现场动用明火、开关电器、拨打电话,并及时向燃气供应单位报修。

7.3.7 应严禁以下行为:

a) 擅自拆除、改装、迁移、安装燃气设施和用具;
b) 在安装燃气计量表、阀门、燃气蒸发器等燃气设施的房间内堆放易燃易爆物品、居住和办公,在燃气设施的专用房间内使用明火;
c) 使用明火检查燃气泄漏;
d) 将燃气管道作为负重支架或者电器设备的接地导线;
e) 加热和摔、砸、倒卧液化石油气钢瓶;
f) 自行倒罐、排残和拆修瓶阀等附件,改换检验标记或瓶体漆色。

7.3.8 发现燃气事故(包括中毒、火灾、爆炸)后,应立即切断气源,采取通风等防火措施,迅速隔离和警戒事故现场,并及时报警。

7.4 水设备

7.4.1 每一工作区域均应提供自来水,自来水应符合 GB 5749 的要求。应安装水盆,下水管应耐腐蚀。

7.4.2 学校安装饮水设备后,在使用前应由卫生防疫部门对经饮水设备处理后的水质进行检测,检测合格后方可投入使用。

7.4.3 饮水设备的电气安全要求应符合 GB 4706.1。

7.5 机器设备

7.5.1 实验仪器设备安放的地方应把对健康和安全的风险控制到最小。设备安装的位置应在考虑了其他设备的位置、设备的作用、操作的地点后选择。

7.5.2 机器设备应是稳固的,不应滑动或滑倒。

7.5.3 地面应平整,防止机器变形,并应检查地面是否有地基,以便固定机器。固定机器的装置(螺栓、木块、瓦片、乙烯基材料、沥青)应足够长,以便可以打透地基。如果机器有可能摇晃,应使用弹性圈垫。

7.5.4 质量很重的机器不应安置在柔软的表面或胶毡上。

7.5.5 胶毡和橡胶的混合物不应粘在已经打好的地基表面上。

7.5.6 如果要求机器安全地固定在工作台上,支撑机器的工作台应水平、安全、坚固,并有适合工作的高度。

7.5.7 不要求固定的设备(如食品加工器、缝纫机)应包上橡胶垫以便防滑。

7.5.8 机器设备应注意使用防护装置,以使危险减至最小。防护装置应符合 GB/T 8196,防护装置中带制动联锁装置的应符合 GB/T 18831。

7.6 起重设备

7.6.1 对于任何用来升、降的设备(包括升降机、升降杠杆、滑轮、机动起重机、千斤顶、铁链、挂索、有眼螺母)要求如下:

a) 所有起重设备的操作应有操作规程,并应有经过培训、胜任的人监督执行;

b) 起重机设备应牢固、稳定,适合于负载,放置正确,防止损伤;

c) 安全工作负载量应明确地标在机器上;

d) 设备供应商应提供设备的检测合格证书;

e) 应定期检查机器(正常的是 12 个月检修一次起重机,6 个月检修一次铁链、挂索、有眼螺母等易松动设备);

f) 应填写并保存维修记录,以便作为采取相应的措施的依据。

7.6.2 起重机设备的电气设备应符合 GB 5226.2。

7.7 锅炉

学校用锅炉的设计、使用材料、安全、性能特性等应符合 GB/T 16507 和 JB/T 6696 的要求,应定期进行检修。

8 教学区域设备、工具和加工

8.1 总则

8.1.1 学校需要与教学相适应的专业教学环境,包括:计算机教室、通用技术实验室、工程实验室、食品技术实验室、电控实验室、纺织品实验室等。使用工具和设备对所有使用者来说有不同程度的危险,设计和技术部门有必要提供关于健康安全使用教学资源和环境的指导。指导应包括对教师、专业人员、学生安全使用专业仪器和安全设计教学区域的建议。教师、专业人员应经过培训,了解他们使用的设备,明确可能发生的危险以及知道如何去应付。所有健康与安全培训应做记录并保存。

8.1.2 学生使用设备前应接受全面的指导,同时接受关于操作中可能发生的危险以及应对措施的指导。

8.1.3 监督力度应适应风险程度。提高对高风险操作的密切监督。

8.1.4 工具和设备应很好地维护和保管,包括定期对工具进行检修,保持工具的完好。便携式电动工具的使用应严格控制,特别是用电网电源供电的设备。

8.1.5 任何有残疾学生的工作,应有附加的风险评估。这需要密切地监督和使用辅助工具等。

8.1.6 应特别注重对母语为非汉语的学生的指导与监督。

8.1.7 应保证在如下情况下,电动设备和工具与电源隔离,开关设定在“断”的位置:

a) 没人在场的时候;

b) 当专业指导人员不在工作区时;

c) 清理任何阻塞物前；
d) 执行清理工作前；
e) 调试保护装置或重新调试前；
f) 执行测量或评估前；
g) 工具调试或更换前；
h) 调试或重新调试冷却剂管道前；
i) 清理碎片或碎屑前。

8.1.8 不宜使用多功能机器，除非符合代替单一功能机器的要求。

8.1.9 应在额定参数范围内使用电动设备和仪器。

8.2 风险评估

8.2.1 学校应保证实行了如下风险评估；
a) 教学区域适合课堂规模；
b) 课堂有秩序或适当地被管理；
c) 实行了基本的须知说明和维持课堂的规范；
d) 不断教授安全检查。

8.2.2 应关注是否开展了风险评估以确保有特殊需要的学生得到帮助。学生应在高风险被有能力的专业人员控制，并执行了风险评估的区域学习。

8.2.3 如果风险评估认为有必要带个人保护装备，该区域应有明显的标志，标志应符合 GB 2894。

8.2.4 机械安全的风险评价应按 GB/T 15706。

8.3 维修保养

8.3.1 管理者应保证各类仪器设备的安全而且危险被控制在最小。应由专业人员对仪器设备进行维修保养，维修煤气设备应由特殊专业人员进行。应定期地执行保养项目并保存维修数据。

8.3.2 应保证所有仪器设备确实在使用前被检查过，保证电源线没有损坏，开关没有松动，电线没有暴露。应由专业的人员定期的程序化的检查测试机器，以明确是否有需要修理的地方。

8.3.3 检查测试机器的周期由机器的设计和使用情况决定。

8.3.4 手动工具应做定期的检查，如果需要，应定期加工使其锋利。

8.4 健康和安全监控

8.4.1 应定期执行健康安全监控措施，确保：
a) 紧急停止系统应有效地运行；
b) 房间煤气关闭阀门和控制器标志应清楚，易接触，保持工作程序；
c) 只有经过培训的专业人士使用专用设备；
d) 没有监控的房间的电力供应应关闭；
e) 设备的保护装置和内部锁定(自锁装置)装置应安装好并经过适当的调试；
f) 健康安全标志应明确醒目；
g) 在学生操作设备前或处理任何重物前应接受专门的关于健康安全的指导，并保存记录；
h) 在危险不能用其他方法控制的地方，应提供合适的个人保护装备(包括护目镜、防护衣、呼吸防护用品等)；
i) 应提供符合 GBZ 1 要求的急救箱；
j) 地面、门和通道应保持清洁及通畅，不应堆放杂物；
k) 地面不应光滑；

l) 安全门应随时可使用并有明显的标志，开启容易，门口无杂物堆放；
m) 消防设备应随时可用；
n) 材料、工具、附属设备存放储藏应安全；
o) 存放危险物品的储藏柜应带锁，保存安全可靠；
p) 食品应保存在适宜的温度中；
q) 电源插座、开关和绝缘电线应保持良好的状态，并安全地固定；
r) 排烟除尘系统应保持良好工作状态，并应由胜任的人至少每 12 个月严格地检查一次，保存检查结果；
s) 应定期检测电气设备；
t) 应定期执行维修保养并保存记录结果。

8.5 食品加工器具和设备

8.5.1 一般要求

食品加工器具和设备的安全卫生应符合 GB 16798。

8.5.1.1 危险

教职工和学生应明确以下危险：
a) 电器设备有触电危险；
b) 拖地电缆可能引起绊倒；
c) 煤气会引起爆炸；
d) 接触刀具和刀刃可能割伤；
e) 错误安装的刀具和刀片在切割操作时有可能会猛烈飞出损毁物；
f) 粗心的开机可能带来危险；
g) 电器和设备可能存在噪音危害；
h) 错误使用电池可能会自燃或爆炸。

8.5.1.2 危险控制措施

应采取以下危险控制措施：
a) 电器设备应是坚固的、单一用途的。电器设备应根据厂商的说明，按其设计意图使用。设备应符合专门的标准。
b) 学生应被警告电器设备的危险以及使用时应注意的事项。使用前应对学生做能力评估，在整个操作过程中应有经过培训、胜任的人监督指导。如需要应提供个人保护装备。
c) 如果电器的运转部分是暴露的，那么长发和宽松的衣服应加以保护(应戴工作帽，穿工作服)，悬挂首饰应摘掉。
d) 如需要应戴保护耳套。
e) 便携式电器和设备不用时应保存好。
f) 煤气设备在用后应关闭房间总阀门，打开前要检查各阀门和管道。
g) 便携式电器设备的电源线在使用前要认真检查。
h) 应由一位专业人员每 12 个月做定期的专业检查，并保存好检查记录。

8.5.2 便携式食物加工机、榨汁机、食物混合机

8.5.2.1 危险

教师和学生应明确以下危险：

a) 电源存在触电和跳闸的危险；
b) 便携式食物加工机、榨汁机等的旋转部分有危险；
c) 便携式食物加工机、榨汁机等有锋利的刀刃；
d) 热的原料可引起烫伤。

8.5.2.2 危险控制措施

应采取以下危险控制措施：
a) 便携式食物加工机应放在使用者的地方；
b) 应注意保证延长的导线不应缠绕操作者；
c) 应检查机器保证内部锁定功能正常；
d) 拆卸机器前，开关应断开，切断电源；
e) 学生使用便携式食物加工机前应接受能力的评估，应对其进行正确使用食物加工机的指导；
f) 长发和宽松的衣服应束紧；
g) 在机器运作中，食物加工期间应带安全帽；
h) 使用前应检查食物加工机安装是否正确；
i) 如果可能应使用电池供电的便携式电器设备。宜使用充电电池，应根据厂商说明安装和保管电池。

8.5.3 固定的电器设备

固定的电器设备应采取以下措施：
a) 应由专业人员安装电冰箱、冰柜、清洗机、甩干筒和洗碗机；
b) 应定期检查开关和电线；
c) 应按照厂商说明进行使用；
d) 应为设备的使用者提供风险评估；
e) 蒸煮机应由专业人员永久地安装在房间的电器设备上，应安装链子，这样蒸煮机就不会被拉动，连接处也不会扭曲变形。设备应定期检查并保存记录。

8.5.4 固定的煤气设备

固定的煤气设备应采取以下措施：
a) 应由专业人员完成固定的煤气设备的安装和保养；
b) 应按照厂商说明进行使用固定的煤气设备；
c) 应对使用设备是否对使用者存在重大危险进行风险评估。

8.5.5 微波炉

8.5.5.1 危险

教师和学生应明确以下危险：
a) 电源(导线)有触电和跳闸的危险；
b) 接触热的食物或表面可能引起烫伤和着火；
c) 使用错误的盛装材料会引起微波炉过热或爆炸；
d) 密封物体不应在微波炉中加热。

8.5.5.2 危险控制措施

应采取以下危险控制措施：

a) 电源线应从工作区清理出去，和使用者保持距离；
b) 应注意保证烹饪原料和盛装容器适合在微波炉加热；
c) 处理热食物时应使用专用手套和衣服；
d) 不应长时间在微波炉前工作，开启微波后，人与微波炉的距离应保持在 1 m 以外；
e) 应提供正确使用微波炉及处理紧急事故的方法，并进行培训。

8.5.6 油炸锅和其他餐桌炊具

8.5.6.1 危险

教师和学生应明确以下危险：
a) 电源(导线)有触电和跳闸的危险；
b) 接触热的食物或表面可能引起烫伤和灼烧；
c) 错误地使用油炸锅和其他餐桌炊具易引起过度加热。

8.5.6.2 危险控制措施

应采取以下危险控制措施：
a) 电源线应从工作区域清理出去，和使用者保持距离；
b) 应注意保证烹饪原料适合在油炸锅和其他餐桌炊具加热；
c) 烹调食物前应去除原料上过度的水分；
d) 处理热食物时应使用专用手套和衣服；
e) 应给出正确使用油炸锅和其他餐桌炊具的方法，并进行培训。

8.5.7 压力锅

8.5.7.1 危险

教师和学生应明确以下危险：
a) 电源(导线)有触电和跳闸的危险；
b) 接触热食物可引起烫伤和灼烧；
c) 错误使用压力锅可引起过热；
d) 压力锅可能引起爆炸。

8.5.7.2 危险控制措施

应采取以下危险控制措施：
a) 应注意保证烹饪原料适合在压力锅中加热；
b) 应保证压力锅中有足够的水；
c) 处理热食物时应使用专用手套和衣服；
d) 给出正确使用压力锅的方法，并进行培训；
e) 压力锅根据所用材质应符合 GB 15066 或 GB 13623 的要求。

8.6 纺织品加工器具和设备

8.6.1 蜡染壶

8.6.1.1 危险

教师和学生应明确以下危险：

a) 电源(导线)存在触电和跳闸的危险;
b) 接触热的液体或表面可能烫伤或灼烧;
c) 错误使用蜡壶可引起过热。

8.6.1.2 危险控制措施

应采取以下危险控制措施:
a) 制作蜡染制品时应注意力集中;
b) 应保证导线不缠绕操作者、周围设备和蜡壶;
c) 蜡壶电源线应是防热的;
d) 应注意保证原料适合在所用的加热器中加热;
e) 处理热蜡染壶时应使用专用手套;
f) 提供正确使用蜡染壶的方法,并进行培训。

8.6.2 便携式电熨斗

8.6.2.1 危险

教师和学生应明确以下危险:
a) 电源(导线)存在触电和跳闸的危险;
b) 热熨斗可引起火灾;
c) 掉下的熨斗可能伤人。

8.6.2.2 危险控制措施

应采取以下危险控制措施:
a) 使用电熨斗应注意力集中;
b) 应保证导线不缠绕操作者、周围设备和熨斗;
c) 熨斗电源线应是防热的;
d) 应在电熨斗不易掉下的地方存放和使用电熨斗;
e) 提供正确使用电熨斗的方法,并进行培训。

8.6.3 便携式缝纫机

8.6.3.1 危险

教师和学生应明确以下危险:
a) 电源存在触电和跳闸的危险;
b) 便携式缝纫机的旋转部分有危险;
c) 便携式缝纫机有锋利的针头。

8.6.3.2 危险控制措施

应采取以下危险控制措施:
a) 使用缝纫机应注意力集中;
b) 应保证导线不得缠绕操作者、周围设备和缝纫机;
c) 学生使用便携式缝纫机前应进行培训,并接受能力的评估;
d) 长发和宽松的衣服应束紧;
e) 提供正确使用缝纫机的方法,并进行培训。

8.7 便携式加工工具和设备

8.7.1 一般要求

8.7.1.1 危险

教师和学生应明确以下危险：

a) 便携式工具有触电的危险；

b) 接触刀具、刀刃、研磨轮和砂轮会引起割伤；

c) 崩裂的刀具、刀片、研磨轮、砂轮和切割时产生的微粒会猛烈射出；

d) 拖拉的电缆和压缩空气管会引起绊倒的危险；

e) 接触空气压缩管线敞开的一端可能会使空气通过皮肤进入血液；

f) 没有控制的空气压缩管可能会猛烈地甩动；

g) 粗心大意的操作会引起危险；

h) 可能吸入加工时产品的粉尘；

i) 便携式工具有噪音危害；

j) 错误地使用电池会引起自燃或爆炸。

8.7.1.2 危险控制措施

应采取以下危险控制措施：

a) 便携式工具应坚固且单一用途。

b) 便携式工具应根据厂商建议，用于设计用途。

c) 便携式工具应符合相关国家或行业标准。

d) 应警告学生电器设备的危险以及使用时应注意的地方。

e) 使用前应对学生做能力评估。

f) 在整个操作过程中应有经过培训、胜任的人监督指导。

g) 如需要应提供个人保护装备。

h) 如果电器的运转部分是暴露的，那么长发和宽松的衣服应加以保护，悬挂的首饰要摘掉。不应戴手套，应提供护目镜。

i) 实施有关粉尘的风险评估，如需要应提供局部通风设备和呼吸保护装备。

j) 实施有关噪音的风险评估，如需要应提供护耳罩。

k) 便携式工具不使用时应保存在安全的地方。

l) 便携式工具和导线或软管在使用前应仔细检查。

m) 应由一个经过培训、胜任的人每12个月定期做专业检测并保存结果。

8.7.2 便携式气动工具和设备

应做到以下要求：

a) 气动工具应在额定的压力下操控；

b) 在设备和固定供应设备之间应安装调压器和压力表；

c) 空气软管的长度要控制在最短；

d) 空气软管应能耐受安全工作压力；

e) 当没有接通时，压缩空气软管配件应自动切断空气供应；

f) 应定期检查配件以保证它们和软管可靠连接；

g) 带有空气活塞的工具和设备应在调节的工具旁放置润滑剂；

h) 带有喷射装置的压缩空气管应安装非铁的喉管型的喷嘴；

i) 应定期检查软压缩空气管的连接情况；

j) 压缩空气设备不应用于清洁，除非有特殊的设计功能。

警告：由于压缩空气意外地进入血液会引起生命危险，使用喷射装置时应小心，并应戴护目镜，以防止碎屑射入眼睛。非喷射装置操作者不应靠近设备。

8.7.3 便携式电动工具

便携式电动工具的电器应符合 GB 13960.1 或 GB 3883.1 的规定。

如果可能，应使用超低安全工作电压的电烙铁和手提灯。

8.7.3.1 便携式电钻

8.7.3.1.1 危险

教师和学生应明确以下危险：

a) 长发和宽松的衣服可能卷入钻头；

b) 夹头钥匙、坏的钻头、削屑、材料等可能被猛烈射出；

c) 钻头锋利的边沿和材料削屑可能引起割伤；

d) 电源存在触电危险；

e) 人为干扰钻头可引起钻头反弹；

f) 灰尘和其他材料可能会使钻头弹出。

8.7.3.1.2 危险控制措施

应采取以下危险控制措施：

a) 保证电钻的导线不会缠绕操作者和周围设备；

b) 长发和宽松衣服应束紧否则会缠绕机器；

c) 操作者应戴防机械冲击的护目镜；

d) 指导说明中应警示操作者不要接触运转部分，并在培训时强调；

e) 无关附件不用时应远离钻头；

f) 应对在转头转过的材料上去除锋利的边缘进行培训；

g) 应遵照厂商的说明正确使用电钻；

h) 电钻的安全应符合 GB 3883.6 的要求。

8.7.3.2 砂轮机

8.7.3.2.1 危险

教师和学生应明确以下危险：

a) 电源可引起触电和跳闸的危险；

b) 过速、损害或错误安装砂轮，轮子可能损坏，当机器运转时，轮子还可能被猛烈射出；

c) 接触砂轮可能引起割伤；

d) 长发、宽松衣服可能被卷入砂轮；

e) 工作件可能从机器中弹出；

f) 热工作件可能会烫伤；

g) 砂轮机可能引起电击；

h) 被锋利地边缘割伤；

i) 不正确地启动机器会带来危险；

j) 灰尘可被吸入。

8.7.3.2.2 危险控制措施

应采取以下危险控制措施：

a) 注意保证砂轮的导线和皮带不会缠绕操作者和周围设备。

b) 长发和宽松衣服应束紧远离转动部分。

c) 应佩戴护目镜。

d) 操作者应戴手套避免被热材料烫伤。

e) 砂轮的安全工作速度应超出机器的额定速度。

f) 每次使用前应检查砂轮是否损坏，并适时地更换。

g) 轮子应安全地安装在机器上。

h) 警示操作者不要接触运转部分。

i) 物品和没有操作砂轮机的人易被飞射的削屑和火花损害，应远离正在运转的砂轮机。

j) 应安装具有足够强度的固定保护装置，以阻止意外损坏的砂轮的某个部分飞出。保护装置应便于装拆。

k) 应遵照厂商的说明正确使用砂轮机。

l) 台式砂轮机应符合 GB 13960.5。

8.7.3.3 便携式电动锯

8.7.3.3.1 危险

教师和学生应明确以下危险：

a) 电源(导线)存在触电危险；

b) 和旋转部分接触可能引起割伤或被机器卷入的危险；

c) 灰尘和其他颗粒可能射出；

d) 电动锯的锯片可能会反弹射出。

8.7.3.3.2 危险控制措施

应采取以下危险控制措施：

a) 对粉尘进行风险评估，如果可能应提供局部通风设备。如果需要，应带呼吸保护装置。

b) 注意导线和皮带，避免缠绕操作者及附近的设备或电动锯。

c) 锯刃的旋转速度应和机器的速度匹配。

d) 锯片应安全、正确地安装在机器上。

e) 每次使用之前应检查锯的损坏情况，适时更换锯片，不应使用坏的锯片。

f) 学生使用便携式电动锯之前应接受能力考核，只有在一个经过专业培训的人的监督下才可以使用。

g) 长发和宽松的衣服应该束紧，以免被机器缠绕。应戴防机械冲击护目镜。

h) 应说明不要让使用者接触旋转部分。

i) 锯应有适当的保护装置。

j) 如果操作者的精力被分散时，不应使用电动锯。

k) 非使用者和与使用无关的物体有可能被射出的材料或火花毁坏，应远离机器。

l) 带锯应符合 GB 13960.6，圆锯应符合 GB 13960.2。

8.7.3.4 便携式往复运动锯

8.7.3.4.1 危险

教师和学生应明确以下危险：

a) 电源(导线)存在触电危险，电源线有跌绊危险；

b) 往复运动部分可能有危险；

c) 粉尘和其他微粒可能射出；

d) 旋转的锯可能会卡住或反弹射出。

8.7.3.4.2 危险控制措施

应采取以下危险控制措施：

a) 应执行有关粉尘的风险评估，如果可能，应提供局部通风设备。如果需要，应带上呼吸保护装置。

b) 应注意拖拽的导线和皮带，不得缠绕操作者、附近的设备或便携往复运动锯。

c) 锯片应安全正确地安装在机器上。

d) 应加工制造商明确指明的材料。

e) 每次使用之前要检查锯的损坏情况，应适时更换锯片，不应使用坏的锯片。

f) 学生使用便携式往复运动锯之前应接受能力考核，只有在经过专业培训的人的监督下才可以使用锯。

g) 长发和宽松的衣服应该束紧，以免缠绕机器。

h) 应戴护目镜。

i) 应说明不要让使用者接触旋转部分。

j) 锯应有适当的保护装置。

k) 如果操作者的精力分散时，不应使用往复式运动锯。

l) 非使用者和与使用无关的物体应远离机器，以免被射出的材料或火花伤害或毁坏。

m) 操作者应有足够的力量抵挡锯运行时的反冲力。

n) 往复锯应符合 GB 3883.11。

8.7.3.5 便携式砂磨机(轨道式、圆盘式、带式)

8.7.3.5.1 危险

教师和学生应明确以下危险：

a) 电源(导线)存在触电危险；

b) 便携式砂磨机的运动部分可能有危险；

c) 可能吸入加工时产生的粉尘。

8.7.3.5.2 危险控制措施

应采取以下危险控制措施：

a) 应执行有关粉尘的风险评估，如果可能，应提供局部通风设备。如果需要，应带上呼吸保护装置。

b) 应注意导线不得缠绕操作者、附近的设备或便携式砂磨机。

c) 长发和宽松的衣服应该束紧，以免缠绕机器。

d) 应带护目镜。

e) 应说明不要让操作者接触旋转部分,并保证砂磨工具和机器牢固的连接好。

f) 皮带(如果有)安装在机器上时,应使背面的箭头记号可以和机器运转的方向相吻合。

g) 如果砂轮受到阻力,操作者应具有足够的力量去抵挡由于砂轮旋转而产生的反作用力。

h) 砂磨机应符合 GB 3883.3。

8.7.3.6 便携式刨床

8.7.3.6.1 危险

教师和学生应明确以下危险:

a) 电源(导线)存在触电危险;

b) 便携式刨床的运动部分可能有危险;

c) 灰尘可能被吸入;

d) 便携式刨床可能受阻塞或回弹。

8.7.3.6.2 危险控制措施

应采取以下危险控制措施:

a) 应执行有关粉尘的风险评估,如果可能,应提供局部通风设备。如果需要,戴上呼吸保护装置。

b) 应注意拖拽导线和皮带,不应缠绕操作者、附近的设备或便携式刨床。

c) 刨刀片应按照使用说明安全地安装在机器上。每次使用之前应检查刀片的损坏情况,适时更换,不应使用坏的刀片。

d) 学生使用便携式刨床之前应接受能力考核,只有在经过专业培训的人的监督下才可以使用。

e) 长发和宽松的衣服应该束紧,以免缠绕机器。

f) 应戴护目镜。

g) 应警示使用者,不应接触刨床旋转部分。

h) 刀片应有适当的保护装置。

i) 如果操作者的精力分散,不应使用机器。

j) 非使用者及物体有可能被射出的材料毁坏,应放置在远离机器的地方。

k) 使用者应足够强壮以抵挡可能的反弹力。

l) 便携式刨床不应被翻转或被固定在使用者不易够着的台子上。

m) 便携式电刨应符合 GB 3883.10。

8.7.3.7 便携式开榫机

8.7.3.7.1 危险

教师和学生应明确以下危险:

a) 电源(导线)存在触电危险;

b) 便携式开榫机的转动部分可能有危险;

c) 木屑和其他颗粒可能反弹射出;

d) 便携式开榫机可能受阻、回弹或穿入物体。

8.7.3.7.2 危险控制措施

应采取以下危险控制措施:

a) 应执行有关粉尘的的风险评估,如果可能,应提供局部通风设备。如果需要,应戴上呼吸保护装置。

b） 便携式开榫机不应被反转或被固定在台子上当作固定开榫机使用。

c） 应注意连接导线和皮带不得缠绕操作者、附近的设备或便携开榫机。

d） 调试时，机器的速度应与加工的材料匹配。

e） 开榫机的刀片每次使用之前要检查它的损坏情况，适时更换，坏的刀片不要使用。

f） 机器的速度应与切刀切割材料的旋转速度相匹配。

g） 学生使用便携式开榫机之前应接受能力考核，只有在经过专业培训的人的监督下才可以使用。

h） 长发和宽松的衣服应束紧，以免缠绕机器。

i） 应带护目镜。

j） 应说明不要让使用者接触旋转部分。

k） 刀片应有适当的保护装置。

l） 应按照使用说明安全地将切刀安装在机器上。

m） 如果操作者的精力分散，不应使用机器。

n） 非使用者及物体有可能被射出的材料损伤或毁坏，应远离机器。

o） 开槽机应符合 GB 3883.22。

8.7.3.8 电烙铁

8.7.3.8.1 危险

教师和学生应明确以下危险：

a） 电源（导线）存在触电危险；

b） 作为助熔作用的松香产生的烟是有害的；

c） 热的烙铁顶部有烫伤危险。

8.7.3.8.2 危险控制措施

应采取以下危险控制措施：

a） 如果可能最好使用低电压烙铁；

b） 如果可能使用无松香熔接剂；

c） 如果不得不使用松香，那么应执行有关吸入气体的风险评估，并提供局部通风设备；

d） 烙铁的电源线应是防热的；

e） 应注意连接导线不得缠绕操作者、附近的设备或烙铁；

f） 应提供正确使用方法；

g） 使用烙铁时，使用者应集中精力。

8.7.3.9 手动工具

8.7.3.9.1 危险

教师和学生应明确以下危险：

a） 锋利的工具可引起割伤；

b） 工具掉落可带来危险；

c） 使用时工具可能损坏或裂开；

d） 对工具施加压力时工具可能滑落。

8.7.3.9.2 危险控制措施

应采取以下危险控制措施：

a) 手动工具应保存在适合学生取放的高度。不应放在正在工作的工作台上。

b) 铁锤头和铁锤柄应定期检查,应及时更换坏的头和柄。

c) 应合适并牢固安装铁锤柄。应保持锤柄上的楔形物紧固不松动。

d) 金属凿子上的蘑菇状尾部应定期清除。

e) 有刀刃的工具应保持锋利和良好状态。

f) 锯应保持在良好的状态。

g) 应提供正确使用手动工具的方法。

h) 应小心使用锋利、尖锐的工具。

i) 工具不应放在口袋里或别在腰带里。

j) 使用扳手的型号应与螺母和螺钉匹配。

8.8 木工设备

8.8.1 总则

8.8.1.1 学校应防止和控制人员对木屑的吸入。管理者有责任尽量减少空气中各种类型木材(硬木、软木等)和合成材料(如中等密度纤维板)产生的灰尘的含量,平均含量应不高于 3 mg/m³。

8.8.1.2 应对木工机器进行有关健康安全的风险评估,并制定控制或阻止危险的措施。制定措施时应考虑:

a) 灰尘的浓度和暴露在其中的时间;

b) 机器工作时产生粗大的碎屑落到地面上,清理地面时产生细小的灰尘漂浮在空气中很容易被人体吸入。

8.8.1.3 在可能的时候,除了使用呼吸保护装置,应用其他方法达到控制暴露时间的目的(如工作过程中使用局部排风系统和整体的良好通风)。

8.8.1.4 局部排风系统应由经培训胜任的人每 12 个月彻底检查一次。除了严格检查,每周应进行常规检查,以确保基本操作部件功能正常。

8.8.1.5 当减小吸入灰尘的措施不够充分时,应使用呼吸保护装置。呼吸保护装置的类型要根据灰尘的聚积情况来选择。应进行正确使用口罩的培训。免洗口罩应适时地更换。

注:由于木材本身不均匀的内压力,可能导致使用木材时不可预计的弯曲和损坏。

8.8.1.6 教职工应接受培训,以便有能力应付危险。培训要在遇到新的或加剧的危险前执行。如果需要深化能力,培训应重复进行。

8.8.1.7 指导教师应经有关健康安全的培训。

8.8.1.8 学校及相关机构在选择机器时应考虑是否适合学生使用。选择时应根据学生的成熟情况和能力、教师指导监督的能力及课程标准的要求,并做到:

a) 学生应由一个有能力的接受过训练课程的老师培训和指导安全的操作方法;

b) 操作机器前,学生应被证明是成熟的、有能力的,并应不断地进行监督;

c) 学生不应使用高危险机器,除非他们被证明足够成熟和有能力,并接受了足够的训练。同时执行了保护他们的健康和安全的措施,使用高危险木工机器的培训应有合适的监督。

8.8.1.9 木工机器的电器应符合 GB 5226.1 的要求,以便把木工机器电的危险控制在最小。

8.8.1.10 木工机床的安全应符合 GB 12557。

8.8.1.11 学校木工实训室(实验室)的工作环境、平面布置、防火防爆、设备和安全装置、加工系统、操作系统和吸尘系统、安全操作、管理及教育应符合 GB 15606;

8.8.1.12 使用木工机器前应确保具有以下措施:

a) 正确安装防护装置并应是本机器专用的;

b) 使用的工具应是正确的类型、规格、锋利度、切割方向和被安全地紧固；
c) 使用木工机器的正确速度；
d) 不应穿宽松的衣服，不应带首饰；
e) 适时检修通风、抽风设备，保证其工作正常；
f) 应遵照厂商的使用说明使用机器，材料尺寸和类型不应超过机器的容量限制。

8.8.2 开榫眼机（空凿子型）

8.8.2.1 危险

教师和学生应明确以下危险：
a) 开榫眼机的零件可能松动或弹出；
b) 机器的运转部分可能缠绕衣服和头发；
c) 粗心地开动机器有危险；
d) 可能吸入木屑。

8.8.2.2 危险控制措施

应采取以下危险控制措施：
a) 机器需要的最基本的配置：
  1) 使用熔断闸的断电方式，该闸置于机器上或附近；
  2) 操作方便的紧急停机钮，或其他能在紧急情况下迅速停机的装置；
  3) 固定的保护装置（用工具才可以移动）。
b) 实行有关吸入木屑危害健康的风险评估及控制防止措施；
c) 应确保木材加工件被夹紧，锁住夹头的钥匙应在开机前取走，完工后放回；
d) 应有包括供电安全检测在内的维修计划。

8.8.3 成型机器（开榫）

学校及相关机构中不应使用一次成型机器。

8.8.4 平刨和刨床

8.8.4.1 危险

教师和学生应明确以下危险：
a) 在平刨和刨床中加工的工件可能弹出；
b) 旋转的切削刀具可能缠绕衣服和头发；
c) 粗心的开动机器有危险；
d) 噪音可引起永久性的听力损害；
e) 可能吸入木屑。

8.8.4.2 危险控制措施

应采取以下危险控制措施：
a) 平刨和刨床应配有下列装置：
  1) 使用熔断器的断电方式，该熔断器置于机器上或附近；
  2) 操作方便的紧急停机钮，或其他能在紧急情况下迅速停机的装置；
  3) 固定的保护装置（用工具才可以移动）；

警告：如果停止时间超过 10 s，应安装内部锁保护装置和时间延迟栓。

4) 机器上面的部分应安装保护装置，以免对刀具和流入轴的意外的破坏；

5) 防回弹装置要安装在整个机器的工作面上面。宽 3 mm～8 mm 的防回弹装置用于工作宽度低于 260 mm 的机器，宽 8 mm～15 mm 的防回弹装置用于工作宽度高于 260 mm 的机器。

注：在加工薄工件开始接触刀具时弹出的危险可以用一个截面填料滚筒来减小。填料滚筒的截面宽度不超过 50 mm。

b) 机器不使用时应上锁。

c) 平刨和刨床产生的噪音可能高于 100 dB，操作者应带听力保护装置。

d) 只有有能力的经过训练的员工可以使用平刨和刨床。

e) 使用者的精力如果分散，不应使用平刨和刨床。

f) 不应让工具的放射状刀具边沿突出被切物体大于 1.1 mm。

g) 应注意刀片被安全正确地安装。

h) 工具应清楚、长期地用以下信息标明：

1) 厂商或供应商的名字或商标；

2) 如果是手动操作应表明“man”；

3) 最小的夹子长度和相配的边沿厚度。

i) 应使用“推动棒”推动短工件进入机器。

j) 对于平刨，应提供一个可调试保护装置，该装置应在不使用工具的情况下任意锁紧，其高度应在出料桌上 0 mm～75 mm 之间任意调整(高度连续可调，不是分段的)；对于接近(包括) 350 mm 的砧板，该保护装置的宽度应是 100 mm。对于超过 350 mm 的砧板，装置的宽度应是 120 mm；装置应尽可能地靠近桌子内侧零件的上部。桌子外侧不多于 3 mm。

k) 对于刨床，应安装不阻碍排除废物的保护装置，防止接近障切刀的砧板。

l) 平刨和刨床应有包括供电安全检测的维修计划。

警告：平刨和刨床是高危险机器，学生不应使用平刨和刨床。

8.8.5 带式砂轮机、盘式砂轮机

8.8.5.1 带式砂轮机

8.8.5.1.1 危险

教师和学生应明确以下危险：

a) 工件可能阻塞机器；

b) 手或衣服可能被卷入皮带中；

c) 可能会吸入木屑；

d) 粗心地开动机器有危险；

e) 皮带可能破裂甩出；

f) 手可能接触到砂轮表面。

g) 砂轮机是高危险机器。

8.8.5.1.2 危险控制措施

应采取以下危险控制措施：

a) 机器需要的最基本的配置：

1) 使用熔断器的断电方式,该熔断器置于机上或附近;
2) 操作方便的紧急停机钮或其他能在紧急情况下迅速停机的装置;
3) 固定的保护装置(用工具才可以移动)。

b) 皮带应比支撑盘和滑轮窄,保护使用者不受皮带边沿的伤害。应以正确的运转方向安装皮带。
c) 垂直带式砂轮机的机座应是坚固的金属结构。
d) 机座和带子之间的缝隙应能够清理木屑,但是应足够支撑木材。对于有角度的砂处理机,只可能向下倾斜机座,防止木材在机座和带子间阻塞。
e) 水平带式砂轮机应正确地安装保护栅栏,并靠近机器的砂轮表面。首先应用手旋转机器检查轨道。
f) 应实行有关吸入木屑危害健康的风险评估及控制和防止的措施。
g) 如果风险评估认为有危险,应戴护目镜。
h) 应戴工作帽,防止长发被机器缠绕。
i) 使用前应检查砂轮带,破裂的带子应适时更换。
j) 机器应有包括供电安全检测在内的维修计划。

8.8.5.2 盘式砂轮机

8.8.5.2.1 危险

教师和学生应明确以下危险:

a) 工作件可能阻塞机器;
b) 手或衣服可能卷入砂轮中或被卡在砂轮和工件之间;
c) 木屑可能被吸入;
d) 粗心地开动机器有危险;
e) 砂轮在使用中可能裂开甩出。

8.8.5.2.2 危险控制措施

应采取以下危险控制措施:

a) 机器需要的最基本的配置:
   1) 使用熔断闸的断电方式,该闸置于机上或附近;
   2) 位于方便位置的蘑菇头停机钮,或其他能在紧急情况下迅速停机的装置;
   3) 固定的保护装置(用工具才可以移动)或内置的围绕驱动轮的保护装置(应只暴露砂轮下面的1/4)。
b) 砂轮机的机座应是坚固的金属结构;
c) 机座和皮带之间的缝隙应能够清理岩屑,但应足够支撑木材;
d) 应确定机座的位置保证砂粒的流向会一直顺着砂轮的表面;
e) 不应使用砂轮处理小块木头;
f) 机器使用前应由教师或负责人检查;
g) 实行有关吸入木屑危害健康的风险评估及控制和防止的措施;
h) 如果风险评估认为有危险,应戴护目镜;
i) 应戴工作帽,防止长发缠绕机器;
j) 应有包括供电安全测试的维修计划。

8.8.6 锯床(带锯和圆盘锯)

8.8.6.1 带锯机

8.8.6.1.1 危险

教师和学生应明确以下危险:

a) 工作件可能阻碍机器运转;
b) 机器运转部分可能缠绕衣服;
c) 粗心地开动机器有危险;
d) 手和手指可能接触锯刃;
e) 噪音可引起永久性的听力损害;
f) 安装在工作台上的带锯可能会与台面分开。
g) 带锯机是高危险木工机器。

8.8.6.1.2 危险控制措施

应采取以下危险控制措施:

a) 机器需要的最基本的配置:
   1) 使用熔断闸的断电方式,该闸置于机上或附近,由超负荷保护及无电压释放的启动器控制;
   2) 操作方便的蘑菇头停机钮,或其他能在紧急情况下迅速停机的装置。
b) 如果机器无内部锁定装置,当不使用机器时应将机器锁住。
c) 应检查机器确保安全,应保证机器牢固地安装在台子上。
d) 机器的滑轮和边沿(除了通过桌子向下运动的部分)应有机器框架和固定保护装置完全围绕,或者选择内部锁定装置。应有可根据大小调节高度的保护装置以保护锯刃。
e) 只有经过训练的学生才可以使用带锯机。
f) 实行有关吸入木屑危害健康的风险评估及控制防止的措施。
g) 带锯机应有正确的类型、锋利并防变形(钝的或变形的锯使用时可能会坏)。
h) 带锯机应符合 GB 13960.6。
i) 带锯机应有完整的锯齿,缺少锯齿可能引起木材回弹。
j) 使用前应检查带锯的正确拉紧度和轨道,不用时放松带锯的拉力。
k) 如果机器安装了急停装置应小心操作。
l) 顶部和底部的引导器应调到一条线上,否则会引起边沿损坏。顶部引导器应调节到最低的位置,应保护其上面的边沿部分。
m) 引导器和工作台应保持在良好状态。
n) 手指远离锯,待停机后再做调整。
o) 机器正在运转时撤回加工件应小心(如长时间的曲线切割后,锯边沿和加工件的摩擦可能把加工件推向引导器和滑轮)。
p) 根据边沿的宽度和锯齿的大小,不应加工太小半径的曲线切割。
q) 使用前应检查带锯的安装,确保带锯安全正确地固定在机器上。
r) 应有包括供电安全测试的维修计划。
s) 锯床应有停止速度小于 10 s 的急停装置。

8.8.6.2 圆盘锯

8.8.6.2.1 危险

教职工应明确以下危险：

a） 加工件可能阻碍圆锯工作甚至使锯片弹出；

b） 手或手指可能会接触到锯刃；

c） 可能会吸入木屑；

d） 噪音可能会引起永久性的听力损伤；

e） 粗心地启动机器可能会有危险。

f） 圆锯是“高危险性机械”，学生不应使用。

8.8.6.2.2 危险控制措施

应采取以下危险控制措施：

a） 机器需要的最基本的配置：

  1） 使用熔断闸的断电方式，该闸置于机上或附近；

  2） 位于方便位置的蘑菇头停机钮，或其他能在紧急情况下迅速停机的装置；

  3） 固定的保护装置(用工具才可以移动)或内置的围绕驱动轮的装置，如果该装置没有安装到机器上，要在没有开机的情况下把开关调到“断”的位置。

b） 锯周围应有足够的空间，以便木材能被安全处理。

c） 工作区的地面应水平。

d） 地面应保持没有松散的材料并应防滑。

e） 低于机器桌子的叶片部分应有大型保护装置，或者有通过需要工具移动的固定保护装置。

f） 松开的刀应该在桌子的表面下面修理并且固定，以便使刀和锯片之间的缝隙能在桌子水平面上进行最低限度的操作，缝隙不应超过 8 mm 或小于 3 mm。裂开的刀应比锯盘厚，比锯片薄。裂开的刀从桌面向上延伸不要超过圆锯顶端以下 25 mm，或者如果圆锯的锯刃的直径是 600 mm 或更大，那么最大可以延伸到 225 mm。

g） 锯片暴露部分应有严格的保护装置，并且容易调整，但不应偏斜。如果裂开的刀很接近运转部分，那么保护装置应延伸到顶端，向下要延伸到保护锯的每一边，并且调整保证锯齿的根部始终被盖住，如果使用裂开的栅栏，应准确地调整延长至锯齿以外的顺着放入方向不超 50 mm。

h） 不应使用超出设计最高速度的转速。

i） 不应加工超出设计最大工作直径的工件。使用的最大、最小锯片的直径应清楚标示在机器上。

j） 只有经过培训的胜任的人员才可以操作圆锯。

k） 应对吸入木材粉尘引起的健康危险进行风险评估，并制定防止或者控制那些危险的措施。

l） 圆锯机可能产生高于 100 dB 的噪声，使用者应带听力保护装置。

m） 如果风险评估认为保护眼睛是必要的，应戴护目镜。

n） 长头发应束起，并戴工作帽以免缠绕。

o） 一根推动棍(或者正确设计的滑轮)用于加工任何大于 300 mm 的切割工件，或者更长长度的切割。长木材加工应该有适当的支撑，支撑应在切割尺寸的恰当位置。如果助手协助切割一段从锯刃到工作桌外伸出距离为 1 200 mm 长度的加工件，应有一张合适的伸缩桌支撑。

p） 锯片应保持锋利、不变形，安装正确固定。已经受加热影响的锯片应被换掉。锯片的锯齿应完整，不应有蹦缺，锯齿有损伤能引起木材在切割时弹出。钨化物的锯刃应做定期的检查，如果顶端和锯刃之间有小裂缝就应换掉或适当地修理。

q) 应有包括供电安全检测在内的维修计划。

8.8.6.3 动力线锯(线锯)

8.8.6.3.1 危险

教师和学生应该知道以下的危险;

a) 手或者手指可能会接触到动力线锯;
b) 动力线锯可能从工作台分开;
c) 可能吸入木屑;
d) 粗心地启动机器可能带来危险。

8.8.6.3.2 危险控制措施

应采取以下危险控制措施:

a) 机器需要的最基本的配置:
   1) 使用熔断闸的断电方式,该闸置于机上或附近,由超负荷保护及无电压释放的启动器控制;
   2) 操作方便的蘑菇头停机钮,或其他能在紧急情况下迅速停机的装置;
   3) 固定的保护装置(用工具才可以移动)或内置的围绕驱动轮的装置,如果该装置没有安装到机器上,要在没有开机的情况下把开关调到"断"的位置。锯应该固定在工作台上。安装高度应适合于工作。
b) 应开展吸入木屑对健康的危害的风险评估,并应采取防止或者控制这些危险的措施;
c) 如果风险评估认为保护眼睛是必要的,应戴护目镜;
d) 长发应束起,戴工作帽,以免被缠绕;
e) 动力线(锯刃)应锋利且保持良好状态并应防变形;
f) 扭曲或生锈的锯刃在工作时可能损坏;
g) 应有包括供电安全测试的维修计划。

8.8.6.4 悬臂锯

8.8.6.4.1 危险

教师应该知道以下的危险:

a) 手或者手指可能接触到锯刃;
b) 锯刃可能破损;
c) 木屑可能被吸入;
d) 粗心启动机器可能引起危险。
e) 学生不应使用悬臂锯。

8.8.6.4.2 危险控制措施

应采取以下危险控制措施:

a) 机器需要的最基本的配置:
   1) 使用熔断闸的断电方式,该闸置于机上或附近,由一个包含过载保护和断路器的起动装置控制;
   2) 操作方便的蘑菇头停机钮,或其他能在紧急情况下迅速停机的装置;
   3) 固定的保护装置(用工具才可以移动)或内置的围绕驱动轮的装置。如果该装置没有安装到机器上,应在没有开机的情况下把开关调到“断”的位置。

b) 锯应固定到台子上,机器的高度应适合于操作;

c) 在操作者容易控制的地方安装一个可以在发生紧急事件时停止机器的装置;

d) 机器应装有固定保护装置围绕在没有切割的部分;

e) 不应在关机情况下使用锯,自动关闭保护装置应靠近接触到这部分;

f) 在桌面 12 mm 内应安装探测防护装置;

g) 用弹簧线连接锯,以便运动停止时,锯可以返回安全的静止位置;

h) 分开操作不适合悬臂锯(但是适合圆锯);

i) 应实施吸入木屑对健康的危害风险评估,如需要应采取防止或控制危害的措施;

j) 如果风险评估认为应该保护眼睛,应戴护目镜;

k) 长头发应束起,戴工作帽以免被缠绕;

l) 锯刃应锋利、无变形,扭曲或生锈的锯刃易在工作时坏掉;

m) 应有包括供电安全测试的维修计划。

8.8.7 木工车床

8.8.7.1 危险

教师和学生应知道以下危险:

a) 长发、宽松的衣服等可能缠绕在车床的运转部件;

b) 手提式工具可能在支持物和运转部分之间卡住;

c) 如果没有安装好,刀具和工件可能弹出;

d) 木屑颗粒可能飞出;

e) 粗心地开机可能带来危险;

f) 机器周围的狭窄空间可能导致操作者被经过者无意推向运转的机器;

g) 机器周围光滑的地面或者杂物能引起滑倒从而接触运转部分;

h) 可能吸入木屑。

8.8.7.2 危险控制措施

应采取以下危险控制措施:

a) 机器需要的最基本配置:

   1) 使用熔断闸的断电方式,该闸置于机上或附近;

   2) 操作方便的蘑菇头停机钮,或其他能在紧急情况下迅速停机的装置;

   3) 固定的保护装置(用工具才可以移动)或内置的围绕驱动轮的装置。

b) 木工车床应符合 GB 12557。

c) 机器周围应有足够的空间。

d) 地面应防滑,不应乱放物品,木屑应及时清理。

e) 只应由一个人操作机器。

f) 当操作机器时,应戴护目镜,穿结实的防护鞋。

g) 应束起长发,戴工作帽,穿工作服,以防止长发和宽松的衣服接触运转部分。

h) 应摘去首饰,不应戴手套。

i) 应仔细检查木材有无缺陷后方可开始加工操作,粗略地判断材料是圆形或者多边形。段状的材料不应该被加工。如果使用有接缝的材料(如在制作造型时)应在严密的监督下加工。

j) 应保证加工物被安全、稳定地装卡在面板或中心上,应防止过度的振荡。

k) 在启动机器以前，应检查旋转部位是否清洁。

l) 只有一种主轴变速时，在改变速度以前，主轴上的各种物件要远离机器。

m) 安全的转速很重要，应根据以下因素调整：

1) 材料；

2) 材料的直径；

3) 被加工物的表面的状态。

n) 工具支架应该被固定在正确的高度并且接近待处理物。要用安全和正确的角度使用木加工工具。工具应该保持锋利并安全的安装在手柄内。

o) 不应使用临时准备的工具(如锉刀)。在测量、调整工具支架前不应开机。

p) 应进行吸入木屑对健康的危害的风险评估，并采取防止或者控制危险的措施。

q) 应有包括供电安全检查测试在内的维修计划。

8.8.8 切边修整器

8.8.8.1 危险

教师和学生应该知道以下的危险：

a) 接触刀刃会引起严重的伤害；

b) 粗心的启动机器可能会有危险；

c) 机器未牢固地固定在工作台上会带来危险。

8.8.8.2 危险控制措施

应采取以下危险控制措施：

a) 应安全、牢固地安装机器；

b) 在斜边修整器不使用的时候，应把刀刃固定，不应让机器保持在开机状态，如果可能，拿掉操纵杆；

c) 斜边修整器会引起不能有效控制的严重的伤害。只有胜任的人才可以使用斜边修整器；

d) 刀刃应该保持锋利；

e) 机械装置和机器应保持平滑清洁，不应沾有金属屑或塑料屑等；

f) 切边修理器应符合 GB 3883.17。

8.9 金属加工设备

8.9.1 总则

8.9.1.1 学校和相关机构应有包括供电安全检测在内的维修计划。

8.9.1.2 任何在机器领域从事监督、教学、工作的人都应接受充分的培训。

8.9.1.3 学校和相关机构应选择适合学生使用的机器，选择时应根据学生的成熟情况和能力、教师指导监督的能力及课程标准的要求，并做到：

a) 学生应在指导下使用一套安全的操作方法或操作规程，由经过专业培训的人员指导监督；

b) 在开始操作前应就成熟情况和能力层次对学生进行评估，并应持续进行监督；

c) 应遵照厂商的建议，材料的型号和种类不应超出机床的加工能力(应注意在学校和相关机构里，金属加工机器也常用来加工除了金属以外的其他材料)。

8.9.1.4 金属切削机床的安全防护应符合 GB 15760。

8.9.2 数控机床

8.9.2.1 危险

教师和学生应该知道以下的危险：

a) 机器运转时可能缠绕长发和宽松的衣服；

b) 加工件、卡盘钥匙、损坏的刀具可能会被弹出；

c) 机床有触电危险；

d) 关机时手指在零件之间运动会使手指卡住；

e) 锋利的刀刃、切割物、金属屑可能引起割伤；

f) 接触切削冷却液、润滑剂、油等对皮肤有害；

g) 粗心的开机可能带来危险；

h) 机器周围的狭窄空间可能导致操作者被经过者无意推向运转的机器；

i) 光滑的地面或者散乱堆放的物品可能绊倒人从而接触到机器；

j) 手动操作重型仪器设备(如卡盘或平台等)可能有危险。

8.9.2.2 危险控制措施

应采取以下危险控制措施：

a) 机器应具有以下必要配备：

  1) 断电闸置于机上或附近，由一个超负荷保护及无电压释放的启动器控制；

  2) 操作方便的蘑菇头紧急停机钮，或其他能在紧急情况下迅速停机的装置；

  3) 固定的保护装置(用工具才可以移动)或内置的围绕驱动轮、皮带和齿轮的装置；

  4) 机器应安装固定保护装置，保护心轴。

b) 机器周围应有足够的空间，防止操作者被经过者无意推向运转的机器；

c) 地面不应太滑或者散乱堆放物品，防止人被绊倒接触机器；

d) 有保护眼睛的措施；

e) 穿结实的绝缘保护鞋；

f) 应防止长发和宽松的衣服接触运转部分，首饰应该被除去，不应戴手套；

g) 手工操作的工作或需要取放重物如老虎钳、平台、指针装置的工作可能超出了某些人的体力承受范围，这时需要开展评估并实行措施减小重物带来的危险(如使用装卸机、装卸人员、正确的装卸技术)；

h) 调整任何内部零件时应先断电；

i) 发条栓和弹簧在使用完或开机前应立即移开；

j) 应确保加工物被安全、稳定地装卡在面板或中心上，以防止过度的振荡；

k) 开机前应亲自检查旋转部位的清洁，还应仔细检查切割工具；

l) 托盘柄不应凸出在主轴箱外，如果不可避免，凸出的部分应加以保护以免缠绕；

m) 机器运转时不应调试冷却剂喷口；

n) 当测量或放置切割工具的时候，机器应停止运转，同时使之与机器的接触减到最小；

o) 如果可能不应使用锉刀和研磨胶带；

p) 加工中心应符合 GB 18568。

8.9.3 铣床(卧式和立式)

8.9.3.1 危险

教师和学生应该知道以下的危险:

a) 与旋转的刀片接触会有危险;

b) 长发和宽松的衣服可能会在机器运转时缠绕进去;

c) 坏的刀片、切屑、被加工物可能会被弹出;

d) 关机时手指在零件之间运动会使手指卡住;

e) 在机器和桌子之间的运动可能会让身体被挤压;

f) 重物如老虎钳、平台、指针装置可能从桌子上掉落;

g) 铣床有触电危险;

h) 锋利的刀刃、切割物、金属屑可能引起割伤;

i) 接触金属流体、润滑剂会刺激皮肤;

j) 粗心的开机可能带来危险;

k) 机器周围狭窄的空间可能使操作者被经过者推向机器;

l) 光滑的地面或者散乱堆放的物品可能绊倒人从而触碰到机器;

m) 重型仪器如老虎钳指针装置等手动操作可能有危险。

8.9.3.2 危险控制措施

应采取以下危险控制措施:

a) 机器的必要配备:

  1) 使用熔断闸的断电方式,该闸置于机上或附近;

  2) 操作方便的蘑菇头紧急停机钮,或其他能在紧急情况下迅速停机的装置;

  3) 固定的保护装置(用工具才可以移动)或内置的围绕驱动轮、皮带和齿轮的装置。

b) 应防止可能发生在运转的滑轮和大齿轮上的危险。

c) 在加工过程中应防止缠绕。

d) 在安装铣床的时候应注意桌子和机器的边缘以及和任何部件间的距离不应小于 500 mm。

e) 应有一个手柄或手动轮,这样当驱动器忙的时候仍可以让机器停止旋转。

f) 机器周围应有足够的空间,防止操作者被经过者无意推向运转的机器。

g) 地面不应太滑或散乱堆放物品,防止人被绊倒接触机器。

h) 应戴护目镜。

i) 应穿结实的绝缘保护鞋。

j) 应防止长发和宽松的衣服接触运转部分。

k) 不应佩戴首饰及手套。

l) 手工操作工作和一些需要取放重物如老虎钳、平台、指针装置的工作可能超出了某些人的体力承受范围,这时需要开展评估并实行措施减小重物带来的危险(如使用装卸机、装卸人员、正确的装卸技术)。

m) 调整任何内部零件时应断电。当放置待加工物、清理碎屑、调整冷却剂喷口,或测量时应保证刀片停止运转。

n) 应用合适的工具来避免手指和刀刃的接触。

o) 如果使用金属流体,应该根据供应者的指示混合调整,与皮肤的接触应该被控制到最少,应在使用后彻底地洗手。

p) 应有包括供电安全检测在内的维修计划。

8.9.4 钻床

8.9.4.1 危险

教师和学生应该明确以下危险：

a) 长发、宽松的衣服可能被卷入钻床的转动部分；
b) 卡盘的钥匙、破损的钻头、金属切屑、工件等会被猛烈射出；
c) 握材料的手意外扭转会使手受伤；
d) 钻台会滑落或重物可能从加工台上脱落；
e) 钻床有触电危险；
f) 在部件间活动会被卡住；
g) 钻床上的钻头刃、工件及金属屑会造成刮伤；
h) 与金属流体及润滑剂接触会刺激皮肤；
i) 粗心开机会造成危险；
j) 机器周围空间不足会造成操作者被路过者意外推向机器；
k) 机器周围散乱物体或光滑地面会造成滑倒而接触机器。

8.9.4.2 风险控制措施

应采取以下危险控制措施：

a) 机器必须有如下配置：
   1) 使用熔断闸的断电方式，该闸置于机上或附近；
   2) 脚控紧急停止装置，以便没有其他控制员协助加工的情况下机器也能迅速停止；
   3) 固定的保护装置(用工具才可移动)，或内置的围绕驱动轮和皮带的保护装置(这些装置应防止运转过程中滑轮卡住)。
b) 机器周围应有足够空间，防止操作者被经过者无意推向运转的机器。
c) 地面不应过滑，应没有散乱物品。
d) 操作机器时提供眼睛保护。
e) 穿结实的绝缘保护鞋。
f) 长头发和宽松的衣服应加以保护以免卷入运转部分。
g) 悬挂首饰应摘掉。操作机器时不可戴手套，扎绷带。
h) 更换或移动钻床面板装置等有关的手工劳动可能是某些人力所不及的，应采取措施减小搬运中的危险(例如使用搬运工、装卸队、改进搬运技术)。
i) 更换驱动带之前断电，夹头(最好是弹簧的)钥匙，用后开机之前立即拿开。

注 1：由于很多钻床事故发生在加工材料已装好，钻头位于最高位置时，此钻床宜有一个合适的保护装置，保护装置处于钻头底部，且通过调节台面可使钻头脱离保护装置进入加工材料中。

注 2：当使用小直径钻头时，台钳或手钳不必要。这种情况下可用手握材料，但要有危险防范措施。

j) 如果没有齿条和齿轮升降装置用来调试面板，面板下的安全停机装置应使用。如果顶部合适，确保整个停机装置的安全性。应以合适的方法移动切屑，避免手的接触。
k) 如果使用金属流体，应根据供应商的说明混合调配，尽量减少皮肤接触，用后仔细洗手。
l) 冷却剂喷口在操作中不应调试。

m) 应有包括供电安全检测在内的维修计划。

8.9.5 磨床

8.9.5.1 台式磨床

8.9.5.1.1 危险

教师及学生应明确如下危险：

a) 运转过速、损坏或安装不当的砂轮转动时可断裂并被猛烈射出；

b) 接触砂轮会被磨伤；

c) 长发、宽松的衣服等会卷入机器；

d) 工件会被射出；

e) 手或手指在轮与支座间会被压扁；

f) 热材料会引起燃烧；

g) 磨床带有触电危险；

h) 锋利的边沿会引起刮伤；

i) 粗心的开机会造成危险；

j) 灰尘会被吸入；

k) 机器周围没有足够空间可能导致操作者意外触动机器开关；

l) 机器周围散放物体或光滑地面会造成滑倒而接触运转部分。

8.9.5.1.2 风险控制措施

应采取以下危险控制措施：

a) 机器的必要配置：

  1) 使用熔断闸的断电方式，该闸置于机上或附近；

  2) 操作方便的蘑菇头停机扭，或其他能在紧急情况下迅速停机的装置；

  3) 有围绕轮子和主轴安全保护器，保护器应能罩住运转过程中轮子破裂形成的碎片(应在顶端留空隙以便取放材料)。

b) 机器周围应有足够空间，防止操作者被经过者无意推向运转的机器；

c) 地面不应过滑，应没有散乱物品；

d) 实行有关吸入灰尘的风险评估；

注：一般的房间通过通风足以让灰尘远离磨床，但根据材料和应用范围，也许需要其他措施(如局部排气通风或呼吸保护设备)。

e) 操作机器时应戴护目镜；

f) 长发和宽松衣服应扎紧以免卷入运转部分；

g) 悬挂首饰应摘掉，操作时不应戴手套；

h) 磨床应与加工材料相适应；

i) 依照厂家说明由专业人员正确安装；

j) 砂轮转速不应超过机器标示的最高速度；

k) 应将主轴转速标示在机器上；

l) 支座应与轮子尽量接近以免手指和工件被压，支座和轮子之间的空隙不得超过 3 mm；

m) 应有包括供电安全检测在内的维修计划。

8.9.5.2 平面磨床

8.9.5.2.1 危险

教师和学生应明确如下危险：

a) 运转过速、损坏或安装不当的砂轮，转动时可能裂开并被猛烈射出；
b) 接触砂轮会被磨伤；
c) 长发、宽松衣服等会卷入主轴砂轮；
d) 工件会被射出；
e) 手指和工件在砂轮与支座间会被挤压；
f) 热材料会引起燃烧；
g) 磨床有触电危险；
h) 锋利的边沿会引起划伤；
i) 粗心的开机会造成危险；
j) 会吸入灰尘；
k) 机器周围没有足够空间会造成操作者被路过者推向机器；
l) 机器周围散放物体或光滑地面会造成滑倒而接触运转部分；
m) 通电情况下手指在零件间运动会被搅；
n) 在面板与固定结构间活动会导致挤压出血；
o) 没有扣紧的工件会猛烈地从面板一端被射出；
p) 接触金属加工润滑液会灼伤皮肤。

8.9.5.2.2 危险控制措施

应采取以下危险控制措施：

a) 平面磨床要求面板在运行时应至少与其他固定物体相距 500 mm，面板的一端应装有一个大的保护装置或对着一面墙，因为未夹紧工件可能从那里被射出。
b) 驱动装置应配有用工具才能移动的固定的保护或内置保护器以防运转中的接触。
c) 操作机器时戴护目镜，穿结实的绝缘鞋，在调试任何内部装置前断电。如果必要应将砂轮先平衡以减小振动。
d) 开机前应检查工件被夹紧(使用磁力面板时应特别注意)。
e) 放材料及测量之前应停机。
f) 运转时手应远离面板以免压伤手指。
g) 如果使用冷却液或润滑剂，应根据供应商的说明混合调配。尽量减少皮肤接触，用后应仔细洗手。
h) 卧轴矩台平面磨床应符合 GB 24385。

8.9.5.3 抛光机

8.9.5.3.1 危险

教师和学生应明确如下危险：

a) 长发和宽松衣物等可能卷入主轴或刷子；
b) 工件与刷子相连的电线及抛光过程中的微粒可能被射出；
c) 热材料会引起燃烧；
d) 抛光机带有触电危险；

e) 锋利的边沿会引起刮伤；

f) 粗心的开机会造成危险；

g) 会吸入灰尘；

h) 机器周围没有足够空间，会造成操作者被路过者推向机器；

i) 机器周围散放物体或光滑地面会造成滑倒而接触运转部分。

8.9.5.3.2 危险控制措施

应采取以下危险控制措施：

a) 机器必须有如下配置：
   1) 使用熔断闸的断电方式，该闸置于机上或附近；
   2) 操作方便的蘑菇头停机扭，或其他能在紧急情况下迅速停机的装置；
   3) 固定的保护装置(用工具才可移动)，或内置的围绕驱动器的保护装置；
   4) 围绕刷子的保护装置(只能在顶端留空隙以便取放工件，这个保护器应能防止与主轴两端及连线轴的缠绕)。

b) 操作机器时戴护目镜；

c) 长发和宽松衣服扎紧以免卷入运转部分：

d) 悬挂首饰应摘掉，操作时不应戴手套；

e) 机器周围应有足够空间，防止操作者被经过者无意推向运转的机器；

f) 地面不应过滑，应没有散乱物品；

g) 实行有关吸入灰尘的风险评估；

注：一般的房间通过通风足以让灰尘远离抛光机，但根据材料和应用范围，也许需要其他措施(如局部排气通风或呼吸保护设备)。

h) 电刷应与工件适应且夹紧以免运转中变松；

i) 应有包括供电安全检测在内的维修计划。

8.9.5.4 带式抛光机

8.9.5.4.1 危险

教师和学生应明确如下危险：

a) 长发和宽松衣物等可能卷入皮带或驱动轮；

b) 手指或工件会卡入驱动轮或运转中的皮带；

c) 接触皮带边会被刮伤；

d) 热材料会引起燃烧；

e) 带式抛光机有触电危险；

f) 锋利的边沿会引起刮伤；

g) 粗心的开机会造成危险；

h) 会吸入灰尘；

i) 机器周围没有足够空间会造成操作者被路过者推向机器；

j) 机器周围散放物体或光滑地面会造成滑倒而接触运转部分。

8.9.5.4.2 危险控制措施

应采取以下危险控制措施：

a) 机器必须有如下配置：
   1) 使用熔断闸的断电方式，该闸置于机上或附近；

2) 操作方便的蘑菇头停机扭或其他能在紧急情况下迅速停机的装置；

3) 固定的保护装置(用工具才可移动)，或内置的围绕驱动器的保护装置。

b) 对皮带及皮带轮造成的夹卡的监控(这个装置应尽量靠近皮带表面以防止夹卡)；

c) 操作机器时应戴护目镜；

d) 长发和宽松衣服应扎紧以免卷入运转部分；

e) 应摘掉悬挂首饰，操作时不应戴手套；

f) 机器周围应有足够空间，防止操作者被经过者无意推向运转的机器；

g) 地面不应过滑，应没有散乱物品；

h) 实行有关吸入灰尘的风险评估；

注： 一般的房间通过通风足以让灰尘远离抛光机，但根据材料和应用范围，也许需要其他措施(如局部排气通风或呼吸保护设备)。

i) 安装任何内部装置前应断电；

j) 用之前应检测皮带，不应使用破旧磨损的皮带，皮带应比皮带轮窄(以保护皮带边缘并减小刮伤危险)，皮带应与工件相适应，应调试皮带使其按正确方向运转，并且不会在运转过程中断裂或变松；

k) 应有包括供电安全检测在内的维修计划。

8.9.6 电锯(锯床)

8.9.6.1 危险

教师和学生应明确如下危险：

a) 长发和宽松衣物等可能卷入运转部分；

b) 通电后接触零件间部位会被卡住；

c) 触摸锯柄前部会被卡住或刮伤；

d) 卸下的锯条会绊倒人；

e) 电锯带有触电危险；

f) 电锯锋利的边沿、工件及碎屑会造成刮伤；

g) 接触切割液、润滑油会灼伤皮肤；

h) 粗心的开机会造成危险；

i) 机器周围没有足够空间会造成操作者被路过者推向机器；

j) 机器周围散放物体或光滑地面会造成滑倒而触到运转部分；

k) 手工装卸锯条会有危险。

8.9.6.2 危险控制措施

应采取以下危险控制措施：

a) 机器必须有如下配置：

1) 使用熔断闸的断电方式，该闸置于机上或附近；

2) 操作方便的蘑菇头停机扭或其他能在紧急情况下迅速停机的装置；

3) 固定的保护装置(用工具才可移动)，或内置的围绕驱动轮、皮带和齿轮的保护装置(该装置应防止运转过程中驱动轮和齿轮卡住)。

b) 机器周围应有足够空间以免操作者被经过者无意推向机器；

c) 地面不应过滑，应没有散乱物品；

d) 锯条在运行端点时至少应与其他固定物体相距 500 mm；
e) 操作机器时应戴护目镜；
f) 应穿结实的绝缘鞋；
g) 长发和宽松衣服应扎紧以免卷入运转部分，悬挂首饰应摘除；
h) 应合理安放工件和锯条以免绊倒行人；
i) 换锯条等手工劳动应正确估算且应采取措施减少危险(如用装卸队，改进装卸技术，保护经过者)；
j) 工件应装正夹紧(如果需要夹持两边)，长且重的横加工件应支好以免当台钳松开时被锯部分脱落；
k) 使用时手应远离锯柄和驱动柄；
l) 安装任何内部装置前应断电；
m) 冷却剂喷头开机不应进行调试，小心冷却剂撒出；
n) 如果使用冷却剂，应根据供应商的说明混合调配，应尽量减少皮肤接触，用后仔细洗手；
o) 应有自动关机开关，此开关应随时可用且定期检查保证其状态良好；
p) 水压冲槽应保持状态良好；
q) 应有包括供电安全检测在内的维修计划。

8.9.7 切板机和剪刀(剪床或冲床)

8.9.7.1 危险

教师和学生应明确如下危险：
a) 在剪切面和其他部分间活动可能被卡住或受伤；
b) 工件的利边会造成刮伤；
c) 切板机周围空间不足会造成操作者被路过者无意间推向机器；
d) 切板机周围散放物体或光滑地面会造成滑倒而接触运转部分；
e) 人工处理工件和操作者可能触动脚踏板造成危险。

8.9.7.2 危险控制措施

应采取以下危险控制措施：
a) 具有使用熔断闸的断电方式，该闸置于机上或附近；
b) 具有操作方便的蘑菇头停机扭或其他能在紧急情况下迅速停机的装置；
c) 固定的保护装置(用工具才可移动)，或内置的围绕驱动轮、皮带和齿轮的保护装置(该装置应防止接触旋转的轮和齿轮)；
d) 应有能够从各个方向防止接触剪切点的保护器并配有工作台；
e) 机器周围应有足够空间，防止操作者被经过者无意推向运转的机器；
f) 地面不应过滑，应没有散乱物品；
g) 机器不用时应上锁或卸下操纵杆以确保安全；
h) 任何时候只能一人操作机器，装卸工件时应带工作手套；
i) 只能剪切机器允许的材料，防止损坏机器；
j) 剪切片状材料(板材)应适当支撑；
k) 移动材料等手工劳动应正确估算，且应采取措施减少危险(如用装卸队，改进装卸技术，保护经过者等)；
l) 剪刀刃应保持完好，不扭曲且恰当安装。剪板机和剪刀应有维修计划。

8.9.8 石头加工机

8.9.8.1 危险

教师和学生应明确如下危险：

a) 磨合和抛光石头会产生损害呼吸系统的粉尘；

b) 石头可能从机器射出；

c) 工作区域可能湿且滑，机器可能漏油。

8.9.8.2 危险控制措施

8.9.8.2.1 研磨装置

应采取以下危险控制措施：

a) 研磨机的砂轮应在水中工作以确保粉尘微粒被安全冲走；

b) 小心处理研磨产生的泥浆，因为泥浆会阻塞排水系统；

c) 废物应恰当处理、沉淀，废水排走，固体清理掉；

d) 不使用时应将水从水槽排出；

e) 应做风险评估并穿适当的防护衣；

f) 应戴护目镜；

g) 应用镊子夹石头，不能用手拿。

8.9.8.2.2 切割装置

应采取以下危险控制措施：

a) 仔细确保该部分金刚石锯刃结实可靠；

b) 做风险评估并穿适当的防护衣；

c) 戴护目镜；

d) 用切割油或切割水冷却锯刃；

e) 确保粉尘被安全清除；

f) 立即清理溅在台面或地板上的切割油。

8.10 汽修车间、器械和设备

8.10.1 危险

教师和学生应明确以下危险：

a) 开动的机车会碰人；

b) 机动车或掉下的部件，起重过程中的设备或起重机会卡住或碰撞；

c) 移动部分会卡住或缠绕；

d) 粗心移动机动车，开发动机或拆装零件会造成危险；

e) 汽油蒸气会失火或爆炸；

f) 可能吸入废气；

g) 检测沟可能会积存易燃蒸气或废气；

h) 检测沟可能让人跌倒；

i) 高压点火设备会造成触电；

j) 电池释放爆炸性氢氧气体；

k) 由损坏电池接头处电路造成的弯曲会让电池爆炸；
l) 电池接头或其他接头短路可能造成燃烧或点燃易燃气体；
m) 油或冷却剂的溅撒或不稳定工作的区域会让人滑倒；
n) 来自制动器和离合器隔板的灰尘(可能含有石棉)会被吸入；
o) 热气处理系统的表面及制动器的圆盘或鼓轮会引起燃烧；
p) 热冷却系统，发动机油和自动传送和驱动系统流体可造成烫伤，引起燃烧；
q) 发动机或传送装置润滑油和水压流体会灼伤皮肤；
r) 过热或燃烧人造橡胶密封圈、O 形环产生的氟、氢、酸等气体会引起燃烧；
s) 无意碰到气囊会造成危险；
t) 来自高压引擎或汽油注射系统的燃料可能溅入眼睛和皮肤引起灼伤；
u) 手工处理(或搬动)重的部件、材料和工具会造成危险。

8.10.2 危险控制措施

8.10.2.1 危险控制措施总要求

应采取以下危险控制措施：

a) 开动汽车的钥匙应由一个称职的人保管；
b) 在开动汽车前应确定司机称职且有能力；
c) 将汽车停放在指定区域应小心谨慎；
d) 工作区域应保持整洁以减小滑倒的危险；
e) 设备用过后应妥善保管；
f) 应合理安排工作系统，减少类似油和流体溅在地板上，溅出的应用吸收性微粒或锯末清理；
g) 发动机不应在室内运行除非机动车尾气对环境是无污染，或可通过抽气管排除；
h) 长发和宽松的衣服应扎紧以免卷入运转部分，悬挂首饰应摘掉，应穿紧身外套；
i) 在升起的汽车下工作应戴安全帽，安全帽应符合 GB 2811；
j) 应尽量少接触发动机或传动装置的润滑油和水压流体并戴合适的防护手套(例如一次性的乙烯树脂或天然橡胶手套)，工作后应用清洁剂洗手，应提供指甲刷和保护霜；
k) 在发动机安装调整或故障检查时应小心开启，以免手指、衣服、头发、抹布被滑轮和皮带打住或缠住；
l) 移动重的设备和部件等手工劳动可能是某些人力所不及的，应做风险评估且采取措施减小危险(如用助手、集体装卸或改进技术)；
m) 高压点火的电压极其危险，特别是对于有心脏病或带心脏起搏器的人，当发动机运转时不应在点火装置或周围工作；
n) 使用燃料注射器及管道工作时应小心，确保人不被燃料溅到；
o) 应小心燃烧或过热的人造橡胶部件，如密封圈、O 形环、燃料管(它们呈碳状且粘，含有氟、氢、酸，有很大的腐蚀性，极难从皮肤上清除)，如果有任何可疑的碳状橡胶部件被认为是人造的，应戴防护手套，如果弄到皮肤上，应当立即清洗且就医治疗；
p) 散热器或油箱盖在发动机热时不应打开，应小心不接触热的发动机油、尾气及破碎的圆盘或鼓轮；
q) 当靠近或移动方向盘及车牌时应严格执行厂家说明。

8.10.2.2 电池及充电器

应采取以下危险控制措施：

a) 电池充电区应通风良好,以防止积存氢氧混合气体;
b) 应按如下方法避免电池正负极的变形:
   1) 跨接电缆应按厂家要求的顺序连接,最后一连接点(电路闭合极容易发生变形的地方)应在接地线的车体上且离电池至少 500 mm;
   2) 充电器在与极点连接前应关闭;
   3) 电池地极应按厂家说明连接,以免工具在连接点处变形;
   4) 戒指及手链在工作前应摘掉。

8.10.2.3 演示发动机及辅助设备

应采取以下危险控制措施:
a) 静态演示应防止车倒且将任何可能夹手或手指的部分保护或锁起来,以防意外;
b) 锁设备及发动机点火的钥匙应由一个负责的人保管。

8.10.2.4 油箱

应采取以下危险控制措施:
a) 只有专业人士才能修理油箱,不应在油箱上或附近进行高温工作;
b) 汽油的虹吸应用虹吸泵(而不能用嘴吸),汽油应排入合适的容器,在拆卸例如燃料测量输出系统的部件前应确保油箱排空;
c) 点火源头应与能出现汽油蒸气的区域隔离,如果手提灯的灯泡破裂就会点燃汽油蒸气,如果需要照明,应用防爆照明电器;
d) 建筑物内不应存放超过 5 L 的汽油,汽油应存放在检测过的容器中,置于锁着的仓库中。

8.10.2.5 机动车的升起

应采取以下危险控制措施:
a) 按起重机厂家的说明和建议执行操作;
b) 机动车重量的分布和拆装部件时力的分布应做多次估算;
c) 起重机车上标有安全承重,承重不应超过安全标准;
d) 只有有能力的人员才能操作起重机;
e) 为防止摔伤,人不能站在起重机平台上,升起的平台不能用做工作台;
f) 升降开关应是弹簧的以便开关松开运动停止,开关应放在操作者能清楚看到起重机各个角度的位置;
g) 有四柱的起重机,应有垫木防止机动车滑落;
h) 应具有由专业人员负责的维修计划。

8.10.2.6 起重器和轮轴架

应采取以下危险控制措施:
a) 轮轴架应由专人定期检查;
b) 所有的起重器和轮轴架都应标有最大承重且不应被超过;
c) 货车、瓶子及螺旋式起重器只能用来升起机动车,在机动车下面工作之前应有轮轴架和其他的支撑;
d) 起重器和轮轴架只能在平的无损坏的地面上使用,应用垫木防止起重过程中机动车的移动,小心防止起重器和轮轴架滑动;
e) 起重器和轮轴架应保持良好的状态且用前应检查。

8.11 塑料成型加工和设备

8.11.1 注塑机(注射成型)

8.11.1.1 危险

教师和学生应明确以下危险：

a) 注塑机射出的热的或熔化的塑料可能引起燃烧；

b) 可能吸入有害气体；

c) 该机不稳定会造成危险；

d) 用吸水材料吸收水分(尼龙)防止放电爆炸。

8.11.1.2 危险控制措施

应采取以下危险控制措施：

a) 具有使用熔断闸的断电方式，该闸置于机上或附近。

b) 在喷口区周围应有保护装置，以便在各个方向防止热材料的喷射。

c) 打开的模具在注射塑料前应夹紧，并应有保护装置。

d) 某些塑料材料(特别是尼龙)吸收潮气。这些材料应储存在不透气的筒里，并在使用前根据厂家说明烘干。

警告：塑料材料吸入过多的潮气，会使从成型机中喷射出来的蒸气增多。

e) 根据风险评估，应配备适当的个人保护装置(如防热手套或长手套)，应注意保护眼睛。

f) 应有包括供电安全检测在内的维修计划。

8.11.2 成型切边机

8.11.2.1 危险

教师和学生应明确以下危险：

a) 切割刃或铁盘及驱动装置可能伤人；

b) 不牢固的设备可能造成伤害；

c) 切边后的材料可能造成伤害。

8.11.2.2 危险控制措施

应采取以下危险控制措施：

a) 应有使用熔断闸的断电方式，该闸置于机上或附近；

b) 驱动器应有只具用工具才能移动的固定保护装置；

c) 在可能情况下应提供连锁保护及切割保护；

d) 如果有夹卡的危险，应有可调整的隔板或导引；

e) 手持或移动工件时应保持手远离刀刃；

f) 根据风险评估，应具备适当的个人保护装置(如防热手套或长手套)，并注意保护眼睛；

g) 应有包括供电安全检测在内的维修计划。

8.11.3 真空成型机

8.11.3.1 危险

教师和学生应明确以下危险：

a） 可能吸入气体；
b） 过热的塑料可引起燃烧失火；
c） 压力箱可能落下伤人。

8.11.3.2 风险控制措施

应采取以下危险控制措施：

a） 应具有使用熔断闸的断电方式，该闸置于机上或附近。
b） 便携式抽真空机应由电源插座控制，且应有剩余电流保护装置。设备不用时应拔下插头。
c） 加热系统应有隔离保护，以免触碰到高温表面，移动加热系统应由机械完成。应能控制加热器输出量，如果使用陶瓷加热器，应有附加金属板装置的机械连锁系统以防模具落入加热器。
d） 如使用 ABS 材料，当达到成型温度时会产生一些烟，应配备局部通风设备。

注：多数普通材料抽真空时不会产生过多烟，一般的室内通风就可以。

e） 加热材料时应有人监控机器，如果加热的材料冒烟，应关机，必要时撤离，应使房间通风，为防止加热过度应配备报警的定时器。
f） 应有包括供电安全检测在内的维修计划。

8.11.4 热金属丝切割机

8.11.4.1 危险

教师和学生应明确以下危险：

a） 可能吸入气体；
b） 与热导线接触可灼伤皮肤。

8.11.4.2 风险控制措施

应采取以下危险控制措施：

a） 只能用于切割发泡聚苯乙烯材料。
b） 便携式热金属丝切割机应由电源插座控制，且应具有剩余电流保护装置。设备不用时应拔下插头。
c） 电线供电不应超过 25 V，且应由独立的超低压电源供应。电压应调至正常切割速度且不产生烟气的水平。如果可能，应有脚闸控制剪切线的供电。
d） 发泡聚苯乙烯被热线切割时会产生危险气体，应做危害气体危险评估，必要时保持通风。
e） 应有包括供电安全检测在内的维修计划。

8.11.5 片式和曲线式加热器

8.11.5.1 危险

教师和学生应明确以下危险：

a） 可能吸入气体；
b） 热塑料及表面可能引起燃烧；
c） 片式加热器有触电危险。

8.11.5.2 风险控制措施

应采取以下危险控制措施：

a） 该机使用熔断闸的断电方式，该闸置于机上或附近。

b) 片式和曲线式加热器应有一个电源插座控制，且具有剩余电流保护装置。设备不用时应拔下插头。

c) 带有耐高温高压电线的曲线加热器应是超低压型的，且有防止电源电压在二次供电出现故障的变压器。

d) 应具有简单的热输出控制，且应有控制热源与材料之间距离的可调试装置。应提供有关火灾危险的警示。

8.11.6 烘箱

8.11.6.1 危险

教师和学生应明确以下危险：

a) 可能吸入气体；

b) 热塑料及表面可能引起燃烧。

8.11.6.1 危险控制措施

应采取以下危险控制措施：

a) 该机使用熔断闸的断电方式，该闸置于机上或附近；

b) 只有温控电炉才能用来加热塑料，温控计应包含一个最高温设置在150 ℃～300 ℃的控制器，温控计应可以防止过热；

c) 如果可能应使用扇形电路炉子，不应超过外罩温度；

d) 炉室内应保持干净；

e) 应进行风险评估，应有个人保护装置，应戴防热长手套；

f) 应有包括供电安全检测在内的维修计划。

8.12 金属热加工车间和设备

8.12.1 锻造加工

8.12.1.1 危险

教师和学生应明确以下危险：

a) 搬热材料时应小心(特别是看起来不烫的金属)；

b) 瓷砖不应加热，因为容易炸裂；

c) 热源挪开以后瓷片在一段时间内仍然很烫；

d) 冷却热材料，特别是管状部件，会造成烫伤；

e) 燃料燃烧可能产生危险气体。

8.12.1.2 危险控制措施

应采取以下危险控制措施：

a) 防火砖及其他防火材料应用于焊接底座，铁砧应固定在一个在合适高度的牢固基座上，铁砧及冷却箱应尽量与锻铁炉靠近；

b) 应通风排烟；

c) 应有个人防护设备，包括：结实的防火围裙、手套、面罩及防火鞋；

d) 热金属冷却的地方应有警示牌；

e) 应用特殊形状的钳子拿热金属，工具应合适且规格正确，使用后应冷却且安全保存；

f) 地面应没有任何松散材料及工具。

8.12.2 焊接及焊接设备

8.12.2.1 危险

教师和学生应明确以下危险：

a) 压缩氧气瓶如果损坏会失火或爆炸；
b) 氧气泄露会使火燃烧更快更剧烈；
c) 乙炔乙烷如果失火会爆炸；
d) 乙炔泄漏会在建筑物内形成爆炸性气体；
e) 焊接设备有触电危险；
f) 热金属会失火；
g) 火星会灼伤皮肤、眼睛及衣物；
h) 切开或清理焊接点会弄伤眼睛；
i) 焊接有失火危险；
j) 在盛放易燃液体的容器内易形成爆炸性气体；
k) 可能产生危险烟气。

8.12.2.2 一般性危险控制措施

应采取以下危险控制措施：

a) 在焊接区域内的工作人员应接受过培训及具有相应的专业能力；
b) 焊接区必须用固定或便携的屏风与其他工作区分离以保护没有戴护目镜的人员；
c) 焊接区不应有易燃材料和液体，应配备灭火器和灭火毯；
d) 焊接工作不应在稠混凝土或不防火的水泥基座上进行，因为这些材料遇到热会爆炸；
e) 焊接区应有良好的通风，应避免焊接烟气的集中，需进行风险评估，如果需要应有可靠的控制及局部废气排放措施；
f) 使用焊接设备的人员及旁观者应戴护目镜，或面具以防止强光和火星，护目镜或面具在切割或清理焊接点时也应使用，防护面具应符合 GB/T 3609.1；
g) 有适当的保护服装（手套、围裙、防火保护鞋），以防火星引起失火或损伤衣物，防护衣应远离润滑油；
h) 在教学区域，不应进行焊接切割或其他热加工；
i) 焊接后材料应放在一个安全的地方冷却，以减小着火的危险；
j) 焊接设备应有包括供电安全检测在内的维修计划。

8.12.2.3 金属电弧焊接

应采取以下危险控制措施：

a) 焊接应在干燥环境下用干燥设备进行；
b) 焊接前使用者应摘掉所有首饰（特别是戒指、手镯和金属表链），避免熔化这些物品；
c) 打开焊条时应小心，因为可能带电，不要接触其他接地线的物品（特别是接地线的电器设备），应有一个绝缘容器或绝缘钩；
d) 当焊接结束时，应断电且卸下焊条。

8.12.2.4 氧乙炔焊接

氧气瓶和乙炔气瓶的使用应符合 5.2.6，并注意：

a) 应配备合适的灭火器具；
b) 氧气瓶使用时必须距明火 10 m 以外，贮存时严禁和乙炔瓶同室存放；
c) 应按照焊接设备供应商的建议，润滑油不应接触氧气调节器阀门或附近；

注：润滑油与氧气调节器的阀门或附近接触会引起失火。

d) 严禁手持点燃的焊割工具开闭乙炔气瓶；
e) 用后汽瓶阀门应关闭；
f) 使用专门的泄露检查液检查连接点是否泄露，如发现泄露，应及时处理。

注：乙炔泄漏处理方法：喷雾状水稀释、溶解。构筑围堤或挖坑收容产生的大量废水。如有可能，将漏出气用排风机送至空旷地方或装设适当喷头烧掉。漏气容器要妥善处理，修复、检验后再用。

8.12.3 铸造

8.12.3.1 危险

教师和学生应明确以下危险：
a) 熔化的金属及设备上的水气会引起爆炸；
b) 熔化的铝和其他金属氧化物[如铁氧化物(铁锈)]间会发生剧烈反应；
c) 排气片产生的烟如被吸入可能有害；
d) 一些熔化的金属会冒有毒的烟；
e) 膨胀的聚苯乙烯模型接触熔化的金属会产生大量有毒的气体。

8.12.3.2 危险控制措施

应采取以下危险控制措施：
a) 只有特殊设计的金属铸造设备才能用作热源；
b) 铸造应在干燥区进行；
c) 应排走烟气以确保符合现行的规定；
d) 铸造设备应由经训练的专业技师监控；
e) 所有参与熔化金属工作的人员都应穿个人保护用品(包括：防火保护鞋、护目镜、绝热手套、短绑腿、长筒橡胶鞋、皮围裙)；
f) 任何不直接参与熔化金属工作的人员应在安全距离以外；
g) 不应在铝或锌合金上进行大规模的铸造工作，铝合金不能用一般的铁炉熔化；
h) 如果使用绿沙，和沙子的水应尽可能控制在最少，如果可能，应使用油和沙子；
i) 坩埚用前要预热以免炸裂且应去除水分；
j) 与金属接触的设备应用铁丝擦拭，且最好用石灰石防火材料包裹并烘干；
k) 铸造机械应符合 GB 20905。

8.12.3.3 离心铸造机

8.12.3.3.1 危险

教师和学生要明确以下危险：
a) 离心铸造机要求相当的专业技术和指导；
b) 如果坩埚或铸造砂箱安装不牢或坩埚炸裂，熔化的金属会滴溅。

8.12.3.3.2 风险控制措施

应采取以下危险控制措施：

a) 离心铸造机应有足够容量,设备应有强大的防火容器以减小熔化的金属滴溅的危险,应特别注意坩埚的安全固定、附近的砂箱和它们之间任何连接处;
b) 只有特别设计的离心铸造机才可使用;
c) 只有经过训练的专业人员及对工作过程及相关危险有足够了解的人才能操作离心铸造机;
d) 使用前,操作者应仔细检查坩埚是否有裂缝或表皮破裂,如果使用熔蜡过程,应保证所有的蜡都熔尽;
e) 根据风险评估应有适当的对人保护措施,包括对操作者及旁观者的脸和手的保护。

8.12.4 熔炉

8.12.4.1 危险

教师和学生应明确以下危险:
a) 当热金属注入模具时,膨胀的聚苯乙烯会产生大量有害气体;
b) 电炉有触电危险;
c) 从炉子或管道中泄露的气体会与空气形成爆炸性混合物。

8.12.4.1 危险控制措施

应采取以下危险控制措施:
a) 电熔炉应有一种断电方式位于设备上或其附近,且符合 GB 5959.1;
b) 电熔炉输气管上应有一个单向阀门;
c) 电熔炉应由受过训练的专业人员使用;
d) 炉温应由高温温度计测量;
e) 用作热处理的盒子应是钢的;
f) 应时刻保持良好通风,烟气应排出屋子;
g) 应使用个人保护装置;
h) 应有合适的起重和传输设备将物体从电熔炉中取出并放在安全位置;
i) 电熔炉应有包括安全检测在内的维修计划。

8.13 金属及纺织品的化学处理

8.13.1 总则

教师和学生应明确:
a) 与化学药品相关的危险如有刺激性、有毒、有腐蚀性、易燃或极易燃等;
b) 使用毒品及代用品应用近期的;
c) 应仔细阅读药品瓶上的警告标牌、供应商的说明书,并根据危害程度进行风险评估;
d) 当化学药品在学校和相关机构使用时应有适当控制措施以减少危险,应为教师和学生提供个人保护用品,只有现用的少量化学药品才能放在工作区。

8.13.2 电子电路板的侵蚀(印刷电路板)

8.13.2.1 危险

教师和学生应明确以下危险:
a) 三氯化铁有刺激性且有害;
b) 高硫酸钠是一种氧化剂且有刺激性。

8.13.2.2 三氯化铁危险控制措施

应采取以下危险控制措施：

a) 在制备三氯化铁溶液或清空容器时应带护目镜和防护手套；
b) 如果皮肤接触到溶解液要用大量清水清洗；
c) 如果侵蚀在半透明圆罩中进行，盖子应能遮住所有雾气；
d) 应按照国家环保要求处理使用过的溶解剂。

8.13.2.3 高硫酸钠的危险控制措施

应采取以下危险控制措施：

a) 准备和处理高硫酸钠溶液时应带护目镜和防护手套；
b) 应让晶体远离易燃材料和热源；
c) 当有氧气释放时溶液不应放在密封的容器中；
d) 清空容器时应带护目镜和防护手套，防止皮肤接触，如果皮肤接触了溶液，应用大量清水冲洗；
e) 如果在半透明圆罩容器中进行腐蚀，罩子应能遮住所有雾气；
f) 应按照国家环保要求处理使用过的溶解剂。

8.13.3 焊锡

8.13.3.1 危险

教师和学生应明确用于助熔的松香产生的烟有害、有刺激性且会引起过敏。

8.13.3.2 危险控制措施

应尽量降低松香助焊剂的浓度，可通过使用不含松香的焊接剂达到目的。如果不能达到，应提供局部通风设备。

8.13.4 涂透明釉

8.13.4.1 危险

教师和学生应明确以下危险：

a) 细微的磨碎的硼硅酸盐玻璃（微量金属化合物染色）对皮肤、眼睛有毒且有刺激性；
b) 如果涂釉表面重复加热太快可能粉碎或射出微粒。

8.13.4.2 危险控制措施

应采取以下危险控制措施：

a) 釉不应含铅；
b) 加热和表面冷却时应戴符合标准的护目镜；
c) 工作后应彻底洗手。

8.13.5 酸洗

8.13.5.1 危险

教师和学生应明确浓度较高的酸性物有腐蚀性和氧化性。

8.13.5.2 危险控制措施

应采取以下危险控制措施：

a) 应由专业技术人员制备溶液，稀释酸时，应把酸加入水中；
b) 使用酸洗溶液时应戴围裙、面罩、防护鞋、防护衣；
c) 根据风险评估的要求，应有烟控措施；
d) 溶解物溅到皮肤上应立即用大量清水冲洗；
e) 酸性物不应该储存在敞开的水盆中；
f) 不使用时溶解物应放在人接触不到的地方；
g) 热金属不应在酸性物中冷却；
h) 应准备吸收和中和酸液的材料；
i) 如果只是偶尔或小规模进行酸洗，应在具有相应的危险控制措施的实验室中进行。

8.13.6 染色

8.13.6.1 危险

教师和学生应明确以下危险：

a) 某些染色剂可致癌；
b) 某些染色剂对皮肤、眼睛有害且有刺激性；
c) 某些活性染色剂会引起过敏。

8.13.6.2 危险控制措施

应采取以下危险控制措施：

a) 应小心处理所有染色剂(尽管许多染色剂对大多数使用者不构成大危害)。
b) 处理有害或有刺激性的染色剂应加倍小心，防止吸入且应保护皮肤和眼睛。
c) 使用这些染色剂时，应有常规实验室处理化学药品的安全措施，应对人体健康没有长期危害。
d) 人体可能会对染色剂过敏，即使少量接触(包括吸入、摄入及皮肤吸收)也可能会有过敏反应。

注：溶解的染料比固体的安全。

e) 当溶解固体染料时，应防止任何可能被吸入的灰尘。应戴手套和护目镜以防皮肤接触。如果使用高活性染色剂，应在通风柜中进行溶解。
f) 学生应只使用溶解的染色剂而不能使用固体的染色剂。
g) 初中以下学生不应使用粉末染料，高中以下学生只能在严密监督下使用。

警告：学生不应使用高活性的粉末染料。

8.13.7 媒染剂

8.13.7.1 危险

教师和学生应明确以下危险：

a) 硫酸亚铁盐、重铬酸钾和氯氧化锡是有害的；
b) 某些防褪色的染色剂(如含硅酸钠的)及含大于0.5%的重铬酸钾的媒染剂溶解物对皮肤和眼睛有害，有刺激性。

8.13.7.2 危险控制措施

应小心防止摄入和皮肤接触有害或有刺激性的媒染剂(特别在溶解时)，任何时候使用媒染剂和定色剂都应戴手套和护目镜。

8.13.8 测试纤维和织物

8.13.8.1 危险

教师和学生应明确以下危险：

a) 下列溶解物有腐蚀性：浓度超过25%的盐酸物、超过5%的硝酸物、超过10%的氯酸钠、超过2%的氢氧化钠、超过15%的硫酸盐、氯化锌；

b) 以下溶解物有害：氨水、碘、醋酸铅、丙酮、洗甲液；

c) 以下溶解物对皮肤和眼睛有刺激：氨水、碘、熟石灰、氯酸钠(5%～10%)。

8.13.8.2 危险控制措施

应采取以下危险控制措施：

a) 对纤维和纺织品的许多测试有很高的危险，除非有处理化学药品的合适设备否则不应进行检测，所有进行纤维和纺织品测试的人员都必须明确危险和安全措施及事故发生时应采取的措施；

b) 为测试准备溶解物应小心，准备酸化物溶解液时，应在酸性物中加入水，佩带有保护镜的面罩；

c) 当研究纤维和纺织品样品时，只能用少量材料和化学药品。纺织品易燃，测试应在通风条件良好的地方进行且只用少量材料；

d) 除非测试方法要求，否则不同药剂不能同时使用；

e) 除非用试管测试少量纺织品，否则处理和分配腐蚀性、刺激性溶解物时应戴手套，皮肤敏感或有伤口或皮肤脱落应总戴手套；

f) 初中以下学生不应做纤维和纺织品测试，高中以下学生不应用腐蚀性药品做测试。

警告：皮肤吸收三氯甲烷很危险，其蒸气刺激眼睛，短时暴露在高浓度物中会造成严重不适甚至致命的中毒。三氯甲烷不应用于纤维和纺织品测试。

8.13.9 清洗纤维和织物

8.13.9.1 危险

教师和学生应明确以下危险：

a) 四氯化碳和三氯甲烷有毒，不应作为清洁药剂；

b) 氨水、混入甲醇的酒精、丙酮、松节油及三氯甲烷有害；

c) 氨水和氯酸钠(5%～10%)(漂白剂)对眼睛和皮肤有刺激性；

d) 酒精、加入甲醇的酒精和丙酮极易燃；

e) 洗衣粉和洗衣液中的酶素会引起过敏，洗衣粉和洗衣液水会刺激皮肤。

8.13.9.2 危险控制措施

应采取以下危险控制措施：

a) 易燃溶剂不应靠近裸露的火焰或其他火源和热源；

b) 纯酒精如果被食有害，酒精气体会被吸入；

c) 甲醇和混入甲醇的酒精[特别是矿化的(蓝色)混入甲醇的酒精]有毒不能被食入；

d) 氯酸钠(漂白剂)根据浓度不同可能会有刺激性、腐蚀性。应戴护目镜，并防止手接触溶液。

8.14 材料

8.14.1 石棉及含石棉的产品

8.14.1.1 危险

教师和学生应明确石棉粉尘和纤维可被吸入。

8.14.1.2 危险控制措施

应采取以下危险控制措施：

a) 不使用含石棉的材料。耐火毯、垫子、手套、绳索、毛纺品、填充物、胶合剂、刹车或离合器套有些是石棉制品。

b) 正确评估可能发生的与石棉接触的危险，空气中石棉浓度应严格控制在限定范围内。

c) 在学校及相关场所(如烟橱隔板、工作界面、炉盖)使用的一些材料可能含有石棉。如果认为有石棉存在，应考虑是否除去。

d) 应标明任何石棉制品。

e) 应有石棉问题的管理计划，该计划应有保证石棉材料密封的措施，应确保石棉材料不被锯、钻或研磨，以免纤维飞到空中。

f) 应从地方环境保护机构获取处理石棉材料的建议。

8.14.2 胶粘剂

8.14.2.1 危险

教师和学生应明确以下危险：

a) 眼睛接触胶黏剂会引起长期危害；

b) 胶黏剂接触皮肤会刺激皮肤，一些胶黏剂被皮肤吸入有毒；

c) 吸入溶剂，烟和蒸气会造成危险，发生呼吸系统过敏；

d) 胶黏剂会从容器中溅出或泄露；

e) 胶黏剂蒸气极易燃。

8.14.2.2 危险控制措施

应采取以下危险控制措施：

a) 应按照厂家说明使用胶黏剂；

b) 根据厂家建议应有足够通风，并应进行风险评估，如果需要应有局部通风；

c) 用无危险或危险较小的替代品更适合呼吸过敏者。

8.14.2.3 甲醛树脂

8.14.2.3.1 危险

教师和学生应明确以下危险：

a) 甲醛树脂会放出有毒的烟，但浓度很低；

b) 吸入未混合的粉末有危险；

c) 甲醛树脂会刺激眼睛和皮肤；

d) 有些甲醛树脂极易燃；

e) 甲醛树脂会刺激皮肤；

f) 液体固化剂有腐蚀性。

8.14.2.3.2 危险控制措施

应采取以下危险控制措施：

a) 如果有可能的话使用更安全的替代品；
b) 应按照厂家说明使用甲醛树脂；
c) 应有良好通风；
d) 应使用防护手套和防护霜；
e) 当混合粉末时，应把飞扬的粉尘减到最少；
f) 甲醛树脂应在合适的容器中盛放，不使用时容器应加盖。

8.14.2.4 环氧树脂及聚酯树脂

8.14.2.4.1 危险

教师和学生应明确以下危险：

a) 如果食入或皮肤摄入环氧树脂及聚酯树脂是有危险的；
b) 蒸气和粉尘会刺激眼睛和皮肤，树脂会引成皮肤炎；
c) 完全晒干的树脂产生的粉末会刺激眼睛、鼻子、喉咙和肺；
d) 环氧树脂会产生极易燃蒸气。

8.14.2.4.2 危险控制措施

应采取以下危险控制措施：

a) 环氧基树脂及多元脂应放在安全密闭的容器中，应小心防止泄露；
b) 环氧基树脂及多元脂不应与皮肤接触，应戴防护手套；
c) 用机器切割干树脂时应戴眼睛保护和呼吸保护用品。

8.14.2.5 氰基丙烯酸盐胶黏剂（超强胶黏剂）

8.14.2.5.1 危险

教师和学生应明确以下危险：

a) 氰基丙烯酸盐胶黏剂蒸气会刺激皮肤和鼻腔；
b) 氰基丙烯酸盐胶黏剂很容易粘在皮肤上。

8.14.2.5.2 危险控制措施

应采取以下危险控制措施：

a) 如果可能应使用更安全的物质；
b) 应提供关于使用氰基丙烯酸酯胶黏剂的说明；
c) 应有足够的通风；
d) 戴护目镜，手上涂防护霜。

8.14.2.6 溶剂橡胶溶液及聚合物胶黏剂

8.14.2.6.1 危险

教师和学生应明确以下危险：

a) 溶剂橡胶溶液及聚合物胶黏剂会产生易燃蒸气；
b) 吸入蒸气有害；
c) 溶剂刺激皮肤和眼睛。

8.14.2.6.2 风险控制措施

应采取以下危险控制措施：
a) 如果可能使用更安全的物质；
b) 应提供足够的通风；
c) 应移开所有的火源；
d) 应戴护目镜。

8.14.2.7 橡胶及水胶黏合剂

8.14.2.7.1 危险

教师和学生应明确橡胶及水胶黏合剂会引起过敏。

8.14.2.7.2 风险控制措施

橡胶及水胶黏合剂不应接触眼睛和皮肤。

8.14.2.8 丙烯酸胶黏剂

8.14.2.8.1 危险

教师和学生应明确以下危险：
a) 吸入丙烯酸胶黏剂蒸气有危险，蒸气会刺激眼睛、皮肤和呼吸道；
b) 甲基丙烯酸酯可引起呼吸过敏；
c) 丙烯酸胶黏剂蒸气极易燃且在空气中具有潜在爆炸性。

8.14.2.8.2 风险控制措施

应采取以下危险控制措施：
a) 如果可能使用更安全的物质；
b) 甲基丙烯酸酯使用前应冷藏；
c) 应戴眼睛保护用品，皮肤过敏的同学应戴手套；
d) 甲基丙烯酸酯使用时应由通风状况决定，每次只能使用适量的甲基丙烯酸酯；
e) 工作时应远离火源。

8.14.3 塑料

8.14.3.1 一般要求

a) 塑料材料使用之前应进行风险评估；
b) 应强制执行厂家说明的与塑料材料和设备部件有关的警告；
c) 不明塑料材料不应使用；
d) 在脆塑料片上工作应小心，捆扎或其他安全徒手处置以防破碎；
e) 许多塑料当用机器切割或研磨时会产生粉尘及其他微粒，哮喘病症患者更有被来自研磨塑料产生的危险侵害健康的可能；

f） 手工研磨比机器切割更好，必要时用水润滑；

g） 来自溶剂及胶黏剂的蒸气浓度应控制在最小；

h） 应有风险评估和局部通风，通风速度应保持在每小时 6～8 次换气；

注：许多情况下在工作区域吸入有毒气体后过一段才会有反应。

i） 塑料应储存在冷且干燥的环境中，储备塑料不应超过 3 个月。

8.14.3.2 丙烯酸和其他热塑性塑料

8.14.3.2.1 危险

教师和学生应明确以下危险：

a） 用工具或机器切割成型丙烯酸类及其他热塑性塑料时产生的粉尘会刺激皮肤、鼻子和喉咙，吸入粉尘会有危险；

b） 加热软化了的塑料会粘在皮肤上；

c） 用机器切割时材料会粉碎。

8.14.3.2.2 危险控制措施

应采取以下风险控制措施：

a） 通风良好；

b） 如果可能用水润滑减少灰尘；

c） 切割时应戴护目镜和呼吸保护装置；

d） 如果材料是热软化的应戴手套；

e） 切割时材料应夹紧。

8.14.3.3 聚苯乙烯泡沫塑料

8.14.3.3.1 危险

教师和学生应明确以下危险：

a） 加热过度而膨胀的聚苯乙烯会产生烟气；

b） 烟尘或固体材料会刺激眼睛；

c） 吸入烟尘会刺激上呼吸道。

8.14.3.3.2 危险控制措施

应采取以下风险控制措施：

a） 如果可能应使用更安全的物质；

b） 热金属切割应在可能的最低温度下进行；

c） 应进行有关通风需求的风险评估，并保证通风良好。

8.14.3.4 稳定的聚氨酯泡沫材料

8.14.3.4.1 危险

教师和学生应明确以下危险：

a） 加热的稳定聚氨酯泡沫材料会产生有害的烟；

b） 研磨产生的粉尘会造成危害。

8.14.3.4.2 危险控制措施

应采取以下风险控制措施：

a) 热金属切割不能用来剪稳定的聚氨酯泡沫材料；

b) 应有足够的通风；

c) 研磨或剪切稳定的聚氨酯泡沫材料应戴护目镜。

8.14.3.5 玻璃增强树脂(GRP)

8.14.3.5.1 危险

教师和学生应明确以下危险：

a) 除非完全晒干聚合树脂和玻璃增强树脂，否则会产生气体，气体极易燃且刺激眼睛和呼吸系统；

b) 在封闭空间内会产生很高浓度的蒸气；

c) 树脂会使皮肤脱脂，更多的接触会引起皮炎；

d) 树脂中的催化剂会刺激眼睛、喉咙及上呼吸系统，与眼睛的更多接触会造成损伤；

e) 催化剂和触媒剂混合会剧烈反应或爆炸。

8.14.3.5.2 危险控制措施

应采取以下风险控制措施：

a) 高中以下学生或孕妇不应使用树脂；

b) 应有足够通风，如果需要，应安装局部排风设备；

c) 工作区应远离火源；

d) 任何时候工作区域内不应储存多于 1 m^2 的材料；

e) 每次不得使用多于 0.25 kg 的熔化树脂；

f) 不应在地面上储存材料；

g) 树脂不应是预先激活的；

h) 催化剂和触媒剂不应直接混合，应用一个标准调试分配器盛催化剂，只有由戴护目镜及手套的教师才能进行配制。

8.14.4 木材

8.14.4.1 危险

教师和学生应明确以下危险：

a) 木屑刺激眼睛和呼吸道；

b) 长期暴露在木屑中会造成皮肤、肺及鼻腔疾病甚至癌症；

c) 空气中高浓度木屑会形成爆炸性混合物；

d) 表面上聚积的木屑有失火危险；

e) 工作区域地面上的木屑会造成地面光滑；

f) 清扫会造成空中粉尘；

g) 搬动重的木材是危险的。

8.14.4.2 危险控制措施

应采取以下危险控制措施：

a) 应有关于木屑的风险评估,并采取有效措施加强控制;
b) 经常使用木材的人更有损伤鼻腔和上呼吸道的危险,危险程度取决于灰尘的浓度与接触时间;
c) 空气中所有木质粉尘的含量不应超过 3 mg/m^3,应采取措施将与粉尘的接触时间降到最小;
d) 应有足够的一般性通风,并进行风险评估,如果需要应装配局部通风或者戴呼吸保护用品;
e) 机器产生的木屑应减到最小;
f) 手工和机器磨砂应戴呼吸防护用品和护目镜;
g) 工作区(包括地面)应保持清洁,但不应用笤帚扫。

8.14.5 金属

8.14.5.1 危险

教师和学生应明确以下危险:
a) 加工金属产生的废屑会损伤眼睛和皮肤;
b) 冷却剂和润滑油会刺激眼睛且会引起皮炎;
c) 材料脱落会造成危险。

8.14.5.2 危险控制措施

应采取以下危险控制措施:
a) 应有关于安全处理金属及金属废品的说明;
b) 用机器切割金属时应戴护目镜;
c) 接触金属和冷却剂后应彻底洗手。

8.14.6 食品及食品成分

8.14.6.1 危险

教师和学生应明确以下危险:
a) 菌类及细菌会引起食物中毒;
b) 较差的个人卫生会造成健康危险;
c) 不合适的加工区域或温度会造成健康危险;
d) 不卫生的食品准备区域会造成健康危险;
e) 不合适的衣物会造成危险;
f) 种类繁杂的污染物会造成健康危险;
g) 清理工作不足会造成健康危险;
h) 较差的卫生管理控制会造成危险。

8.14.6.2 危险控制措施

应采取以下危险控制措施:
a) 处理食品之前应洗手;
b) 生病的学生不应接触食品或食品成分;
c) 应穿合适、干净和卫生的衣服;
d) 伤口应包扎好;
e) 应确保处理食物的区域总是干净的;
f) 应确保所有工具和设备使用前是干净的;
g) 应合适地使用危险分析及严格的控制措施。

8.14.7 纺织品和纤维

8.14.7.1 危险

教师和学生应明确以下危险：

a) 纺织品及纤维具有着火危险；

b) 针、大头针和橡皮膏会造成危险；

c) 织物试验会产生有害烟气；

d) 一些材料有刺激性。

8.14.7.2 危险控制措施

应采取以下危险控制措施：

a) 生产及设计产品应符合相应规定；

b) 确保所有的纤维和纺织品远离火源且所有的垃圾桶应定时清空；

c) 使用染料、媒染剂、颜料、墨水之前应进行适当的风险评估；

d) 应小心使用针、大头针、卷尺、橡皮膏。

附 录 A
（资料性附录）
电器安全危险检核

A.1 接地线

应检查：

a) 从设备到接地是否有连续的永久性通路。接地系统是否具有足够的机械强度以防偶然的接地中断。

b) 地线与地板或者机座的连接是否采用下列方法之一进行机械固定：

   1) 固定在点焊接线片上；

   2) 固定在底板或者机座的接线柱上；

   3) 用螺钉或螺母和锁紧垫片固定到地线上的接线端。

c) 接地系统所用导线是否具有足够的载流能力，可安全地流过可能的任何电流。接地系统的阻抗是否符合标准要求，以使电路中的过流保护装置易动作。

d) 接地与屏蔽及其他机械部件的连接线是否与电路相独立（底板与机座除外）。

e) 和手提式工具及设备配套使用的插头及电源插座是否具有自动接地措施。所有金属件、操纵杆、套筒及护罩是否总处在地电位。

f) 设备的接地导体是否在电气上与系统或设备内的交流电源零线（中线）绝缘。

A.2 工作电压

应检查：

a) 各种电压是否已正确标出；

b) 工作电压在 70 V～500 V 交流电（有效值）或直流电的设备是否带有保护罩和警告标志；

c) 在电位测量值大于或等于 300 V 峰值的地方是否设有机内测试点；

d) 高压电路及电容器能否在 2 s 内通过自动保护装置放电到 30 V；

e) 当设备工作要求两种以上的输入电源时，是否已采取了充分的措施防止电源线接错；

f) 直流电源的接线是否已清晰标明了电压极性。

A.3 高电压

应检查：

a) 各种调整螺钉或其他的共同零件是否位于远离无保护的高压处；

b) 在靠近高压处使用的工具是否有良好的电绝缘；

c) 测量仪表在接线端子处是否对高电压或大电流进行了保护；

d) 如果在调整设备时要求进入工作电压高于 500 V（有效值）交流电或直流电的设备舱时，是否安装了有旁路电路的连锁装置，以便切断所有超过 30 V（有效值）交流电或直流电的电源；

e) 内部操纵装置是否处在离开危险电压的安全距离内。

A.4 进入设备仓

应检查：

a) 在进入要求调整的设备舱内，而且设备舱内无连锁装置时，电压超过70V(有效值)交流电或直流电的设备是否已用隔板式防护罩隔离开；

b) 机械或电气连锁装置是否设计成当打开防护门、盖、面板或挡板，使人处在可能的危险位置上时而使设备断电。

A.5 零部件

应检查：

a) 结构上相似但电气上不能互换的部件是否已固定，以防止接错；

b) 在设计考虑要求配置相似的插头及插座的地方，配对的插头及插座是否已进行了适当的编号及标志。

A.6 绝缘

应检查：

a) 屏蔽套管与裸露导体是否已有良好的绝缘以防短路打火；

b) 导线和电缆是否有适当支撑，以防产生触电及着火；

c) 电缆和导线在穿过金属隔板的地方是否有保护措施；

d) 能否带屏蔽套进行维修；

e) 地板表面是否具有足够的绝缘特性。

A.7 应急操纵装置和断路器

应检查：

a) 应急操纵装置是否放在易接近的地方；

b) 主电源断路器是否处在易接近的地方；

c) 断开装置(断路器)是否做了适当的标记；

d) 主电源断路是否能切断接到整个设备或系统的所有电源；

e) 在更换、互换或安装设备中的一个组件或部件时，能否切断电源；

f) 是否装有仅使有关的机械传动装置不工作，而不会断开其他设备部件的安全开关；

g) 远距安装的组件是否装有安全开关以便可使设备独立断开。

A.8 可能的危险

在工作指导书中对可能产生的电气危险是否作了充分陈述与警示。

附 录 B
（资料性附录）
电气设备的危险因素

B.1 触电

触电可能产生的原因有：

a) 人体触及正常运行的设备和线路的带电体造成的触电。
b) 人体触及正常情况下不带电，因设备或线路发生故障而意外带电，造成触电。触电造成的伤害包括：电击和电伤（电弧烧伤、电烧伤、电标志、皮肤金属化、机械损伤、电光眼）。
c) 设备接地装置流过接地电流时所呈现的电位被人接触而触电。造成这种触电的电压分为接触电压和跨步电压。接触电压是人触及故障设备的手与踩在地面的脚之间的电压，跨步电压是人踩在地面的两脚之间的电压。一般情况，接触电压大于 10 V，跨步电压大于 20 V 就可能有危险。
d) 缺乏电气安全知识。如带电拉高压隔离开关；用手触摸破的胶盖刀闸；儿童玩弄带电导线等。
e) 违反操作规程。如在高低压共杆架设的线路电杆上检修低压线或广播线；剪修高压线附近树木而接触高压线；带电接临时明线及临时电源；在带电下拆装电缆等；相线误接在电动工具外壳上；用湿手拧灯泡；带式照明灯使用的电压不符合安全电压等。
f) 电气设备不合格。如闸刀开关或磁力启动器缺少护壳而触电；电气设备漏电；电炉的热元件没有隐蔽；电器设备外壳没有接地而带电；配电盘设计和制造上的缺陷，使配电盘前后带电部分易于触及人体；电线或电缆因绝缘磨损或腐蚀而损坏。
g) 维修不善。如大风刮断的低压线路未能及时修理；胶盖开关破损长期不修；瓷瓶破裂后火线与拉线长期相碰等。
h) 偶然因素。如大风刮断的电线恰巧落在人体上等。
i) 每年二、三季度（集中在 6 至 9 月），因夏秋季多雨、天气潮湿，降低了电气设备的绝缘性能。
j) 低压电网分布广泛，与人接触的机会多，低压设备管理不严，思想麻痹等。如：低压系统触电事故大多数是电击造成的，电击方式可以分为三种电击：单线电击、双线电击和跨步电压电击。
k) 误认为使用 200 Hz、400 Hz、500 Hz 频率工作的电气设备已经没有触电的危险，因而在这种频率下，没有必要采取防护措施；或者 36 V 以下没有触电的危险。

   注 1：实验证明，在同一电压的情况下，频率为 200 Hz、400 Hz 和 500 Hz 时，穿过老鼠的电流值比 50 Hz 时要低些。但在 100 V 以下的范围内，与 50 Hz 比较起来，频率 200 Hz、400 Hz 和 500 Hz 电流作用的危险性甚至更大些。

   注 2：几乎全部的电气设备都会有电击危险，当皮肤湿时，甚至在低至 24 V 的交流电压下，也发生过不幸事故。若处在不利的环境中（例如全身被汗湿透或站在水中），几乎没有什么电压可视为安全的。

l) 绝缘老化或击穿使绝缘材料被破坏。主要有：
   1) 气体绝缘因含有杂质（导电性蒸气、导电性杂质）而使击穿电压降低；
   2) 液体绝缘因纯净度降低（纯度降低、含水、含气等）而击穿电压降低；
   3) 固体电介质因电、热及化学因素击穿。

固体绝缘不良或击穿的原因有以下几种：

   1) 高温。能使某些聚合物缓慢地恶化而击穿。电流总是使导体及其绝缘层产生温升。
   2) 低温。如果天气很冷，绝缘体通常更易于损坏，因为绝缘体在低温下会变脆，更易开裂而破损。

3） 湿度。绝缘体吸入湿气会直接引起绝缘体质量恶化，降低其绝缘性能。

4） 氧化。氧物质能对绝缘体产生影响。由于臭氧具有更强的活性，因而它会引起绝缘体质量更快的恶化。在电动机、发电机或其他电气设备上产生的电弧或电晕可造成大量臭氧。

5） 辐射。辐射会使绝缘体性能降低。实际上绝缘体会由于紫外线辐射或核辐射所产生的反应产物而逐渐降低性能。别的化工品也能直接损害和降低绝缘体性能。

6） 机械损伤。绝缘体会由磨损、擦伤、切割、振动、弯曲、挤压或被其他物体碾压、碰撞而产生损伤。

7） 高电压。高电压可产生电火花或电晕效应，其结果会在绝缘体上穿出小孔，产生活性产物和总的降低绝缘体的耐电压性。

8） 生物因素。一些生物会给绝缘体带来麻烦。一些动物和昆虫能蛀或吃掉绝缘体，使其削弱或完全毁坏。

9） 压力。压力变化会影响绝缘体。真空会引起绝缘体中挥发性组分的丧失，释放出气体、改变尺寸、降低抗挠曲性和耐机械损伤能力。

m） 看似运行正常的设备其实并不安全，但却不显出任何危险征兆。

n） 显而易见的电击危险。表现为：

1） 用湿手指去检验电路是否带电；

2） 不经检查确定电路是否带电，而只是假设其“不带电”就开始工作，并且没有采取防止其他人合闸而使该电路带电的措施；

3） 当接触任何电路时出现“刺激”的情况；

4） 电气设备及电线上没有告警标志；

5） 导线和接插件错落、乱接、破损、擦伤和碎裂；

6） 无变压器的设备的底板可能带电；

7） 敷设在地板上的电线由于人们的来往走动而磨损或者破裂；

8） 插座或电路过载；

9） 在可能碰上或跌落电力线的地方使用金属梯子；

10） 在未查明情况时于墙上或天花板上钻孔，很可能触及内部或另一侧带电的线路。

o） 隐蔽的电击危险。表现为：

1） 没有告警标志的设备，由于环境变化或滥用的结果，也可能具有危险性；

2） 虽然关掉电源，设备仍可能带电；

3） 不熟悉的电路元件的无法预见的击穿；

4） 带电的控制柜——没有更换底板和控制柜之间的失效绝缘物而造成的点击；

5） 带电的电视天线——由于元件损坏而构成通过阻抗变换器和馈线达到天线的电击路径；

6） 用带金属螺钉的按钮置换原有按钮，可能使按钮带电；

7） 电视机底板上的零件可能带电；

8） 设备置于塑料壳中，但暴露在外的金属螺钉或控制手柄可能带电；

9） 掉落的电力线虽未打火或爆裂，似乎是无害的，但其每一瞬间都可能致人于死地；

10） 连锁装置和释放电阻失效；

11） 能释放大于 50 J 能量的电容器。

B.2 电弧引燃易燃物品

在电路断开时产生电弧。当存在可燃气体和空气混合气时，电弧或电火花点燃可燃气体。或者电弧附近存在易燃固体或液体时被电弧或电火花点燃。

B.3 加热与过热

导体上电流过大，产生的高温使绝缘物和设备中的可燃物被点燃，严重的发生火灾或猛烈的爆燃。

B.4 疏忽大意造成的起动事故

设备在调整、维护或检修之前未做适当锁定，由于自动起动的设备在温度或压力变化到阀值时电动机自动起动，造成严重的伤害或死亡事故。

B.5 未按要求操作

在某些情况下（例如当操作人员无意走进危险区时，因装有传感器的电子报警装置失效。不能对险情报警，致使机械传动失去控制）造成伤害或者死亡事故。

在某种情况下一系列事件应按预定的顺序发生，以完成最后的动作，操作顺序是重要的或必要的，错误的顺序将导致事故的发生，任何一步的故障都将会给下一步带来危险情况。

注：如起动发热系统前未先接通散热系统；全自动可编程机器的动作顺序不对或完成不完全，而且由于线路故障未检测出某些误动作，则系统的继续工作就可能有危险。

B.6 电气爆炸

过大的电流流过电气装置而引起迅速的升温和升压，发生膨胀、龟裂或者爆裂等现象，使电气装置损坏，从而导致整个系统的失效。

注：如充足了电的电池，如有短路而电流变大引起快速加热，发生电气爆炸。大型变压器（和某些电容器）装有绝缘油，在过热时（特别是油中含有水的污染物质时）发生爆炸。

B.7 静电

应注意：

a) 静电使半导体器件（特别是某些类型的金属氧化物场效应晶体管）毁坏。这不仅影响半导体器件，也影响用半导体器件的电子仪器；

b) 静电可使人受惊而发生事故（例如站在梯子上，或处在危险的不加防护的运转着的机器包围之中，由于静电惊吓而造成严重的事故。心脏衰弱者因为微弱的电击引起或加剧心脏病的发作；

c) 静电能使易燃气体、有机溶剂、燃料甚至粉尘突然发生毁灭性的火灾和爆炸。

ICS 97.180
Y 50

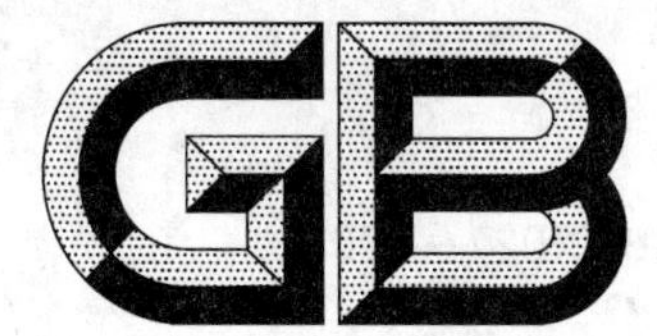

中华人民共和国国家标准

GB 21027—2007

学生用品的安全通用要求

Request in common use of security for student's articles

2007-06-07 发布　　2008-04-01 实施

中华人民共和国国家质量监督检验检疫总局
中国国家标准化管理委员会　发布

前　言

本标准的全部技术内容为强制性。

本标准的附录A、附录B、附录C、附录D、附录E是规范性附录。

本标准由中国轻工业联合会提出。

本标准由全国文体用品标准化中心归口。

本标准起草单位:上海实业马利画材有限公司、福建新代实业有限公司、宁波松鹤文具有限公司、天津环球科技包装纸业有限公司、上海金万年实业发展有限公司、青岛昌隆文具有限公司、何如文化用品(深圳)有限公司。

本标准主要起草人:王余仁、朱恩、郑成锵、陈熊飞、郑平、方汉本、康登奎、庄鸿。

本标准为首次发布。

学生用品的安全通用要求

1 范围

本标准规定了学生用品的安全要求、试验方法、检验规则、标识和使用说明等。

本标准适用于未成年学生使用的水彩画颜料、蜡笔、油画棒、指画颜料、橡皮泥、橡皮擦、涂改制品(修正液、修正带、修正笔)、胶粘剂、水彩笔、书写笔、记号笔、绘图用尺、本册、书包、笔袋、手工剪刀、文具盒、卷笔刀等学生用品。

2 规范性引用文件

下列文件中的条款通过本标准的引用而成为本标准的条款。凡是注日期的引用文件,其随后所有的修改单(不包括勘误的内容)或修订版均不适用于本标准,然而,鼓励根据本标准达成协议的各方研究是否可使用这些文件的最新版本。凡是不注日期的引用文件,其最新版本适用于本标准。

GB/T 601—2002 化学试剂 标准滴定溶液的制备

GB/T 606—2003 化学试剂 水分测定通用方法 卡尔·费休法(neq ISO 6353-1:1982)

GB/T 2793—1995 胶粘剂不挥发物含量的测定

GB/T 2912.1—1998 纺织品 甲醛的测定 第1部分:游离水解的甲醛(水萃取法)(ISO/FDIS 14184-1:1997,EQV)

GB 5296.5—2006 消费者使用说明 第5部分:玩具

GB 6675—2003 国家玩具安全技术规范

GB/T 7974—2002 纸、纸板和纸浆亮度(白度)的测定 漫射/垂直法(ISO 2470:1999,NEQ)

GB/T 9722—2006 化学试剂 气相色谱法通则

GB/T 13354—1992 液态胶粘剂密度的测定方法 重量杯法

GB 19601—2004 染料产品中23种有害芳香胺的限量及测定

3 要求

3.1 可迁移元素的最大限量应符合表1规定。

表1

学生用品	元素/(mg/kg)							
	锑 Sb	砷 As	钡 Ba	镉 Cd	铬 Cr	铅 Pb	汞 Hg	硒 Se
油画棒、蜡笔、水彩画颜料、水彩笔、橡皮擦、涂改制品(修正液、修正带、修正笔)、学生用品的印刷部分、书写笔、记号笔	60	25	1 000	75	60	90	60	500
指画颜料、橡皮泥	60	25	250	50	25	90	25	500

3.2 涂改制品(修正液、修正带、修正笔)中有机溶剂苯含量应不超过10 mg/kg,不应含有氯代烃。

3.3 胶粘剂中有害物质限量值应符合表2的规定。

表2

指标	游离甲醛/(g/kg)	苯/(g/kg)	甲苯十二甲苯/(g/kg)	总挥发性有机物/(g/L)
限量值	≤1	≤0.2	≤10	≤50
注:苯不能作为溶剂使用,作为杂质其最高含量应不大于表中规定。				

3.4 书包、笔袋所使用的面料和辅料中甲醛含量不得超过 300 mg/kg。

3.5 学生用品所使用的染料应符合 GB 19601—2004 要求。

3.6 本册亮度(白度)应不大于 85%。

3.7 笔的上帽安全

书写笔、记号笔、修正笔、水彩笔的笔帽应至少符合 3.7.1、3.7.2 或 3.7.3 中之一。

3.7.1 笔帽尺寸

当笔帽沿轴线垂直进入直径为 $16^{+0.05}_{-0}$ mm 的环形量规时，笔帽不通过部分应大于 5 mm。

3.7.2 笔帽通气面积

笔帽体上需要有一条连续的至少 6.8 mm^2 的空气通道。如果笔夹或其他突起可以提供空气通道，在这个位置上笔夹或其他突起需要安全地安装，并且两端的长度应不短于笔帽两端长度 2 mm。

3.7.3 笔帽空气流通

笔帽应在室温最大压力差 1.33 kPa 下最小通气量为 8 L/min。

3.8 边缘、尖端

3.8.1 手工剪刀、刀片顶端应为圆弧顶端，不应为锐利尖端。

3.8.2 手工剪刀、卷笔刀等如因功能性必不可少而存在功能性锐利边缘和锐利尖端时，则应设警示说明，且不应存在其他非功能性锐利边缘和锐利尖端。

注：铅笔及类似绘图工具的书写尖端不认为是危险锐利尖端。

3.8.3 绘图用尺、文具盒等的可触及边缘、边角、分模线，不应有锐利毛边、尖端或溢边，或加以保护使之不可触及。

3.8.4 学生用品可触及金属边缘，包括孔和槽，不应含有危险的毛刺或斜薄边，或将其作为折边、卷边或形成曲边，或用永久保护件或涂层予以保护。

3.8.5 外露螺栓或螺纹杆可触及的末端不应有外露的锐利边缘或毛刺，或其端部应有光滑的螺帽覆盖，使锐利的边缘和毛刺不可触及。

4 试验方法

4.1 可迁移元素的最大限量测定按 GB 6675—2003 附录 C 的规定进行。各元素分析校正系数按 GB 6675—2003中表 C.2，将 1.1.1-三氯乙烷改为正庚烷。

4.2 涂改制品中有机溶剂苯含量和氯代烃含量的测定按 GB/T 9722—2006 中规定的方法进行。

4.3 胶粘剂中的有害物质限量的测定。

4.3.1 胶粘剂中游离甲醛含量的测定按附录 A 进行。

4.3.2 胶粘剂中苯含量的测定按附录 B 进行。

4.3.3 胶粘剂中甲苯及二甲苯含量的测定按附录 C 进行。

4.3.4 胶粘剂中总挥发性有机物含量的测定按附录 D 进行。

4.4 书包、笔袋所使用的面料和辅料中甲醛含量的测定按 GB/T 2912.1—1998 的规定进行。

4.5 本册亮度(白度)的测定按 GB/T 7974—2002 的规定进行。

4.6 笔的上帽安全

4.6.1 笔帽尺寸

用直径为 $16^{+0.05}_{-0}$ mm 的环形量规测量。

4.6.2 笔帽通气面积

如果没有被完全封闭，用一条细棉线紧紧缠绕在垂直于主轴或最大尺寸的横面的一圈就是通风面积(见图 1)，用示值误差 0.02 mm 的游标卡尺或相应量具测量并计算。

单位为毫米

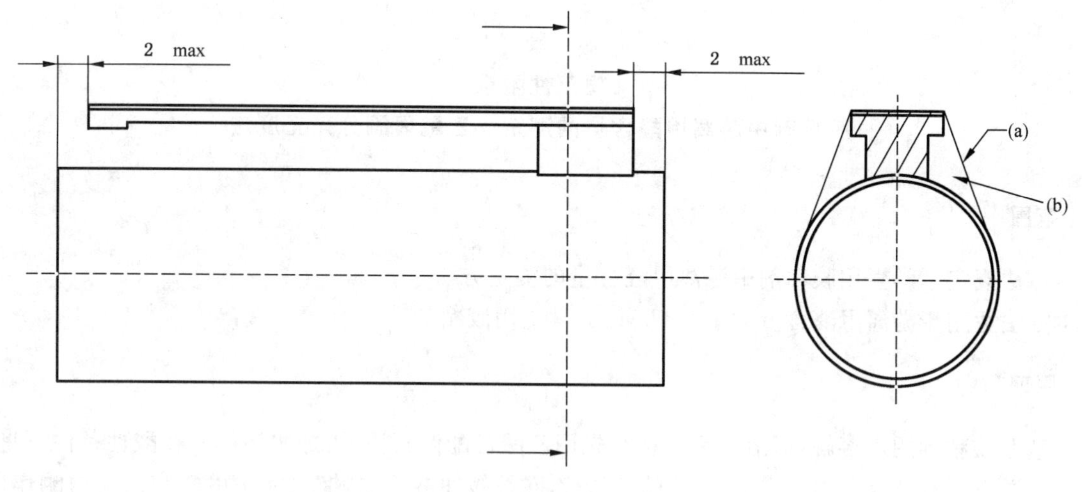

图 1

4.6.3 笔帽空气流通的测定按附录E进行。

4.7 边缘、尖端

4.7.1 锐利边缘测试按GB 6675—2003中A.5.8规定进行。

4.7.2 锐利尖端测试按GB 6675—2003中A.5.9规定进行。

5 检验规则

5.1 本标准中第3章所列的全部技术要求内容均为型式检验项目。

5.1.1 在正常生产情况下，应进行周期性型式检验，周期一般应不超过2年。

5.1.2 有下列情况之一时，应进行型式检验：

——新产品的试验定型时；

——生产的工艺及其原材料有较大改变时；

——产品长期停产后，恢复生产时。

5.2 取样方法

在同一批产品中随机抽取两份样本，可迁移元素的最大限量样本量每份不低于1 g，其余每份样本量不低于10 g或5件。

5.3 判定规则

在抽取的两份样本中，取一份样本按本标准的规定进行测定。如果所有项目的检验结果符合本标准规定的要求，则判定为合格。如果有一项检验结果未达到本标准要求时，应对保存的另一份样本进行复验，如果结果达到本标准要求时，则判定为合格，否则为不合格。

6 标识和使用说明

学生用品标识和使用说明应同时：

a) 符合本标准相关要求；

b) 符合GB 5296.5—2006的要求。

附 录 A
（规范性附录）
胶粘剂中游离甲醛含量的测定 乙酰丙酮分光光度法

A.1 范围

本方法规定了学生用胶粘剂中游离甲醛含量的测定方法。

本方法适用于游离甲醛含量大于0.005%的学生用胶粘剂。

A.2 原理

水基型胶粘剂用水溶解，而溶剂型胶粘剂先用乙酸乙酯溶解后，再加水溶解。在酸性条件下将溶解于水中的游离甲醛随水蒸出。在pH=6的乙酸-乙酸铵缓冲溶液中，馏出液中甲醛与乙酰丙酮作用，在沸水浴条件下迅速生成稳定的黄色化合物，冷却后在415.40 nm处测其吸光度。根据标准曲线，计算试样中游离甲醛含量。

A.3 试剂

除非另有说明，在分析中仅使用确认为分析纯的试剂和蒸馏水或去离子水或相当纯度的水。

A.3.1 乙酸铵。

A.3.2 冰乙酸：$\rho=1.055$ g/mL。

A.3.3 乙酰丙酮：$\rho=0.975$ g/mL。乙酰丙酮溶液：0.25%（体积分数）。称取25 g乙酸铵（A.3.1），加少量水溶解，加3 mL冰乙酸（A.3.2）及0.25 mL乙酰丙酮（A.3.3），混匀后再加水调整pH至6.0，将溶液调整为pH 2～pH5贮存，可稳定一个月。

A.3.4 盐酸溶液：$1+5(V+V)$。

A.3.5 氢氧化钠溶液：30 g/100 mL。

A.3.6 碘（I_2）。碘溶液：$c(I_2)=0.1$ mol/L，按GB/T 601—2002进行配制。

A.3.7 硫代硫酸钠溶液：$c(Na_2S_2O_3)=0.1$ mol/L，按GB/T 601—2002进行配制。

A.3.8 淀粉溶液：1 g/100 mL。称1 g淀粉，用少量水调成糊状，倒入100 mL沸水中，呈透明溶液，临用时配制。

A.3.9 甲醛：质量分数为36%～38%。

A.3.9.1 甲醛标准储备液：取10 mL甲醛溶液（A.3.9）置于500 mL容量瓶中，用水稀释至刻度。

A.3.9.2 甲醛标准储备液的标定：吸取5.0 mL甲醛标准储备液（A.3.9.1）置于250 mL碘量瓶中，加0.1 mol/L的碘溶液（A.3.6）30.0 mL，立即逐滴地加入30 g/100 mL氢氧化钠溶液（A.3.5）至颜色退到淡黄色为止（大约0.7 mL）。静置10 min，加入盐酸溶液（A.3.4）15 mL，在暗处静置10 min，加入100 mL新煮沸但已冷却的水，用标好的硫代硫酸钠溶液（A.3.7）滴定至淡黄色，加入新配制的1 g/100 mL的淀粉溶液（A.3.8）1 mL，继续滴定至蓝色刚刚消失为终点。同时进行空白测定。按式（A.1）计算甲醛标准储备液浓度$c_{甲醛}$。

$$c_{甲醛}=\frac{(V_1-V_2)c\times 15.0}{5.0} \qquad \cdots\cdots(A.1)$$

式中：

$c_{甲醛}$——甲醛标准储备液浓度，单位为毫克每毫升（mg/mL）；

V_1——空白消耗硫代硫酸钠溶液的体积，单位为毫升（mL）；

V_2——标定甲醛消耗硫代硫酸钠溶液的体积，单位为毫升（mL）；

c——硫代硫酸钠溶液的浓度，单位为摩尔每升(mol/L)；

15.0——甲醛(1/2 HCHO)摩尔质量；

5.0——甲醛标准储备液取样体积，单位为毫升(mL)。

A.3.9.3 甲醛标准溶液：用水将甲醛标准储备液(A.3.9.1)稀释成10.0 μg/mL甲醛标准溶液。在2℃～5℃贮存，可稳定一周。

A.3.10 磷酸。

A.3.11 乙酸乙酯。

A.4 仪器

A.4.1 单口蒸馏烧瓶：500 mL。

A.4.2 直型冷凝管。

A.4.3 容量瓶：250 mL、200 mL、25 mL。

A.4.4 水浴锅。

A.4.5 分光光度计。

A.5 分析步骤

A.5.1 标准曲线的绘制

按表A.1所列甲醛标准溶液(A.3.9.3)的体积，分别加入六只25 mL容量瓶(A.4.3)，加0.25%乙酰丙酮溶液(A.3.3)5 mL，用水稀释至刻度，混匀，置于沸水中加热3 min，取出冷却至室温，用1 cm的吸收池，以空白溶液为参比，于波长415 nm处测定吸光度，以吸光度A为纵坐标，以甲醛浓度c(μg/mL)为横坐标，绘制标准曲线，或用最小二乘法计算其回归方程。

表 A.1 标准溶液的体积与对应的甲醛浓度

甲醛标准溶液/mL	对应的甲醛浓度/(μg/mL)
10.00	4.0
7.50	3.0
5.00	2.0
2.50	1.0
1.25	0.5
0	0[a]

[a] 空白溶液。

A.5.2 样品测定

A.5.2.1 水基型胶粘剂

称取5.0 g试样(精确到0.1 mg)，置于500 mL的蒸馏烧瓶中，加250 mL水将其溶解，再加5 mL磷酸，摇匀。

装好蒸馏装置，在油浴中蒸馏，蒸至馏出液为20 mL，停止蒸馏。将馏出液转移到一只250 mL的容量瓶中，用水稀释至刻度。取10 mL馏出液于25 mL容量瓶中，加5 mL乙酰丙酮溶液(A.3.3)，用水稀释至刻度，摇匀。将其置于沸水中煮3 min，取出冷却至室温。然后测其吸光度。

A.5.2.2 溶剂型胶粘剂

称取5.0 g试样(精确到0.1 mg)，置于500 mL的蒸馏烧瓶中，加20 mL乙酸乙酯(A.3.11)溶解，再加250 mL水，再加5 mL磷酸(A.3.10)，摇匀。

装好蒸馏装置，在油浴中蒸馏，蒸至馏出液为200 mL，停止蒸馏。将馏出液转移到一只250 mL的容量瓶中，用水稀释至刻度。取10 mL馏出液于25 mL容量瓶中，加5 mL乙酰丙酮溶液(A.3.3)，用水稀释至刻度，摇匀。将其置于沸水中煮3 min，取出冷却至室温。然后测其吸光度。

A.6 结果表述

直接从标准曲线上读出试样溶液甲醛的浓度。

按式(A.2)计算试样中游离甲醛含量 X。

$$X=\frac{(c_{\mathrm{t}}-c_{\mathrm{b}})Vf}{1\,000\,m} \qquad \cdots\cdots(A.2)$$

式中：

X——游离甲醛含量，单位为克每千克(g/kg)；

c_{t}——从标准曲线上读取的试样溶液中甲醛浓度，单位为微克每毫升(μg/mL)；

c_{b}——从标准曲线上读取的空白溶液中甲醛浓度，单位为微克每毫升(μg/mL)；

V——馏出液定容后的体积，单位为毫升(mL)；

m——试样的质量，单位为克(g)；

f——试样溶液的稀释因子。

附 录 B
（规范性附录）
胶粘剂中苯含量的测定 气相色谱法

B.1 范围

本方法规定了学生用胶粘剂中苯含量的测定方法。

本方法适用于苯含量在 0.02 g/kg 以上的学生用胶粘剂。

B.2 原理

试样用适当的溶剂稀释后，直接用进样器将稀释后的试样溶液注入进样装置，并被载气带入色谱柱，在色谱柱内被分离成相应的组分，用氢火焰离子化检测器检测并记录色谱图，用外标法计算试样溶液中苯的含量。

B.3 试剂

B.3.1 苯：色谱纯。

B.3.2 N,N-二甲基甲酰胺：分析纯。

B.4 仪器

B.4.1 进样器：5 μL 的微量注射器。

B.4.2 色谱仪：带氢火焰离子化检测器。

B.4.3 色谱柱：大口径毛细管柱 DB-1(30 m×0.53 mm×1.5 μm)，固定液为二甲基聚硅氧烷。

B.4.4 记录装置：积分仪或色谱工作站。

B.4.5 测定条件

B.4.5.1 汽化室温度：200℃。

B.4.5.2 检测室温度：250℃。

B.4.5.3 氮气：纯度大于 99.9%，硅胶除水，柱前压为 70 kPa(30℃)。

B.4.5.4 氢气：纯度大于 99.9%，硅胶除水，柱前压为 65 kPa。

B.4.5.5 空气：硅胶除水，柱前压为 55 kPa。

B.4.5.6 程序升温：初始温度 30℃，保持时间 3 min，升温速率 20℃/min，终了温度 150℃，保持时间 5 min。

B.5 分析步骤

称取 0.2 g～0.3 g(精确到 0.1 mg)的试样，置于 50 mL 的容量瓶中，用 N,N-二甲基甲酰胺溶解并稀释至刻度，摇匀。用进样器(B.4.1)取 2 μL 进样，测其峰面积。若试样溶液的峰面积大于表 B.1 中最大浓度的峰面积，则用移液管准确移取 V 体积的试样溶液于 50 mL 容量瓶中，用 N,N-二甲基甲酰胺稀释至刻度，摇匀后再测。

B.6 标准溶液的配制

B.6.1 苯标准溶液(1.0 mg/mL)

称取 0.100 0 g 苯，置于 100 mL 的容量瓶中，用 N,N-二甲基甲酰胺稀释至刻度，摇匀。

B.6.2 系列苯标准溶液的配置

按表 B.1 所列苯标准溶液(B.6.1)的体积，分别加入六只 25 mL 容量瓶中，用 N，N-二甲基甲酰胺稀释至刻度，摇匀。

表 B.1 系列标准溶液的体积与相应苯的浓度

移取的体积/mL	相应苯的浓度/(μg/mL)
15.00	600
10.00	400
5.00	200
2.50	100
1.00	40
0.50	20

B.6.3 系列标准溶液峰面积的测定

开启气相色谱仪，对色谱条件进行设定，待基线稳定后，用进样器(B.4.1)取 2 μL 标准溶液进样，测定峰面积，每一标准溶液进样五次，取其平均值。

B.6.4 标准曲线的绘制

以峰面积 A 为纵坐标，相应浓度 c(μg/mL)为横坐标，即得标准曲线。

B.7 结果表述

直接从标准曲线上读取试样溶液中苯的浓度。

按式(B.1)计算试样中苯含量 X。

$$X = \frac{c_t V f}{1\,000m} \qquad \text{(B.1)}$$

式中：

X——试样中甲苯含量，单位为克每千克(g/kg)；

c_t——从标准曲线上读取的试样溶液中苯浓度，单位为微克每毫升(μg/mL)；

V——试样溶液的体积，单位为毫升(mL)；

m——试样的质量，单位为克(g)；

f——稀释因子。

附 录 C
（规范性附录）
胶粘剂中甲苯、二甲苯含量的测定 气相色谱法

C.1 范围

本方法规定了学生用胶粘剂中甲苯、二甲苯含量的测定方法。

本方法适用于甲苯含量在 0.02 g/kg 以上的学生用胶粘剂，也适用于二甲苯含量在 0.02 g/kg 以上的学生用胶粘剂。

C.2 原理

试样用适当的溶剂稀释后，直接用进样器将稀释后的试样溶液注入进样装置，并被载气带入色谱柱，在色谱柱内被分离成相应的组分，用氢火焰离子化检测器检测并记录色谱图，用外标法计算试样溶液中的甲苯和二甲苯的含量。

C.3 试剂

C.3.1 甲苯：色谱纯。

C.3.2 间二甲苯和对二甲苯：色谱纯。

C.3.3 邻二甲苯：色谱纯。

C.3.4 乙酸乙酯：分析纯。

C.4 仪器

C.4.1 进样器：5 μL 的微量注射器。

C.4.2 色谱仪：带氢火焰离子化检测器。

C.4.3 色谱柱：大口径毛细管柱 DB-1(30 m×0.53 mm×1.5 μm)，固定液为二甲基聚硅氧烷。

C.4.4 记录装置：积分仪或色谱工作站。

C.4.5 测定条件

C.4.5.1 汽化室温度：200℃。

C.4.5.2 检测室温度：250℃。

C.4.5.3 氮气：纯度大于 99.9%，硅胶除水，柱前压为 70 kPa(30℃)。

C.4.5.4 氢气：纯度大于 99.9%，硅胶除水，柱前压为 65 kPa。

C.4.5.5 空气：硅胶除水，柱前压为 55 kPa。

C.4.5.6 程序升温：初始温度 35℃，保持时间 2 min，升温速率 20℃/min，终了温度 150℃，保持时间 5 min。

C.5 分析步骤

称取 0.2 g～0.3 g(精确到 0.1 mg)的试样，置于 50 mL 的容量瓶中，用乙酸乙酯溶解并稀释至刻度，摇匀。用进样器(C.4.1)取 2 μL 进样，测其峰面积。若试样溶液的峰面积大于表 C.1 中最大浓度的峰面积，则用移液管准确移取 V 体积的试样溶液于 50 mL 容量瓶中，用乙酸乙酯稀释至刻度，摇匀后再测。

C.6 标准溶液的配制

C.6.1 甲苯、间二甲苯和对二甲苯、邻二甲苯标准溶液

1.0 mg/mL、1.0 mg/mL 和 1.0 mg/mL，称取 0.100 0 g 甲苯、0.100 0 g 间二甲苯和对二甲苯、

0.100 0 g邻二甲苯，置于 100 mL 的容量瓶中，用乙酸乙酯稀释至刻度，摇匀。

C.6.2 系列标准溶液的配置

按表 C.1 所列标准溶液(C.6.1)体积，分别加入六只 25 mL 容量瓶中，用乙酸乙酯稀释至刻度，摇匀。

表 C.1 系列标准溶液(C.6.1)的体积与对应的浓度

移取的体积/mL	对应甲苯的浓度/(μg/mL)	对应间二甲苯和对二甲苯的浓度/(μg/mL)	对应邻二甲苯的浓度/(μg/mL)
15.00	600	600	600
10.00	400	400	400
5.00	200	200	200
2.50	100	100	100
1.00	40	40	40
0.50	20	20	20

C.6.3 系列标准溶液峰面积的测定

开启气相色谱仪，对色谱条件进行设定，待基线稳定后，用进样器(C.4.1)取 2 μL 标准溶液进样，测定峰面积，每一标准溶液进样五次，取其平均值。

C.6.4 标准曲线的绘制

以峰面积 A 为纵坐标，相应浓度 c(μg/mL)为横坐标，即得标准曲线。

C.7 结果表述

直接从标准曲线上读取试样溶液中甲苯或二甲苯的浓度。

按式(C.1)计算试样中甲苯或二甲苯含量 X。

$$X = \frac{c_t V f}{1\ 000m} \qquad \cdots\cdots(C.1)$$

式中：

X——试样中甲苯或二甲苯含量，单位为克每千克(g/kg)；

c_t——从标准曲线上读取的试样溶液中甲苯或二甲苯浓度，单位为微克每毫升(μg/mL)；

V——试样溶液的体积，单位为毫升(mL)；

m——试样的质量，单位为克(g)；

f——稀释因子。

附 录 D
（规范性附录）
胶粘剂中总挥发性有机物含量的测定

D.1 范围

本方法适用于学生用胶粘剂中总挥发性有机物含量的测定。

D.2 原理

将适量的胶粘剂置于恒定温度的鼓风干燥箱中，在规定的时间内，测定胶粘剂总挥发物含量。用卡尔·费休法测定其中水分的含量。胶粘剂总挥发物含量扣除其中水分的量，即得胶粘剂中总挥发性有机物的含量。

D.3 试剂

D.3.1 除非另有说明，在分析中仅使用确认为分析纯的试剂和蒸馏水或去离子水或相当纯度的水。

D.3.2 卡尔·费休试剂。

D.4 仪器

D.4.1 鼓风干燥箱：温度能控制在105℃±1℃。

D.4.2 卡尔·费休滴定仪。

D.5 分析步骤

D.5.1 总挥发分含量的测定

按GB/T 2793—1995规定的方法进行测定。

D.5.2 胶粘剂中水分含量的测定

按GB/T 606—2003规定的方法进行测定。

D.5.3 胶粘剂密度的测定

按GB/T 13354—1992规定的方法进行测定。

D.6 结果表述

按式(D.1)计算试样中总有机挥发物含量 X。

$$X=(W_{总}-W_{水})\rho\times 1\,000 \qquad \text{(D.1)}$$

式中：

X——试样中总有机挥发物含量，单位为克/升(g/L)；

$W_{总}$——总挥发分含量质量分数；

$W_{水}$——水分含量质量分数；

ρ——试样的密度，单位为克每毫升(g/mL)。

附　录　E
（规范性附录）
空气流通的测定

E.1　原理

需要测试的笔帽被完全插入到一个直径适合、空气流通、两端有压力差的弹性管中。

E.2　仪器

E.2.1　空气供应装置：在 4 kPa～50 kPa 的压力范围内，自动振动比率至少是 25 L/min。
E.2.2　流量控制阀：能控制空气流动，精确至±0.1 L/min。
E.2.3　流量计：能测量空气流动在 5 L/min 和 10 L/min，精确至±0.2 L/min。
E.2.4　压力计：能测量至少 4 kPa 的压力，精确至±0.01 kPa。
E.2.5　连接和管子：适合于连接的装置——符合图 E.1 中描述的。

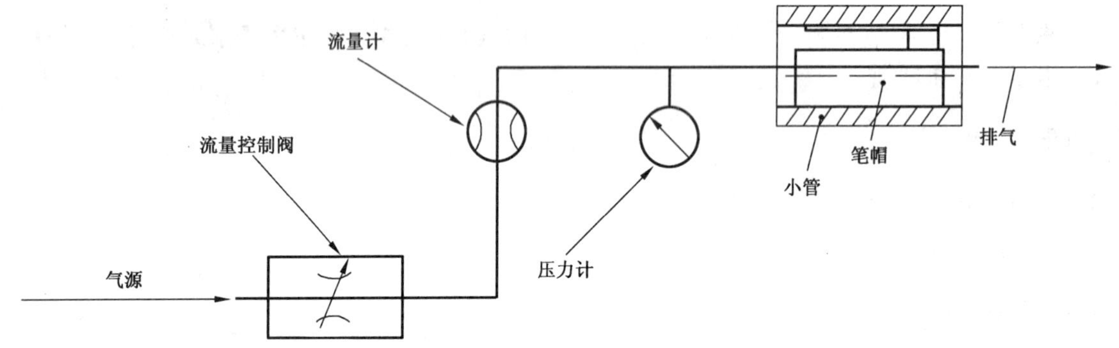

图 E.1

E.2.6　弹性管：一个内径（测量其最宽处）是笔帽圆周的 80%～85%的管子。管子的外壁厚度是 0.75 mm±0.25 mm，shore *A* 硬度是 55±10。

E.3　试验步骤

E.3.1　将弹性管截取到一定的长度（见 E.2.6），以便笔帽插进去的时候笔帽的两端留有一定的余地。
E.3.2　用肥皂或其他合适的低粘度的润滑剂填充在管子的内部。
E.3.3　将上帽伸到管子中部，尽量确保上帽与管子主轴平行。
E.3.4　用适当的连接器将管子和笔帽连接（见 E.3.3），形成图 E.1 中的装置。
E.3.5　打开空气供应装置，调整流速，直到压力不再是 1.33 kPa。
E.3.6　记录这个压力下流动测试装置上的流动速度。
E.3.7　关闭空气供应装置，移开管子和笔帽装置，重复 E.3.4～E.3.6。
E.3.8　测试 10 个上帽，进行 20 次空气流动测试。记录每个上帽的空气流量并报告最小值。

ICS 13.310
A 91

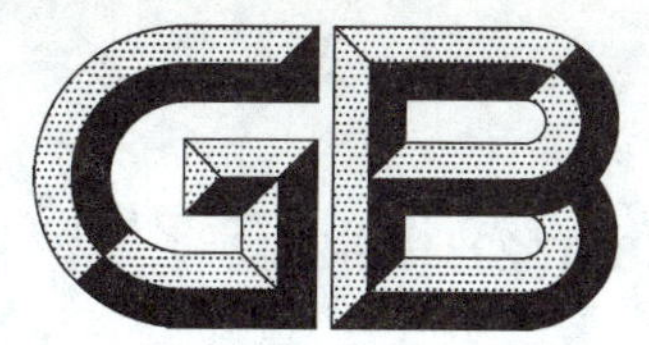

中华人民共和国国家标准

GB/T 29315—2012

中小学、幼儿园安全技术防范系统要求

Requirements for security system in medium and primary school and kindergarten

2012-12-31 发布　　2013-06-01 实施

中华人民共和国国家质量监督检验检疫总局
中国国家标准化管理委员会　发布

前　言

本标准按照 GB/T 1.1—2009 给出的规则起草。

本标准由中华人民共和国公安部提出。

本标准由全国安全防范报警系统标准化技术委员会(SAC/TC 100)归口。

本标准起草单位:公安部科技信息化局、公安部治安管理局、教育部基础教育一司、北京市公安局、公安部第一研究所、北京富盛星电子有限公司、北京赛尔汇力安全科技有限公司、北京欣卓越技术开发有限责任公司、浙江省公安厅、北京市质量技术监督局、杭州华三通信技术有限公司、浙江金盾楼宇科技工程有限公司。

本标准主要起草人:施巨岭、段建英、周群、李明甫、高任、俞伟跃、娄健、张凤波、屠连生、杨志明、盖田力、蒋乐中、宋国建、张盛、许克。

中小学、幼儿园安全技术防范系统要求

1 范围

本标准规定了中小学校和幼儿园安全技术防范系统基本要求、重点部位和区域及其防护要求、系统技术要求、保障措施等。

本标准适用于各类中小学、幼儿园(以下统称学校),其他未成年人集中教育培训机构或场所参照执行。

2 规范性引用文件

下列文件对于本文件的应用是必不可少的。凡是注日期的引用文件,仅注日期的版本适用于本文件。凡是不注日期的引用文件,其最新版本(包括所有的修改单)适用于本文件。

GB/T 7401 彩色电视图像质量主观评价方法

GB/T 15408—2011 安全防范系统供电技术要求

GB 50348 安全防范工程技术规范

GB 50394 入侵报警系统工程设计规范

GB 50395 视频安防监控系统工程设计规范

GB 50396 出入口控制系统工程设计规范

GA/T 644 电子巡查系统技术要求

GA/T 678 联网型可视对讲系统技术要求

3 术语和定义

GB 50348、GB 50394、GB 50395、GB 50396 界定的术语和定义适用于本文件。

4 基本要求

4.1 学校安全技术防范系统建设,应符合国家现行相关法律、法规的规定。

4.2 安全技术防范系统建设应统筹规划,坚持人防、物防、技防相结合的原则,以保障学生和教职员工的人身安全为重点。

4.3 学校安全技术防范系统中使用的产品应符合国家现行相关标准的要求,经检验或认证合格,并防止造成对人员的伤害。

4.4 学校安全技术防范系统应留有联网接口。

5 防护要求

5.1 重点部位和区域

下列部位和区域确定为学校安全技术防范系统的重点部位和区域:

a) 学校大门外一定区域;

b) 学校周界；

c) 学校大门口；

d) 门卫室(传达室)；

e) 室外人员集中活动区域；

f) 教学区域主要通道和出入口；

g) 学生宿舍楼(区)主要出入口和值班室；

h) 食堂操作间和储藏室及其出入口、就餐区域；

i) 易燃易爆等危险品储存室、实验室；

j) 贵重物品存放处；

k) 水电气热等设备间；

l) 安防监控室。

注:学校大门外一定区域是指学生上下学时段,校门外人员密集集中的区域。

5.2 防护要求

5.2.1 学校大门外一定区域应设置视频监控装置,监视及回放图像应能清晰显示监视区域内学生出入校园、人员活动和治安秩序情况。

5.2.2 学校周界应设置实体屏障,宜设置周界入侵报警装置。

5.2.3 学校大门口应设置视频监控装置,监视及回放图像应能清楚辨别进出人员的体貌特征和进出车辆的车型及车牌号。

5.2.4 学校大门口宜配置隔离装置,用于在学生上学、放学的人流高峰时段,大门内外一定区域内通过隔离装置设置临时隔离区,作为学生接送区。

5.2.5 学校大门口宜设置对学生、教职员工、访客等人员进行身份识别的出入口控制通道装置。

5.2.6 幼儿园大门口宜安装访客可视对讲装置。

5.2.7 学校门卫室(传达室)应设置紧急报警装置。

5.2.8 室外人员集中活动区域(操场等)宜设置视频监控装置,监视及回放图像应能清晰显示监视区域内人员活动情况。

5.2.9 教学区域内学生集中出入的主要通道和出入口宜设置视频监控装置。

5.2.10 学生宿舍楼(区)的出入口应设置视频监控装置,监视及回放图像应清楚辨别进出人员的体貌特征;可设置出入口控制装置。

5.2.11 学生宿舍楼(区)的值班室应设置紧急报警装置。

5.2.12 食堂操作间和储藏室的出入口应设置视频监控装置,操作间、储藏室和就餐区域宜设置视频监控装置,监视及回放图像应能辨别人员活动情况。

5.2.13 易燃易爆等危险品储存室、实验室应有实体防护措施,应设置入侵报警装置,宜设置视频监控装置。

5.2.14 贵重物品存放处(财务室等)应有实体防护措施,应设置入侵报警装置,宜设置视频监控装置。

5.2.15 水电气热等设备间(配电室、锅炉房、水泵房等)应有实体防护措施,宜设置入侵报警装置。

5.2.16 安防监控室应有实体防护措施,应设置紧急报警装置,并配置通讯工具;应设置广播装置接入校园广播系统,用于突发事件时的人员疏散及应急指挥;宜设置视频监控装置。

5.2.17 重点部位和区域宜设置电子巡查装置。

5.2.18 其他部位和区域根据实际需要设置相应防范措施。

5.3 设施配置要求

学校重点部位和区域安全技术防范设施配置要求见附录A。

6 系统技术要求

6.1 计时校时要求

学校安全技术防范系统中具有计时功能的设备与北京时间的偏差应保持不大于 20 s。

6.2 入侵报警系统

6.2.1 入侵报警系统应满足 GB 50394 的相关要求。

6.2.2 入侵探测器、紧急报警装置发出的报警信号应传送至安防监控室，紧急报警装置应与属地接警中心联网。

6.2.3 入侵报警系统布防、撤防、报警、故障等信息的保存时间应不少于 30 d。

6.2.4 入侵报警系统宜与视频监控系统联动。

6.3 视频监控系统

6.3.1 视频监控系统应满足 GB 50395 的相关要求。

6.3.2 视频图像应传送至安防监控室，宜与上级监控中心联网。

6.3.3 视频监视图像分辨率应不低于 380 TVL，回放图像分辨率应不低于 240 TVL；数字视频格式分辨率应不低于 352 * 288 像素。

6.3.4 视频图像质量按照 GB/T 7401 按主观评价，采用五级损伤制评价，评价结果应不低于 4 级。回放图像应保证人员和物体的标志性特征可辨识。

6.3.5 视频图像应实时记录，保存时间应不少于 30 d。

6.4 出入口控制系统

6.4.1 出入口控制系统应符合 GB 50396 的相关要求。

6.4.2 出入口控制事件记录保存时间应不少于 180 d。

6.4.3 出入口控制系统宜与视频监控系统联动，在事件查询的同时，能回放与该出入口相关联的视频图像。

6.4.4 出入口控制系统应满足人员逃生时的相关要求，当需要紧急疏散时，各闭锁通道应开启，保障人员迅速安全通过。

6.5 访客可视对讲系统

访客可视对讲系统应满足 GA/T 678 的相关要求。

6.6 电子巡查系统

电子巡查系统应符合 GA/T 644 的相关要求。

6.7 供电、防雷和接地

6.7.1 安全技术防范系统的供电应符合 GB/T 15408—2011 的相关要求。

6.7.2 安全技术防范系统主电源应从学校主配电室通过独立回路直接接入。

6.7.3 入侵报警系统和视频监控系统宜采用集中供电方式，并根据实际情况配置备用电源。主备电源应能不间断切换。

6.7.4 备用电源应在断电后保证入侵报警系统正常工作不少于 8 h，保证视频监控系统的摄像机、录像设备和主要控制显示设备正常工作不少于 1 h，保证出入口控制系统在主要出入口的电控装置正常开启不少于 24 h。

6.7.5 安全技术防范系统的防雷接地应符合 GB 50348 的相关要求。

6.8 安防监控室

学校宜设置独立的安防监控室，对安全技术防范系统进行统一管理。

7 保障措施

7.1 学校安全技术防范系统建设完工后应进行验收，并建立运行维护保障的长效机制，应设专人负责系统日常管理工作并制定应急处置预案。

7.2 安防监控室应保证有人员值班，值班人员应培训上岗，掌握系统运行维护的基本技能。

7.3 学校安全技术防范系统出现故障时，应在 24 h 内恢复功能，在系统恢复前应采取有效的应急防范措施。

附 录 A
(规范性附录)
学校重点部位和区域安全技术防范设施配置要求

表 A.1 列出了学校的重点部位和区域以及需要配置的安全防范设施。

表 A.1 学校重点部位和区域安全技术防范设施配置表

序号	重点部位和区域	技防设施	配置要求
1	学校大门外一定区域	视频监控装置	应
2	学校周界	实体屏障	应
		入侵报警装置	宜
3	学校大门口	视频监控装置	应
		隔离装置	宜
		出入口控制通道装置	宜
	幼儿园大门口	访客可视对讲装置	宜
4	门卫室(传达室)	紧急报警装置	应
5	室外人员集中活动区域	视频监控装置	宜
6	教学区域主要通道和出入口	视频监控装置	宜
7	学生宿舍楼(区)主要出入口	视频监控装置	应
		出入口控制装置	可
	学生宿舍楼(区)值班室	紧急报警装置	应
8	食堂操作间和储藏室的出入口	视频监控装置	应
	食堂操作间、储藏室和就餐区域	视频监控装置	宜
9	易燃易爆等危险品储存室、实验室	实体防护措施	应
		入侵报警装置	应
		视频监控装置	宜
10	贵重物品存放处	实体防护措施	应
		入侵报警装置	应
		视频监控装置	宜
11	水电气热等设备间	实体防护措施	应
		入侵报警装置	宜
12	安防监控室	实体防护措施	应
		紧急报警装置	应
		通讯工具	应
		广播装置	应
		视频监控装置	宜
13	重点部位和区域	电子巡查装置	宜

二、卫　生

- GB 28932—2012　中小学校传染病预防控制工作管理规范
- GB/T 17226—2017　中小学校教室换气卫生要求
- GB/T 17225—2017　中小学校采暖教室微小气候卫生要求
- GB 7793—2010　中小学校教室采光和照明卫生标准
- GB/T 36876—2018　中小学校普通教室照明设计安装卫生要求
- GB 31177—2014　学生宿舍卫生要求及管理规范
- GB/T 28930—2012　学生使用电脑卫生要求
- GB/T 17227—2014　中小学生教科书卫生要求
- GB/T 18205—2012　学校卫生综合评价

ICS 13.100
C 56

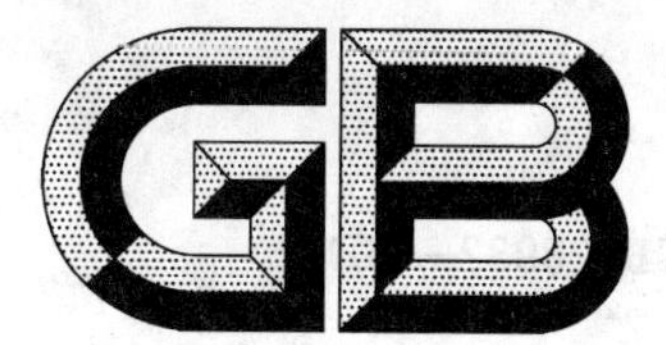

中华人民共和国国家标准

GB 28932—2012

中小学校传染病预防控制工作管理规范

Regulation of infectious diseases prevention and control in primary and secondary schools

2012-12-31 发布 2013-05-01 实施

中华人民共和国卫生部
中国国家标准化管理委员会 发布

前　言

本标准第 4.7 和 4.8 为强制性条款，其余为推荐性条款。

本标准按照 GB/T 1.1—2009 给出的规则起草。

本标准由中华人民共和国卫生部提出并归口。

本标准起草单位：北京市疾病预防控制中心。

本标准主要起草人：郭欣、邓瑛、曾晓芃、符筠、刘亨辉、耳玉亮、段佳丽、刘峥、徐文婕。

中小学校传染病预防控制工作管理规范

1 范围

本标准规定了中小学校法定传染病及其他可能导致学生群体流行或暴发的非法定传染病的预防控制工作要求和内容。

本标准适用于各级各类中小学校，托幼机构可参照执行。

2 规范性引用文件

下列文件对于本文件的应用是必不可少的。凡是注日期的引用文件，仅注日期的版本适用于本文件。凡是不注日期的引用文件，其最新版本(包括所有的修改单)适用于本文件。

GB 5749 生活饮用水卫生标准

GB/T 17226 中小学校教室换气卫生标准

GB 50099 中小学校建筑设计规范

WS/T 100 学生营养午餐营养供给量

建标 109 农村普通中小学校建设标准

3 术语和定义

下列术语和定义适用于本文件。

3.1

学校卫生专业技术人员 school health professionals

医学院校毕业或已获得医士(护士)以上职称者，以医药卫生专业技术为主要职责，在各级各类学校从事卫生保健工作人员。

3.2

保健教师 health-care teachers

非医学院校毕业的教师，因工作需要，经培训考核合格后而从事专职或兼职学校卫生保健工作的人员。

3.3

学校传染病疫情报告人 school epidemic information reporters

负责传染病疫情报告的学校专职或者兼职卫生专业技术人员、保健教师，或经培训合格的学校其他在编人员。

4 组织保障与制度

4.1 学校在教育主管部门的领导和管理下开展本校传染病预防控制工作，并接受卫生部门的监督和技术指导。

4.2 学校成立由校长作为第一责任人的传染病预防控制工作小组，全面负责学校的各项传染病预防控制管理工作。小组成员应该包括学校各相关部门的负责人，职责明确，责任到人，并随着学校人事变动，小组成员应及时调整。

4.3 学校每年应制定传染病预防控制工作计划并予以落实，同时将其纳入学校年度工作考评。

4.4 学校每年应拨出一定比例的专项经费用于传染病的预防控制，以保证各项传染病预防控制工作的落实。

4.5 寄宿制学校和600人以上的学校应设立医务室或者卫生室，并按不低于学生人数600∶1的比例配备专职学校卫生专业技术人员。

4.6 学生人数不足600人的非寄宿制学校，可以配备专职或者兼职卫生专业技术人员或者保健教师，开展学校传染病预防控制工作。

4.7 学校应明确传染病疫情报告人。学校传染病疫情报告人的设置优先考虑专职或者兼职卫生专业技术人员。

4.8 学校应在卫生部门的技术指导下，制定传染病预防控制的应急预案和相关制度：

——传染病疫情及相关突发公共卫生事件的应急预案；

——传染病疫情及相关突发公共卫生事件的报告制度；

——学生晨检制度；

——因病缺课登记、追踪制度；

——复课证明查验制度；

——学生健康管理制度；

——学生免疫规划的管理制度；

——传染病预防控制的健康教育制度；

——通风、消毒等制度。

4.9 学校应严格落实各项传染病预防控制制度，并根据传染病预防控制形势及时调整和完善。

5 预防

5.1 健康教育

5.1.1 学校每学期都应安排日常的传染病预防控制健康教育，利用课堂、讲座、板报、广播等多种形式对学生进行有针对性的传染病预防控制知识教育，内容包括常见传染病的基本知识、传播途径和预防措施，提高学生对传染病的预防控制意识和应对能力。

5.1.2 学校应积极开展对教职员工的传染病预防控制健康教育，提高其对传染病的应对能力。

5.1.3 学校可根据传染病预防的需要对学生家长开展传染病预防控制健康教育，告知其配合学校传染病预防控制工作。

5.2 晨检

5.2.1 班主任每日早自习或早晨第一节课前对学生进行晨检，了解学生的出勤和健康状况。

5.2.2 晨检内容包括：观察学生的精神状态、询问学生健康状况、登记因病缺勤情况。教师应通过观察、询问等手段，重点检查学生中有无发热、皮疹、腹泻、黄疸、结膜充血等症状发生；调查了解学生缺勤原因、所患何种疾病或症状等信息。

5.2.3 晨检中发现学生有发热、皮疹、腹泻、黄疸、结膜充血等症状或其他异常时，应及时告知学校疫情报告人，并做好记录。

5.2.4 学校疫情报告人负责指导各班开展学生晨检工作，对各班晨检结果进行核实、排查和处理，做到传染病病人的早发现、早报告。

5.2.5 传染病流行时期宜在下午第一节课前增加午检，住宿制学校宜对住校学生进行晚检。

5.3 因病缺课的登记、追踪

5.3.1 班主任每日登记因病缺课学生的患病情况，包括发病时间、症状、就诊情况等信息，协助学校疫情报告人对其病情和转归进行追踪。

5.3.2 学校疫情报告人负责指导各班开展因病缺课登记追踪工作，对各班登记结果进行核实、汇总，做到传染病病人的早发现、早报告。

5.4 健康管理

5.4.1 学校应落实学生健康管理制度，认真做好学生体检和健康筛查的组织工作。

5.4.2 学校教职员工中的传染病病人、病原携带者和疑似传染病病人，在传染期内或者在排除传染病前，不得从事法律、行政法规和国务院卫生行政部门规定禁止的易使该传染病扩散的工作。

5.5 预防接种

5.5.1 学校应在学生入学时查验预防接种证，发现未依照国家免疫规划受种的学生，应当向所在地的县级疾病预防控制机构或者学生居住地承担预防接种工作的接种单位报告，并配合疾病预防控制机构或者接种单位督促监护人在学生入学后及时到接种单位补种。

5.5.2 学校应按照县级以上人民政府或国务院卫生主管部门的决定，积极配合卫生部门组织学生进行疫苗接种。

5.6 卫生条件

5.6.1 学校应按照 GB 5749、WS/T 100 和 GB/T 17226 等有关标准的规定保障学生的饮食、饮用水安全，提供安全、卫生的环境设施，消除鼠害和蚊、蝇、蟑等病媒生物的危害。

5.6.2 学校应按照 GB 50099 和建标 109 的要求为学生设置厕所和洗手设施。寄宿制学校应为学生提供相应的洗漱等卫生设施。

5.7 物资储备

学校根据可能发生的传染病疫情，按照学校规模、学生数量以及传染病预防控制要求储备一定数量的物资，并严格掌握使用期限。

6 控制

6.1 报告

6.1.1 发生法定传染病疫情或突发公共卫生事件时，学校疫情报告人应在传染病防治法规定的时限内向属地疾病预防控制机构和教育行政部门报告。

6.1.2 出现以下任一情况时，学校传染病疫情报告人应在 24 h 内向属地疾病预防控制机构和教育行政部门报告：

——在同一宿舍或者同一班级，1 d 内有 3 例或者连续 3 d 内有多个学生(5 例以上)患病，并有相似症状(如发热、皮疹、腹泻、呕吐、黄疸等)或者有共同用餐、饮水史；

——个别学生出现不明原因的高热、呼吸急促或剧烈呕吐、腹泻等症状；

——学校发生群体性不明原因疾病或者其他突发公共卫生事件。

6.2 控制措施

6.2.1 教育行政部门与卫生等部门配合，共同制定符合本地区实际的学校应对传染病疫情的对策、措施及应急预案；督促学校落实各项传染病预防控制措施；配合卫生行政部门严密监测学校疫情动态和调查处理工作，并适时做出预警；指导下级教育行政部门及学校紧急应对和处置疫情；协调解决学校应对疫情所需的物资和经费等保障。

6.2.2 卫生行政部门指导学校开展疫情预防控制工作，帮助教育行政部门和学校完善预防控制预案；组织协调和督促医疗卫生机构对学校疫情预防控制工作进行指导；及时通报疫情动态，并根据疫情变化情况，指导教育行政部门和学校及时调整和完善预防控制措施。

6.2.3 各级各类医疗及疾病预防控制机构负责指导学校传染病预防控制工作；负责辖区内学校疫情分析报告、病例诊治以及流行病学调查和疫情处理工作；协调和指导学校落实密切接触者的管理；指导学校根据疫情变化及时调整和完善预防控制措施。

6.2.4 学校在教育、卫生行政部门及疾病预防控制机构的监督和指导下，做好以下疫情控制工作：

a) 对确诊患有法定传染病的学生、疑似病人或传染病密切接触者，学校应配合卫生部门依法对确诊学生进行隔离或者医学观察，并安排其及时就诊，做好检疫期相关记录。
b) 配合属地疾病预防控制机构对疫点开展消毒、疫情调查和宣传教育等工作。
c) 学生病愈且隔离期满时，应持复课证明到学校医务室或者卫生室查验后方可进班复课。
d) 在传染病暴发、流行时，学校应根据当地人民政府的决定，停止举办大型师生集会和会议，采取临时停课或暂时关闭措施，并配合属地疾病控制机构对学校人群进行预防性服药和应急预防接种工作。

6.3 个人防护

教职员工在照顾患病学生、接触可能受到污染的物品或排泄物时，应根据实际情况采取必要的个人防护措施，如配戴手套、口罩、帽子等。

ICS 13.100
C 56

中华人民共和国国家标准

GB/T 17226—2017
代替 GB/T 17226—1998

中小学校教室换气卫生要求

Hygienic requirements of classroom ventilation in middle and elementary school

2017-11-01 发布　　2018-05-01 实施

中华人民共和国国家卫生和计划生育委员会
中国国家标准化管理委员会　发布

前　言

本标准按照 GB/T 1.1—2009 给出的规则起草。

本标准代替 GB/T 17226—1998《中小学校教室换气卫生标准》，与 GB/T 17226—1998 相比主要技术变化如下：

——修改标准名称为《中小学校教室换气卫生要求》；

——部分修改了标准的使用范围(见第 1 章，1998 年版的第 1 章)；

——增加了部分术语和定义(见 3.1 和 3.4)；

——删除了教室换气次数要求(见 1998 年版的 3.2)；

——修改了教室内空气中二氧化碳浓度要求和必要换气量要求(见第 4 章、第 5 章，1998 年版的 3.1、3.3)；

——修改了教室换气方式的规定(见第 7 章，1998 年版的第 4 章)；

——修改了教室换气制度，增加了换气时间(见第 8 章，1998 年版的第 5 章)；

——修改了附录 A 的内容。

本标准由中华人民共和国国家卫生和计划生育委员会提出并归口。

本标准起草单位：哈尔滨医科大学、北京大学、内蒙古自治区呼和浩特市疾病预防控制中心。

本标准主要起草人：王忆军、张慧颖、马军、张琳、梁爽、陈素芬、乌兰其木格。

本标准所代替标准的历次版本发布情况为：

——GB/T 17226—1998。

中小学校教室换气卫生要求

1 范围

本标准规定了中小学校教室内空气中二氧化碳日平均最高容许浓度及测定方法、中小学生必要换气量、教室换气方式和换气制度。

本标准适用于新建、改建、扩建及日常集中采暖的中小学校普通教室，中等专业、职业技术学校可参照使用。

2 规范性引用文件

下列文件对于本文件的应用是必不可少的。凡是注日期的引用文件，仅注日期的版本适用于本文件。凡是不注日期的引用文件，其最新版本(包括所有的修改单)适用于本文件。

GB/T 18204.2 公共场所卫生检验方法 第2部分:化学污染物

GB 50099 中小学校设计规范

3 术语和定义

下列术语和定义适用于本文件。

3.1

日平均最高容许浓度 maximum allowable concentration-daily average

任何一日的平均浓度的最大容许值。

3.2

教室换气 classroom ventilation

利用门窗的缝隙、通风管道、通风小窗等，直接导入室外空气，置换室内的污染空气。

3.3

必要换气量 necessary ventilation volume

保证基本室内空气品质，确保人身体健康的必要通风量。

可按式(1)计算：

$$Q=\frac{M}{K-K_0} \qquad (1)$$

式中：

Q ——必要换气量，单位为立方米每小时人[m^3/(h·人)]；

M ——二氧化碳的呼出量，单位为升每小时人[L/(h·人)]；

K ——教室内空气二氧化碳的最高允许浓度，%；

K_0 ——室外空气的二氧化碳浓度，%。

3.4

教室气窗 classroom transom

教室门窗上部用来通风换气的小窗。

3.5

换气制度　ventilation system

按不同季节和天气规定的合理开窗制度。

4　教室内空气中二氧化碳日平均最高容许浓度

教室内空气中二氧化碳日平均最高容许浓度应≤0.10%。

5　必要换气量

小学生不宜低于 20 m^3/(h·人),初中生不宜低于 25 m^3/(h·人),高中生不宜低于 32 m^3/(h·人)。必要换气量测定方法见附录 A。

6　空气中二氧化碳的测定

空气中二氧化碳的测定按照 GB/T 18204.2 的方法。

7　教室换气方式

非严寒与非寒冷地区,冬季应优先采用开启窗户的自然通风方式。严寒与寒冷地区冬季采用自然通风方式时,应符合 GB 50099 的有关规定。

8　教室换气制度

根据季节采用开窗或开气窗与开门相结合的方式换气。寒冷季节在课前和课间休息 10 min 期间,利用教室和走廊的气窗或窗和门进行通风换气。开窗换气有专人负责,要求学生应离开教室,到室外活动。

中内廊的教学楼,每天有专人负责打开走廊的窗户,以便于教室在课间通风换气时,进入新鲜空气。

附　录　A
（规范性附录）
必要换气量间接测定方法

每年采暖季节，选择三个教室为检测对象，在无风(室外风速 0.5 m/s 以下)天气时进行检查。上课期间(40 min)教室要求关闭门窗，测量课前课后二氧化碳浓度，按式(1)计算学生每小时必要换气量。

ICS 13.040
C 56

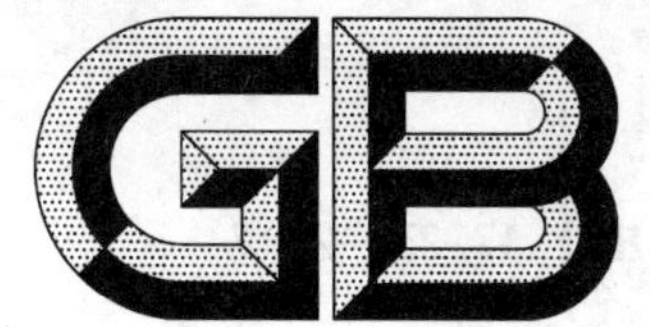

中华人民共和国国家标准

GB/T 17225—2017
代替 GB/T 17225—1998

中小学校采暖教室微小气候卫生要求

Hygienic requirements of microclimate for heating classroom in middle and elementary school

2017-11-01 发布　　　　2018-05-01 实施

中华人民共和国国家卫生和计划生育委员会
中国国家标准化管理委员会　发布

前　言

本标准按照 GB/T 1.1—2009 给出的规则起草。

本标准代替 GB/T 17225—1998《中小学校教室采暖温度标准》,本标准与 GB/T 17225—1998 相比主要技术变化如下:

——标准名称修改为《中小学校采暖教室微小气候卫生要求》;

——修改了标准的使用范围(见第 1 章,1998 年版的第 1 章);

——增加了规范性引用文件(见第 2 章);

——增加和修改了部分术语和定义(见第 3 章,1998 年版的第 2 章);

——修改了教室温度和湿度的卫生要求(见 4.1 和 4.2,1998 年版的 3.1 和 3.2);

——修改了教室温度、湿度和风速测定方法(见第 5 章,1998 年版的第 4 章)。

本标准由国家卫生和计划生育委员会提出并归口。

本标准起草单位:哈尔滨医科大学、北京大学医学部、辽宁省卫生厅卫生监督局、沈阳市卫生监督所。

本标准主要起草人:王忆军、武丽杰、马军、潘德鸿、王光宇、张琳、夏薇、孙彩虹。

本标准所代替标准的历次版本发布情况为:

——GB/T 17225—1998。

中小学校采暖教室微小气候卫生要求

1 范围

本标准规定了采暖地区中小学校冬季采暖教室微小气候卫生要求及各指标的测定方法。

本标准适用于采暖地区有集中采暖设施的普通中小学校普通教室及中等专业、职业技术学校教室。非集中采暖地区中小学校教室可参照使用。

2 规范性引用文件

下列文件对于本文件的应用是必不可少的。凡是注日期的引用文件,仅注日期的版本适用于本文件。凡是不注日期的引用文件,其最新版本(包括所有的修改单)适用于本文件。

GB/T 18204.1 公共场所卫生检验方法 第1部分:物理因素

3 术语和定义

下列术语和定义适用于本文件。

3.1

采暖 heating

设计建筑物的防寒取暖装置,使建筑物内部得到适宜的温度。

3.2

集中采暖 central heating

由统一的热源经管道或采用集中管理的地暖或中央空调把热送到采暖场所的采暖方式。

3.3

水平温差 horizontal temperature difference

教室四角处气温与同等高度的中部气温的差值。

3.4

垂直温差 vertical temperature difference

学生坐姿时,足部高度气温与头部高度气温的差值。

3.5

相对湿度 relative humidity

空气中实际水汽压与同一湿度条件下饱和水汽压的比值,用%表示。

3.6

风速 wind speed

在单位时间内空气在水平方向上移动的距离,单位用 m/s 或 km/h 表示。

4 卫生要求

4.1 在学习时间内,教室中部(距地面 0.8 m~1.2 m)的气温 18 ℃~22 ℃;教室水平温差和垂直温差均不宜超过±2 ℃。

4.2 在学习时间内，教室中部(距地面 0.8 m～1.2 m)的相对湿度 30%～70%。

4.3 在学习时间内，教室中部(距地面 0.8 m～1.2 m)的风速小于 0.3 m/s。

5 测量方法

教室温度、相对湿度和风速的测量方法按 GB/T 18204.1 执行。

ICS 13.100
C 56

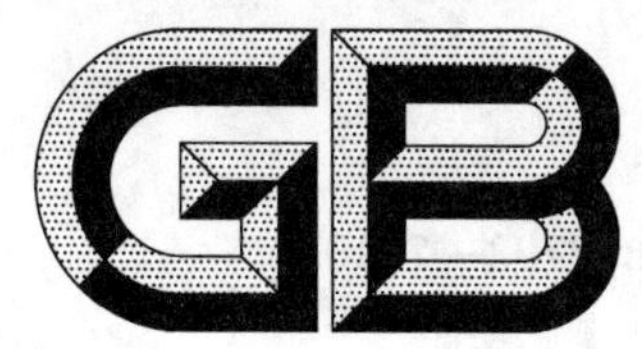

中华人民共和国国家标准

GB 7793—2010
代替 GB 7793—1987

中小学校教室采光和照明卫生标准

Hygienic standard for day lighting and artificial lighting for middle and elementary school

2011-01-14 发布　　2011-05-01 实施

中华人民共和国卫生部
中国国家标准化管理委员会　发布

前　言

本标准的4.2、4.3、4.4、4.5、4.6、5.1、5.2、5.3、5.9、5.10、5.11为强制性的，其余为推荐性的。

本标准代替GB 7793—1987《中小学校教室采光和照明卫生标准》。

本标准与GB 7793—1987相比主要变化如下：

——修改了部分术语和定义(本标准的3.1、3.3;GB 7793—1987的3.1、3.3)。

——增加了部分术语和定义(本标准的3.2、3.4、3.6、3.7、3.8、3.9、3.10)。

——删除了部分术语和定义(GB 7793—1987的3.2、3.4、3.6)。

——修改了教室的采光标准(本标准的4.1、4.2、4.3、4.5;GB 7793—1987的1.1、1.2、1.4)。

——修订了教室课桌面、黑板的照明标准(本标准的5.2、5.3;GB 7793—1987的2.2、2.3)。

——增加了对光源的规定(本标准的5.4、5.5、5.6、5.7)。

——增加了对教室统一眩光值、照明功率密度、维护系数的规定(本标准的5.8、5.9、5.10)。

——删除了对照度补偿系数的规定(GB 7793—1987的2.6)。

本标准由中华人民共和国卫生部提出并归口。

本标准由中华人民共和国卫生部负责解释。

本标准起草单位：北京大学儿童青少年卫生研究所、中国建筑科学研究院建筑物理研究所、北京市卫生监督所。

本标准主要起草人：马军、张绍纲、高权、张琳。

本标准所代替标准历次版本发布情况为：

——GB 7793—1987。

中小学校教室采光和照明卫生标准

1 范围

本标准规定了学校教室采光和照明要求。

本标准适用于城市、县镇的新建、改建和扩建的普通中小学校、中等师范学校和幼儿师范学校。

2 规范性引用文件

下列文件中的条款通过本标准的引用而成为本标准的条款。凡是注日期的引用文件，其随后所有的修改单(不包括勘误的内容)或修订版均不适用于本标准，然而，鼓励根据本标准达成协议的各方研究是否可使用这些文件的最新版本。凡是不注日期的引用文件，其最新版本适用于本标准。

GB/T 5699　采光测量方法

GB/T 5700　照明测量方法

GB/T 50033　建筑采光设计标准

JGJ/T 119　建筑照明术语标准

3 术语和定义

JGJ/T 119 中确立的以及下列术语和定义适用于本标准。

3.1

采光系数　daylight factor

在室内给定平面上的某一点的采光系数为该点的照度与同一时间的室外无遮拦水平面上产生的天空漫射光照度之比，以%表示之。

3.2

窗地面积比　ratio of glazing to floor area

窗洞口面积与室内地面面积之比。

3.3

直接眩光　direct glare

在视野中，特别是在靠近视线方向存在的发光体所产生的眩光。

3.4

反射比　reflectance

某物体表面上反射的光通量与入射该物体表面上的光通量之比，以 ρ 表示。

3.5

照度均匀度　uniformity ratio of illuminance

在规定表面上的最小照度与平均照度之比。

3.6

维护系数　maintenance factor

照明装置在使用一定周期后，在规定表面上的平均照度或平均亮度与该装置在相同条件下新装时在规定表面上所得到的平均照度或平均亮度之比。

3.7

反射眩光　glare by reflection

由视野中的反射引起的眩光，特别是在靠近视线方向看见反射像所产生的眩光。

3.8

维持平均照度　maintained average illuminance

规定表面上的平均照度不得低于此数值。它是在照明装置必须进行维护的时刻，在规定表面上的平均照度。

3.9

显色指数　colour rendering index

在具有合理允差的色适应状态下，被测光源照明物体的心理物理色与参比光源照明同一色样的心理物理色符合程度的度量。

3.10

统一眩光值　unified glare rating　UGR

度量处于视觉环境中的照明装置发出的光对人眼睛引起不舒适感主观反应的心理参量，其值可按 CIE 统一眩光值公式计算。

4　教室的采光要求

4.1　学校教室的朝向宜按各地区的地理和气候条件决定，不宜采用东西朝向，宜采用南北向的双侧采光。教室采用单侧采光时，光线应自学生座位的左侧射入。南外廊北教室时，应以北向窗为主要采光面。

4.2　Ⅲ类光气候区教室课桌面上的采光系数最低值不应低于 2%，其他光气候区的采光系数应乘以相应的光气候系数。光气候系数应按表 1 采用，所在光气候区应按 GB/T 50033 中国光气候分区图查出。

表 1　光气候系数 K

光气候区	Ⅰ	Ⅱ	Ⅲ	Ⅳ	Ⅴ
K 值	0.85	0.90	1.00	1.10	1.20
室外天然光临界照度值 E_1 lx	6 000	5 500	5 000	4 500	4 000

4.3　教室窗地面积比不应低于 1∶5。

4.4　为防止窗的直接眩光，教室应设窗帘以避免阳光直接射入教室内。为防止黑板的反射眩光，其表面应以耐磨无光泽的材料制成。

4.5　为提高教室的采光效果，室内各表面应采用高亮度低彩度的装修，房间各表面的反射比应按表 2 的规定选取。

表 2　室内各表面的反射比

表面名称	反射比	表面名称	反射比
顶棚	0.70～0.80	侧墙、后墙	0.70～0.80
前墙	0.50～0.60	课桌面	0.25～0.45
地面	0.20～0.40	黑板	0.15～0.20

4.6　采光测量方法按 GB/T 5699 执行。

5　教室的照明要求

5.1　凡教室均应装设人工照明。

5.2　教室课桌面上的维持平均照度值不应低于 300 lx，其照度均匀度不应低于 0.7。

5.3　教室黑板应设局部照明灯，其维持平均照度不应低于 500 lx，照度均匀度不应低于 0.8。

5.4　教室宜采用 3 300 K～5 500 K 色温的光源，光源的显色指数不宜小于 80。

5.5　教室采用小于 26 mm 细管径直管形稀土三基色荧光灯。

5.6 教室照明荧光灯宜采用节能电感镇流器或电子镇流器。

5.7 为了减少照明光源引起的直接眩光，教室不宜采用裸灯照明。灯具距课桌面的最低悬挂高度不应低于1.7 m。灯管排列宜采用其长轴垂直于黑板面布置。对于阶梯教室，前排灯不应对后排学生产生直接眩光。

5.8 教室的统一眩光值(UGR)不宜小于19。

5.9 在维持平均照度值300 lx的条件下，教室照明功率密度现行值不应大于11 W/m^2，目标值应为9 W/m^2。

5.10 照明设计计算照度时，其维护系数应取0.8。

5.11 教室照明测量方法按GB/T 5700执行。

GB 7793—2010《中小学校教室采光和照明卫生标准》国家标准第1号修改单

本修改单经国家标准化管理委员会于2018年03月15日批准，自2018年03月15日起实施。

将5.8修改为：

5.8 教室的统一眩光值(UGR)不宜大于19。

ICS 13.100
C 56

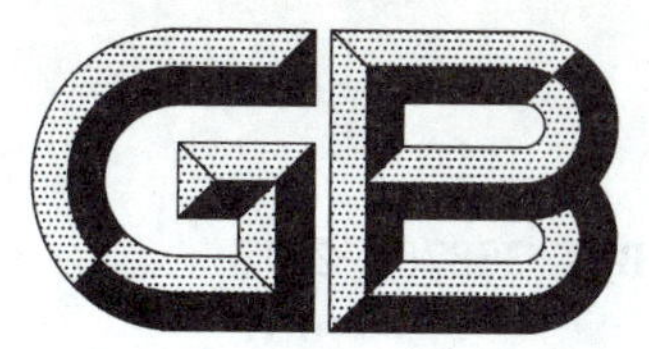

中华人民共和国国家标准

GB/T 36876—2018

中小学校普通教室照明设计安装卫生要求

Hygienic requirements of lighting design and setting in primary and middle school

2018-09-17 发布　　2019-04-01 实施

国家市场监督管理总局
中国国家标准化管理委员会　发布

前　言

本标准按照 GB/T 1.1—2009 给出的规则起草。

本标准由中华人民共和国国家卫生健康委员会提出并归口。

本标准起草单位:北京市疾病预防控制中心、北京大学医学部、首都医科大学、北京市教育技术设备中心、首都儿科研究所、北京市卫生监督所、北京市东城区中小学卫生保健所。

本标准主要起草人:吕若然、段佳丽、马军、曹卫华、郭秀花、李峰、樊朝阳、孟玲慧、杨虎、潘勇平。

中小学校普通教室照明设计安装卫生要求

1 范围

本标准规定了中小学校普通教室桌面、黑板面照度卫生要求、教室照明的设计安装卫生要求、黑板照明的设计安装卫生要求。

本标准适用于普通中小学校。中等专业学校、技工学校可参照执行。

2 规范性引用文件

下列文件对于本文件的应用是必不可少的。凡是注日期的引用文件,仅注日期的版本适用于本文件。凡是不注日期的引用文件,其最新版本(包括所有的修改单)适用于本文件。

GB/T 5700 照明测量方法

GB 7000.1 灯具 第1部分:一般要求与试验

GB 7000.201 灯具 第2-1部分:特殊要求 固定式通用灯具

GB 7793 中小学校教室采光和照明卫生标准

GB/T 17743 电气照明和类似设备的无线电骚扰特性的限值和测量方法

JGJ/T 119 建筑照明术语标准

CIE 117 室内照明不舒适眩光(Discomfortable Glare in Interior Lighting)

3 术语和定义

JGJ/T 119 界定的以及下列术语和定义适用于本文件。

3.1

照度 luminance

E

表面上一点处的光照度是入射在包含该点的面元上的光通量除以该面元面积之商。

注 1:单位是勒克斯(lx)。

注 2:改写 JGJ/T 119—2008,定义 2.1.19。

3.2

灯具效率 luminaire efficiency

灯具光输出比

在相同使用条件下,灯具发出的总光通量与灯具内所有光源发出的总光通量之比。

注:改写 JGJ/T 119—2008,定义 5.3.5。

3.3

色温(度) color temperature

T_c

当某一光源的色品与某一温度下的完全辐射体(黑体)的色品完全相同时,该完全辐射体(黑体)的绝对温度为此光源的色温度。

注 1:单位为开尔文(K)。

注 2:改写 JGJ/T 119—2008,定义 2.3.21。

3.4

显色指数　color rendering index

RO

光源显色性的度量。

注 1：以被测光源下物体颜色和参考标准光源下物体颜色的相符合程度来表示。

注 2：改写 JGJ/T 119—2008，定义 2.3.28。

3.5

统一眩光值　unified glare rating

UGR

度量室内视觉环境中的照明装置发出的光对人眼造成不舒适感主观反应的心理参量，其值可按国际照明委员会(CIE)统一眩光值公式计算。

注：改写 JGJ/T 119—2008，定义 2.2.25。

3.6

照明功率密度　lighting power density

LPD

单位面积上照明实际消耗的功率(包括光源、镇流器或变压器等)，单位为瓦每平方米(W/m^2)。

3.7

维持平均照度　maintained average illuminance

规定表面上的平均照度不得低于此数值。它是在照明装置必须进行维护的时刻，在规定表面上的平均照度。

注：改写 JGJ/T 119—2008，定义 3.2.8。

3.8

照度均匀度　uniformity ratio of luminance

规定表面上的最小照度与平均照度之比。

注：改写 JGJ/T 119—2008，定义 3.2.10。

3.9

直接眩光　direct glare

在视野中，特别是靠近视线方向存在的发光体所产生的眩光。

4　教室桌面、黑板面照度卫生要求

4.1　教室桌面维持平均照度不低于 300 lx，照度均匀度不低于 0.7。

4.2　黑板面维持平均照度不低于 500 lx，照度均匀度不低于 0.8。

4.3　教室照明测量方法按 GB/T 5700 执行。

5　教室照明的设计安装卫生要求

5.1　灯具

5.1.1　应符合 GB 7000.1、GB 7000.201 和 GB/T 17743 的规定。

5.1.2　宜采用悬挂式格栅灯具，灯具效率不应低于 60%。

5.1.3　统一眩光值(UGR)不宜大于 19，统一眩光值(UGR)的计算方法按 CIE 117 执行。

5.2 镇流器

应采用电子镇流器。

5.3 光源

宜采用色温 3 300 K～5 300 K，显色指数不低于 80，小于 26 mm 细管径直管形稀土三基色荧光灯。宜按光源设计寿命统一更换。

5.4 安装

采用吊杆安装方式，并按教室纵向(灯具长轴垂直于黑板)均匀布设，教室照明功率密度不应高于 11 W/m^2，有条件的地区宜低于 9 W/m^2。灯具距课桌垂直距离(g)不低于 1 700 mm，见图 1。

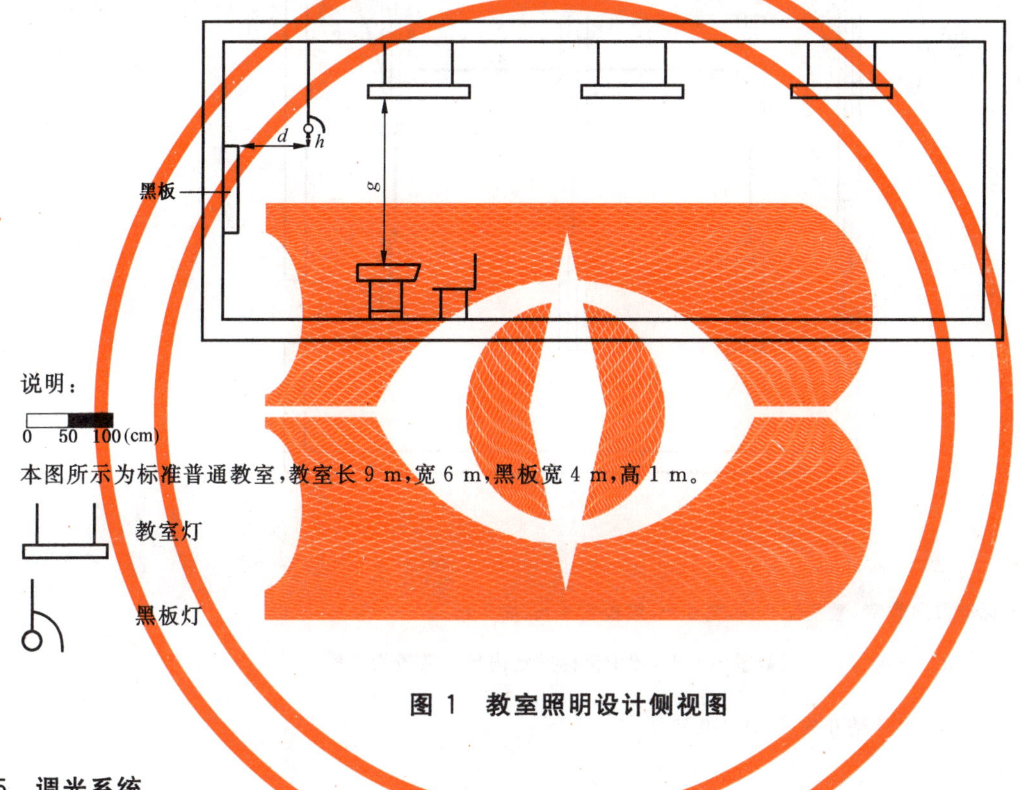

图 1 教室照明设计侧视图

5.5 调光系统

调光系统分多个回路控制。教室照明灯具第一横排的每个灯具应由单独回路开关控制，在使用多媒体教学时，可分别调节照明、照度。其余每一纵列灯具由独立回路开关控制，见图 2。

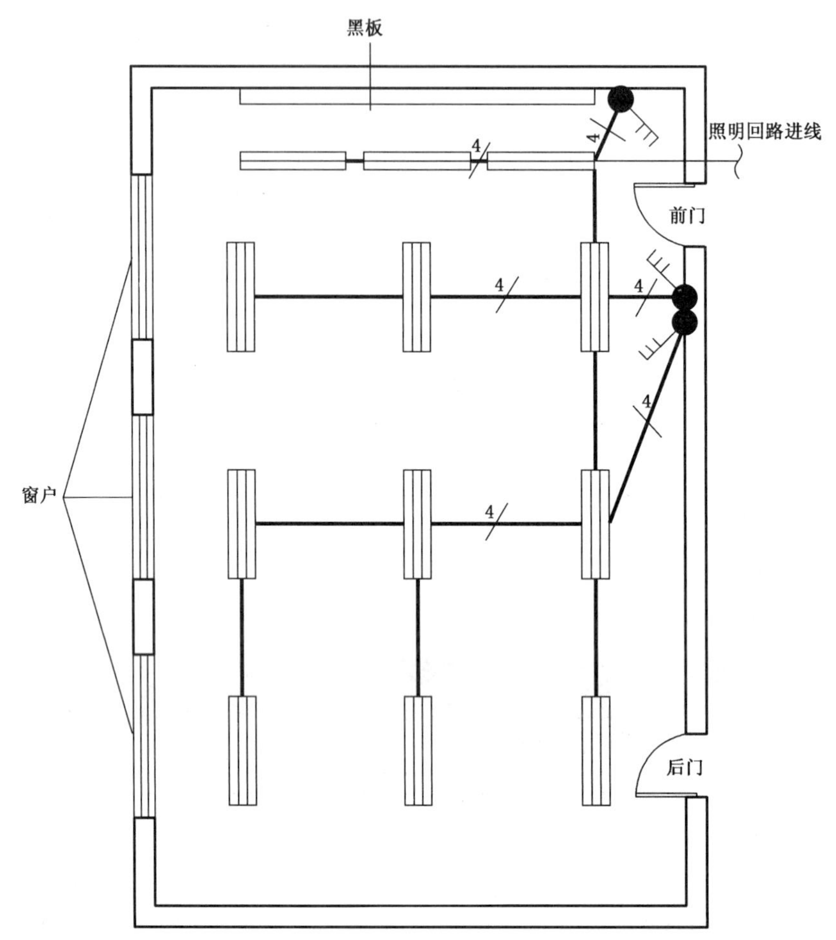

说明：

本图所示为标准普通教室，教室长 9 m，宽 6 m，黑板宽 4 m，高 1 m。

4/ 斜线所示一根管内导线数量为 4 根，图中未标的管内导线数量为 3 根

三联单控照明壁开关，10 A 250 V

教室灯

黑板灯

图 2 教室照明设计俯视图

5.6 充分利用自然光

在不同气象条件时，宜随室外自然光变化调节不同区域照明、照度。

6 黑板照明的设计安装卫生要求

6.1 灯具

6.1.1 应符合 GB 7000.1、GB 7000.201 和 GB/T 17743 的规定。

6.1.2 采用有非对称光强分布特性的专用黑板灯具，灯具效率不应低于 75%。

6.2 镇流器

同 5.2 的要求。

6.3 光源

同 5.3 的要求。

6.4 安装

采用吊杆安装方式，灯具平行于黑板安装，灯具距黑板平行间距 d=700 mm～1 000 mm，距黑板上缘垂直距离 h=100 mm～200 mm，见图 1。应通过调整灯具控照角度避免黑板灯对教师产生直接眩光。

6.5 控制系统

分多个回路控制。每个灯具应由单独回路开关控制，在使用多媒体教学时，可分别调节照明、照度，见图 2。

ICS 13.100
C 56

中华人民共和国国家标准

GB 31177—2014

学生宿舍卫生要求及管理规范

Sanitary and administrative standards for school dormitory

2014-09-03 发布　　2015-01-01 实施

中华人民共和国国家卫生和计划生育委员会
中国国家标准化管理委员会　发布

前　言

本标准的4.4～4.7、4.11、5.1.1、5.1.6、5.2、5.3、5.5、5.6、7.2、7.3为强制性条款，其余为推荐性条款。

本标准按照GB/T 1.1—2009给出的规则起草。

本标准由中华人民共和国国家卫生和计划生育委员会提出并归口。

本标准主要起草单位：中南大学公共卫生学院、北京大学儿童青少年卫生研究所、湖南省疾病预防控制中心。

本标准主要起草人：尹逊强、谭红专、黄涛、张琳、马军、赵淑英、龚雯洁、罗家有、邓静、武越、狄晓康。

学生宿舍卫生要求及管理规范

1 范围

本标准规定了学生宿舍建筑、基本设施、室内空气质量的卫生要求及管理规范。

本标准适用各级各类学校。

2 规范性引用文件

下列文件对于本文件的应用是必不可少的。凡是注日期的引用文件,仅注日期的版本适用于本文件。凡是不注日期的引用文件,其最新版本(包括所有的修改单)适用于本文件。

GB/T 3976 学校课桌椅功能尺寸

GB/T 18203 室内空气中溶血性链球菌卫生标准

GB 18383 絮用纤维制品通用技术要求

GB/T 18883 室内空气质量标准

GB 50099 中小学校设计规范

JGJ 36 宿舍建筑设计规范

全爱卫发(1997)第5号 灭鼠、蚊、蝇、蟑螂标准

3 术语和定义

下列术语和定义适用于本文件。

3.1

室内空气质量参数 indoor air quality parameter

室内空气中与人体健康有关的物理、化学、生物和放射性参数。

3.2

窗地面积比 glazing floor area ratio

室内采光窗洞口总面积与室内地面积之比。

3.3

总挥发性有机化合物 total volatile organic compounds;TVOC

利用 Tenax GC 或 Tenax TA 采样,非极性色谱柱(极性指数小于10)进行分析,保留时间在正己烷和正十六烷之间的挥发性有机化合物。

4 宿舍建筑要求

4.1 学生宿舍宜由居室、管理室、盥洗室、厕所、贮藏室及清洁用具室组成。

4.2 学生宿舍选址应防止噪声和各种污染源的影响,并应符合 JGJ 36 中有关卫生防护标准的规定。

4.3 学生宿舍与教学用房不宜在同一栋建筑中分层合建,可在同一栋建筑中以防火墙分隔贴建。学生宿舍应便于自行封闭管理,不得与教学用房合用建筑的同一个出入口。

4.4 学生宿舍建筑的房屋间距应满足 JGJ 36 中有关防火及日照的要求。

4.5 学生宿舍楼应设置消防安全疏散指示图、火警报警装置，以及明显的安全疏散标志。

4.6 学生宿舍的电气设施应符合 JGJ 36 中有关电气安全的要求，中、小学生的宿舍应采用安全型电源插座。

4.7 学生宿舍的楼梯、电梯和安全出口应符合 JGJ 36 中有关的要求。

4.8 宿舍居室在采用单层床时，房间净高不应低于 2.60 m；在采用双层床时，房间净高不应低于 3.10 m；在采用高架床时，房间净高不应低于 3.35 m。

4.9 人均居室内面积不宜小于 3.00 m^2/人。

4.10 学生宿舍应具有一定的储藏空间，储藏空间的大小、宽度和深度应符合 GB 50099 的要求。

4.11 宿舍不得设在地下室或半地下室。

5 基本设施要求

5.1 床铺

5.1.1 学生宿舍应保证学生一人一床。

5.1.2 学生使用的床铺应牢固结实，高架床和双层床的上床应设置防跌落板（或杆），防跌落板（或杆）的高度不应低于 0.25 m，长度不应小于床体长度的 2/3。

5.1.3 小学生的床铺长度不应小于 1.80 m，宽度不应小于 0.90 m，床位面积不应小于 1.60 m^2/人；中学及以上学生的床铺长度不应小于 2.00 m，宽度不应小于 1.00 m，床铺面积不应小于 2.00 m^2/人。

5.1.4 床上空间高度不应小于 1.20 m。

5.1.5 小学生使用的高架床和双层床的上床距离地面高度不应高于 1.60 m。

5.1.6 床单、棉被、床垫等床上卧具应符合 GB 18383 中的要求。

5.2 书桌椅

5.2.1 高等院校学生宿舍应每人配备一套书桌椅。

5.2.2 宿舍的书桌椅应符合 GB/T 3976 中提出的要求。

5.3 采光照明

5.3.1 宿舍居室采光系数不应低于 1%，窗地面积比不应低于 1∶7。

5.3.2 学生宿舍应设置人工照明设施，学生宿舍的人工照明设施应安全、环保、节能。

5.3.3 宿舍居室离地 0.75 m 高度水平面的平均照度不应低于 75 lx，配备书桌椅的宿舍桌面照度不应低于 300 lx。

5.4 盥洗设施

5.4.1 学生宿舍的盥洗室应配有洗手盆或盥洗槽水龙头，配置数量宜达到如下要求：5 人以下设一个，超过 5 人时，每 10 人或不足 10 人增设一个。

5.4.2 学生宿舍应设晒衣设施。

5.5 厕所

5.5.1 宿舍的女生厕所应按每 12 人设一个大便器；男生厕所应按每 20 人设一个大便器和一个小便器；小学厕所大便器的蹲位最大允许宽度为 0.18 m。

5.5.2 有独立卫生间的宿舍每 8 人应设置一个大便器，学生宿舍厕所的大便器宜采用蹲式大便器。

5.5.3 厕所内应设洗手盆、污水池和地漏。

5.6 采暖、通风设施

5.6.1 学生宿舍应根据当地的气候条件设置通风、取暖设施。

5.6.2 学生宿舍的通风、取暖设施应安全、环保。

5.7 防鼠、防蚊蝇设施

5.7.1 学生宿舍应安装有效的防蚊、蝇和防鼠害的设施。

5.7.2 蚊、蝇、蟑螂等病媒昆虫密度及鼠密度符合全国爱国卫生运动委员会《灭鼠、蚊、蝇、蟑螂标准》[全爱卫发(1997)第5号]中提出的考核要求。

6 室内空气质量要求

6.1 室内空气应无毒、无害、无异常嗅味。

6.2 室内空气中二氧化硫、一氧化碳、二氧化碳、氨、甲醛、苯、甲苯、二甲苯、总挥发性有机化合物、菌落总数、氡等室内空气质量参数指标应符合 GB/T 18883 中的要求，溶血性链球菌落数应符合 GB/T 18203中的要求。

7 宿舍管理要求

7.1 学生宿舍应有专人管理。

7.2 学生宿舍应男女分区设置，分别设出入口，满足各自封闭管理的要求。

7.3 学生宿舍一层出入口及门窗应设置安全防护设施。

7.4 学生宿舍噪声昼间不宜超过 50 dB，夜间不宜超过 40 dB。

7.5 学生宿舍应达到整洁、美观，地面无果皮、痰迹及垃圾；定期进行室内空气及卧具等用具消毒，并做好消毒记录。

7.6 学生宿舍来访人员应做好审查和登记工作。

7.7 学生宿舍内的消防、电源线路、门窗防护网罩等应定期进行检查，并做好检查记录。

ICS 13.100
C 56

中华人民共和国国家标准

GB/T 28930—2012

学生使用电脑卫生要求

Hygienic requirements of computer usage for students

2012-11-20 发布　　2013-05-01 实施

中华人民共和国卫生部
中国国家标准化管理委员会　发布

前　　言

本标准按照 GB/T 1.1—2009 给出的规则起草。

请注意本文件的某些内容可能涉及专利。本文件的发布机构不承担识别这些专利的责任。

本标准由中华人民共和国卫生部提出并归口。

本标准起草单位:复旦大学公共卫生学院。

本标准主要起草人:谭晖、汪玲、王震维。

学生使用电脑卫生要求

1 范围

本标准规定了学生使用电脑的姿势要求、电脑组件布置要求和使用环境卫生要求，以及学生使用电脑的持续时间、组织休息要求和卫生学教育要求。

本标准适用于开展计算机教育的各级各类学校，学生使用电脑的其他场所亦可参照执行。

2 规范性引用文件

下列文件对于本文件的应用是必不可少的。凡是注日期的引用文件，仅注日期的版本适用于本文件。凡是不注日期的引用文件，其最新版本(包括所有的修改单)适用于本文件。

GB/T 3976—2002 学校课桌椅功能尺寸

GB 7793 中小学校教室采光和照明卫生标准

GB/T 12984 人类工效学 视觉信息作业基本术语

GB 50034 建筑照明设计标准

3 术语和定义

GB/T 12984 中界定的以及下列术语和定义适用于本文件。

3.1

腕部背屈 wrist extension

手腕向手背侧屈曲。

3.2

腕部掌屈 wrist flexion

手腕向手掌侧屈曲。

3.3

腕部尺侧偏 ulnar deviation with wrist

手腕向尺骨侧偏展。

3.4

腕部桡侧偏 radial deviation with wrist

手腕向桡骨侧偏展。

3.5

肘屈角度 elbow bent angle

上臂自然垂放于身体两侧，前臂与上臂之间的夹角。

3.6

膝屈角度 kness bent angle

双足平踏于地面或搁脚板上，大腿保持水平时，大腿与小腿之间的夹角。

4 学生使用电脑的姿势要求

4.1 使用键盘打字时宜采用正直坐姿；使用鼠标浏览屏面时宜采用后位坐姿。

4.2 头颈部宜保持正直或略微前倾，眼睛到屏面的水平距离不宜小于 50 cm。应避免头颈部侧偏、过度前伸、后仰或过度低头。

4.3 腰背挺直，避免弓背、扭转或向一侧偏斜。

4.4 肩部放松，上臂自然垂放于躯体两侧，前臂略低于水平，肘屈角度等于或略大于 90°。避免耸肩，肘部外展或过度前伸。

4.5 手腕自然舒展，与前臂形成一条直线(如图 1)；避免腕部背屈或掌屈(如图 2)，避免腕部尺侧偏或桡侧偏(如图 3)。

4.6 双足平踏于地面或搁脚板上，大腿保持水平，膝屈角度等于或略大于 90°。

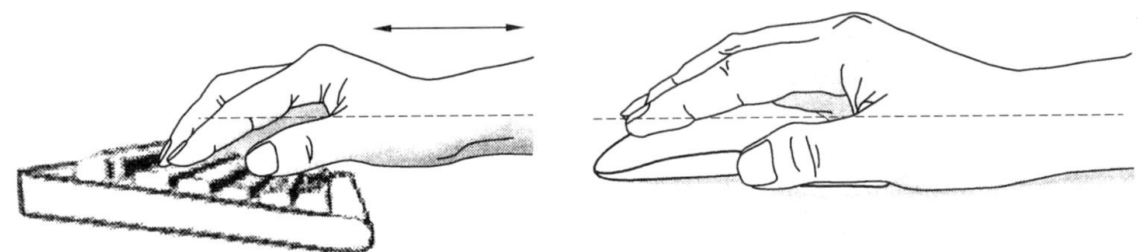

图 1 正确的手腕操作姿势

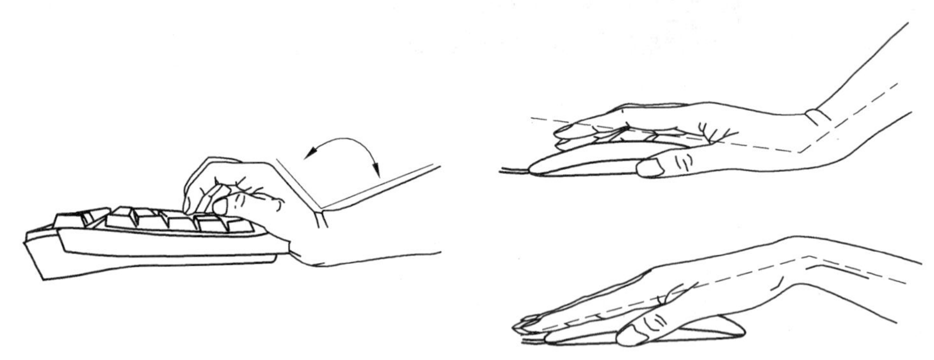

图 2 错误的手腕操作姿势——手腕背屈或掌屈

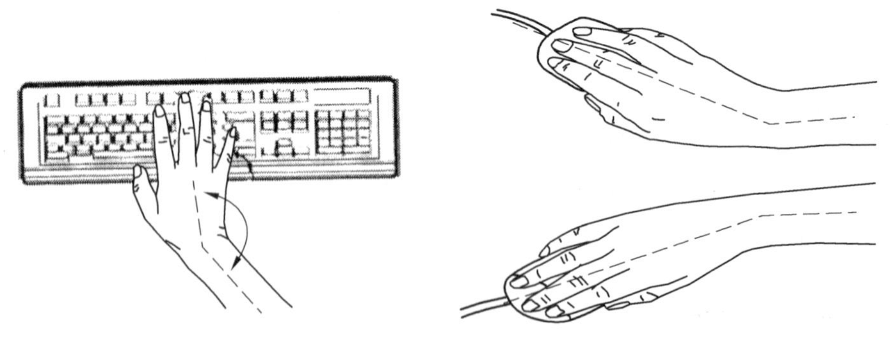

图 3 错误的手腕操作姿势——手腕尺侧或桡侧偏

5 电脑组件布置要求

5.1 电脑桌椅、显示器、键盘、鼠标等组件

5.1.1 便于使用者采用良好的操作姿势。

5.1.2 有足够的桌下净空,能够使使用者腿部自由活动。
5.1.3 椅靠背能够有效地支撑使用者腰部。
5.1.4 电脑屏幕上缘略低于使用者水平视线。

5.2 学校计算机教室中电脑桌椅

5.2.1 电脑桌椅布置宜采用平行教室前墙的形式,前后排之间的净距离和纵向走道的净距离均不应小于700 mm。
5.2.2 除桌面深外,电脑桌椅尺寸应符合GB/T 3976—2002中的相应要求;电脑桌面深不宜小于550 mm,放置液晶显示屏时,桌面深尺寸可适当减小。
5.2.3 宜配置搁脚板,搁脚板的高度范围为40 mm~110 mm。身材较矮的学生在操作电脑时宜使用适当高度的搁脚板,以满足使用姿势的要求。

6 使用电脑的环境要求

6.1 采光照明

6.1.1 计算机教室自然采光应符合GB 7793中教室的采光标准要求。
6.1.2 室内照明应符合GB 50034中学校建筑多媒体教室照明标准值。
6.1.3 宜采取下列措施控制眩光:

a) 配备并使用窗帘或百叶窗等设备,控制来自于窗户的天然光;
b) 调整显示屏方向,避开室内光源在屏幕上形成的眩光点;
c) 使用滤光屏等设备,对显示器屏面进行防眩光处理;
d) 电脑桌面和室内墙面使用无光泽材料。

6.2 噪声

6.2.1 室内环境噪声等效声级不宜大于50 dB(不包括使用者产生的噪声)。
6.2.2 计算机室应远离噪声源,室内不宜设置高噪声的空调设备。

6.3 室内微小气候

6.3.1 使用电脑时,环境温度宜在18 ℃~28 ℃,温度变化每小时不宜超过5 ℃,设备不应有结露现象。
6.3.2 使用电脑时,环境相对湿度宜在40%~65%范围内。
6.3.3 采用各种有组织的通风措施,使室内二氧化碳浓度不高于0.15%。

7 学生使用电脑的持续时间和组织休息要求

7.1 宜采用多次短时间的组织休息原则,避免长时间的固定坐姿。
7.2 使用电脑每15 min宜放松眼睛,可将视线从屏幕上移开,眺望他处或快速眨眼;每30 min~40 min宜休息3 min~5 min,可采取伸展、站立、走动等形式变换身体姿势。

8 学生使用电脑的卫生学教育要求

学校应承担培养学生良好的使用电脑行为习惯的教育义务,建立有关教育、指导、规范学生使用电脑姿势和合理组织休息等方面的规章制度。

ICS 13.100
C 56

中华人民共和国国家标准

GB/T 17227—2014
代替 GB/T 17227—1998

中小学生教科书卫生要求

Health requirement of textbook for elementary and secondary school student

2014-09-03 发布 2015-01-01 实施

中华人民共和国国家卫生和计划生育委员会
中国国家标准化管理委员会 发布

前　　言

本标准按照 GB/T 1.1—2009 给出的规则起草。

本标准代替 GB/T 17227—1998《中小学生教科书卫生标准》，与 GB/T 17227—1998 相比主要技术变化如下：

——修改了标准名称；

——调整了章的顺序；

——增加了部分术语和定义；

——修改了教科书纸张要求；

——修改了教科书幅面尺寸要求；

——修改了教科书文字排版要求；

——修改了教科书印刷质量要求；

——修改了单本教科书重量要求；

——增加了印刷部分可迁移元素要求。

请注意本文件的某些内容可能涉及专利。本文件的发布机构不承担识别这些专利的责任。

本标准由中华人民共和国国家卫生和计划生育委员会提出并归口。

本标准起草单位：复旦大学。

本标准主要起草人：谭晖、汪玲、王震维。

本标准所代替标准历次版本发布情况为：

——GB/T 17227—1998。

中小学生教科书卫生要求

1 范围

本标准规定了中小学生教科书的纸张、幅面尺寸、文字排版、印刷质量、单本重量和可迁移元素限量的卫生要求。

本标准适用于普通中小学校使用的汉字教科书,中小学生其他汉字读物亦可参照执行。

2 规范性引用文件

下列文件对于本文件的应用是必不可少的。凡是注日期的引用文件,仅注日期的版本适用于本文件。凡是不注日期的引用文件,其最新版本(包括所有的修改单)适用于本文件。

GB/ T 9851(所有部分) 印刷技术术语

GB/ T 18358 中小学教科书幅面尺寸及版面通用要求

GB/T 18359 中小学教科书用纸、印刷质量要求和检验方法

GB 21027 学生用品的安全通用要求

3 术语和定义

GB/T 9851 中界定的以及下列术语和定义适用于本文件。

3.1

胶版印刷纸 offset printing paper

适用于胶版印刷书刊、封面、插图、图片等用的双面印刷纸。

3.2

胶印书刊纸 offset paper

适用于单色或双色胶版印刷书籍、文献、杂志用纸。

3.3

纸张亮(白)度 paper brightness

纸张的蓝光漫反射因数,即纸张在蓝光(457 nm)照射下,所体现出来的反射能力。

3.4

纸张定量 paper basis weight

纸张单位面积的重量,其单位为 g/m^2。

3.5

纸张紧度 paper density

纸张单位体积的重量,其单位为 g/cm^3。

注 1:它表示纸张松紧的程度。

注 2:纸张紧度不能直接测量,可用纸张定量除以纸张厚度计算,即紧度=定量/厚度。

3.6

纸张厚度　paper thickness

在一定单位面积的压力下，纸张两表面间的垂直距离，单位为 μm。

3.7

幅面　page size

纸张的大小。

注：纸张的幅面一般分为 A3、A4、B4 等。

3.8

版心　type page

印刷成品版面中的图文印刷区域（不含出血图像）。

3.9

行空　line space

字行之间的距离。

4 教科书纸张

4.1 教科书用纸

彩色印刷的教科书内文可使用胶版印刷纸，纸张定量不应低于(55±2.0) g/m^2。单色印刷的教科书内文可使用胶印书刊纸，纸张定量不应低于(52±2.0) g/m^2。教科书封面、彩色插页以及美术教科书彩色内文用纸符合 GB/T 18359 的相关要求。

4.2 纸张亮(白)度

教科书内文纸张亮(白)度宜在 76.0%～79.0%范围内，最低不应低于 70.0%，最高不应高于 85.0%。

4.3 纸张紧度

教科书纸张的紧度不宜低于 0.85 g/cm^3。

5 教科书幅面尺寸

教科书幅面尺寸遵守 GB/T 18358 的相关规定。

6 教科书文字排版

6.1 排版

文字、符号应横排。

6.2 字号

小学一、二年级应使用 2 号～3 号字；小学三、四年级应使用 3 号～4 号字；其他各年级应使用小 4 号字；高中理科教科书也可使用 5 号字。各字号尺寸见表 1。

表 1 各字号尺寸

字号	高 mm	宽 mm
2 号	7.37	7.37
3 号	5.62	5.62
4 号	4.91	4.91
小 4 号	4.20	4.20
5 号	3.68	3.68

6.3 字体

小学一、二年级以使用正楷体为主；小学三、四年级以使用正楷体和书宋体为主，由正楷体逐渐过渡到书宋体；其他各年级以使用书宋体为主。

6.4 行空

小学一、二年级不宜低于 5 mm；三、四年级不宜低于 4 mm；其他各年级不宜低于 3 mm。

6.5 版心规格

教科书版心规格按 GB/T 18358 的规定。

6.6 拼音、阿拉伯数字和字母高度

小学一年级不宜低于 3.5 mm；二年级不宜低于 3 mm；三、四年级不宜低于 2 mm；其他各年级不宜低于 1.5 mm。

7 教科书印刷质量

7.1 单色印刷教科书墨色均匀，彩色印刷教科书套印误差≤0.2 mm。
7.2 文字清晰，无透印，无重影，无缺笔断划、糊字和坏字。
7.3 插图图像清晰、层次分明、无污点，图内说明文字清楚，位置准确。
7.4 表格线条清楚、均匀，无明显模糊不清。
7.5 页面干净，无明显折痕、脏迹。

8 单本教科书重量

单本教科书重量小学不宜超过 300 g，中学不宜超过 400 g。

9 教科书可迁移元素限量

教科书印刷部分可迁移元素的最大限量应遵守 GB 21027 的相关规定。

ICS 13.100
C 56

中华人民共和国国家标准

GB/T 18205—2012
代替 GB/T 18205—2000

学校卫生综合评价

Comprehensive appraisement for health in schools

2012-12-31 发布　　　　2013-05-01 实施

中华人民共和国卫生部
中国国家标准化管理委员会　发布

前言

本标准按照 GB/T 1.1—2009 给出的规则起草。

本标准代替 GB/T 18205—2000《学校卫生监督综合评价》。

本标准与 GB/T 18205—2000 相比主要变化如下：

——修改了名称；

——增加了目次；

——修改了范围(见 1,2000 年版的 1)；

——修改了规范性引用文件(见 2,2000 年版的 2)；

——删除了定义(见 2000 年版的 3)；

——修改了评价项目,分为管理、监测两个部分(见 3.1、3.2,2000 年版的 4.1)；

——修改了单一项目的评价标准、评价指标、评价方法、计分方法、项目分数,并重新排列项目顺序(见 4,2000 年版的 5)；

——增加了突发公共卫生事件管理(见 4.1.1)；

——增加了常见病与多发病管理(见 4.1.3)

——修改了监督评价项目抽样、记分方法(见 4.2.3.1、4.2.3.2,2000 年版的 4.2.1、4.2.2、4.3)；

——删除了学校基本卫生状况监督合格标准(见 2000 年版的表 1)；

——删除了公共场所监督合格标准(见 2000 年版的 4.4.2 和表 2)；

——删除了学生身高与课桌椅分配符合评价表(见 2000 年版的表 3)；

——删除了生活饮用水余氯测定方法(见 2000 年版的 5.9.3 b))；

——修改了学校食品卫生的提法(见 4.1.4,2000 年版的 5.10)；

——修改了洗浴设施的提法(见 4.1.8,2000 年版的 5.14)；

——修改了监测方法的依据(见 4.2.5.1b)、4.2.5.2b)、4.2.5.3b)、4.2.5.4c),2000 年版的 5.14.3b)、5.16.3b)、5.15.3b)和 5.12.3c))；

——删除了对娱乐场所、学校招待所的评价(见 2000 年版的 5.17 和 5.18)；

——增加了综合评价判定(见 5)；

——修改了表 A.1(见表 A.1,2000 年版的表 A1)；

——增加了学校校长是突发公共卫生事件管理第一责任人(见表 A.1)；

——增加了表 A.2、表 A.3(见表 A.2、表 A.3)；

——删除了附录 B(见 2000 年版的附录 B)。

本标准由中华人民共和国卫生部提出并归口。

本标准起草单位:辽宁省卫生监督所、辽宁省疾病预防控制中心、北京市疾病预防控制中心、中国医科大学。

本标准主要起草人:潘德鸿、窦志勇、王宏伟、段佳丽、潘松、贾丽红、翟恩来、白英龙。

学校卫生综合评价

1 范围

本标准规定了学校卫生综合评价项目、评价方法以及综合评价判定。

本标准适用于全日制小学(含民办小学)、初级中学、高级中学(含中等职业学校、民办中学)和普通高等学校(含民办高等学校、独立院校)各项卫生状况的综合评价。

2 规范性引用文件

下列文件对于本文件的应用是必不可少的。凡是注日期的引用文件,仅注日期的版本适用于本文件。凡是不注日期的引用文件,其最新版本(包括所有的修改单)适用于本文件。

GB/T 3976 学校课桌椅功能尺寸

GB 4789(所有部分) 食品微生物学检验

GB/T 5699 采光测量方法

GB/T 5700 照明测量方法

GB 5749 生活饮用水卫生标准

GB/T 5750 生活饮用水标准检验方法

GB 7793 中小学校教室采光和照明卫生标准

GB 9665 公共浴室卫生标准

GB 9667 游泳场所卫生标准

GB 9668 体育馆卫生标准

GB 9669 图书馆、博物馆、美术馆、展览馆卫生标准

GB 14934 食(饮)具消毒卫生标准

GB/T 17225 中小学校教室采暖温度标准

GB/T 17226 中小学校教室换气卫生标准

GB/T 18204(所有部分) 公共场所卫生标准检验方法

GB 28231 书写板安全卫生要求

GB 50034 建筑照明设计标准

GB 50099 中小学校设计规范

3 综合评价项目

3.1 管理

突发公共卫生事件、传染病预防控制、常见病与多发病、学校食品安全、生活饮用水卫生、教室环境卫生、生活环境卫生和公共场所卫生。

3.2 监测

学校食品安全(食饮具消毒)、生活饮用水卫生、教室环境卫生、生活环境卫生和公共场所卫生。

4 评价方法

4.1 管理

4.1.1 突发公共卫生事件

以学校为单位,检查学校突发公共卫生事件防控工作情况。

4.1.2 传染病预防控制

对学校传染病预防控制管理的评价宜遵循以下方法:

a) 以学校为单位,检查学校传染病预防管理、疫情报告、传染病控制以及预防接种等工作情况。

b) 以学校设置的校医院、卫生所、卫生室、保健室为对象,对其执行《中华人民共和国传染病防治法》的相关工作进行检查。

4.1.3 常见病与多发病

以学校为单位,检查学校常见病与多发病管理工作情况。

4.1.4 学校食品安全

对学校食品安全管理的评价宜遵循以下方法:

a) 以每个食堂、外供快餐单位和超市(食杂店)为评价单位。

b) 如学校没有食堂,而有外供快餐,则以加工外供快餐的单位和学校分餐环节为评价单位。

c) 学校设有多个食堂,应先评出每个单位得分,将各单位得分相加,取平均分数为该项目的得分。

4.1.5 生活饮用水卫生

对学校集中式供水、二次供水、小型集中式供水及分散式供水,进行卫生管理情况检查。

4.1.6 教室环境卫生

以学校教室为单位,检查教室人均面积、课桌椅、黑板、教室采光、教室照明、微小气候、噪声等项目符合要求情况。

4.1.7 生活环境卫生

以学校内厕所、学生宿舍为单位,检查其符合要求情况

4.1.8 公共场所卫生

以学校内公共浴池、游泳场所、体育馆和图书馆为单位,检查其符合要求情况。

4.2 监测

4.2.1 学校食品安全[食(饮)具消毒监测]

4.2.1.1 评价指标

按照GB 14934规定,对食(饮)具消毒的感官指标、理化指标、细菌指标进行监测。

4.2.1.2 评价方法

对学校食堂的食(饮)具消毒监测评价宜遵循以下方法:

a) 以每个食堂为单位抽检食(饮)具,进行监测评价。

b) 监测方法执行 GB 4789(所有部分)。

4.2.2 生活饮用水卫生

4.2.2.1 评价指标

根据 GB 5749 的规定对细菌总数、总大肠菌群、消毒剂余量、色度、浑浊度、臭和味、肉眼可见物、pH 进行监测。其他项目根据当地水源水质实际情况增加。

4.2.2.2 评价方法

对学校内生活饮用水卫生监测宜遵循以下方法:

a) 选取 1 个以上末梢取水点。

b) 监测方法执行 GB/T 5750。

4.2.3 教室环境卫生

4.2.3.1 抽样

凡对学校教室环境的评价项目,应根据学校教室设置状况进行抽样。按学校教室的结构、层次、朝向、单侧采光、双侧采光的不同类型确定监测教室数,抽取有代表性的教室作为样本。不少于 6 间教室。

4.2.3.2 教室监测评价记分方法

累积计分:将评价项目各档得分值,分别乘以该档得分的教室数,然后累加得分,得分再除以教室样本数,得数为该项目得分。

4.2.3.3 教室人均面积

4.2.3.3.1 评价依据

普通教室人均面积按照 GB 50099 的规定进行评价。

4.2.3.3.2 评价方法

对教室人均面积监测的评价宜遵循以下方法:

a) 在抽样教室中测量教室面积及学生人数,分别计算各教室的人均面积。

b) 按式(1)计算。

$$S_1 = \frac{S_2}{a} \qquad \cdots\cdots(1)$$

式中:

S_1——人均面积;

S_2——被测教室面积;

a ——该教室学生人数。

4.2.3.4 课桌椅

4.2.3.4.1 评价依据

按照 GB/T 3976 的规定,判定课桌椅分配符合情况。

4.2.3.4.2 **评价指标**

分别计算课桌椅分配符合率,实际达到的百分率,分为≥80%、79%~40%、<40%三等。

4.2.3.4.3 **使用器材**

学生身高及课桌椅型号测量尺:该尺按课桌和课椅的高度(cm),标有相应的号数,测量时可直接读出被测桌椅号,同时也可测量学生身高(cm)。也可用普通测量尺测量学生身高及课桌椅的高度。

4.2.3.4.4 **评价方法**

对课桌椅分配符合率监测的评价宜遵循以下方法:

a) 在抽样教室中,测量教室内在座学生身高及相应课桌椅高度,按照 GB/T 3976 规定的课桌椅各型号的身高范围进行评价,被测课桌椅号数在使用者身高范围内,则分配符合。

b) 按式(2)计算。

$$M=\frac{c}{b}\times 100\% \qquad \cdots\cdots(2)$$

式中:

M ——课桌或课椅分配符合率;

c ——课桌与课椅号与就座学生身高相符合的人数;

b ——被测学生人数。

4.2.3.4.5 **记分方法**

按课桌椅分配符合率的标准,给出每个被评价教室分值,然后累加各教室得分,再除以教室样本数,得数为该项目得分。

4.2.3.5 **黑板**

4.2.3.5.1 **评价依据**

按照 GB 28231、GB 7793 及 GB 50099 中有关规定评价。

4.2.3.5.2 **评价方法**

对黑板监测的评价宜遵循以下方法:

a) 用测量尺,测量黑板高度与宽度,黑板下缘与讲台地面的垂直距离。

b) 反射比的测量:黑板垂直分成四等份,取三条等分线的中点为测定点,以三个测定点的反射比的平均值为代表值。

4.2.3.6 **教室采光**

4.2.3.6.1 **评价依据**

按照 GB 7793 及 GB 50099 中有关的规定评价。

4.2.3.6.2 **评价指标**

采光系数、后墙壁反射比、窗地面积比。

4.2.3.6.3 **使用器材**

照度计(指针式或数字式)。

4.2.3.6.4 评价方法

按 GB/T 5699 的规定进行测量。

室内照度测量：选择教室内光线最差的课桌面测量照度，测得数为室内照度值。

室外照度测量：选择周围无遮挡的空地，避免直射阳光，在测量室内照度前后各测一次室外照度，取两次测得数的平均值作为室外照度值。

采光系数计算公式见式(3)：

$$X_1 = \frac{E_{室内}}{E_{室外}} \times 100\% \qquad \cdots\cdots(3)$$

式中：

X_1 ——采光系数；

$E_{室内}$ ——室内照度；

$E_{室外}$ ——室外照度。

后墙壁反射比测量：将后墙壁分为左、中、右，取 3 个测点，左、右测点应离相邻墙面相接处 10 cm～20 cm，然后求出反射比的平均值，作为代表值。每个测点的反射比宜遵循以下方法得出：

a) 入射照度测量：将照度计接收器感光面朝上，置于被测表面某一位置，读取入射照度值。
b) 反射照度测量：将照度计接收器感光面对准同一被测表面的原来位置，逐渐平移离开，待照度稳定后，读取反射照度值。
c) 反射比计算公式见式(4)。

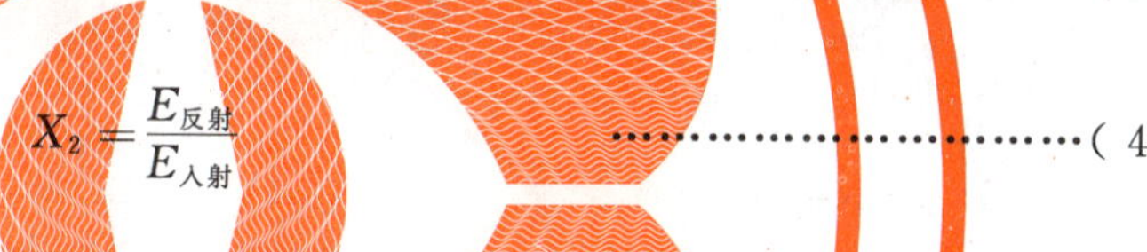

$$X_2 = \frac{E_{反射}}{E_{入射}} \qquad \cdots\cdots(4)$$

式中：

X_2 ——反射比；

$E_{反射}$ ——反射照度；

$E_{入射}$ ——入射照度。

窗地面积比测量：测量教室采光窗洞口总面积及教室地板面积。

窗地比计算：计算教室窗洞口总面积为 1，求出与地板面积的比例，以 1 比多少来表示。

测量时间：选择 10 时至 14 时。

4.2.3.7 教室照明

4.2.3.7.1 评价依据

按照 GB 7793 的规定评价。

4.2.3.7.2 使用器材

照度计(指针式或数字式)。

4.2.3.7.3 评价方法

按 GB/T 5700 的规定进行测量。

4.2.3.8 教室微小气候

4.2.3.8.1 评价依据

应按照 GB/T 17226 和 GB/T 17225 的规定评价。

4.2.3.8.2 使用器材

便携式红外线二氧化碳分析器，干湿球温度计。

4.2.3.8.3 评价方法

对教室微小气候监测的评价宜遵循以下方法：

a) 在抽样教室中进行教室二氧化碳浓度和温度的测量。

b) 测量方法：

二氧化碳浓度测量：按 GB/T 18204.24 公共场所空气中二氧化碳测定方法进行测量。

温度测量：按 GB/T 17225 的规定方法进行测定。

测定时间：为每年冬季，一般在当年 11 月至下一年 1 月，10 时和 14 时各测一次，取平均值作为代表值。

4.2.3.9 噪声

4.2.3.9.1 评价依据

按照 GB 9669 图书馆噪声的规定评价。

4.2.3.9.2 使用器材

普通声级计。

4.2.3.9.3 评价方法

对教室噪声监测的评价宜遵循以下方法：

a) 在抽样教室内进行噪声测量。

b) 测量方法：按 GB/T 18204.22 公共场所噪声测量方法执行。
   - ——教室内噪声测量：把测定点选在教室(小于 100 m^2)中央一点。
   - ——外来声源噪声测量：在开窗的条件下测定的数值。
   - ——背景噪声(或本底噪声)测量：学生全部在教室入座，限制活动产生的噪声，在闭窗的条件下测定的数值，或者在空教室中测定的数值。

4.2.4 生活环境卫生

4.2.4.1 学校厕所

4.2.4.1.1 评价依据

按照 GB 50099 有关规定评价，高等学校可参照此规定。

4.2.4.1.2 评价方法

学校厕所监测的评价宜遵循以下方法：

a) 厕所蹲位与小便槽评价(教工专用厕所除外)。

蹲位：查看学校男、女厕所蹲位数，按全校男、女学生人数，分别计算男、女厕所平均每一个蹲位所容纳的学生人数。按式(5)计算：

$$i=\frac{j}{k} \qquad \cdots\cdots(5)$$

式中：

i ——每蹲位学生人数(男或女)；

j ——学生人数(男或女)；

k ——厕所蹲位数(男或女)。

男厕小便槽：测量小便槽长度米数，按全校男学生人数计算平均每米小便槽容纳学生数。按式(6)计算：

$$n=\frac{m}{l} \qquad \cdots\cdots(6)$$

式中：

n ——每米小便槽男学生人数；

m ——男学生人数；

l ——小便槽长度，单位为米(m)。

b) 凡设有多个厕所学校可混合计算。

c) 无论室内外厕所均以每一个厕所为单位进行卫生状况评价。

4.2.4.2 学生宿舍

4.2.4.2.1 评价依据

按照 GB 50099 有关规定评价。

4.2.4.2.2 评价方法

对学生宿舍监测的评价宜遵循以下方法：

a) 以每栋学生宿舍为单位进行评价。

b) 根据宿舍的不同面积、层次、朝向等，抽取不同类型的寝室作为评价样本。每栋宿舍抽取的寝室不少于 3 间。

4.2.4.2.3 记分方法

首先评出每个寝室的得分，将各得分相加，取平均数为该项目的得分。

4.2.5 公共场所卫生

4.2.5.1 公共浴池

按照 GB 9665 中的规定对学校公共浴池监测，监测评价宜遵循以下方法：

a) 以每个公共浴池为单位进行评价。

b) 监测方法执行 GB/T 18204(所有部分)等有关规定。

4.2.5.2 游泳场所

按照 GB 9667 中的规定对学校游泳馆、池监测，监测评价宜遵循以下方法：

a) 以每个游泳馆、池为单位进行评价。

b) 监测方法执行 GB/T 18204(所有部分)等有关规定。

4.2.5.3 体育馆

按照 GB 9668 中的规定对学校体育馆监测，监测评价宜遵循以下方法：

a) 以每个体育馆为单位进行评价。

b） 监测方法执行 GB/T 18204(所有部分)等有关规定。

4.2.5.4 图书馆

按照 GB 9669 及 GB 50034 中的规定对学校图书馆监测，监测的评价宜遵循以下方法：

a） 以图书馆为单位进行评价。

b） 根据图书馆、阅览室的不同面积、层次、抽取有代表性的房间进行监测。

c） 监测方法执行 GB/T 18204(所有部分)等有关规定。

5 综合评价判定

5.1 管理

见表 A.1。

5.2 监测

见表 A.2。

5.3 综合评价得分及判定

学校卫生管理评价得分与监测评价得分的总和为综合评价实际得分。

凡综合评价实际得分达到管理与监测标准总分的 85%及以上者为学校卫生优秀学校，定为 A 级；60%～85%为学校卫生合格学校(不含 85%)，定为 B 级；60%以下者(不含 60%)，为学校卫生不合格学校，定为 C 级。

表 A.3 给出了学校卫生综合评价判定结果和等级。

附 录 A
（规范性附录）
管理、监测评价及综合判定

表 A.1 给出了学校卫生管理评价项目、评价指标、各项分值和实际得分。

表 A.2 给出了学校卫生监测评价项目、评价指标、评分标准、各项分值和实际得分。

表 A.3 给出了学校卫生综合评价判定结果和等级。

表 A.1 学校卫生管理评价记分表

学校名称：		负责人：		
地址：	联系电话：	评价日期： 年 月 日		
项目(100 分)	评价指标	分值	实际得分	
			单项	合计
突发公共卫生事件管理(10 分)	建立校长为第一责任人制度	2		
	建立突发公共卫生事件应急处理领导小组	2		
	制定学校突发公共卫生事件应急处理预案	2		
	建立突发公共卫生事件报告制度	1		
	有专职或兼职报告人	1		
	定期(每学期 1 次)开展防控突发公共卫生事件宣传教育活动	1		
	每学年开展一次突发公共事件应对演练	1		
	因校方责任发生的其他突发公共卫生事件	**		
传染病预防控制管理(15 分)	有校长为第一责任人的传染病预防控制工作小组	2		
	有传染病疫情报告制度	2		
	有专人负责疫情报告	2		
	有晨检制度	2		
	有学生因病缺勤登记、追踪制度和复课证明查验制度	1		
	有新生入学接种卡、证查验制度	1		
	定期(每学期 1 次)开展预防传染病知识的宣传活动	1		
	寄宿制或 600 名学生以上非寄宿学校配备卫生专业技术人员；600 名以下非寄宿学校配备保健教师或卫生专业技术人员	2		
	寄宿学校应设立卫生室，非寄宿学校视规模设卫生室或保健室	2		
	因校方责任发生传染病暴发流行	**		

表 A.1(续)

学校名称:			负责人:		
地址:		联系电话:	评价日期: 年 月 日		
项目(100 分)		评价指标	分值	实际得分	
				单项	合计
常见病与多发病管理(10 分)		建立学生健康体检档案	2		
		建立体检异常学生登记记录	1		
		建立体检结果向家长反馈制度	1		
		制定学生常见病与多发病防治计划、措施	2		
		开展预防近视专题宣传活动	1		
		每年实施 1 次学生健康体检	2		
		定期(每学期 1 次)开展健康生活方式、营养和慢性病预防知识教育和宣传活动	1		
		校医院、卫生所、卫生室、医务室有《医疗机构执业许可证》	*		
学校食品安全管理(20 分)	学生食堂(13 分)	餐饮服务许可证有效	*		
		从业人员持健康证明	1		
		从业人员有食品安全知识培训证明	1		
		有各项食品安全管理制度	2		
		食品生产加工条件符合要求	2		
		食(饮)具实施消毒	2		
		食(饮)具消毒情况监测频率符合规定要求(至少 1 次/月)	1		
		从业人员个人卫生符合要求	1		
		烹饪加工要烧熟煮透(中心温度在 70 ℃以上)	1		
		原料采购、运输和储藏条件符合要求	1		
		有索证索票制度,建立台账	1		
	外供快餐(2 分)	供餐单位食品生产或餐饮服务许可证有效	*		
		包装、运输和分发条件应符合要求	1		
		一次性餐盒符合要求	1		
	超市(食杂店)(5 分)	食品流通许可证有效	*		
		从业人员持健康证明	1		
		从业人员有食品安全知识培训证明	1		
		有食品进货查验记录制度	1		
		按照保证食品安全的要求贮存食品	1		
		不得有变质或超过保质期的食品	1		
	因校方责任发生集体性食品安全事故		**		

表 A.1（续）

学校名称：			负责人：		
地址：		联系电话：	评价日期：　年　月　日		
项目(100 分)		评价指标	分值	实际得分	
				单项	合计
生活饮用水卫生管理(10 分)		集中式供水依法取得卫生许可证	*		
		二次供水蓄水设施定期(每年 1 次)清洗、消毒	1		
		分散式供水有卫生安全防护设施并对水质进行消毒	1		
		建立供水卫生管理制度	2		
		涉水产品符合相关卫生要求	2		
		配备专(兼)职供水人员	2		
		水质监测频率符合当地规定要求	1		
		供水人员持健康证明上岗	1		
		供应饮用水水质符合卫生要求	*		
		因校方责任发生校内生活饮用水污染事故	**		
教室环境管理(15 分)	课桌椅(3 分)	每间教室内最少设 2 种不同型号的课桌椅	2		
		每人 1 席	1		
	黑板(2 分)	无破损	1		
		无眩光	1		
	教室采光(2 分)	教室墙壁和顶棚为白色或浅色，窗户为无色透明玻璃	1		
		单侧采光光线应从座位左侧入，双采光主采光窗应设在左侧	1		
	教室照明(4 分)	灯管垂直黑板	2		
		控照式灯具，不宜用裸灯	2		
	微小气候(2 分)	教室应设通气窗，寒冷地区应有采暖设备	2		
	噪声(1 分)	教室不受音乐室等外界环境干扰	1		
	监测报告有效		*		
	监测频率符合规定(1 次以上/2 年)(1 分)		1		
生活环境卫生管理(9)	厕所(3 分)	教学楼每层设厕所，室内厕所有洗手设备	2		
		独立设置的厕所与生活饮用水水源和食堂相距 30 米以上	**		
		无蝇、蛆	1		
	学生宿舍(6 分)	男、女生宿舍分区或分单元布置	1		
		不设在地下室或半地下室	1		

表 A.1(续)

学校名称:			负责人:		
地址:		联系电话:	评价日期:　年　月　日		
项目(100 分)		评价指标	分值	实际得分	
				单项	合计
生活环境卫生管理(9)	学生宿舍(6 分)	保证学生一人一床	1		
		保证通风良好(寒冷地区宿舍应设有换气窗)	1		
		宿舍内设有厕所、盥洗设施	1		
		有卫生管理制度	1		
公共场所卫生管理(11 分)	公共浴池(4 分)	依法取得卫生许可证	*		
		从业人员有健康证明	1		
		有浴室卫生消毒制度	1		
		监测报告有效	1		
		监测频率(1 次以上/年)	1		
	游泳馆(3 分)	依法取得卫生许可证	*		
		建立健全卫生管理制度	1		
		游泳场所的通道及卫生设施应定期消毒、保持清洁、无异味	1		
		监测频率符合规定(1 次以上/年)	1		
	体育馆(2 分)	馆内环境清洁卫生、禁止吸烟	1		
		监测频率符合规定(1 次以上/年)	1		
	图书馆(2 分)	馆内采用湿式清扫,保持馆内整洁,禁止吸烟	1		
		监测频率符合规定(1 次以上/年)	1		
合理缺项项目总分______分　管理应得分______分　管理实得分______分　标化后得分______分					

注 1:* 为重要指标,若该指标不合格,本项目不得分。

注 2:** 为关键指标,若该指标不合格,直接评价该校为学校卫生不合格。

注 3:教室环境卫生管理项目中各指标得分应为抽样检查教室数的平均分,普通高等院校不参加此项评价。

注 4:有合理缺项时,总分中减掉该项目分值后,为应得分。即:管理应得分=100－合理缺项项目总分。
如缺少学生宿舍,总分值中应减掉学生宿舍的单项分值。标化后得分=(各项实际得分的总合/应得分)×100。

表 A.2　学校卫生监测评价记分表

学校名称:			负责人:			
地址:			联系电话:			
抽样监测教室数:			评价日期:　　　年　月　日			
项目(100分)		评价指标	评分标准	分值	实际得分	
					单项	合计
学校食品安全监测(食饮具消毒)(10分)		感官指标、理化指标、细菌指标	其中一项指标不合格整项不得分	8		
		监测频率达到至少1次/月		2		
生活饮用水监测(10分)		细菌总数、总大肠菌群、消毒剂余量、色度、浑浊度、臭和味、肉眼可见物、pH及当地根据水源水质实际情况增加的其他项目	其中一项指标不合格整项不得分	8		
		监测频率符合当地规定要求		2		
教室环境卫生监测(60分)	人均面积(10分)	小学 ≥1.36 m²、1.15 m²～1.36 m²、<1.15 m²	≥1.36 m² 得满分 1.15 m²～1.36 m² 得5分 <1.15 m² 不得分	10		
		中学 ≥1.39 m²、1.22 m²～1.39 m²、<1.22 m²	≥1.39 m² 得满分 1.22 m²～1.39 m² 得5分 <1.22 m² 不得分			
	课桌椅分配符合率(10分)	≥80%、79%～40%、<40%	≥80% 得满分 79%～40% 得5分 <40% 不得分	10		
	黑板(10)	尺寸≥1 m×3.6 m(小学) ≥1 m×4.0 m(中学)	弧形黑板的长度按照玄长测量	5		
		下缘与讲台地面的垂直距离 0.8 m～0.9 m(小学) 1.0 m～1.1 m(中学)	不在此范围不得分	3		
		反射比 0.15～0.2	≥0.2 不得分	2		
	教室采光(10分)	采光系数≥2.0%	<2.0% 不得分	4		
		窗地面积比 ≥1∶5	<1∶5 不得分	4		
		后(侧)墙壁反射比 0.7～0.8	<0.7 不得分	2		
	教室照明(10分)	课桌面照度≥300 lx、课桌面照度 200 lx～300 lx、课桌面照度<200 lx	≥300 lx 得满分 200 lx～300 lx 得3分 <200 lx 得分	5		
		灯桌间距≥1.7 m	<1.7 m 不得分	2		
		黑板面照度≥500 lx	<500 lx 不得分	3		

表 A.2（续）

学校名称：			负责人：			
地址：			联系电话：			
抽样监测教室数：			评价日期：　　　　年　　月　　日			
项目（100 分）		评价指标	评分标准	分值	实际得分	
					单项	合计
教室环境卫生监测（60 分）	微小气候（4 分）	二氧化碳≤0.15％	＞0.15％　不得分	2		
		室温 16 ℃以上（冬季采暖地区）	＜16 ℃　不得分	2		
	噪声（4 分）	外环境对普通教室产生的噪声≤50 dB	＞50 dB　不得分	2		
		两排教室相对长边距≥25 m	＜25 m　不得分	2		
	监测频率为每 2 年 1 次（2）		一项未测　不得分	2		
生活环境卫生监测（8 分）	厕所（4 分）	每蹲位≤40 人　（男生）	＞40 人　不得分	1		
		每蹲位≤13 人　（女生）	＞13 人　不得分	1		
		0.6 m 长小便槽≤20 人（或 20 人设 1 个小便斗）	＞20 人　不得分	1		
		小学厕所蹲位宽度≤18 cm	＞18 cm　不得分	1		
	学生宿舍（4 分）	人均使用面积≥3.0 m^2	＜3.0 m^2　不得分	2		
		盥洗室门与居室门间距离≤20 m	＞20 m　不得分	2		
公共场所卫生监测（12 分）	公共浴池（4 分）	池水浊度≤30 度、室温 25℃、照度≥50 lx、二氧化碳≤0.15％	其中一项指标不合格整项不得分	3		
		监测频率 1 次以上/年		1		
	游泳馆（4 分）	池水细菌总数≤1 000 个/mL、大肠菌群≤18 个/L、混浊度≤5 度、余氯 0.3 mg/L～0.5 mg/L、空气细菌数（撞击法）≤4 000 CFU/m^3、二氧化碳≤0.15％	其中一项指标不合格整项不得分	3		
		监测频率 1 次以上/年		1		
	体育馆（2 分）	可吸入颗粒物≤0.25 mg/m^3、室内温度≥16 ℃、空气细菌数（撞击法）≤4 000 CFU/m^3、二氧化碳≤0.15％	其中一项指标不合格整项不得分	1		
		监测频率 1 次以上/年		1		
	图书馆（2 分）	室内温度≥20 ℃、照度≥300 lx、噪声≤50 dB、空气细菌数（撞击法）≤2 500 CFU/m^3、二氧化碳≤0.10％	其中一项指标不合格整项不得分	1		
		监测频率 1 次以上/年		1		
合理缺项项目总分＿＿＿＿分　监测应得分＿＿＿＿分　监测实得分＿＿＿＿分　标化后得分＿＿＿＿分						

注 1：普通高等学校不参加教室环境卫生监测评价。

注 2：有合理缺项时，总分中减掉该项目分值后，为应得分。即：监测应得分＝100－合理缺项项目总分。如缺少学生宿舍，总分值中应减掉学生宿舍的单项分值。标化后得分＝（各项实际得分的总合/应得分）×100。

表 A.3 学校卫生综合评价判定

学校名称		日期	年 月 日
综合评价判定	100×(管理实得分＋监测实得分)/(管理应得分＋监测应得分)＝	等级	

三、健康教育

- GB 16134—2011　中小学生健康检查表规范
- GB/T 17223—2012　中小学生一日学习时间卫生要求
- GB/T 18206—2011　中小学健康教育规范
- GB/T 26343—2010　学生健康检查技术规范
- GB/T 29433—2012　学生心理健康教育指南

ICS 11.020
C 56

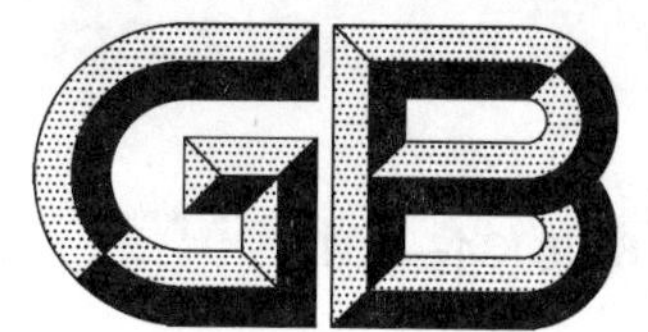

中华人民共和国国家标准

GB 16134—2011
代替 GB/T 16134—1995

中小学生健康检查表规范

Standard for physical examination records for elementary and middle school students

自 2017 年 3 月 23 日起，本标准转为推荐性标准，编号改为 **GB/T** 16134—2011。

2011-12-30 发布　　　　2012-05-01 实施

中华人民共和国卫生部
中国国家标准化管理委员会　发布

前　言

本标准的2.2.2、3.2、3.3与3.6为强制性的，其余为推荐性的。

本标准代替GB/T 16134—1995《中小学生健康检查表规范》。

本标准与GB/T 16134—1995相比主要技术内容变化如下：

——修改标准性质由推荐性改为强制性。

——对中小学生健康检查表的式样进行了修改(本标准的2.1;GB/T 16134—1995的2.1)。

——增加了对健康检查必测项目和选测项目的规定(本标准的2.2)。

——增加了预防接种史的查验与询问以及首次遗精/月经初潮年龄询问(本标准的2.2.2)。

——增加了腰围、臀围测量，串镜检查，结膜炎检查，牙周检查，脊柱检查，男性外生殖器检查，蠕虫卵检查、结核菌素试验(本标准的2.2.2和2.2.3)。

——删除了胸围测量，蛔虫卵、尿蛋白检查(GB/T 16134—1995的附录A6.1.1、A6.1.5)。

——增加了对中小学生健康检查机构和人员资质的规定(本标准的3.3)。

——增加了对中小学生健康检查结果评价与反馈的规定(本标准的3.6)。

本标准附录A为资料性附录。

本标准由中华人民共和国卫生部提出并归口。

本标准由中华人民共和国卫生部负责解释。

本标准起草单位：安徽医科大学公共卫生学院儿少卫生与妇幼保健学系、湖南省疾病预防控制中心、合肥市卫生局卫生监督所。

本标准主要起草人：陶芳标、朱鹏、李光春、高茗。

本标准所代替的标准历次版本发布情况为：

——GB/T 16134—1995。

根据中华人民共和国国家标准公告(2017年第7号)和强制性标准整合精简结论，本标准自2017年3月23日起，转为推荐性标准，不再强制执行。

中小学生健康检查表规范

1 范围

本标准规定了中小学生健康检查表要求及健康检查管理。

本标准适用于普通中小学生健康检查,职业高中、技校亦可参照使用。

本标准不适用于学龄前儿童健康检查。

2 中小学生健康检查表要求

2.1 《中小学生健康检查表》纸张规格和式样

使用B5、80 g洁白纸张印刷。健康检查表应装订成册,以便于保存和管理。检查表式样参见附录A。

2.2 健康检查项目

2.2.1 检查项目分类及要求

中小学生健康检查项目分为必测项目和选测项目。各地在组织学生进行健康检查时,所有必测项目均应列入检查表,并按要求进行检查。有条件的地区应积极开展选测项目的检查。

2.2.2 必测项目

查验或询问项目:小学入学预防接种证查验、入学后预防接种史、既往病史、月经初潮/首次遗精年龄

身体形态:身高、体重

生理功能:血压

五官:裸眼视力、沙眼、结膜炎、色觉、龋齿、牙周、耳、鼻、扁桃体

外科:头部、颈部、胸廓、脊柱、四肢、皮肤、淋巴结

内科:心、肺、肝、脾

实验室检查:结核菌素试验

小学入学预防接种证查验可在现场健康检查结束后1周内完成。月经初潮从小学四年级开始询问,首次遗精从五年级开始询问,应安排与学生同性别的检查人员进行询问。色觉在初中一年级和高中一年级时进行检查。结核菌素试验在小学、初中入学时应检查。

2.2.3 选测项目

身体形态:腰围、臀围

生理功能:肺活量

五官:串镜检查、听力

外科:男性外生殖器

实验室检查:血红蛋白、蠕虫卵、肝功能

2.3 《中小学生健康检查表》填写要求

2.3.1 封面

封面各项目应如实填写。小学入学建表时可由家长或老师代填。

2.3.2 查验和询问项目

"小学入学前预防接种史"可在相应的选项前"□"内画"√",若已全程进行预防接种,在"建议"项中可填"/";若未接种或有漏种,则应给出具体建议。"其他疫苗"应填写疫苗名称。"入学后预防接种史"应填写2次健康检查间隔期间所接受预防接种的疫苗名称。"既往病史"第1次填写应仔细询问出生至

本次健康检查期间的病史，随后的检查可询问2次健康检查间隔期间的病史，记录病名和诊断时间。

2.3.3 检查项目

“身体形态和生理功能检查”应记录具体数据。“五官检查”中裸眼视力、龋齿、听力应记录具体数据；进行串镜检查的在相应的选项前“□”内画“√”。“外科检查”与“内科检查”中检查结果无阳性发现者可填“/”，发现阳性结果者应填写病名或阳性体征。“实验室检查”中血红蛋白、肝功能和结核菌素试验应记录具体检查结果；蠕虫卵在相应的选项前“□”内画“√”。

2.3.4 签字

检查医师检查完毕应签字，并注明检查日期。

3 中小学生健康检查管理

3.1 《中小学生健康检查表》的建表、存表和转表

3.1.1 建表

新生入学时应进行健康检查并建表。

3.1.2 存表

建表后，本表应存放在学校卫生室，由学校保健人员负责。无卫生室的学校由负责健康检查的单位指导校方保存，并由专人负责保存。

3.1.3 转表

学生转学及升学时，应将表转入新校。

3.2 中小学生健康检查频率

学校负责学生健康检查的组织与管理。中小学生在校期间每学年应进行1次常规健康检查。

3.3 开展中小学生健康检查的机构与人员资质

3.3.1 开展中小学生健康检查的卫生保健、医疗机构应具有法人资格、持有有效的《医疗机构执业许可证》、由政府举办的公立性医疗机构(包括教育行政部门所属的区域性中小学卫生保健机构)；应报经学校主管教育行政部门备案；能独立开展学生健康检查工作；能对学生健康检查状况进行个体和群体评价、分析、反馈，并提出健康指导建议。

3.3.2 参与中小学生健康检查的人员应是医疗卫生保健专业人员，具有与学生健康检查工作和学生常见病防治有关的知识和经验，并有相应的专业技术证书；主检人员应由主治(管)医(技)师以上或相应职称的专业人员担任。

3.3.3 学生健康体检所需的医疗检查设备与检验仪器的种类、数量、性能、量程、精度能满足工作需要，并能良好运行，定期校验；仪器设备有完整的操作规程。

3.4 中小学生健康检查的场所

中小学生健康检查的场所应设置在校内或特定的健康人群体检场所，应能满足健康检查对环境的要求。健康检查机构负责组织专业技术人员和必要的检查设备进入体检场所开展健康检查。

3.5 生物标本的收集

粪便采集瓶应提前发放给学生，学生在检查的前一天收集自己的粪便，在检查当天将采集瓶交给健康检查人员。血液标本应由专业技术人员收集。

3.6 中小学生健康检查结果评价与反馈

3.6.1 健康检查结果的反馈形式

健康体检机构以个体报告单形式向学生反馈健康体检结果；以学校汇总报告单形式向学校反馈学生体检结果；将所负责的体检学校的学生体检结果统计汇总，以区域学校汇总报告单形式上报当地教育行政部门，当地教育行政部门再逐级上报。

3.6.2 健康检查报告单内容

3.6.2.1 健康检查机构在结束检查后，应进行个体健康评价和群体健康评价。

3.6.2.2 个体报告单内容应包括学生个体体检项目的客观结果，身高等级评价、体重等级评价及建议，基于人体测量的营养状况评价及建议；肺活量指数、五官科检查结果及建议、外科检查结果及建议、内科检查结果及建议、实验室检查结果及建议。

3.6.2.3 学校汇总报告单内容应包括学校不同年级男女生的生长发育水平，营养不良、超重、肥胖检出率，视力不良、近视、沙眼、结膜炎、龋齿、牙周疾病、贫血检出率，蠕虫感染率，肝功能异常检出率，结核菌素试验阳性率，对学校学生健康的综合性评价和建议。

3.6.2.4 区域学校汇总报告单内容应包括所检查学校学生的总体健康状况分析，包括不同年级男女生的生长发育水平，营养不良、超重、肥胖检出率，视力不良、近视、沙眼、结膜炎、龋齿、牙周疾病、贫血检出率，蠕虫感染率，肝功能异常检出率，结核菌素试验阳性率，对学生健康的综合性评价和建议。

3.6.3 健康检查表和报告单的反馈时限

个体报告单应于健康检查后2周内反馈给学生或家长；学校汇总报告单应于检查后1个月内反馈给学校；区域学校汇总报告单应于检查后2个月内反馈当地教育行政部门。

附 录 A
（资料性附录）
中小学生健康检查表

编号（学号）：____________________

中小学生健康检查表

学校名称：__________________ 入学年份：__________ 班级：______

学生姓名：______________ 性别：__________ 民族：______

出生日期：________年______月______日

身份证号：□□□□□□□□□□□□□□□□□□

家庭住址：____________________________________

联系电话：____________________

建表日期：________年______月______日

查验和询问项目	填 写 内 容					
小学入学前预防接种史（查验预防接种证）						
卡介苗	□已全程接种 □未接种 建议：					
乙型肝炎疫苗	□已全程接种 □未接种 □有漏种 建议：					
脊髓灰质炎疫苗	□已全程接种 □未接种 □有漏种 建议：					
百白破疫苗	□已全程接种 □未接种 □有漏种 建议：					
麻腮风疫苗（麻风、麻腮、麻疹疫苗）	□已全程接种 □未接种 □有漏种 建议：					
流脑疫苗	□已全程接种 □未接种 □有漏种 建议：					
乙脑疫苗	□已全程接种 □未接种 □有漏种 建议：					
甲肝疫苗	□已全程接种 □未接种 □有漏种 建议：					
其他疫苗						
入学后预防接种史						
既往病史						
青春期发育[a]	男生：若出现遗精，首次遗精年龄______岁。 女生：若出现月经，初潮年龄______岁					
医生签名						
询问日期	年 月 日	年 月 日	年 月 日	年 月 日	年 月 日	年 月 日

[a] 月经初潮从小学四年级开始询问、首次遗精从小学五年级开始询问。

身体形态和生理功能检查						
身高/cm						
体重/kg						
血压/mmHg（收缩压/舒张压）	/	/	/	/	/	/
腰围[a]/(cm)						
臀围[a]/(cm)						
肺活量[a]/(mL)						
建 议						
医生签名						
检查日期	年 月 日	年 月 日	年 月 日	年 月 日	年 月 日	年 月 日

[a] 为选测项目。

五官检查								
眼	裸眼视力		左____/右____	左____/右____	左____/右____	左____/右____	左____/右____	左____/右____
	串镜[a]检查	左	□近视□远视 □其他	□近视□远视 □其他	□近视□远视 □其他	□近视□远视 □其他	□近视□远视 □其他	□近视□远视 □其他
		右	□近视□远视 □其他	□近视□远视 □其他	□近视□远视 □其他	□近视□远视 □其他	□近视□远视 □其他	□近视□远视 □其他
	沙眼							
	结膜炎							
	色觉[b]							
口腔	龋齿		检查记录在龋齿检查结果记录图中填写					
	牙周							
听力[a]			左____/右____	左____/右____	左____/右____	左____/右____	左____/右____	左____/右____
耳								
鼻								
扁桃体								
建议								
医生签名								
检查日期			年 月 日	年 月 日	年 月 日	年 月 日	年 月 日	年 月 日

[a] 为选测项目。

[b] 色觉在初中一年级和高中一年级时必须检查。

龋齿检查结果记录图

检查日期：　　年　　月　　日

55 54 53 52 51 | 61 62 63 64 65

18	17	16	15	14	13	12	11	21	22	23	24	25	26	27	28

48 47 46 45 44 43 42 41 | 31 32 33 34 35 36 37 38

85 84 83 82 81 | 71 72 73 74 75

检查日期：　　年　　月　　日

55 54 53 52 51 | 61 62 63 64 65

18	17	16	15	14	13	12	11	21	22	23	24	25	26	27	28

48 47 46 45 44 43 42 41 | 31 32 33 34 35 36 37 38

85 84 83 82 81 | 71 72 73 74 75

检查日期：　　年　　月　　日

55 54 53 52 51 | 61 62 63 64 65

18	17	16	15	14	13	12	11	21	22	23	24	25	26	27	28

48 47 46 45 44 43 42 41 | 31 32 33 34 35 36 37 38

85 84 83 82 81 | 71 72 73 74 75

检查日期：　　年　　月　　日

55 54 53 52 51 | 61 62 63 64 65

18	17	16	15	14	13	12	11	21	22	23	24	25	26	27	28

48 47 46 45 44 43 42 41 | 31 32 33 34 35 36 37 38

85 84 83 82 81 | 71 72 73 74 75

检查日期：　　年　　月　　日

55 54 53 52 51 | 61 62 63 64 65

18	17	16	15	14	13	12	11	21	22	23	24	25	26	27	28

48 47 46 45 44 43 42 41 | 31 32 33 34 35 36 37 38

85 84 83 82 81 | 71 72 73 74 75

检查日期：　　年　　月　　日

55 54 53 52 51 | 61 62 63 64 65

18	17	16	15	14	13	12	11	21	22	23	24	25	26	27	28

48 47 46 45 44 43 42 41 | 31 32 33 34 35 36 37 38

85 84 83 82 81 | 71 72 73 74 75

外 科 检 查						
头部						
颈部						
胸廓						
脊柱						
四肢						
皮肤						
淋巴结						
男性 外生殖器[a]						
建 议						
医生签名						
检查日期	年 月 日	年 月 日	年 月 日	年 月 日	年 月 日	年 月 日
[a] 为选测项目。						

内 科 检 查						
心						
肺						
肝						
脾						
建 议						
医生签名						
检查日期	年 月 日	年 月 日	年 月 日	年 月 日	年 月 日	年 月 日

实 验 室 检 查						
血红蛋白[a]	g/L	g/L	g/L	g/L	g/L	g/L
蠕虫卵[a]	□阴性 □阳性	□阴性 □阳性	□阴性 □阳性	□阴性 □阳性	□阴性 □阳性	□阴性 □阳性
肝功能[a]						
结核菌素试验[b]						
建 议						
医生签名						
检查日期	年 月 日	年 月 日	年 月 日	年 月 日	年 月 日	年 月 日

[a] 为选测项目。
[b] 结核菌素试验在小学、初中入学时必须检查。

ICS 13.100
C 56

中华人民共和国国家标准

GB/T 17223—2012
代替 GB/T 17223—1998、GB/T 17224—1998

中小学生一日学习时间卫生要求

Health requirements of daily learning time for secondary and elementary school students

2012-12-31 发布　　2013-05-01 实施

中华人民共和国卫生部
中国国家标准化管理委员会　发布

前　言

本标准按照 GB/T 1.1—2009 给出的规则起草。

本标准代替 GB/T 17223—1998《小学生一日学习时间卫生标准》和 GB/T 17224—1998《中学生一日学习时间卫生标准》。

本标准整合了 GB/T 17223—1998 和 GB/T 17224—1998 的内容，与原标准相比，主要技术变化如下：

——修改了每节课的时间；

——修改了早读、课外自习时间要求；

——修改了睡眠与体育活动时间要求；

——增加了课间休息与排课的要求。

本标准由中华人民共和国卫生部提出并归口。

本标准起草单位：华中科技大学同济医学院。

本标准主要起草人：王礼桂、吴汉荣。

中小学生一日学习时间卫生要求

1 范围

本标准规定了中小学生一日学习时间、睡眠与体育活动时间、课间休息与排课要求。

本标准适用于全日制普通中小学,其他类型中小学可参照使用。

2 术语和定义

下列术语和定义适用于本文件。

2.1

早读时间 early morning learning time

上午课前由学校统一安排的自习时间。

2.2

上课时间 time in class

课程表安排的早读、上课、实验实习、课内自习时间。

2.3

课外自习时间 time out of school hours

预习、复习及完成学校教师指定的课外作业时间(含晚自习、家庭作业)。

2.4

一日学习时间 daily learning time

一天中上课和课外自习时间(不含课间休息时间)。

3 一日学习安排

3.1 一日学习时间

小学一、二年级一日学习时间不应超过 4 h。

小学三、四年级一日学习时间不应超过 5 h。

小学五、六年级一日学习时间不应超过 6 h。

初中各年级一日学习时间不应超过 7 h。

高中各年级一日学习时间不应超过 8 h。

3.2 课时安排

小学生每节课时间不应超过 40 min,上午 4 节,下午 1～2 节。

中学生每节课时间不应超过 45 min,上午 4 节,下午 2～3 节。

3.3 早读、课外自习

小学一、二年级:不宜安排早读,不留书面家庭作业。

小学三至六年级:早读不宜超过 20 min,课外自习时间不应超过 60 min。

中学各年级:早读不宜超过 30 min,课外自习时间不应超过 90 min。

4 睡眠与体育活动时间

4.1 每日睡眠时间

小学生不应少于 10 h。

初中生不应少于 9 h。

高中生不应少于 8 h。

4.2 体育活动时间

确保中小学生每天锻炼 1 h。没有体育课的当天，下午课后应组织学生进行 1 h 集体体育锻炼。

5 课间休息与排课要求

5.1 课间休息

在两节课之间，课间休息时间不应少于 10 min。

第 2 节与第 3 节课之间，课间休息时间不宜少于 20 min～30 min。

5.2 排课要求

一日内不连排两节相同的课程(除作文、实验等特殊需要外)，各种文化课间宜插入体育、手工、画图等课程。

小学一、二年级周总课时不应超过 26 节。

小学三至六年级周总课时不应超过 30 节。

中学各年级周总课时不应超过 34 节。

ICS 13.100
C 56

中华人民共和国国家标准

GB/T 18206—2011
代替 GB/T 18206—2000

中小学健康教育规范

Requirement of health education in primary and middle school

2011-12-30 发布　　　　2012-05-01 实施

中华人民共和国卫生部
中国国家标准化管理委员会　发布

前　言

本标准按照 GB/T 1.1—2009 给出的规则起草。

本标准代替 GB/T 18206—2000《中、小学生健康教育规范》。

本标准与 GB/T 18206—2000 相比，主要技术内容变化如下：

——修改了范围；

——修改了实施目标；

——修改了教育内容，将教育内容分为五个领域，分配到五级水平中，并确定了各级水平的目标与核心内容；

——增加了实施途径和评价建议的内容。

本标准由中华人民共和国卫生部提出并归口。

本标准由中华人民共和国卫生部负责解释。

本标准负责起草单位：北京大学儿童青少年卫生研究所、教育部体育卫生艺术司、中南大学公共卫生学院、复旦大学公共卫生学院。

本标准参加起草单位：北京市东城区中小学卫生保健所、北京市西城区中小学卫生保健所。

本标准主要起草人：余小鸣、张芯、杨土保、王书梅、朱广荣、潘勇平、张新。

本标准所代替标准的历次版本发布情况为：

——GB/T 18206—2000。

中小学健康教育规范

1 范围

本标准规定了在中小学校开展健康教育的一般要求、实施目标、教育内容、实施途径和评价建议。

本标准适用于中小学(包括九年义务教育、高中阶段)在校学生。

2 一般要求

本标准提供了中小学发展健康教育课程内容的基本框架。学校负责依据此标准进行课程计划、教学组织、课堂活动及实践安排。

3 实施目标

培养儿童青少年良好的健康意识与公共卫生意识,提高学生的健康素养,培养学生保持和增进健康的态度与实践能力,为一生的健康打下坚实的基础。

4 教育内容

4.1 中小学健康教育内容包括五个领域:

——健康行为与生活方式;

——疾病预防;

——安全应急与避险;

——心理健康;

——生长发育与青春期保健。

4.2 根据儿童青少年生长发育的不同阶段,依照小学低年级、小学中年级、小学高年级、初中年级、高中年级划分为五级水平,即:

——水平一(小学 1 年级~2 年级);

——水平二(小学 3 年级~4 年级);

——水平三(小学 5 年级~6 年级);

——水平四(初中阶段);

——水平五(高中阶段)。

4.3 将健康教育内容的五个领域合理分配到各级水平中,五个不同的水平互相衔接,完成学校健康教育的目标。各级健康教育内容基本要求如下:

a) 水平一(小学 1 年级~2 年级)健康教育内容基本要求:见附录 A。

b) 水平二(小学 3 年级~4 年级)健康教育内容基本要求:见附录 B。

c) 水平三(小学 5 年级~6 年级)健康教育内容基本要求:见附录 C。

d) 水平四(初中阶段)健康教育内容基本要求:见附录 D。

e) 水平五(高中阶段)健康教育内容基本要求:见附录 E。

4.4 各地、各类学校在制定发展中小学学生健康教育课程内容时,应以本标准(附录 A~附录 E)为依据，反映各水平健康教育的总体内容。遵循学校健康教育实施的基本理念，即健康知识传授与健康技能传授并重、健康知识与健康信念、健康行为形成相统一，循序渐进，适时适度，学生参与的基本原则。

4.5 在保证本标准教育内容基本要求的前提下，尊重不同地区、学校和学生之间的差异，各地学校可根据学制设置的实际情况，合理选择相关水平的健康教育内容，有效运用教学方法，使每个学生获得基本的健康教育。

5 实施途径

5.1 健康教育可采用正式课堂或者多种形式向学生传授，鼓励健康教育与学校各类课程教育的相互结合、相互渗透。学校健康教育要通过学科教学和学校各种活动以及多种宣传教育形式开展。

5.2 学科教学每学期应安排6课时～7课时，小学、中学阶段主要以《体育与健康》作为载体课程进行。对无法在《体育与健康》课程中渗透的健康教育内容，可以利用综合实践活动和地方课程的时间，采用多种形式，向学生传授健康知识和技能。

5.3 学校健康教育体现在教育过程的各个环节，各地学校在组织实施过程中，要注意健康教育与其他相关教育，如安全教育、心理健康教育有机结合，把课堂内教学与课堂外教学活动结合起来，发挥整体教育效应。

6 评价建议

6.1 重视健康教育的评价和督导。把健康教育实施过程与健康教育实施效果作为评价重点。主要包括学生健康意识的建立、基本知识和技能的掌握、卫生习惯和健康行为的形成，以及学校对健康教育课程(活动)的安排、必要的资源配置、实施情况以及实际效果。

6.2 学校健康教育是学校教育的一部分，学校应将健康教学、健康环境的创设、健康服务的提供有机结合，以大健康观为指导，全面、统筹思考学校的健康教育，为学生践行健康行为提供支持，以实现促进学生健康发展的目标。

附 录 A
（规范性附录）
水平一（小学1年级～2年级）健康教育内容基本要求

A.1 目标

知道个人卫生习惯对健康的影响，初步掌握正确的个人卫生知识；了解保护眼睛和牙齿的知识，学会保护眼睛和牙齿；知道偏食、挑食对健康的影响，养成良好的饮水、饮食习惯；了解自己的身体，学会自我保护；学会加入同伴群体的技能，能够与人友好相处；了解道路交通和玩耍中的安全常识，掌握一些简单的紧急求助方法；了解环境卫生对个人健康的影响，初步树立维护环境卫生意识。

A.2 基本内容

A.2.1 健康行为习惯与生活方式

A.2.1.1 养成良好的个人卫生习惯

A.2.1.1.1 不随地吐痰，不乱丢果皮纸屑等垃圾。

A.2.1.1.2 咳嗽、打喷嚏时遮掩口鼻。

A.2.1.1.3 勤洗澡、勤换衣、勤洗头、勤剪指甲（包含头虱的预防）。

A.2.1.1.4 不共用毛巾和牙刷等洗漱用品（包含沙眼的预防）。

A.2.1.1.5 不随地大小便，饭前便后要洗手。

A.2.1.1.6 学会正确洗手的方法。

A.2.1.1.7 养成正确的坐、立、行姿势，预防脊柱弯曲异常。

A.2.1.2 爱护眼睛

A.2.1.2.1 养成正确的读写姿势。

A.2.1.2.2 正确做眼保健操。

A.2.1.3 口腔卫生

A.2.1.3.1 每天早晚刷牙，饭后漱口。

A.2.1.3.2 学会正确的刷牙方法以及选择适宜的牙刷和牙膏。

A.2.1.3.3 预防龋齿和牙龈炎（认识龋齿的成因、注意口腔卫生、定期检查）。

A.2.1.4 饮水卫生

注意饮水卫生，适量饮水有益健康。

A.2.1.5 合理营养

A.2.1.5.1 吃好早餐，一日三餐有规律。

A.2.1.5.2 了解偏食、挑食危害健康。

A.2.1.5.3 了解喝牛奶、经常食用豆类及豆制品有利于生长发育，有益于健康。

A.2.1.6 环境与健康

A.2.1.6.1 了解经常开窗通气有利健康。

A.2.1.6.2 文明如厕，自觉维护厕所卫生。

A.2.1.6.3 了解蚊子、苍蝇、老鼠、蟑螂等会传播疾病。

A.2.2 预防疾病

了解接种疫苗可以预防一些传染病。

A.2.3 安全应急与避险

A.2.3.1 交通安全

A.2.3.1.1 认识常见的交通安全标志。

A.2.3.1.2 遵守交通规则，行人过马路要走人行横道、不要闯红灯。

A.2.3.1.3 注意乘车安全。

A.2.3.2 游戏与运动安全

A.2.3.2.1 不玩危险游戏，注意游戏安全。

A.2.3.2.2 燃放鞭炮要注意安全。

A.2.3.3 学习、生活中的安全

A.2.3.3.1 不玩火、使用电源要注意安全。

A.2.3.3.2 使用文具、玩具要注意卫生安全。

A.2.3.3.3 了解学校紧急疏散的要求和方式，学会应对校园突发事件。

A.2.3.4 动物咬伤的预防和处理

A.2.3.4.1 远离野生动物，不与宠物打闹。

A.2.3.4.2 了解家养犬要注射疫苗。

A.2.3.5 自救互救的知识和技能

学会自救互救，发生紧急情况会拨打求助电话(医疗求助电话:120，火警电话:119，匪警电话:110)。

A.2.4 心理健康

培养沟通能力，学会使用基本的礼貌用语，与同学和睦相处。

A.2.5 生长发育和青春期保健

A.2.5.1 认识生命，珍爱生命。

A.2.5.2 初步了解生命孕育常识，知道“我从哪里来”。

附 录 B
（规范性附录）
水平二（小学3年级～4年级）健康教育内容基本要求

B.1 目标

进一步了解保护眼睛、预防近视眼知识，学会合理用眼；了解食品安全基本知识，初步树立食品安全意识；了解体育锻炼对健康的作用，初步学会合理安排课外作息时间；初步了解烟草对健康的危害；了解肠道寄生虫病、常见呼吸道传染病和营养不良等疾病的基本知识及预防方法；了解容易导致意外伤害的危险因素，熟悉常见的意外伤害的预防与简单处理方法；了解日常生活中的安全常识，掌握简单的避险与逃生技能；初步了解生命的意义和价值，树立保护生命的意识。

B.2 基本内容

B.2.1 健康行为习惯与生活方式

B.2.1.1 爱护眼睛

B.2.1.1.1 注意读书写字、看电视、用电脑的卫生要求。

B.2.1.1.2 预防近视（认识影响近视发生的因素、学会合理用眼、注意用眼卫生、定期检查）。

B.2.1.1.3 预防眼外伤。

B.2.1.2 饮食（饮水）卫生

B.2.1.2.1 不吃不洁、腐败变质、超过保质期的食品。

B.2.1.2.2 饭菜要做熟；生吃蔬菜水果要洗净。

B.2.1.2.3 认识人体所需的营养素。

B.2.1.3 健康生活方式

B.2.1.3.1 认识体育锻炼有利于促进生长发育和预防疾病。

B.2.1.3.2 注意睡眠卫生要求（小学生每天睡眠时间应该保证10 h）。

B.2.1.3.3 生活垃圾应该分类放置。

B.2.1.3.4 不吸烟不酗酒远离毒品。

B.2.2 预防疾病

B.2.2.1 学生常见病的预防

B.2.2.1.1 认识蛔虫、蛲虫等肠道传染病对健康的危害与预防。

B.2.2.1.2 认识营养不良、肥胖对健康的危害与预防。

B.2.2.1.3 了解冻疮的预防（可根据地方实际选择）。

B.2.2.2 预防接种

了解学生应接种的疫苗。

B.2.2.3 常见呼吸道、消化道传染病的预防

B.2.2.3.1 认识传染病(重点为传播链)。

B.2.2.3.2 了解常见呼吸道传染病(流感、水痘、腮腺炎、麻疹、流脑等)的预防。

B.2.3 安全应急与避险

B.2.3.1 游戏与运动安全

注意游戏与运动安全,到正规的游泳、滑冰场所游泳和滑冰。

B.2.3.2 学习、生活中的安全

注意学习、生活中的安全,不乱服药物,不乱用化妆品。

B.2.3.3 伤害的预防与处理

B.2.3.3.1 了解火灾发生时的逃生与求助。

B.2.3.3.2 了解地震发生时的逃生与求助。

B.2.3.4 动物咬伤的处理

一旦被动物咬伤后,应立即冲洗伤口,及时就医,及时注射狂犬疫苗。

B.2.3.5 自救互救的基本知识和技能

B.2.3.5.1 了解鼻出血的简单处理。

B.2.3.5.2 了解简便止血方法(指压法、加压包扎法)。

B.2.4 心理健康

B.2.4.1 关心尊重他人。

B.2.4.2 正确对待残疾同伴。

B.2.5 生长发育和青春期保健

B.2.5.1 了解人的生命周期包括诞生、发育、成熟、衰老、死亡。

B.2.5.2 认识自己的身体,关注自己的身体发育情况。

附 录 C
（规范性附录）
水平三（小学5年级～6年级）健康教育内容基本要求

C.1 目标

了解健康的含义与健康的生活方式，初步形成健康意识；了解营养对促进儿童少年生长发育的意义，树立正确的营养观；了解食品安全知识，养成良好的饮食卫生习惯；了解烟草对健康的危害，树立吸烟有害健康的意识；了解毒品危害的简单知识，远离毒品危害；掌握常见肠道传染病、病媒生物传播疾病的基本知识和预防方法，树立卫生防病意识；了解常见地方病（如碘缺乏病）、血吸虫病对健康的危害，掌握预防方法；了解青春期生理发育基本知识，初步掌握相关的卫生保健知识；了解日常生活中的安全常识，学会体育锻炼中的自我监护，提高自我保护的能力。

C.2 基本内容

C.2.1 健康行为习惯与生活方式

C.2.1.1 健康生活方式

C.2.1.1.1 了解健康不仅仅是没有疾病或虚弱，而是身体、心理、社会适应的完好状态。

C.2.1.1.2 了解健康生活方式主要包括合理膳食、适量运动、戒烟限酒、心理平衡4个方面，健康的生活方式有利于健康。

C.2.1.1.3 了解体育锻炼时自我监护的主要内容（主观感觉和客观检查的指标）。

C.2.1.2 爱护眼睛

发现视力异常，应到正规医院眼科进行视力检查、验光，注意配戴眼镜的卫生要求。

C.2.1.3 饮食（饮水）卫生

C.2.1.3.1 购买包装食品应注意查看生产日期、保质期、包装有无涨包或破损，不购买无证摊贩食品。

C.2.1.3.2 了解容易引起食物中毒的常见食品（发芽土豆、不熟扁豆和豆浆、毒蘑菇、新鲜黄花菜、河豚鱼等）。

C.2.1.3.3 不采摘、不食用野果、野菜。

C.2.1.4 合理营养

C.2.1.4.1 膳食应以谷类为主，多吃蔬菜水果和薯类，注意荤素搭配。

C.2.1.4.2 日常生活饮食应适度，不暴饮暴食，不盲目节食，适当零食。

C.2.1.5 不吸烟不酗酒远离毒品

C.2.1.5.1 认识吸烟和被动吸烟会导致癌症、心血管疾病、呼吸系统疾病等多种疾病。

C.2.1.5.2 中小学生应做到不吸烟、不饮酒。

C.2.1.5.3 了解常见毒品的名称。

C.2.1.5.4 认识毒品对个人和家庭的危害，自我保护的常识和简单方法，能够远离毒品。

C.2.2 预防疾病

C.2.2.1 贫血的预防

认识贫血对健康的危害与预防。

C.2.2.2 肠道传染病的预防

了解常见肠道传染病(细菌性痢疾、伤寒与副伤寒、甲型肝炎等)的预防。

C.2.2.3 疟疾的预防

了解疟疾疾病的预防。

C.2.2.4 血吸虫病的预防

了解血吸虫病的预防(可根据地方实际选择)。

C.2.2.5 出血性结膜炎的预防

了解流行性出血性结膜炎(红眼病)的预防。

C.2.2.6 碘缺乏病及其他地方病的预防

C.2.2.6.1 认识碘缺乏病对人体健康的危害。

C.2.2.6.2 食用碘盐可以预防碘缺乏病。

C.2.3 安全应急与避险

C.2.3.1 交通安全

注意骑自行车安全与道路交通安全。

C.2.3.2 危险标识的识别

识别常见的危险标识(如高压、易燃、易爆、剧毒、放射性、生物安全),远离危险物。

C.2.3.3 伤害的预防和处理

C.2.3.3.1 了解煤气中毒的发生原因和预防。

C.2.3.3.2 了解触电、雷击的预防。

C.2.3.4 自救互救的基本知识和技能

C.2.3.4.1 了解中暑的预防和处理。

C.2.3.4.2 了解轻微烫烧伤、割、刺、擦、挫伤等的自我处理。

C.2.3.5 网络的合理利用

合理利用网络,提高网络安全防范意识。

C.2.4 心理健康

保持自信,自己的事情自己做。

C.2.5 生长发育和青春期保健

C.2.5.1 体温、脉搏的测量

掌握体温、脉搏测量方法及其测量的意义。

C.2.5.2 青春期心身发育特点

C.2.5.2.1 了解青春期的生长发育特点。

C.2.5.2.2 了解男女少年在青春发育期的差异(男性、女性第二性征的具体表现)。

C.2.5.2.3 了解女生月经初潮及意义(月经形成以及周期计算)。

C.2.5.2.4 了解男生首次遗精及意义。

C.2.5.3 青春期卫生保健

C.2.5.3.1 注意变声期的保健。

C.2.5.3.2 注意青春期的个人卫生。

附 录 D
（规范性附录）
水平四（初中阶段）健康教育内容基本要求

D.1 目标

了解生活方式与健康的关系，建立文明、健康的生活方式；进一步了解平衡膳食、合理营养意义，养成科学、营养的饮食习惯；了解充足睡眠对儿童少年生长发育的重要意义；了解预防食物中毒的基本知识；进一步了解常见传染病预防知识，增强卫生防病能力；了解艾滋病基本知识和预防方法，熟悉毒品预防基本知识，增强抵御毒品和艾滋病的能力；了解青春期心理变化特点，学会保持愉快情绪和增进心理健康；进一步了解青春期发育的基本知识，掌握青春期卫生保健知识和青春期常见生理问题的预防和处理方法；了解什么是性侵害，掌握预防方法和技能；掌握简单的用药安全常识；学会自救互救的基本技能，提高应对突发事件的能力；了解网络使用的利弊，合理利用网络。

D.2 基本内容

D.2.1 健康行为习惯与生活方式

D.2.1.1 不良生活方式的危害

了解不良生活方式有害健康，慢性非传染性疾病（恶性肿瘤、冠心病、糖尿病、脑卒中）的发生与不健康的生活方式有关。

D.2.1.2 饮食（饮水）卫生

D.2.1.2.1 了解食物中毒的常见原因（细菌性、化学性、有毒动植物等）避免发生食物中毒。

D.2.1.2.2 发现病死禽畜要报告，不吃病死禽畜肉。

D.2.1.2.3 适宜保存食品，腐败变质食品会引起食物中毒。

D.2.1.3 合理营养

D.2.1.3.1 学会膳食平衡；平衡膳食有利于促进健康。

D.2.1.3.2 认识青春期需要补充充足的营养素，保证生长发育的需要。

D.2.1.4 睡眠卫生

合理安排作息时间，保证充足的睡眠有利于生长发育和健康（初中生每天睡眠时间应该保证 9 h，高中生每天睡眠时间应该保证 8 h）。

D.2.1.5 不吸烟不酗酒远离毒品

D.2.1.5.1 学会拒绝吸烟、饮酒。

D.2.1.5.2 认识毒品对个人、家庭和社会的危害。

D.2.1.5.3 认识吸毒违法，拒绝毒品。

D.2.2 预防疾病

D.2.2.1 乙型脑炎的预防

了解乙型脑炎防治的基本知识。

D.2.2.2 疥疮等传染性皮肤病的预防

了解疥疮等传染性皮肤病防治的基本知识。

D.2.2.3 结核病防治基本知识

D.2.2.3.1 出现咳嗽、咳痰2周以上，或痰中带血，应及时检查是否得了肺结核。
D.2.2.3.2 肺结核主要通过病人咳嗽、打喷嚏、大声说话等产生的飞沫传播。
D.2.2.3.3 肺结核病应该到医院接受正规治疗。

D.2.2.4 肝炎防治基本知识

D.2.2.4.1 认识肝炎。
D.2.2.4.2 了解甲型肝炎的预防。
D.2.2.4.3 了解乙(丙)型肝炎的预防。
D.2.2.4.4 不歧视乙型肝炎病人及感染者。

D.2.2.5 艾滋病防治基本知识

D.2.2.5.1 掌握艾滋病的基本知识。
D.2.2.5.2 认识艾滋病的危害。
D.2.2.5.3 掌握艾滋病的预防方法。
D.2.2.5.4 判断安全行为与不安全行为。
D.2.2.5.5 拒绝不安全行为的技巧。
D.2.2.5.6 学会寻求帮助的途径和方法。
D.2.2.5.7 了解与预防艾滋病相关的青春期生理和心理知识。
D.2.2.5.8 了解吸毒与艾滋病。
D.2.2.5.9 不歧视艾滋病病毒感染者与患者。

D.2.3 安全应急与避险

D.2.3.1 中毒的处理

了解毒物中毒的应急处理。

D.2.3.2 自救互救的知识和技能

D.2.3.2.1 了解溺水的应急处理。
D.2.3.2.2 了解骨折简易应急处理知识(固定、搬运)。

D.2.3.3 用药安全

D.2.3.3.1 有病应及时就医。
D.2.3.3.2 服药要遵从医嘱，不乱服药物。
D.2.3.3.3 不擅自服用、不滥用镇静催眠等成瘾性药物。

D.2.3.3.4 不擅自服用止痛药。

D.2.3.3.5 了解保健品不能代替药品。

D.2.3.4 性侵害的预防

D.2.3.4.1 识别容易发生性侵害的危险因素。

D.2.3.4.2 保护自己不受性侵害。

D.2.3.5 网络的合理利用

合理利用网络资源，预防网络成瘾。

D.2.4 心理健康

D.2.4.1 培养调节情绪能力

D.2.4.1.1 认识不良情绪影响健康。

D.2.4.1.2 学会调控情绪的基本方法。

D.2.4.2 认识自我

建立自我认同，客观认识和对待自己。

D.2.4.3 合理制定目标

培养制定目标的能力，根据自己的学习能力和状况确定合理的学习目标。

D.2.4.4 人际交往

了解异性交往的原则。

D.2.5 生长发育和青春期保健

D.2.5.1 生长发育

了解青春期心理发育，正确对待青春期心理变化。

D.2.5.2 青春期卫生保健

D.2.5.2.1 了解痤疮发生的原因、预防方法。

D.2.5.2.2 注意月经期间的卫生保健，痛经的症状及处理。

D.2.5.2.3 学会选择和佩戴适宜的胸罩。

附　录　E
（规范性附录）
水平五（高中阶段）健康教育内容基本要求

E.1　目标

了解中国居民膳食指南，了解常见食物的选购知识，进一步了解预防艾滋病基本知识，正确对待艾滋病病毒感染者和患者；学会正确处理人际关系，培养有效的交流能力，掌握缓解压力等基本的心理调适技能；进一步了解青春期保健知识，认识婚前性行为对身心健康的危害，树立健康文明的性观念和性道德。

E.2　基本内容

E.2.1　健康行为习惯与生活方式

E.2.1.1　饮食卫生

了解食品选购基本知识，注意饮食卫生。

E.2.1.2　合理营养

了解中国居民膳食指南，合理营养。

E.2.2　预防疾病

E.2.2.1　艾滋病防治基本知识

E.2.2.1.1　掌握艾滋病的预防方法。
E.2.2.1.2　认识艾滋病的流行趋势及对社会经济带来的危害。
E.2.2.1.3　了解 HIV 感染者与艾滋病病人的区别。
E.2.2.1.4　了解艾滋病的窗口期和潜伏期。
E.2.2.1.5　了解无偿献血知识。
E.2.2.1.6　不歧视艾滋病病毒感染者与患者。

E.2.3　安全应急与避险

认识网络交友的危险性，培养网络信息的辨别能力。

E.2.4　心理健康

E.2.4.1　培养沟通能力

E.2.4.1.1　学会宣泄，学会倾诉，学会站在他人的角度客观的看待事件。
E.2.4.1.2　正确处理人际交往中的冲突，做到主动、诚恳、公平、谦虚、宽厚地与人交往。

E.2.4.2　培养缓解压力能力

E.2.4.2.1　学会有效环节压力的技巧。

E.2.4.2.2 认识竞争的积极意义。

E.2.4.2.3 正确应对失败和挫折。

E.2.4.3 情绪调节

了解考试等特殊时期常见的心理问题与应对方法,培养调节情绪能力。

E.2.5 生长发育和青春期保健

E.2.5.1 生长发育

E.2.5.1.1 热爱生活,珍爱生命。

E.2.5.1.2 了解青春期常见的发育异常,发现不正常要及时就医。

E.2.5.2 树立责任意识,遵守性道德

E.2.5.2.1 婚前性行为严重影响青少年身心健康。

E.2.5.2.2 避免婚前性行为。

ICS 13.100
C 56

中华人民共和国国家标准

GB/T 26343—2010

学生健康检查技术规范

Technical standard for physical examination for students

2011-01-14 发布　　　　2011-05-01 实施

中华人民共和国卫生部
中国国家标准化管理委员会　发布

前　言

本标准的附录A、附录B、附录C为规范性附录。

本标准由中华人民共和国卫生部提出并归口。

本标准由中华人民共和国卫生部负责解释。

本标准起草单位：湖南省疾病预防控制中心、上海市疾病预防控制中心、安徽医科大学公共卫生学院、湖南省人民医院、深圳市疾病预防控制中心。

本标准主要起草人：李光春、彭宁宁、陶芳标、刘慧琳、刘思清、陈雪初、王翠兰。

学生健康检查技术规范

1　范围

本标准规定了学生形态、生理功能、五官科、外科、内科与实验室检查指标的技术要求。

本标准适用于普通中小学校、职业高中与技校学生健康检查，普通高等学校学生健康检查亦可参照执行。

2　规范性引用文件

下列文件中的条款通过本标准的引用而成为本标准的条款。凡是注日期的引用文件，其随后所有的修改单(不包括勘误的内容)或修订版均不适用于本标准，然而，鼓励根据本标准达成协议的各方研究是否可使用这些文件的最新版本。凡是不注日期的引用文件，其最新版本适用于本标准。

GB 11533　标准对数视力表

GB/T 16133　儿童少年脊柱弯曲异常的初筛

WS/T 202　儿童少年屈光检测要求

WS 288　肺结核诊断标准

3　形态指标测量

3.1　身高

3.1.1　器材

人体测高计。

使用前应校对零点，并用标准钢卷尺校正人体测高计刻度尺，每米误差不得大于 0.1 cm。同时，应检查立柱与底板、立柱与滑测板是否垂直，连接处是否紧密，零件有无松动等情况，应及时加以校正。

3.1.2　方法

选择平坦靠墙的地面水平放置人体测高计，立柱的刻度尺面向光源。被检者赤足，立正姿势站立在人体测高计的底板上，两上肢自然下垂，足跟并拢，足尖分开成 60°，挺胸收腹，头部正直，两眼平视前方，眼眶下缘与耳屏上缘呈水平位，足跟、骶骨部及两肩胛间区三点与立柱相接触。检测人员站立于被检者的右侧，将滑测板轻轻沿立柱下滑，直到与颅顶点接触。检测人员双眼应与滑测板等高时读数。测量误差不应超过±0.5 cm。

3.1.3　结果记录

以厘米为单位记录，读数至小数点后一位。

3.1.4　注意事项

a)　滑测板与颅顶点相接触，松紧适度。头顶的发辫、发结应解开，饰物应取下。

b)　完成测量后，应立即将滑测板推到最高处，避免其他被检者发生意外创伤。

3.2　体重

3.2.1　器材

杠杆秤或便携式电子体重测量仪。

使用前应检验其准确度和灵敏度，用 50 kg 及 0.1 kg 标准砝码进行校正，准确度要求误差不超过 0.1%，灵敏度应能测出 0.1 kg，达不到要求应及时更换。

3.2.2　方法

将体重秤放置在平坦的硬地面上。男学生穿短裤，女学生穿短裤、背心，站立秤台面中央。使用杠杆秤时，检测人员应站立于秤台正前方，先调整零点至刻度尺呈水平位，测量时，添加砝码，移动游码至刻度尺平衡，双眼正视刻度尺读数。测量误差不应超过±0.1 kg。

3.2.3 结果记录

以千克为单位记录，读数至小数点后一位。

3.2.4 超重、肥胖的判断

超重、肥胖的判断应按照附录A的规定。

3.2.5 注意事项

a) 被检者上、下秤台动作要轻。

b) 每天使用体重秤前均需校正。

3.3 腰围

3.3.1 器材

长度为1.5 m，宽度为1 cm，最小刻度为0.1 cm尼龙带尺。

3.3.2 方法

被检者自然站立，双臂适当张开下垂，两足分开30 cm～40 cm，露出腹部。测量时平缓呼吸，带尺下缘距肚脐上缘1 cm处、并经两侧十二肋骨下缘与髂嵴上缘之间的中点，水平环绕一周测量。测量误差不应超过±1.0 cm。

3.3.3 结果记录

以厘米为单位记录，读数至小数点后一位。

3.3.4 注意事项

a) 尼龙带尺在使用前用钢卷尺校正，每米误差不超过±0.2 cm。

b) 测量时应使尼龙带尺贴近皮肤但避免紧压而陷入皮肤。

3.4 臀围

3.4.1 器材

与3.3.1相同。

3.4.2 方法

被检者穿单裤，测量前取出裤袋内物品，自然站立，目视前方，双臂适当张开下垂，两足并拢。尼龙带尺水平环绕臀部一周，测定臀部向外最突出部位间的横向水平距离(此处读数值最大)。带尺上下移动，比较不同部位读数大小。测量误差不应超过±1.0 cm。

3.4.3 结果记录

取最大值记录，以厘米为单位，读数至小数点后一位。

4 生理功能指标测量

4.1 血压

4.1.1 器材

使用汞柱式血压计。根据不同年龄儿童上臂的长度，分别选用6 cm、8 cm、10 cm、12 cm宽的袖带或成人血压测量的袖带，袖带宽度以覆盖被检者上臂长的1/2～2/3为宜。

4.1.2 方法

被检者取坐位，裸露右上臂至肩部，伸直肘部，平放在桌面上，手掌向上，使血压计零点与肱动脉、心脏处于同一水平。

排尽袖带内空气，将袖带平整无折地缚在被检者右上臂，袖带下缘距肘窝2 cm，松紧适宜。在肘部扪及肱动脉搏动，戴上听诊器，将听诊器体件贴肱动脉处，不可压得太重，不得塞在袖带下。关闭加压气球气门，打气至肱动脉搏动音消失再使水银柱升高30 mmHg，然后以每秒2 mmHg～6 mmHg的速度放气，当听到至少连续两次搏动音时，将第一声搏动音所处水银柱刻度数值记录为收缩压，搏动音消失时为舒张压,当搏动音不消失时采用变音为舒张压。每人连续测量3次,两次间隔时间不得少于30 s。

4.1.3 结果记录

取两次测量结果相近的数据,以毫米汞柱为单位进行记录。

4.1.4 注意事项

a) 测量场地应安静。

b) 被检者在测量前1 h内不得从事任何剧烈运动。排空膀胱,静坐10 min以上才开始测量血压。

c) 测量前检查水银柱是否在零点,不在零点时应进行校正,并排除水银柱的气泡。

d) 在下一次测量前,应使血压计水银柱下降至零位后进行测量。

4.2 肺活量

4.2.1 器材

电子肺活量计或回旋式肺活量计,一次性肺活量口嘴。

肺活量口嘴应一人一用,不得重复使用。

4.2.2 方法

被检者取站立位,测量前做两次扩胸动作。然后尽力深吸气,吸满气后立即向肺活量计的口嘴内以中等速度尽力深呼气,直到不能再呼气为止。每人测量2次。

4.2.3 结果记录

以毫升为单位记录读数结果,选最大测量值作为被检者肺活量值。

4.2.4 注意事项

测量前应向被检者说明测量方法;被检者在测量过程中不能有第二次吸气。

5 五官检查

5.1 视力

5.1.1 器材

标准对数视力表。

视力表印制规格、视力表灯箱放置距离、放置高度、照明应符合GB 11533的规定。

5.1.2 方法

5.1.2.1 裸眼远视力检查

检查距离为5 m。被检者取坐位。检查顺序:用遮眼板先将左眼轻轻遮上,检查右眼视力,后遮右眼检查左眼视力。视标辨认:嘱被检者先辨认5.0行视标,如辨认正确视标数未达到要求则逐行上查,如辨认无误应逐行下查。每个视标的辨认时间不宜超过5 s。

5.1.2.2 低视力检查

使用视力表变距检查低视力(远视力<4.0),应符合GB 11533的规定。采用远视力表走近法测定,走近至能辨认4.0行视标为止,按表1记录实际视力值。

表1 远视力表4.0行视标变距检查的实际视力

走近后的检查距离 m	4.0	3.0	2.5	2.0	1.5	1.2	1.0
实际视力	3.9	3.8	3.7	3.6	3.5	3.4	3.3

若走近视力表至1 m处仍不能辨认4.0行视标时,进行指数检查。检查距离从1 m开始,逐渐移近,直到能正确辨认为止。记录指数检查距离,例如"指数/50 cm"。

如果在5 cm处仍不能辨认指数,进行手动检查,将手在被检者眼前摆动,如果能看清手动,则记录手动检查距离,例如"手动/20 cm"。

如果眼前手动不能辨认，进行光感检查，在暗室中用蜡烛光放在被检眼前，问被检者能否看到光亮。此时，另一眼须严密遮盖不让透光。一般测量由近而远直到 5 m 为止。记录看到光亮的距离，例如“光感/3 m”。对不能分辨光感者记录为“无光感”。

5.1.2.3 视力检查结果判断

结果判断应符合 GB 11533 的规定。测出被检眼能辨认的最小行视标，当辨认正确的视标数超过该行视标总数的一半时，该行视标的视力值为被检眼的视力。对于指数检查或手动检查、光感检查者，应分别对右眼、左眼视力进行判断。

5.1.2.4 正常视力与视力低下分度

裸眼远视力为 5.0 及其以上者为正常视力。裸眼远视力低于 5.0 者为视力低下。视力低下分为三度：视力在 4.9 的为轻度视力低下，4.6～4.8 之间为中度视力低下，≤4.5 者为重度视力低下。

5.1.3 结果记录

采用 5 分记录，分别记录右眼、左眼视力检查结果。对于远视力低于 3.3 者，记录指数检查或手动检查或光感检查结果。

5.1.4 注意事项

a) 配戴眼镜者(含角膜接触镜)应摘下眼镜检查裸眼远视力。

b) 检查时不要揉眼、眯眼或斜着看。提醒被检者不要用遮眼板压迫眼球，以免影响视力。

c) 不宜在紧张视近工作、剧烈运动或体力劳动后即刻检查视力，应休息 10 min 后再行检查。

5.2 屈光检测

5.2.1 器材

标准对数视力表灯箱，串镜，检眼镜片箱。

视力表印制规格、视力表灯箱放置距离、放置高度、照明应符合 GB 11533 的规定。

5.2.2 方法

对于视力低下者，用串镜进行眼屈光筛查。被检者取坐位，眼与视力表灯箱距离为 5 m，用遮眼板盖住一眼，先查右眼后查左眼。先用±0.5 D 的球镜片检查，当用凹透镜片检查视力改善，继续增加凹透镜度数，视力继续提高，矫正视力提高 2 行及以上、且达到 1.0 及以上者，可判断为近视。若用凸透镜片视力有改善，调高凸透镜度数后视力继续提高，可初步判断为远视。两种镜片皆不能提高视力者为其他眼病，应建议去医院眼科作进一步检查。

有条件者应按照 WS/T 202 的规定进行眼屈光检测。

5.2.3 诊断

根据串镜检查或屈光检测结果，作出是否近视眼、远视眼的诊断。

5.2.4 结果记录

分别记录右眼、左眼的诊断结果。

5.3 沙眼

5.3.1 器材

2.5 倍放大镜，或裂隙灯生物显微镜。常用快速手消毒剂：醇类与胍类(醋酸氯己定等)复配的手消毒液；75%乙醇溶液；有效碘含量为 5 000 mg/L 的碘伏溶液，氧化电位水等。

5.3.2 方法

选择晴天良好自然光线下进行检查，必要时增加人工照明。先检查右眼后检查左眼。重点检查睑缘、上睑结膜与角膜。

检查睑缘时，将上睑轻轻上推，暴露睑缘，检查有无倒睫。

检查上睑结膜时，嘱被检者向下看，用拇指和食指捏住上睑缘皮肤，使上眼睑离开眼球，然后向下向前用轻柔的力翻转，并将翻转后的上睑用拇指固定于眼眶上缘，检查上睑结膜有无滤泡、炎症及瘢痕。检查完毕后轻轻将上睑复位。

检查角膜时，一手以拇指和食指将上下睑分开，另一手持放大镜检查角膜，或用裂隙灯生物显微镜检查，观察是否有角膜血管翳、角膜缘滤泡或 Herbert 小凹，有无角膜浑浊。

5.3.3 诊断标准

至少符合下述 2 条体征者可诊断为沙眼。只符合下述 a)项体征时诊断为疑似沙眼。

a) 上睑结膜有 5 个以上滤泡，滤泡直径不小于 0.5 mm；

b) 典型的睑结膜瘢痕；

c) 角膜缘滤泡或 Herbert 小凹；

d) 较明显的角膜血管翳。

5.3.4 结果记录

按右、左眼分别记录有无沙眼或疑似沙眼。

5.3.5 注意事项

a) 为避免交叉感染引起结膜病，检查者在检查前应使用皂液与流动水洗净双手，在接触有眼部疾患的病人后，应使用快速手消毒剂搓擦双手 2 min。

b) 沙眼患病率的统计不包括疑似沙眼。

5.4 结膜炎

5.4.1 方法

询问是否有眼异物感、烧灼感、痒、畏光、流泪等症状以及发病过程和过敏史，检查结膜是否有充血、水肿、渗出液、乳头增生、滤泡形成、伪膜和真膜、结膜下出血，眼睑是否肿胀，有无分泌物增多，以及耳前淋巴结肿大等。

5.4.2 诊断

根据病史、症状与体征，作出急、慢性结膜炎的临床诊断。必要时应提出去医院作病原学检查的建议，以明确诊断。

5.4.3 结果记录

记录诊断结果。

5.5 色觉

5.5.1 器材

假同色表。

5.5.2 方法

在自然光线下，将假同色表放在距被检者 0.5 m 处，让其在 5 s 内读出表内数字或图案。如果辨认困难、读错或读不出，应按假同色表所附的说明书进行判断。

5.5.3 结果记录

记录色觉是否正常，有无色弱、色盲。色盲可分红色盲、绿色盲和红绿色盲三种进行记录。

5.6 龋齿

5.6.1 器材

平面口镜，CPI 探针，手套，照明灯。

检查器材应严格进行灭菌处理。也可选用一次性器材。

可采用下列方法对器材进行灭菌处理：每查完一个被检者后，所用的器材应先清洗擦干，再用 2% 戊二醛溶液浸泡 10 h 以上，然后用蒸馏水冲洗备用。

5.6.2 方法

在人工光源下，以视诊结合探诊的方式进行，对牙的点、隙、裂、沟作重点检查，必须在探诊后作出诊断。检查顺序从右上象限最后一个牙开始至左上象限最后一个牙，再从左下象限最后一个牙至右下象限最后一个牙。

5.6.3 诊断标准及记录符号

无龋牙(乳牙记 A,恒牙记 0):牙冠健康,无因龋所做的充填物(含冠套),也无龋坏迹象的完整牙冠为无龋牙。下列情况均不诊断为龋齿:白垩色斑点;牙冠上变色或粗糙的斑点,探诊未感觉软化;釉质表面点隙裂沟染色,但无肉眼可见的釉质下潜行破坏,探诊未探到洞底或沟壁软化;中到重度氟牙症所造成釉质上硬的、色暗的凹状缺损;牙釉质表面的磨损;未发生龋坏的楔状缺损。

龋齿(乳牙记 B,恒牙记 1):牙的窝沟点隙或光滑面有明显的龋洞、或明显的釉质下破坏、或明确的可探及软化洞底或沟壁的病损即诊断为龋齿。牙冠因龋已被完全破坏只剩残根或牙上有暂时充填物(如氧化锌)也记为龋齿。应使用探针来证实所判断的龋坏。

已充填牙有龋(乳牙记 C,恒牙记 2):牙冠上有一个或多个因龋的永久充填物且伴有一个或多个部位龋坏记为已充填牙有龋。无须区分原发或继发龋(即不管龋损是否与充填体有关)。

已充填牙无龋(乳牙记 D,恒牙记 3):牙冠有一个或多个因龋的永久充填物。且无任何部位龋坏,或因龋坏而做冠修复的牙记为充填无龋。

龋失牙(乳牙记 E,恒牙记 4):因龋拔除的恒牙,未到替换年龄因龋失去的乳牙,并排除因外伤失去的前牙情况下,按龋失牙计。

因其他原因缺牙(乳牙记 X,恒牙记 5):因先天缺失,或因正畸、牙周病、外伤等丧失的乳、恒牙。

窝沟封闭(乳牙记 F,恒牙记 6):牙冠的咬合面已做窝沟封闭。如果已做窝沟封闭的牙齿有龋,用龋齿符号(乳牙记 B,恒牙记 1)进行记录。

5.6.4 结果记录

按照 4 个象限(见图 1),使用记录符号在相应的牙位上记录检查结果。

未萌出牙不做记录。同一牙位如存在乳牙滞留,恒牙萌出情况,记录恒牙,不记录乳牙。

			55	54	53	52	51	61	62	63	64	65			
18	17	16	15	14	13	12	11	21	22	23	24	25	26	27	28
□	□	□	□	□	□	□	□	□	□	□	□	□	□	□	□
□	□	□	□	□	□	□	□	□	□	□	□	□	□	□	□
48	47	46	45	44	43	42	41	31	32	33	34	35	36	37	38
			85	84	83	82	81	71	72	73	74	75			

图 1 龋齿检查结果记录图

5.7 牙周

5.7.1 器材

平面口镜,CPI 探针,手套,照明灯。

器材的消毒与 5.6.1 相同。

5.7.2 方法

检查口腔 6 个区段指数牙的牙龈炎、牙石与牙周袋深度,用社区牙周指数(CPI)评价牙龈健康情况。6 个区段划分见表 2。每个区段有 1 颗指数牙,共 6 颗指数牙,分别为 4 颗第 1 磨牙和右上、左下中切牙。

表 2 牙周检查的 6 个区段

17—14	13—23	24—27
47—44	43—33	34—37

15 岁以下者只检查牙龈炎和牙石情况,不检查牙周袋深度。牙龈炎与牙石以视诊为主,必要时作探诊。探针与牙面成 45°角,沿着龈缘轻轻地从牙齿舌面或颊面的远中探查到近中,避免深探。

牙周病检查需要探牙周袋的深度，每颗指数牙均作 6 个位点的探诊，即颊、舌侧的近中、中央、远中点进行探诊。探针应与牙长轴平行、紧贴牙面上下提插式探查。

5.7.3 诊断与记分

0：牙龈健康。

1：牙龈炎，探诊后出血。

2：牙石，肉眼可见有牙石或探诊后发现有龈下石。

3：浅牙周袋，牙周袋深度在 4 mm～5 mm。

4：深牙周袋，牙周袋深度在 6 mm 或以上。

5.7.4 结果记录

按区段记录检查结果，每颗指数牙以最重情况记分。

以 6 个区段中最高记分作为个人 CPI 分值。

示例：某学生右、左上区段指数牙有浅牙周袋，上、下中区段指数牙有牙石，右下区段指数牙牙龈健康，左下区段指数牙患牙龈炎，记录如图 2。个人 CPI 记分为 3。

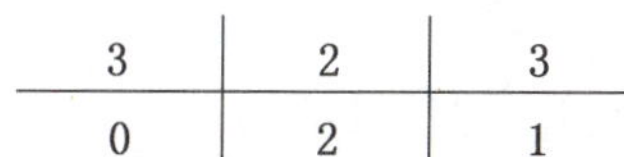

3	2	3
0	2	1

图 2 牙周检查结果记录方法

5.7.5 注意事项

探诊时支点要稳，用力要轻柔，探诊的力度不大于 20 g，即将探针轻轻插入拇指甲沟内，轻轻压迫显示指盖发白且不造成疼痛或不舒服的感觉为适宜力量。

5.8 耳

5.8.1 听力筛查

5.8.1.1 方法

在静室内嘱被检者闭目坐于椅子上，并用手指堵塞一侧耳道，检查者以拇指与食指互相摩擦，自 1 m 远以外逐渐移近耳部，直到被检者听到捻指声为止，测量距离，并与正常人（检查者）比较。

5.8.1.2 结果判断

在 1 m 远处听到捻指声为听力正常。否则为听力减退。

5.8.1.3 结果记录与听力减退的处理

分左、右耳记录是否听力正常或听力减退。对于听力减退者，有条件的可做听力试验，不能在健康检查现场做听力试验的应提出去医院作进一步检查的建议。

5.8.2 听力试验（气骨导比较试验）

5.8.2.1 器材

频率为 256 Hz 的音叉。

5.8.2.2 方法

通过比较同侧耳气导与骨导听力时间，判断耳聋的性质。检查者手持音叉柄，轻击音叉臂的前 1/3 处使其振动，测气导听力时，把振动的音叉置于距外耳道口 1 cm 处，使振动的音叉双臂平面与外耳道纵轴一致。测骨导听力时，将振动的音叉柄置于被检者的乳突部。分别记录气导听力与骨导听力的时间。

5.8.2.3 结果判断

气导听力时间长于骨导听力时间，为阳性（＋），表示正常或感音神经性耳聋。听力正常者，气导听力时间较骨导长约 2 倍。气导时间短于骨导时间为阴性（－），为传导性耳聋。气导时间与骨导相等（±），为中度传导性耳聋或混合性耳聋。

5.8.2.4 结果记录

分左、右耳记录是否听力正常或是否传导性耳聋、感音神经性耳聋。

5.8.3 外耳道、鼓膜与乳突部检查

5.8.3.1 器材

耳镜，额镜，照明灯。或电耳镜。

5.8.3.2 方法

5.8.3.2.1 外耳道检查

采用双手检查法，检查者一手将耳廓向后、向上、向外牵拉，另一手食指将耳屏向前推移，使外耳道拉直，可观察外耳道与鼓膜。此法适用于外耳道较宽、耳毛较少者。否则，用耳镜检查外耳道，检查者一手将被检者的耳廓向上牵拉，另一手将大小合适的耳镜轻轻插入外耳道，注意不可超过外耳道软骨部和骨部交界处，以免引起疼痛。观察外耳道有无充血、肿胀、耵聍栓塞、异物、分泌物、肿物、瘘管以及有无先天性外耳道闭锁等。

5.8.3.2.2 鼓膜检查

用耳镜检查鼓膜，操作方法同5.8.3.2.1。观察鼓膜有无充血、肿胀、混浊、增厚、穿孔、萎缩、疤痕、钙斑，有无鼓膜积液影。

5.8.3.2.3 乳突部检查

检查乳突部位有无压痛，皮肤有无红肿、漏管及疤痕。

5.8.3.3 结果记录

分别记录左、右外耳道、鼓膜和乳突部检查的阳性结果。

5.9 鼻

5.9.1 器材

额镜，照明灯，鼻镜，1%麻黄素生理盐水；用于嗅觉检查的醋、酒精和水。

5.9.2 方法

5.9.2.1 外鼻检查

有无畸形、炎症及损伤，检查鼻翼有无压痛。

5.9.2.2 鼻腔鼻窦检查

各鼻窦相应表面皮肤有无红肿压痛、变形，鼻前庭有无红肿与分泌物。用鼻镜伸入鼻前庭，切勿超过鼻阈，以免引起疼痛或损伤鼻中隔黏膜导致出血。由下而上，检查鼻腔下鼻道、下鼻甲、鼻中隔、中鼻道、中鼻甲及嗅裂，注意中下鼻甲有无肿胀、中下鼻道有无脓液、息肉及肿瘤。如鼻黏膜肿胀，用1%麻黄素生理盐水喷雾1～2次，收缩后再检查。

5.9.2.3 嗅觉检查

用醋、酒精、水三种材料进行嗅觉检查，全能辨别为嗅觉正常，能辨别1～2种为嗅觉迟钝，三种全不辨别者为嗅觉丧失(体检时患感冒者，约定一周后复查)。

5.9.3 结果记录

有无急性或慢性鼻炎、萎缩性鼻炎、急性或慢性鼻窦炎，嗅觉是否正常。

5.10 扁桃体

5.10.1 器材

消毒备用的压舌板，额镜，照明灯。

5.10.2 方法

被检者取坐位，头略后仰，口张大并发“啊”音，检查者用压舌板轻压被检者舌前2/3处，使舌背低下、软腭上抬，在照明的配合下，检查扁桃体大小、有无充血、陷窝口分泌物、假膜、溃疡等病变。

扁桃体大小分度：扁桃体未超过咽腭弓为Ⅰ度，超过咽腭弓者为Ⅱ度，达到或超过咽后壁中线者为Ⅲ度。

5.10.3 结果记录

扁桃体是否肥大及程度。有无急性或慢性扁桃体炎。

6 外科检查

6.1 头部

6.1.1 方法

被检者取坐位。运用视诊检查头颅大小、外形的变化,是否有方颅、巨颅,是否有头部运动异常。

6.1.2 结果记录

记录阳性检查结果。

6.2 颈部

6.2.1 方法

被检者取坐位。重点做以下检查:

a) 一般内容检查:检查静坐时颈部有无静脉怒张、动脉搏动,颈部能否直立伸屈、运转自如,颈部有无包块。

b) 甲状腺检查:用双手触诊法,检查者站立于被检者背面,触诊时嘱被检者配合吞咽动作,随吞咽而上下移动者即为甲状腺。检查左叶时,右手食指及中指在甲状腺软骨下气管右侧向左轻推甲状腺右叶,左手食指、中指和无名指3指触摸甲状腺的轮廓大小及表面情况,检查有无压痛及震颤。用同样的方法检查右侧。甲状腺肿大分为3度:不能看出肿大但能触及者为Ⅰ度;能看到肿大又能触及,但在胸锁乳突肌以内者为Ⅱ度;超过胸锁乳突肌外缘者为Ⅲ度。

c) 气管检查:检查者站立于被检者前面,将食指与无名指分别置于两侧胸锁关节上,然后将中指置于气管之上,观察中指是否在食指与无名指之间,若两侧距离不等则提示有气管移位,根据气管的偏移方向判定病变的位置。

6.2.2 结果记录

记录阳性体征。

6.3 胸廓

6.3.1 方法

被检者取坐位。检查胸廓的形态。检查有无桶状胸、扁平胸、佝偻病胸、胸廓一侧膨隆或凹陷、胸廓局部隆起和脊柱畸形致胸廓变形。

6.3.2 结果记录

记录胸廓检查的阳性体征。

6.4 脊柱

6.4.1 检查内容与方法

6.4.1.1 脊柱侧弯检查方法

脊柱侧弯的一般检查、前屈试验、运动试验与俯卧试验方法应符合GB/T 16133的规定。

6.4.1.2 脊柱前后弯曲检查方法

脊柱前后弯曲检查方法应符合GB/T 16133的规定。

6.4.2 结果记录

姿势性脊柱侧弯的部位、方向与分度记录方法,姿势性驼背的分度记录方法均应符合GB/T 16133的规定。

6.4.3 注意事项

对于需要排除姿势性脊柱侧弯或姿势性驼背时,应提出进一步检查与处理的建议。

6.5 四肢

6.5.1 方法

被检者取站立位。观察有无特殊畸形(如神经损伤后的特殊畸形、先天性畸形、脊髓灰质炎后遗症的特殊畸形、佝偻病的下肢畸形),有无肌萎缩、关节肿胀,皮肤色泽有无改变。

6.5.2 结果记录

记录四肢阳性体征。

6.6 皮肤

6.6.1 方法

采用视诊与触诊进行检查。检查有无皮疹，以及皮疹的性质、大小、数目、颜色、形状、内容物。检查皮肤色泽，有无脱屑、紫癜、蜘蛛痣、水肿、皮下节结、瘢痕。

6.6.2 结果记录

记录皮肤阳性体征。

6.7 淋巴结

6.7.1 方法

用手指滑动触诊由浅入深触摸皮下淋巴结。检查淋巴结是否肿大，以及肿大的部位、大小、数目、硬度、压痛、活动度、有无粘连、局部皮肤有无红肿、瘢痕及瘘管。

6.7.2 结果记录

记录阳性体征。

6.8 男性外生殖器

6.8.1 方法

采取视诊与触诊方法，重点做以下检查：

a) 阴茎：检查有无包茎或包皮过长。

b) 阴囊：触诊阴囊，检查有无隐睾症。对可疑鞘膜积液或阴囊疝者采用透光试验进行检查。

6.8.2 结果记录

记录阳性检查结果。

7 内科检查

7.1 心脏

7.1.1 方法

a) 视诊

检查有无紫绀、杵状指、呼吸急促、心前区隆起，以筛查出先天性心脏病、慢性风湿性心脏病。检查心尖搏动的部位、范围和强弱。

b) 触诊

对视诊发现的异常体征进行证实。检查有无震颤，检查者用右手全手掌触诊，以手掌平贴于心前区，检查震颤及其部位与时期(收缩期、舒张期、连续性)。用食指、中指、无名指并拢以指腹检查心尖搏动的位置、强弱、范围、节律和频率。嘱被检者取坐位前倾位，在心前区检查有无心包摩擦感。

c) 叩诊

检查心脏浊音界大小、形态与位置。被检者取仰卧位，检查者站立于被检者右侧，左手叩诊板指与心缘垂直(与肋骨平行)，叩时力度适中。测量心脏左右浊音界距胸骨中线的垂直距离，测量左锁骨中线至胸骨中线的垂直距离，以判断心脏大小是否正常。

d) 听诊

听诊体位：被检者取仰卧位，保持环境安静。检查者站立于右侧。

听诊部位：二尖瓣听诊区位于心尖搏动最强点，肺动脉瓣听诊区在胸骨左缘第 2 肋间，主动脉瓣听诊区在胸骨右缘第 2 肋间，主动脉瓣第二听诊区在胸骨左缘第 3 肋间，三尖瓣听诊区在胸骨左缘第 4、5 肋间。

听诊顺序：二尖瓣听诊区→肺动脉瓣听诊区→主动脉瓣听诊区→主动脉瓣第二听诊区→三尖瓣听诊区。

听诊内容：心率、心律、心音、额外心音、杂音与心包摩擦音（性质粗糙、搔抓样，与心跳一致，与呼吸无关）。注意杂音的部位、时期（收缩期、舒张期）、性质（吹风样、隆隆样、叹气样、机器声样、乐声样）、传导（帮助判断杂音的来源与病理性质）、强度、与体位变化。

对于期前收缩每分钟6次以上者，应建议作心电图检查。

心脏收缩期杂音强度分级：

1级：杂音很弱，占时很短，需仔细听诊或运动或改变体位方能听到；

2级：较容易听到的弱杂音；

3级：中等响亮的杂音；

4级：较响亮的杂音；

5级：很响亮的杂音、震耳，但听诊器体件稍离开胸壁即听不到；

6级：最响亮的杂音，以至将听诊器体件稍离开胸壁仍能听到。

杂音记录方法与结论：如3级杂音记为3/6级。被检者杂音≤2/6级、性质柔和、吹风样、时限短、较局限属功能性，可作"正常"结论。

7.1.2 结果记录

记录视诊、触诊、叩诊、听诊检查发现的阳性体征。其中，心脏杂音分部位、时期、响度、性质与传导进行记录。

7.2 肺

7.2.1 方法

a) 视诊

呼吸运动两侧是否对称，有无呼吸运动增强及减弱，有无呼吸困难及三凹征。检查每分钟呼吸频率、呼吸节律是否均匀整齐。

b) 触诊

胸廓扩张度检查：检查者双手置于胸廓下面的前侧部，左右拇指分别沿两侧肋缘指向剑突，拇指尖在前正中线两侧对称部位，两手掌和伸展的手指置于前侧胸壁，嘱被检者做深呼吸运动，比较两手的扩张度是否一致，前正中线两侧拇指向外移动的距离是否相等。

语音震颤检查：两手掌平贴在被检者胸廓两侧对称部位，嘱被检者重复发"一"长音，比较两侧对称部位的震动感是否相同，从上至下，分别检查前胸、侧胸、后胸。

胸膜摩擦感检查：两手掌平贴在被检者胸壁的下前侧部，嘱被检者做深呼吸运动，以触查有无摩擦感。

c) 叩诊

在左右两侧胸部对称部位进行对比叩诊，前胸叩诊板指平贴肋间隙与肋骨平行，背部叩诊时，在肩胛间区板指与脊柱平行，肩胛下区板指平贴于肋间隙与肋骨平行。叩出肺上界，叩出左右锁骨中线、腋中线、肩胛下角线肺下界以及肺下界移动度。

d) 听诊

检查有无啰音，啰音的性质及所在部位。必要时做语音传导与胸膜摩擦音检查。

7.2.2 结果记录

记录检查发现的阳性体征。

7.3 肝

7.3.1 方法

用触诊法检查肝的大小、软硬度、有无压痛。被检者取仰卧位，两腿屈起，放松腹壁肌肉，缓缓作腹式呼吸运动。检查者用右手掌面平放在肋缘下部自下而上进行触诊，触诊的手应与呼吸运动密切配合，随着被检者呼气时腹壁下陷而下按，随着吸气时腹壁隆起而上抬，有利于触诊肿大的肝下缘。对肝脏肿大者应叩诊检查肝上界有无移位。

7.3.2 结果记录

a) 肝脏肿大：剑突下大小测量前正中线上剑突至肝下缘距离，肋下大小测定右锁骨中线上肋弓缘至肝下缘距离，以厘米为单位进行记录。

b) 肝脏硬度分为3度：肝脏柔软，如手指按口唇为Ⅰ度；肝脏质韧，如按鼻尖的硬度为Ⅱ度；肝脏质硬，如按前额的硬度为Ⅲ度。

c) 肝脏表面及边缘：表面是否光滑，有无结节，边缘是否整齐。

7.4 脾

7.4.1 方法

被检者取右侧卧位，右下肢伸直，左下肢屈髋、屈膝，检查者左手掌置于被检者左腰部第七至第十肋处，将其脾脏从后向前托起，右手掌平放腹部与左侧肋弓垂直，当被检者作腹式深呼吸时进行触诊检查。测定左锁骨中线与左肋缘交点至脾脏最远点的距离。

7.4.2 结果记录

脾脏肿大分度记录：脾下缘不超过肋下2 cm为轻度肿大；超过肋下2 cm至脐水平线者为中度肿大；超过脐水平线者为高度肿大。

8 实验室检查

8.1 血红蛋白测定

8.1.1 方法

氰化高铁血红蛋白(HiCN)法。

8.1.2 原理

血红蛋白(Hb)中的亚铁离子(Fe^{2+})被高铁氰化钾氧化成高铁离子(Fe^{3+})，血红蛋白转化成高铁血红蛋白。高铁血红蛋白与氰离子(CN^{-})结合，生成稳定的氰化高铁血红蛋白，在540 nm波长处有一个较宽的吸收峰，在该波长处测得的吸光度(A)与溶液中浓度成正比。以测得的样品吸光度值与氰化高铁血红蛋白标准液吸光度值比较，得出样品血红蛋白含量。

8.1.3 器材

75%酒精，酒精棉球，消毒的干棉球，一次性无菌采血针，经标定合格的一次性微量血红蛋白吸管，一次性10 mL塑料试管，可见光分光光度比色计，光径1.0 cm比色杯。

采血针与微量血红蛋白吸管应一人一换，不得重复使用。医疗废物应按照卫生部颁布的《医疗卫生机构医疗废物管理办法》进行处理。

8.1.4 试剂

a) 四种浓度的氰化高铁血红蛋白标准液：50 g/L、100 g/L、150 g/L、200 g/L。

b) 市售氰化高铁血红蛋白试剂，用蒸馏水按比例要求稀释，贮存于棕色玻璃瓶中备用。

或配制氰化高铁血红蛋白试剂(HiCN试剂)：

氰化钾(KCN) 0.050 g

高铁氰化钾[$K_3Fe(CN)_6$] 0.200 g

无水磷酸二氢钾(KH_2PO_4) 0.140 g

非离子表面活性剂(Triton X-100，Saponic218等) 1.0 mL

上述成分分别溶于蒸馏水中，混合，置1 L容量瓶内，再加蒸馏水至1 000 mL混匀，储存于棕色玻璃瓶中，置4 ℃～10 ℃保存不超过1个月。试剂应为淡黄色透明溶液，pH值在7.0～7.4。若试剂出现混浊则不能使用。本试剂不吸收480nm以上的光波，因此读数与蒸馏水空白一致。

8.1.5 操作步骤

a) 血红蛋白测定仪器的校正：以HiCN试剂调零，以50 g/L、100 g/L、150 g/L、200 g/L四种浓度的氰化高铁血红蛋白标准液校正仪器，分别测定在540 nm波长的吸光度。在标准仪器条件下，波长 540 nm 各浓度吸光度值恒定。若四种浓度标准液吸光度读数误差在允许范围内(表 3)，血红蛋白含量与吸光度符合式(1)：

$$Hb(\text{g/L}) = A \times K = A \times 367.7 \qquad (1)$$

式中：

Hb——血红蛋白值，单位为克每升(g/L)；

A——吸光度；

K——常数，为 367.7。

表 3　可见光分光光度计波长 540 nm 光径 1.0 cm 标准液允许误差

A 真值	相应 Hb 真值 g/L	误差允许范围	
		A	Hb/(g/L)
0.136	50	0.133～0.139	49～51
0.272	100	0.267～0.277	98～102
0.408	150	0.400～0.416	147～153
0.544	200	0.533～0.554	196～204

氰化高铁血红蛋白标准液吸光度读数若超出表 3 误差范围，式(1)中的 K 需要按式(2)校正：

$$K_{\text{校正}} = (\sum \text{吸光度真值} / \sum \text{吸光度读数}) \times 367.7$$
$$= (1.360 / \sum \text{吸光度读数}) \times 367.7 \qquad (2)$$

b) 于 10 mL 试管中加入 5 mL HiCN 试剂。

c) 用酒精消毒左手无名指，待干后用一次性无菌采血针向指尖垂直方向穿刺，深约 2 mm～3 mm。用一次性微量血红蛋白吸管吸取 20 μL 血样，管内不得有气泡，擦去管外血液。

d) 置吸管于 HiCN 试剂中，使管尖在液面下，轻轻自管中推出血液，反复吸取 HiCN 试剂(3 次以上)，将管内血液洗净，混匀，静置 10 min 以上。

e) 于 540 nm 波长处，以 HiCN 试剂为空白，测定样品吸光度。

f) 计算结果

$$\text{样品血红蛋白值(g/L)} = \text{样品吸光度值} \times 367.7(\text{或 } K_{\text{校正}}) \qquad (3)$$

8.1.6　结果判断

遵照附录 B 的规定作出是否贫血的诊断。

8.1.7　结果记录

记录血红蛋白测定值与贫血诊断结果。

8.1.8　注意事项

a) 氰化钾是剧毒品，配置试剂与比色后应严格按剧毒品管理程序操作。

b) 用其他方法测定血红蛋白，应溯源至 HiCN 的结果。

8.2　肠道蠕虫卵

8.2.1　方法

改良加藤厚涂片透明法，检查蛔虫、鞭虫、钩虫卵。

8.2.2　器材

尼龙绢片筛孔内径 150 μm(100 目)，大小 8 cm×8 cm。椭圆孔容积为 38.75 mm^3 的定量板。透明液：用 3%孔雀绿水溶液(或亚甲基蓝)1 mL、纯甘油 100 mL、蒸馏水 100 mL 配制，彻底混匀。亲水性玻璃纸，厚 40 μm，大小为 25 mm×30 mm，置透明液浸泡 24 h 以上。

8.2.3　操作步骤

a) 将尼龙绢片放在待检粪样上加压，用塑料刮片从尼龙绢片上方刮取粪便标本。

b) 将定量板放置载玻片中央部位，通过尼龙绢片刮取的粪便标本填满定量板中央孔，并用刮片边缘横刮定量板面，以去除孔边过多的粪便。

c) 移去定量板,使粪便标本留在载玻片上。

d) 取一张经透明液浸泡的亲水玻璃纸,抖掉多余的透明液后覆盖在粪便上。用另一玻片轻压粪便标本使之均匀展开至玻璃纸边缘。

e) 待粪便透明后及时镜检,应以上下或横向移动方式检查涂片。

8.2.4 结果记录

定性记录:未检出虫卵记为阴性,对于阳性者应注明虫卵种类。

虫卵的感染分度记录应遵照附录C的规定。

8.2.5 注意事项

粪便涂片应放置一段时间使其透明。在室温25 ℃、75%湿度下透明0.5 h～1 h即可镜检,一般不宜超过2 h。若气温低、空气湿度大,放置时间可适当延长。检查钩虫卵透明时间宜在30 min以内。

8.3 肝功能

8.3.1 方法

a) 丙氨酸氨基转移酶:偶联NADH酶触法,速率比色测定,波长340 nm。

b) 血清总蛋白:双缩脲比色法,波长540 nm比色。

c) 血清白蛋白:溴甲酚绿比色法,波长628 nm比色。

d) 血清胆红素:钒酸盐氧化法,主波长450 nm、次波长546 nm比色。

8.3.2 原理

由光源灯发出的光经平行处理后,透过样品,通过光栅分光,由于部分光已经过被测物质吸收,剩余的光由检测器接收,检测相应项目吸光度的增加或减少值,与标准比较,计算机将读取的吸光度转变成电信号,进行自动计算处理,打印测定结果。

8.3.3 器材

全自动生化分析仪,离心机(4 000 r/min),样品杯(试管),移液器,37 ℃水浴箱,试管架,消毒用品。一次性真空负压采血管。相应检测项目的试剂,校准品,质控品。

医疗废物应按照卫生部颁布的《医疗卫生机构医疗废物管理办法》进行处理。

8.3.4 样品要求

a) 被检者采血前一天禁饮酒、禁食高脂肪类食物、禁服色素类药物。采血当天不得剧烈运动。

b) 血样无溶血现象。血清样品一般应在2 h内检验。丙氨酸氨基转移酶在25 ℃稳定1 d,在2 ℃～8 ℃冷藏稳定7 d,在-20 ℃稳定30 d。胆红素的检验要求避光保存样品。

8.3.5 操作步骤

全自动生化分析仪比色测定,后分光法,自动程序控制,以样品为顺序,逐项进行分析。各检测项目以标准作对照,进行校准检测,质控品用于质量控制批内使用。具体步骤如下:

a) 空腹抽取静脉血3 mL于生化检测试管中(真空负压采血管)。

b) 按顺序放置试管架上。

c) 置37 ℃水浴箱保温30 min,以便于离心析出血清进行检测。

d) 已温浴样品,编号,4 000 r/min离心15 min。

e) 移取血清1 mL～2 mL至样品杯(试管)内。

f) 将装有血清的试管放入样品支架上,样品架按顺序排列置于仪器轨道槽上。

g) 根据所用检测分析仪和相应试剂确认实验参数。根据样品检测要求在仪器上依指令输入检测项目,按空白,标准,质控,样品上机进行测定。

h) 根据质控的检测情况确定是否可以发出报告。

8.3.6 正常值范围

丙氨酸氨基转移酶(ALT):男5 U/L～40 U/L

女5 U/L～35 U/L

血清总蛋白(TP):64 g/L～83 g/L

血清白蛋白(ALB):4 岁～14 岁　38 g/L～54 g/L

成人　34 g/L～ 48 g/L

血清总胆红素(STB):3.4 μmol/L～17.1 μmol/L

血清结合胆红素(SCB,直接胆红素):0 μmol/L～3.4 μmol/L

8.4 结核菌素试验(PPD 皮肤试验)

8.4.1 试验方法

按照 WS 288 的规定进行试验。

8.4.2 器材

结核菌纯蛋白衍生物(PPD),一次性注射器。

皮肤试验注射器具应一人一换,不得重复使用。医疗废物应按照卫生部颁布的《医疗卫生机构医疗废物管理办法》进行处理。

8.4.3 结果判断

按照 WS 288 的规定进行判断。

8.4.4 结果记录

定性记录试验结果。

8.4.5 注意事项

a) 若前臂内侧皮肤有损伤,需重新安排皮试时间。

b) 若被检者结核变态反应强烈,如患疱疹性结膜炎、结节性红斑、或一过性多发性结核过敏性关节炎等,宜用 1 个结核菌素单位的 PPD 试验,以防局部的过度反应及可能的病灶反应。

附 录 A
(规范性附录)
儿童青少年超重与肥胖的筛查标准

A.1 体重指数(*BMI*)计算公式[见式(A.1)]

$$BMI = 体重(kg)/[身高(m)]^2 \quad \cdots\cdots(A.1)$$

A.2 结果判断

使用表 A.1 界限值进行超重、肥胖判断。当被检者 *BMI* 值大于或等于相应年龄、性别组的超重值,而小于相应组段的肥胖值时,判断为超重。当被检者 *BMI* 值大于或等于相应年龄、性别组的肥胖值时判断为肥胖。

表 A.1 中国学龄儿童青少年超重、肥胖筛查 *BMI* 分类标准

年龄 岁	男超重 kg/m^2	男肥胖 kg/m^2	女超重 kg/m^2	女肥胖 kg/m^2
7—	17.4	19.2	17.2	18.9
8—	18.1	20.3	18.1	19.9
9—	18.9	21.4	19.0	21.0
10—	19.6	22.5	20.0	22.1
11—	20.3	23.6	21.1	23.3
12—	21.0	24.7	21.9	24.5
13—	21.9	25.7	22.6	25.6
14—	22.6	26.4	23.0	26.3
15—	23.1	26.9	23.4	26.9
16—	23.5	27.4	23.7	27.4
17—	23.8	27.8	23.8	27.7
18	24.0	28.0	24.0	28.0

附　录　B
（规范性附录）
儿童青少年贫血诊断标准

将血红蛋白测定结果与表B.1进行比较，当被检者血红蛋白测定值低于相对应组段血红蛋白正常下限值时，诊断为贫血。

表B.1　儿童青少年血红蛋白正常下限值

年　　龄	血红蛋白正常下限值 g/L
6月～59月	110
5岁～11岁	115
12岁～14岁	120
15岁以上女生	120
15岁以上男生	130

附 录 C
（规范性附录）
蛔虫、鞭虫、钩虫感染分度

C.1 虫卵计数

定量板所容粪便重量为41.7 mg，每张涂片所得虫卵数乘以24，即得每克粪便虫卵数。

C.2 结果判断

使用表C.1界限值进行感染分度判断。

表 C.1 蛔虫、鞭虫、钩虫感染分度

类　别	感　染　度	EPG（每克粪虫卵数）
蛔虫卵	轻度	<5 000
	中度	5 000～49 999
	重度	≥50 000
鞭虫卵	轻度	<1 000
	中度	1 000～9 999
	重度	≥10 000
钩虫卵	轻度	<2 000
	中度	2 000～3 999
	重度	≥4 000

ICS 13.100
C 56

中华人民共和国国家标准

GB/T 29433—2012

学生心理健康教育指南

Guidelines for mental health education in school

2012-12-31 发布　　　　2013-05-01 实施

中华人民共和国卫生部
中国国家标准化管理委员会　发布

前　言

本标准按照 GB/T 1.1—2009 给出的规则起草。

本标准由中华人民共和国卫生部提出并归口。

本标准起草单位：安徽医科大学公共卫生学院儿少卫生与妇幼保健学系，安徽人口健康与优生省级实验室。

本标准主要起草人：陶芳标、孙莹、苏普玉、黄锟。

学生心理健康教育指南

1 范围

本标准规定了在大、中、小学校开展心理健康教育的目标、原则、实施途径、教育师资要求和教育内容。

本标准适用于普通大、中、小学在校学生，中等职业学校可参照使用。本标准不适用于学龄前儿童心理健康教育。

2 教育目标

提高学生心理健康素养，培养学生健全的心理素质，使其形成完善的人格和良好的社会适应能力，为促进学生整体素质的全面发展奠定基础。

3 教育原则

3.1 总体原则

根据不同年级学生生理、心理发展特点，实施心理健康教育的规范化操作，以保障教育总体目标的实现。

3.2 主体性原则

在心理健康教育中，充分尊重学生的主体地位，发挥学生主体作用，调动学生参与心理健康教育的积极性、主动性。

3.3 互动性原则

心理健康教育应通过创设互动式活动情境，促进学生将活动内容与心理体验相结合，激活或唤醒学生心理活动，诱发行动愿望，在学生与教师、学生与学生、学生与家长之间相互作用的心理环境中提升心理素质。

4 教育实施途径

4.1 心理健康教育课程

开设满足学生需要的心理健康教育课程，并纳入日常教学计划。

4.2 学科教学渗透

教师在进行常规的学科教学时，自觉地、有意识地运用心理学的理论、方法和技术，将学科知识的传播与心理品质的培养有机结合。

4.3 心理健康专题训练

4.3.1 识别

通过多种形式的心理检测和评估，让学生了解自己心理素质不同方面的发展状况，以此引起学生的认同感或者缺失感，唤起情感共鸣或者震撼，激活心理能量，思考问题根源，进而体会、感受该种心理素质对自己学习、生活、交往及成长的意义，激发接受训练的积极动机。识别的过程强调情境化、生活化，把学生置于具体、生动的情境之中，与学生的生活紧密联系。

4.3.2 训练

针对某一心理健康教育主题和在识别中所发现的问题，提出若干解决该问题的具体而有效的方法和技巧，通过组织学生参与讨论和操作活动来感受、理解，进而选择促进心理健康的行动。

4.3.3 感悟

对训练中的心理感受、情感体验、行为变化、活动过程及效果等进行反思，强化训练效果，促进自我认知与评价能力的提高。

4.4 其他途径

以“多渠道、多形式、多媒介”为中心，创建学生心理健康教育的社团组织，开展多种形式、内容丰富的心理健康宣传教育活动。

5 教育师资要求

5.1 师资来源

学校要逐步建立在校长的领导下，以班主任(辅导员)和专职或者兼职心理辅导教师为骨干，全体教师共同参与的心理健康教育工作体制。

5.2 师资培训

心理健康教育师资培训要有层次、有计划地进行，每年至少接受3学时心理健康教育理论基础和实践技能的专业培训。

6 教育内容

6.1 总体要求

按照学生心理发展特点和身心发育的规律，制定教育内容，体现各年级学生心理健康教育内容的层次性和阶段性。

6.2 小学生心理健康教育内容

6.2.1 总体要求

6.2.1.1 小学低年级心理健康教育内容主要包括：帮助学生适应新的环境、新的集体、新的学习生活，感受学习知识的乐趣；乐与老师、同学交往，在谦让、友善的交往中体验友情。

6.2.1.2 小学中、高年级心理健康教育内容主要包括：帮助学生在学习生活中体会解决困难的快乐，调整学习心态，提高学习兴趣与自信心，正确对待自己的学习成绩，克服厌学心理，体验学习成功的快乐；培养集体意识，在班级活动中，善于与更多的同学交往，主动参与集体活动；塑造开朗、合群、乐学、自立的健康人格。悦纳自己的性别，正确面对生理变化引起的心理反应，正确对待性意识，了解调节和控制情绪的方法。

6.2.2 自我认识教育

认识自己的基本特征,逐步发展主体与自主意识;了解关心自己身体的变化,能以自然、良好的心态适应和处理身体发生的变化;学会客观地评价自己和他人,认识到自己和他人优点、不足和独特性,悦纳自己,包容他人;逐步发现、了解和体验自己情绪、情感的变化,提高初步控制与调节情绪的能力;增强对行为的判断力,能初步约束自己的言行,有一定的自控力。

6.2.3 学习能力教育

明确学习的重要性,培养积极的学习态度,克服厌学心理;主动完成学习任务,养成自觉、认真的学习习惯,按计划初步安排自己的学习时间;掌握基本的学习方法,听课时能集中注意力,学会预习、复习,形成初步的自学能力;有探索事物的欲望,乐于表达与表现自己的想法、意见和观点;能正确地对待考试及学习成绩,培养对毕业升学的向往和进取态度。

6.2.4 人际交往教育

乐于与身边的同学、老师沟通、交往,不胆怯,不封闭,能倾听别人的谈话,能在活动中与人合作,尊重伙伴,初步掌握与人交往的基本规则;学会从他人角度想问题,能对他人同情、谅解;学会自己处理与同学交往中的矛盾与挫折;建立集体意识,有初步的集体归属感。

6.2.5 社会适应教育

能发现、了解自己身边学习、生活环境的主要与明显变化,关心自然环境的变化;能较快地熟悉周围的人和事,容易融入新的集体,熟悉新的生活;适应班级与学校环境,与同学、老师建立自然、正常的适应关系;懂得和遵守基本的社会生活规则,亲近社会生活;对自己解决不了的困难有向师长求助的意识,形成初步的自我保护能力。

6.2.6 性心理教育

了解其成长阶段性心理特点和自我调适方法;悦纳自己身体和心理的变化;了解男孩女孩两性的心理差异,加强男女生之间的理解、沟通、合作与互助的意识;认识本年龄阶段正确的性角色内容和性角色的行为规范;学习适合本年龄段与异性交往的方法与礼仪。初步理解性器官在人生中的意义;识别性骚扰与性侵犯行为,提高预防意识,初步掌握防范性骚扰及保护自己的方法。

6.3 中学生心理健康教育内容

6.3.1 总体要求

6.3.1.1 初中年级心理健康教育内容主要包括:正确认识青春期,培养自重、自爱、自尊、自信的独立人格;培养正确的学习观念,发展其学习能力,改善学习方法;学会调节和控制自己的情绪,抑制自己的冲动行为;提高情感自我调节和人际交往的能力,建立良好的人际关系;正确认识自我意识,逐步提高社会责任感;能以积极心态面对学习、生活压力和自我身心所出现的变化,提高应对挫折的能力。

6.3.1.2 高中年级心理健康教育内容主要包括:发展创造性思维,充分开发学习的潜能;了解自己的能力、特长、兴趣和社会就业条件的基础上,确立自己的职业志向,进行职业的选择和准备;认识自己的人际关系的状况,正确对待和异性伙伴的交往,建立对他人的积极情感反应和体验;提高承受挫折和应对挫折的能力,形成良好的意志品质。

6.3.2 坚强意志教育

培养良好的意志品质,提高学生耐受挫折的能力。

6.3.3 学习能力教育

了解学习心理特征，对自我的体力、智力、性格特长有所认识，掌握适合自身的学习方法和目标；养成有规律的学习习惯，科学地安排、组织学习时间。

6.3.4 人际交往教育

培养良好的自我意识，悦纳自己；认识到人际关系对人生的重要意义，了解成功的人际交往应遵循的基本原则，掌握建立和保持良好人际关系的途径与方法，排除社交恐惧等心理问题。

6.3.5 社会适应教育

正视现实，正确对待生活中的人和事；认识挫折的双重性；增强自制力；树立乐观向上，不断进取的积极人生态度。

6.3.6 青春期性心理健康教育

了解青春期性生理的变化过程，认识性成熟和性心理活动的生物学和社会学意义，掌握与异性交往的方式，理解性别角色和性别差异。初步了解性伦理、性道德。

6.3.7 健康情感教育

培养丰富多彩的生活情趣，形成稳定平衡的心境；了解情感活动产生、发展、形成、表达的规律，初步培养健康的高尚情感。

6.3.8 健全人格教育

认识自己的气质类型与性格倾向，培养自我发展的意识，增强自我发展的主动性；培养积极进取的人生观和世界观，能客观地认识和评价自己，客观地分析、评价社会，正确处理与社会和他人的关系；平衡自身与环境的关系。

6.4 大学生心理健康教育内容

6.4.1 总体要求

根据大学生的心理特点，有针对性地讲授心理健康知识，开展辅导或咨询活动，帮助大学生树立心理健康意识，优化心理品质，增强心理调适能力和社会生活的适应能力，预防心理问题。促进大学生学会适应环境、人际交往、交友恋爱、求职择业、人格发展和情绪调节等方面的技能，提高心理健康水平。

6.4.2 情绪管理教育

认识情绪的功能，了解情绪变化特点，学会体察自己和他人的情绪/情感，形成良好的情绪控制能力；能对自己的情绪进行检测、评估、调整；学会用积极的心态去面对困难和挫折，克服自卑、焦虑、抑郁、恐惧等不良情绪；掌握科学地调控情绪能力，合理疏泄消极情绪，避免心理失衡；培养积极的情绪状态，适应自身、环境及社会的各种变化。

6.4.3 学习能力教育

了解自己的学习潜能，改进学习方法，形成良好的学习习惯，掌握科学、有效的学习方法，提高自学能力；自觉地开发智力潜能，培养创新精神和实践能力。

6.4.4 人际交往教育

掌握人际交往的特点、基本规范和技巧;善于在群体中发挥自己的才干,达到自我价值的实现;能够正确认识自己,客观评价他人和社会。

6.4.5 择业与就业心理教育

全面客观分析就业形势,掌握职业生涯规划的方法;客观分析自身的优势和不足,选择适合社会需要及个人身心特点的职业;正确处理择业中的挫折。

6.4.6 恋爱心理教育

加强性道德、性审美教育,指导恋爱心理适应,掌握异性交往的有关知识与技巧,正确处理好异性矛盾与挫折。

四、教科书

- GB/T 18358—2009　中小学教科书幅面尺寸及版面通用要求
- GB/T 18359—2009　中小学教科书用纸、印制质量要求和检验方法
- GB/T 34053.4—2017　纸质印刷产品印制质量检验规范　第4部分：中小学教科书

ICS 35.240.30
A 19

中华人民共和国国家标准

GB/T 18358—2009
代替 GB/T 18358—2001

中小学教科书幅面尺寸及版面通用要求

General requirements of trim size and type area for primary and secondary school textbooks

2009-09-30 发布　　2010-02-01 实施

中华人民共和国国家质量监督检验检疫总局
中国国家标准化管理委员会　发布

前　言

本标准代替GB/T 18358—2001。与GB/T 18358—2001比较，本标准在以下方面做了修改和补充：

1. 充分考虑教科书版面设计的多样性，对分栏设计的版面提出了具体要求；

2. 对以图为主的教科书及艺术、音乐、美术、外语等学科的教科书，只要求版心尺寸符合规定，版面行数、字数不受限制；

3. 对义务教育小学阶段教科书汉字上加注拼音和理科教科书文字叙述中涉及的公式、符号高于单个字符，造成版面行距加大、行数减少的情况，增加了一定的灵活性；

4. GB/T 18358—2001在前言中提出，"由于设备及再版等原因，中小学教科书仍可过渡性使用非标准的787 mm×1092 mm 16开规格，过渡期为五年。"鉴于目前我国现有印刷设备的实际状况，尚未具备以B5规格取代184 mm×260 mm规格(787 mm×1092 mm 16开)的条件，因此，184 mm×260 mm规格仍可继续延长使用五年。

本标准的附录A为规范性附录。

本标准由全国信息与文献标准化技术委员会提出并归口。

本标准起草单位：中国出版科学研究所、中央教育科学研究所、人民教育出版社、北京师范大学出版社。

本标准主要起草人：魏玉山、蔡逊、蔡京生、沙晓青、马迎莺、刘颖丽、刘玉柱、蒋列平、郑军。

本标准所代替标准的历次版本发布情况为：

——GB/T 18358—2001。

中小学教科书幅面尺寸及版面通用要求

1 范围

本标准规定了中小学教科书应采用的幅面尺寸及版面规格参数。

本标准适用于普通中小学使用的各种教科书。中小学生使用的教学辅助用书可参照采用本标准。

2 规范性引用文件

下列文件中的条款通过本标准的引用而成为本标准的条款。凡是注日期的引用文件，其随后所有的修改单(不包括勘误的内容)或修订版均不适用于本标准，然而，鼓励根据本标准达成协议的各方研究是否可使用这些文件的最新版本。凡是不注日期的引用文件，其最新版本适用于本标准。

GB/T 788—1999　图书和杂志开本及其幅面尺寸(neq ISO 6716:1983)

GB/T 9851.2　印刷技术术语　第2部分:印前术语

CY/T 50　出版术语

3 术语和定义

GB/T 9851.2和CY/T 50界定的以及下列术语和定义适用于本标准。

3.1

版面　type area

印刷成品幅面中，图文和空白部分的总和。

[GB/T 9851.2—2008,定义3.1]

3.2

版心　text block

印版或印刷成品幅面中规定的印刷区域(不含出血图像、书眉和页码)。

3.3

字号　type size

区分单个字符大小的表示方法。

[GB/T 9851.2—2008,定义4.2]

4 幅面尺寸及版面要求

4.1 幅面尺寸

义务教育(1～9年级)教科书的幅面尺寸应采用GB/T 788－1999表1中的A5和B5。

高中教科书的幅面尺寸应采用GB/T 788－1999表1中的A5、B5和A4。

4.2 版面

4.2.1 版心

各种幅面尺寸的版心规格须符合表1的要求。

表1所示的版心规格，适用于各类以文字为主的中小学教科书。以图为主的中小学教科书在设计时版心可大于表1规定的尺寸，但订口、切口、天头、地脚宽度不得小于7 mm。

采用分栏设计的教科书，应视学科特点合理分配栏宽，在达到便于学生学习的最佳视觉效果的前提下尽量提高版面利用率。分栏设计的教科书，版心范围以各栏的外侧边界为准。

4.2.2 字体和字号

4.2.2.1 正文用字

按不同的年级和学科，正文用字(不含少数民族文字和外文)字体、字号分为四类。

a类：21 P～16 P(2号～3号字)，正楷体为主，适用于义务教育1～3年级各科教科书。

b类：14 P(4号字)，正楷体和书宋体为主，由正楷体逐渐过渡到书宋体，适用于义务教育2～4年级各科教科书。

c类：12 P(小4号字)，书宋体为主，适用于义务教育5～9年级和高中各科教科书。

d类：10.5 P(5号字)，书宋体为主，适用于高中理科教科书。

注：P——Point，1 P≈0.35 mm。

4.2.2.2 目录、注释等用字

目录、注释等可参照正文用字适当减小，但义务教育小学阶段教科书的最小用字不得小于10.5 P(5号字)，义务教初中阶段和高中教科书的最小用字不得小于9 P(小5号字)。

4.2.3 行数和字数

各种幅面尺寸和类别以文字(不含少数民族文字和外文)为主的中小学教科书，每面行数和每行字数须符合表1的要求。

以图为主的教科书及艺术、音乐、美术、外语等学科的教科书，版心规格应符合表1的要求，但不受版面行数、每行字数限制。

义务教育小学阶段教科书汉字上加注拼音和理科教科书文字叙述中涉及的公式、符号高于单个字符，造成版面行距加大，行数可相应减少。

表1 中小学教科书幅面尺寸及版面基本参数

幅面尺寸代号	成品规格 mm	类别	版心规格 mm	字号	每面行数	每行字数
A5	148×210	a类	106×168	21 P(2号) 16 P(3号)	— 20	— 19
		b类	108×167	14 P(4号)	22	22
		c类	106×164	12 P(小4号)	25	25
		d类	107×166	10.5 P(5号)	28	29
B5	169×239	a类	128×194	21 P(2号) 16 P(3号)	— 23	— 23
		b类	128×191	14 P(4号)	25	26
		c类	128×190	12 P(小4号)	29	30
		d类	129×196	10.5 P(5号)	33	35
A4	210×297	c类	166×244	12 P(小4号)	37	39

附　录　A
（规范性附录）
非标准中小学教科书幅面尺寸及版面基本参数

中小学教科书使用的非标准规格幅面尺寸及版面基本数见表 A.1。

表 A.1　非标准中小学教科书幅面尺寸及版面基本参数

成品规格 mm	类别	版心规格 mm	字号	每面行数	每行字数
184×260	a类	144×210	21 P(2 号) 16 P(3 号)	— 25	— 26
	b类	143×214	14 P(4 号)	28	29
	c类	144×210	12 P(小 4 号)	32	34
	d类	144×208	10.5 P(5 号)	35	39

ICS 37.100.01
A 17

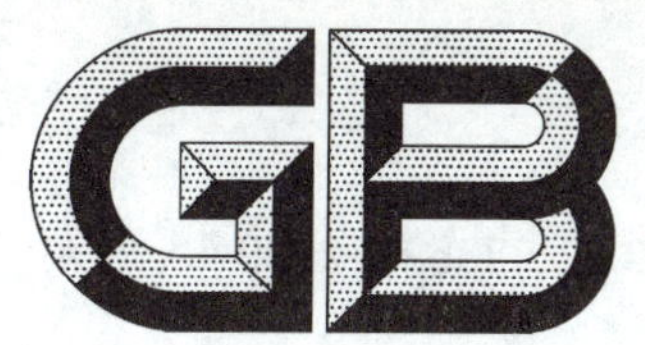

中华人民共和国国家标准

GB/T 18359—2009
代替 GB/T 18359—2001

中小学教科书用纸、印制质量要求和检验方法

General requirements and test methods of paper and printing qualities for primary and secondary school textbooks

2009-07-16 发布　　2009-12-01 实施

中华人民共和国国家质量监督检验检疫总局
中国国家标准化管理委员会　发布

前　　言

本标准代替 GB/T 18359—2001《中小学教科书用纸、印制质量标准和检验方法》。

本标准与 GB/T 18359—2001 相比，主要变化如下：

——按照 GB/T 1.1—2000 的要求对标准格式进行了修改。

——修改了标准的名称，将原标准名称中的“标准”更改为“要求”。

——对纸张的分类及使用方法重新表述，新增涂布美术印刷纸和彩色胶版印刷纸的纸张类型，修改原标准中纸张的技术要求。

——增加纸张吸水性的定量技术要求和检验方法，取代原标准中施胶度的定量技术要求和检验方法。

——增加制版方面的技术要求和检验方法。

——增加覆膜质量的定量技术要求和检验方法。

——增加胶粘订书刊粘接强度的定量技术要求及检验方法。

——增加教科书成品批量抽检办法。

本标准由新闻出版总署提出。

本标准由全国印刷标准化技术委员会归口。

本标准起草单位：人民教育出版社、中国制浆造纸研究院、芬欧汇川（常熟）纸业有限公司、河南银鸽实业投资股份有限公司、安徽新华印刷股份有限公司、河南第一新华印刷厂。

本标准起草人：沙晓青、陈曦、蔡京生、郭绪、谢志强、邢红权、袁晓宇、韩四喜、黄志军、徐汉宾。

本标准于 2001 年首次发布，本次为第一次修订。

中小学教科书用纸、印制质量要求和检验方法

1 范围

本标准规定了中小学教科书用纸、制版、印刷、装订等质量要求和检验方法，包括成品批质量抽检方法及包装、运输、贮存的要求。

本标准适用于普通中小学使用的各种教科书。中小学教学辅助用书及其他类别的教科书可参照采用本标准。

2 规范性引用文件

下列文件中的条款通过本标准的引用而成为本标准的条款。凡是注日期的引用文件，其随后所有的修改单(不包括勘误的内容)或修订版均不适用于本标准，然而，鼓励根据本标准达成协议的各方研究是否可使用这些文件的最新版本。凡是不注日期的引用文件，其最新版本适用于本标准。

GB/T 450 纸和纸板 试样的采取及试样纵横向、正反面的测定(GB/T 450—2008,ISO 186:2002,MOD)

GB/T 451.1 纸和纸板尺寸及偏斜度的测定

GB/T 451.2 纸和纸板定量的测定(GB/T 451.2—2002,eqv ISO 536:1995)

GB/T 456 纸和纸板平滑度的测定(别克法)(GB/T 456—2002,idt ISO 5627:1995)

GB/T 457 纸和纸板 耐折度的测定(GB/T 457—2008,ISO 5626:1993,MOD)

GB/T 459 纸和纸板伸缩性的测定(GB/T 459—2002,eqv ISO 5635:1978)

GB/T 462 纸、纸板和纸浆 分析试样水分的测定(GB/T 462—2008,ISO 287:1985,ISO 638:1978,MOD)

GB/T 1540 纸和纸板吸水性的测定(可勃法)(GB/T 1540—2002,neq ISO 535:1991)

GB/T 1541 纸和纸板 尘埃度的测定

GB/T 1543 纸和纸板 不透明度(纸背衬)的测定(漫反射法)(GB/T 1543—2005,ISO 2471:1998,MOD)

GB/T 1545 纸、纸板和纸浆 水抽提液酸度或碱度的测定(GB/T 1545—2008,ISO 6588:1981,MOD)

GB/T 7974 纸、纸板和纸浆亮度(白度)的测定 漫射/垂直法(GB/T 7974—2002,neq ISO 2470:1999)

GB/T 10335.1 涂布纸和纸板 涂布美术印刷纸(铜版纸)

GB/T 10739 纸、纸板和纸浆试样处理和试验的标准大气条件(GB/T 10739—2002,eqv ISO 187:1990)

GB/T 12911 纸和纸板油墨吸收性的测定法

GB/T 12914—2008 纸和纸板 抗张强度的测定(ISO 1924-1:1992,ISO 1924-2:1994,MOD)

GB/T 22363 纸和纸板粗糙度的测定(空气泄漏法) 本特生法和印刷表面法(GB/T 22363—2008,ISO 8791-2:1990,ISO 8791-4:1992,MOD)

GB/T 22365—2008 纸和纸板印刷表面强度的测定(ISO 3783:1980,MOD)

CY/T 5 平版印刷品质量要求及检验法

CY/T 30　胶印印版制作(CY/T 30—1999,eqv ISO 12218:1997)
CY/T 40　书刊装订用EVA热熔胶使用要求及检测方法
CY 42　纸质印刷品覆膜过程控制及检测方法　第1部分:基本要求
QB/T 1012　胶版印刷纸
QB/T 1211　胶印书刊纸
QB/T 2358　塑料薄膜包装袋　热合强度试验方法
QB/T 2693　彩色胶版印刷纸

3　技术要求

3.1　纸张要求

3.1.1　中小学教科书正文应使用QB/T 2693规定的彩色胶版印刷纸、QB/T 1012规定的胶版印刷纸或QB/T 1211规定的胶印书刊纸,封面应使用120 g/m² 及以上的彩色胶版印刷纸或GB/T 10335.1规定的涂布美术印刷纸,彩色插页应使用90 g/m² 及以上的彩色胶版印刷纸、胶版印刷纸或涂布美术印刷纸。美术教科书彩色内文应使用涂布美术印刷纸。

3.1.2　纸张的技术指标应符合表1的规定。

表1　纸张技术要求

指标名称			单位	规定			
				胶印书刊纸	胶版印刷纸	彩色胶版印刷纸	涂布美术印刷纸
1	定量		g/m²	55.0 60.0 70.0 80.0 90.0	55.0 60.0 70.0 80.0 90.0	60.0 70.0 80.0 90.0 100.0 120.0	90.0　100.0 105.0　115.0 128.0　157.0 175.0　200.0
2	定量偏差		%	±4	±4	±4	±5
3	厚度偏差	55 g/m²	μm	65±6.0		/	
		60 g/m²		70±7.0		/	
		70 g/m²		82±8.0		/	
		80 g/m²		94±9.0		/	
4	亮(白)度		%	72.0～80.0	75.0～85.0	80.0～90.0	85.0～90.0
5	不透明度　≥		%	80.0	82.0	85.0	90.0
6	平滑度	正反面平均　≥	s	30	30	30	/
		正反面差　≤	%	30	30	20	/
7	印刷表面粗糙度　≤		μm	/	/	5.3	2.8
8	油墨吸收性		%	/	/	/	15～28
9	抗张指数	卷筒纸(纵向)　≥	N·m/g	35.0	35.0	40.0	/
		平板纸(纵横平均)　≥	N·m/g	27.0	27.0	30.0	/
10	吸水性		g/m²	20.0～40.0			/
11	伸缩性(横向)　≤		%	3.0	3.0	2.0	/

表 1（续）

	指标名称			单　位	规　定			
					胶印书刊纸	胶版印刷纸	彩色胶版印刷纸	涂布美术印刷纸
12	耐折度(横向)　≥			次	8	8	12	/
13	尘埃度	其中	≥0.2 mm^2～0.5 mm^2 的尘埃不多于	个/m^2	100	80	60	32
			>0.5 mm^2～1.5 mm^2 的尘埃不多于		2	2	2	2
			>1.5 mm^2 的尘埃		不应有	不应有	不应有	不应有
14	印刷表面强度（中黏度拉毛油、正反面均）　≥			m/s	0.8	1.0	1.2	1.4
15	pH　≥				6.8			/
16	交货水分			%	4.0～8.0			

3.1.3　卷筒纸宽度偏差应不超过±3 mm，卷筒直径为 800 mm±50 mm；全张平板纸尺寸偏差应不超过±3 mm，偏斜度应不超过 3 mm。

3.1.4　卷筒纸每卷的接头不多于 2 个，外包装及接头处应有明确标识。

3.1.5　同批纸的亮(白)度差值不大于 3.0%。

3.1.6　纸张在印刷过程中不应有透印和明显的掉毛、掉粉现象。纸张应平整，纤维组织应均匀，色泽应一致，每批纸张均不应有明显差异。

3.1.7　纸面不应有影响印刷使用的外观纸病，如砂子、硬质块、褶皱及各种条痕、斑点、透光点、裂口、孔眼等，无纸片、残张、破损、折角等。按 5.1.17、5.1.18 方法检测，有纸病试样部分总质量应不超过试样总质量的 1%。

3.2　分色片要求

分色片应符合：

a)　实地密度≥3.50；

b)　片基灰雾密度≤0.15；

c)　对角线套准误差≤0.01%；

d)　网线数(网点频率)：单色图像为 40 cm^{-1}～48 cm^{-1}，彩色图像为 48 cm^{-1}～70 cm^{-1}；

注：cm^{-1} 即线/cm。

e)　软片线性化的阶调值误差≤±2%；

f)　文字、网点无破裂；

g)　版面干净，无脏迹、划痕和折痕。

3.3　印版制作要求

3.3.1　测控条上 50%的阶调值转移到印版的阶调值减少量，见表 2。

表 2　测控条上 50%的阶调值转移到印版的阶调值减少量

网线数/cm^{-1}	50%控制块的阶调值减少量/%
50	3.0～4.0
60	3.5～5.0
70	4.5～6.0

注 1：在该范围内阶调值减少量与网线数成正比。

注 2：上述数据对应的是阳图型 PS 版。

3.3.2 测控条上独立的、不透明的、直径大于 25 μm 的网点都应以不变的形状转移到胶印印版上。

3.4 印刷要求

3.4.1 单色印刷应符合：

a） 印刷墨色均匀，印页折标印刷实地密度测量值：0.9～1.3；

b） 文字清晰，无重影、缺笔、断划、糊字、缺字等；

c） 图内文字清楚；

d） 线条、表格清楚，无明显模糊不清；

e） 页面无明显褶皱、折痕、脏迹；

f） 正反面套印允差≤2.0 mm。

3.4.2 彩色印刷应符合：

a） 印刷实地密度测量值应符合表 3 的要求。

表 3 印刷实地密度测量值

<table>
<tr><th rowspan="2">色　　别</th><th colspan="2">纸张类型</th></tr>
<tr><th>涂布美术印刷纸</th><th>彩色胶版印刷纸/胶版印刷纸</th></tr>
<tr><td>黄(Y)</td><td>0.85～1.20</td><td>0.80～1.05</td></tr>
<tr><td>品红(M)</td><td>1.25～1.60</td><td>1.10～1.40</td></tr>
<tr><td>青(C)</td><td>1.30～1.65</td><td>1.10～1.40</td></tr>
<tr><td>黑(K)</td><td>1.40～1.80</td><td>1.00～1.50</td></tr>
<tr><td colspan="3">注 1：表中测量值为 ISO 标准 T 状态下密度值。
注 2：上述密度值为绝对密度值。</td></tr>
</table>

b） 亮调阶调值至少 3%(60 cm^{-1})网点可以再现。

c） 文字清晰，无重影、缺笔、断划、糊字、缺字等。

d） 图像层次分明，网点清晰，印刷相对反差值 K 应符合表 4 要求。

表 4 印刷相对反差 K 值

<table>
<tr><th rowspan="2">色　　别</th><th colspan="2">纸张类型</th></tr>
<tr><th>涂布美术印刷纸</th><th>彩色胶版印刷纸/胶版印刷纸</th></tr>
<tr><td>黄(Y)</td><td>≥0.25</td><td>≥0.20</td></tr>
<tr><td>品红(M)</td><td rowspan="3">≥0.35</td><td rowspan="3">≥0.28</td></tr>
<tr><td>青(C)</td></tr>
<tr><td>黑(K)</td></tr>
<tr><td colspan="3">注：
$K=(D_{实地}-D_{75\%网点})/D_{实地}$
式中 $D_{实地}$ 表示实地密度；$D_{75\%网点}$ 表示 75%网点的密度。</td></tr>
</table>

e） 套印误差≤0.20 mm。

f） 颜色符合付印样，同批产品同色印刷实地密度允许误差应符合表 5 的要求。

表 5 同批产品同色印刷实地密度允许误差

色 别	纸张类型	
	涂布美术印刷纸	彩色胶版印刷纸/胶版印刷纸
黄(Y)	≤0.10	≤0.15
品红(M)	≤0.15	≤0.20
青(C)	≤0.15	≤0.20
黑(K)	≤0.20	≤0.25

g) 版面干净,图像完整,页面无明显褶皱、折痕、脏迹。

3.5 装订要求

3.5.1 折页与配页

a) 三折及三折以上书帖,应划口排除空气;

b) 书帖平服整齐,无明显皱褶、折角、残页、套帖、缩帖和脏迹;

c) 以页码中心点为准,相连两页之间页码位置允许误差≤4.0 mm,全书页码位置允许误差≤7.0 mm,画面接版允许误差≤1.5 mm;

d) 页码和版面顺序正确,无错帖。

3.5.2 封面覆膜、上光

a) 覆膜粘接强度≥2.67 N/cm,或者当薄膜与印刷品剥离时,所有图文上的油墨都应全部或部分转移到薄膜胶面上;

b) 覆膜后分割的齐边尺寸准确,标称尺寸允差±1 mm;

c) 覆膜前后色差应符合表 6 的要求:

表 6 覆膜产品四色实地油墨色差要求

膜类型	黑(B)	品红(M)	青(C)	黄(Y)
亮光膜	≤3	≤3	≤3	≤3
亚光膜	≤10	≤7	≤7	≤7

d) 表面干净、平整、不模糊,无脏迹、明显卷曲、皱折、破口、起膜、气泡、亏膜、划痕;

e) 封面上光均匀,无划痕、脏迹。

3.5.3 胶粘装订

3.5.3.1 书芯订联

a) 黏合剂应符合 CY/T 40 的要求。

b) 铣背深度以书帖被铣透为准,以保证黏合剂能渗透到书帖最里页,不出现散页、脱页和书背折断现象。铣背歪斜度(天头到地脚)≤1.0 mm。

c) 施胶厚度≤1.5 mm。

d) 胶粘订书刊粘接强度要求:在书册胶订成书后,胶层与书页的粘接强度≥4.5 N/cm。

3.5.3.2 包封面

a) 侧胶选用应符合 CY/T 40 的要求;

b) 侧胶宽度为 3.0 mm~7.0 mm,无侧胶粘接不牢或缺胶、溢胶、粘连图文等缺陷;

c) 粘贴封面应正确、平整;

d) 定型后的书背应平直,无明显空背、褶皱、挂胶等缺陷。

3.5.4 骑马订装

a) 配帖顺序正确。

b) 订位为钉锯外订眼距书芯长上下各 1/4 处，允许误差±3.0 mm。钉锯均订在折缝线上，允差≤1.0 mm。

c) 无坏钉、漏订及重订，书册平服，钉脚平整、牢固。

3.5.5 成品质量

教科书成品外观质量应符合表 7 要求：

表 7 成品外观质量要求

指标名称	允差值、范围或描述
成品幅面裁切尺寸误差	≤±1.5 mm
成品歪斜	≤2.0 mm
封面勒口与书芯前口误差	≤1.5 mm
岗线	≤1.0 mm
书背字平移、歪斜误差	书厚≤10 mm：允差≤1 mm
	10 mm<书厚≤20 mm：允差≤2 mm
	20 mm<书厚≤30 mm：允差≤2.5 mm
	书厚>30 mm：允差≤3 mm
切口	无明显刀花、破头、无毛边
整体外观	整洁平服，无压痕、脏迹、小页

4 成品批质量抽检方法

教科书成品批质量抽检采用一次抽样方案，抽样方案样本大小、合格判定指标按表 8 执行。当抽样中不合格样品数大于合格判定数时，检验结果为批质量不合格。

表 8 一次抽样、判定方案(检查水平为 S-3，AQL 值为 6.5)　　单位：册

批量	151～500	501～3 200	3 201～35 000	35 001～500 000	>500 000
样本量	8	13	20	32	50
合格判定数	1	2	3	5	7

5 检验方法

5.1 纸张质量检验

5.1.1 纸张试样的采取和处理按 GB/T 450 和 GB/T 10739 的规定进行。

5.1.2 纸张的尺寸和偏差检验按 GB/T 451.1 的规定进行。

5.1.3 纸张的定量检验按 GB/T 451.2 的规定进行。

5.1.4 纸张的亮(白)度检验按 GB/T 7974 的规定进行。

5.1.5 纸张的不透明度检验按 GB/T 1543 的规定进行。

5.1.6 纸张的平滑度检验按 GB/T 456 的规定进行。

5.1.7 印刷表面粗糙度检验按 GB/T 22363 的规定进行。夹样压力为 980 kPa，彩色胶版纸应使用软垫，涂布美术印刷纸应使用硬垫。

5.1.8 纸张的油墨吸收性检验按 GB/T 12911 的规定进行。

5.1.9 纸张的抗张指数检验按 GB/T 12914—2008 的规定进行，如有争议以恒速拉伸法仲裁。

5.1.10 纸张的吸水性检验按 GB/T 1540 的规定进行。

5.1.11 纸张伸缩率检验按 GB/T 459 的规定进行。

5.1.12 纸张的耐折度检验按 GB/T 457 的规定进行。

5.1.13 纸张的尘埃度检验按 GB/T 1541 的规定进行。

5.1.14 纸张的印刷表面强度按 GB/T 22365—2008 的规定进行，使用国产中黏度拉毛油，如有争议以电动加速法进行仲裁。

5.1.15 纸张的 pH 检验按 GB/T 1545 的规定进行。

5.1.16 纸张的水分检验按 GB/T 462 的规定进行。

5.1.17 卷筒纸内部纸病的测定：取卷筒纸的外部 10 层，去掉最外部 5 层，其余 5 层为样品。将其切成 0.05 m^2 的试样，选择并称重有纸病的试样，求出有纸病的试样占总试样的质量百分比。

5.1.18 平板纸纸病的测定：每批纸随机抽取 10 张作为样品，将其切成 0.05 m^2 的试样，选择并称重有纸病的试样，求出有纸病的试样占总试样的质量百分比。

5.2 分色片质量检测方法

按 CY/T 30 中的规定进行。

5.3 印版制作质量检测方法

按 CY/T 30 中的规定进行。

5.4 印刷质量检测方法

按照 CY/T 5 中的规定进行。

5.5 装订质量检验方法

5.5.1 折页与配页检测方法

3.5.1 中 a)、b)、d)三项使用目测法，人工手动检查，c)项使用精度为 0.1 mm 的标准直尺进行。

5.5.2 封面覆膜、上光质量检测方法

按 CY 42 规定的方法进行。

5.5.3 胶粘装订检测方法

5.5.3.1 书芯订联检测方法

5.5.3.1.1 黏合剂检测按照 CY/T 40 的要求进行。

5.5.3.1.2 铣背深度检测用人工目测法检查，铣背歪斜度和施胶厚度使用精度为 0.1 mm 的标准直尺检测。

5.5.3.1.3 胶粘订书刊粘接强度检测方法

在 23±3℃环境下，将所测试胶粘订样书的中心页，通过一平板中间的细条缝，此时该书页两侧其他书页应以该条缝为中心线，平铺于平板之上。为使其平铺可以使用重物静压其上。之后用夹具将书页固定住，以使书页可以均匀承受缓慢增加的静态拉力。一般情况下，夹具的位移速度不应大于 5 mm/s。

当书页所受外力 F 与书页长 L 的比值≥4.5 N/cm，书页未从书背处脱落即可判定该胶订样书的粘接强度合格。

5.5.3.2 包封面检测方法

5.5.3.2.1 测胶检测按照 CY/T 40 的要求进行。

5.5.3.2.2 侧胶宽度使用精度为 0.1 mm 的标准直尺人工测量。

5.5.3.2.3 侧胶粘接情况和书背要求由人工目测检查。

5.5.4 骑马订装检测方法

3.5.4 中的 a)和 c)用人工目测法进行检测，b)使用精度为 0.1 mm 的标准直尺进行检测。

5.6 成品质量检测方法

5.6.1 表 7 中的成品幅面裁切尺寸误差、成品歪斜、封面勒口与书芯前口误差、岗线、书背字平移、歪斜误差使用精度为 0.1 mm 的标准直尺，进行人工测量检查。

5.6.2 表 7 中的切口、整体外观直接人工目测检查。

6 包装、运输、贮存

6.1 包装

印刷成品用专用包装材料包紧、包实；每包有符合相关标准与规定的标识。

6.2 运输

不允许踩踏、重压或从高处扔下，注意防雨、防潮、防晒、防腐。

6.3 贮存

环境温度、湿度适宜。注意防潮、防晒、防油污、防蛀、防腐、不能重压。

ICS 37.100.01
A 17

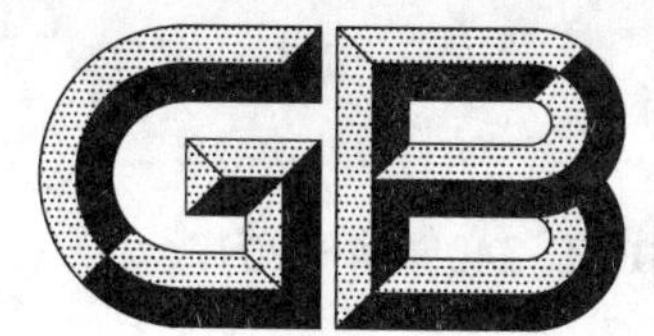

中华人民共和国国家标准

GB/T 34053.4—2017

纸质印刷产品印制质量检验规范
第4部分：中小学教科书

Specifications of quality inspection for printed paper products—
Part 4: Primary and secondary school textbooks

2017-12-29 发布　　2018-07-01 实施

中华人民共和国国家质量监督检验检疫总局
中国国家标准化管理委员会　发布

前　言

GB/T 34053《纸质印刷产品印制质量检验规范》包括但不限于以下6个部分：

——第1部分：术语；

——第2部分：抽样判定规则；

——第3部分：图书期刊；

——第4部分：中小学教科书；

——第5部分：报纸；

——第6部分：折叠纸盒；

……

本部分为GB/T 34053的第4部分。

本部分按照GB/T 1.1—2009给出的规则起草。

请注意本文件的某些内容可能涉及专利。本文件的发布机构不承担识别这些专利的责任。

本部分由中华人民共和国国家新闻出版广电总局提出。

本部分由全国印刷标准化技术委员会(SAC/TC 170)归口。

本部分起草单位：山东临沂新华印刷物流集团有限责任公司、深圳市三上实业有限公司、国家新闻出版广电总局出版产品质量监督检测中心、北京康得新功能材料有限公司、浙江新华数码印务有限公司、国家纸制品质量监督检验中心、人民教育出版社有限公司、湖南天闻新华印务有限公司、北京盛通印刷股份有限公司、安徽新华印刷股份有限公司、芬欧汇川(中国)有限公司、江苏中润油墨有限公司、深圳职业技术学院。

本部分起草人：郭绪、邢红权、李林虎、孟庆方、纪小宾、田森、赵红霞、嵇俊、陈春霞、信君、彭亚强、梁利辉、吴宁、袁晓宇、王晓奇、陈明权、朱洁、王伟。

纸质印刷产品印制质量检验规范 第4部分：中小学教科书

1 范围

GB/T 34053 的本部分规定了中小学教科书产品质量检验判定所涉及的术语和定义、产品质量要求、检验方法和判定规则。

本部分适用于中小学教科书，其他类教材及中小学教辅材料可参照使用。

2 规范性引用文件

下列文件对于本文件的应用是必不可少的。凡是注日期的引用文件，仅注日期的版本适用于本文件。凡是不注日期的引用文件，其最新版本(包括所有的修改单)适用于本文件。

GB/T 451.2 纸和纸板定量的测定

GB/T 457 纸和纸板 耐折度的测定

GB/T 1543 纸和纸板 不透明度(纸背衬)的测定(漫反射法)

GB/T 7705—2008 平版装潢印刷品

GB/T 7974 纸、纸板和纸浆 蓝光漫反射因数 D_{65} 亮度的测定(漫射/垂直法，室外日光条件)

GB/T 10739 纸、纸板和纸浆试样处理和试验的标准大气条件

GB/T 12914—2008 纸和纸板 抗张强度的测定

GB/T 18722 印刷技术 反射密度测量和色度测量在印刷过程控制中的应用

GB/T 30326—2013 平装书籍要求

GB/T 34053.1 纸质印刷产品印制质量检验规范 第1部分：术语

GB/T 34053.2 纸质印刷产品印制质量检验规范 第2部分：抽样判定规则

CY/T 3 色评价照明和观察条件

CY/T 40—2007 书刊装订用 EVA 型热熔胶使用要求及检测方法

3 术语和定义

GB/T 34053.1 界定的术语和定义适用于本文件。

4 产品质量要求

4.1 外观质量要求

外观质量应符合表1要求。

表 1 外观质量检验项目技术要求及不合格分类

检验项目		技术要求	不合格分类	
			A类	B类
成品尺寸偏差/mm		±1.5	<—3.0 或>3.0	[—3.0,—1.5)或(1.5,3.0]
成品歪斜误差/mm		≤1.5	≥3.0	(1.5,3.0)
岗线高度/mm		≤1.0	—	>1.0
书背字平移、歪斜偏差/mm	书背宽度	书背文字中心线对书背中心线平移允差	当书背字设计符合技术要求,书背字进入封1或封4	书背文字中心线对书背中心线平移允差
	≤10	≤1.0		>1.0
	10～20	≤2.0		>2.0
	>20	≤2.5		>2.5
成品裁切		光滑	—	严重刀花
		完整	有效图文被裁切	有连刀页;破头长度>5 mm
整体外观		干净,平整	—	有划痕,脏迹,小页、皱褶、折角
		书背方正,平实	—	有空泡、皱褶、明显圆背、破头
		钉脚平整、牢固	有坏钉、漏钉、重钉、掉页	—

注 1:表中"—"表示无此类不合格,表 2～表 5 同。

注 2:[a,b)表示≥a 且 <b;(a,b]表示>a 且≤b;[a,b]表示≥a 且≤b;(a,b)表示>a 且<b,表 2～表 5 同。

4.2 印刷质量要求

印刷质量应符合表 2 和表 3 要求。

表 2 纸张检验项目技术要求及不合格分类

检验项目		技术要求	不合格分类	
			A类	B类
纸张耐折度(横向)/次	涂布纸	≥8	<6	[6,8)
	非涂布纸			
正文纸亮(白)度/%		72.0～90.0	—	<72.0 或>90.0
纸张定量偏差/%	非涂布纸允差	[—4,4]	<—4 或>4	—
	涂布纸允差	[—5,5]	<—5 或>5	—
纸张抗张指数/(N·m/g)	卷筒纸(纵向)	≥40.0	<35.0	[35,40)
	平板纸(纵横平均)	≥30.0	<27.0	[27,30)
纸张不透明度/%		≥82.0	—	<82.0

表 3 印刷质量检验项目技术要求及不合格分类

检验项目		技术要求	不合格分类	
			A类	B类
图像、文字、线条		清晰，完整	影响阅读的重影、缺笔、断画、糊版	轻微重影
套印误差/mm	封面	≤0.10	＞0.20	(0.10,0.20]
	正文	≤0.20	＞0.30	(0.20,0.30]
同批同位置色差$\triangle E^*_{ab}$	L^*＞50.00	ΔE^*_{ab}≤6.00	—	ΔE^*_{ab}＞6.00
	L^*≤50.00	ΔE^*_{ab}≤5.00	—	ΔE^*_{ab}＞5.00

4.3 表面整饰质量要求

表面整饰质量应符合表 4 要求。

表 4 表面整饰质量检验项目技术要求及不合格分类

检验项目	技术要求	不合格分类	
		A类	B类
覆膜	图文清晰，表面干净、平整，粘结牢固	起泡、起皱最大长度＞3 mm，纸膜剥离，膜与纸间含异物，亏膜宽度＞5.0 mm	小气泡、封面卷曲，亏膜宽度≤5.0 mm
涂布上光	涂布均匀，光洁	严重划痕，粘脏，涂布缺失	—

4.4 成型质量要求

成型质量应符合表 5 要求。

表 5 成型质量检验项目技术要求及不合格分类

检验项目			技术要求	不合格分类	
				A类	B类
书芯	书页		页面、页码顺序正确	错帖、破页、白页	褶皱、折角、轻微划伤、脏迹
	接版偏差/mm		≤1.5	＞2.0	(1.5,2.0]
	页码位置偏差/mm	全书允差	≤7.0	—	＞7.0
		相连页允差	≤4.0	—	＞4.0
	版心歪斜度/%		≤3.5	—	＞3.5
胶粘订	书芯与背胶		书背方正，粘结牢固，胶层均匀	散页、掉页、背胶断裂	EVA 胶装露胶根，空泡、空背，书背歪斜
	书芯粘结强度/(N/cm)		≥4.5	—	＜4.5
	侧胶粘结宽度/mm		3.0～6.0 粘结牢固	完全开胶	＜3.0 或＞6.0； 溢胶，野胶，部分开胶

表 5（续）

<table>
<tr><th colspan="3" rowspan="2">检验项目</th><th rowspan="2">技术要求</th><th colspan="2">不合格分类</th></tr>
<tr><th>A类</th><th>B类</th></tr>
<tr><td rowspan="2">骑马订</td><td rowspan="2">订位/mm</td><td>允差</td><td>外钉眼距书脊长上下各 1/4 处，±3.0</td><td>—</td><td><−3.0 或>3.0</td></tr>
<tr><td>钉锯偏离折缝</td><td>≤1.0</td><td>>2.0</td><td>(1.0,2.0]</td></tr>
</table>

5 检验方法

5.1 检验条件

5.1.1 环境温度为(23±5)℃；相对湿度为(60^{+15}_{-10})%。

5.1.2 彩色印刷品的观样光源符合 CY/T 3 的规定。

5.1.3 纸张检测条件符合 GB/T 10739 的要求。

5.2 测量方法

5.2.1 目测法

表 1 中的成品裁切、整体外观，表 3 中的图像、文字、线条，表 4 中的覆膜、涂布上光，表 5 中的书页、书芯与背胶、侧胶粘结宽度等检验项目的定性技术要求采用目测法进行检验。

5.2.2 测量法

5.2.2.1 使用分度值为 0.1 mm 的标准量具对长度相关的检验项目进行测量。

5.2.2.2 纸张定量：按照 GB/T 451.2 的规定进行检测。

5.2.2.3 纸张亮(白)度的检测：按照 GB/T 7974 进行检测。

5.2.2.4 纸张耐折度按 GB/T 457 进行检测。

5.2.2.5 纸张抗张指数按 GB/T 12914—2008 中恒速拉伸法进行检测。

5.2.2.6 纸张不透明度按 GB/T 1543 进行检测。

5.2.2.7 成品歪斜误差：测量书册对角线的长度差即为成品歪斜误差；当书册轮廓呈现等腰梯形时，测量相对应边的长度差即为成品歪斜误差。

5.2.2.8 版心歪斜度的测量：测量版心长边边缘两端距离书册边缘线的距离差以及版心长度，此差值占版心的百分比即为版心歪斜度(如图 1、图 2 所示)。计算见式(1)：

$$S=\frac{|L_2-L_1|}{L}\times 100\% \qquad \cdots\cdots(1)$$

式中：

S ——版心歪斜度；

L ——版心长度；

L_1——长边边缘距离书册边缘线的距离 1；

L_2——长边边缘距离书册边缘线的距离 2。

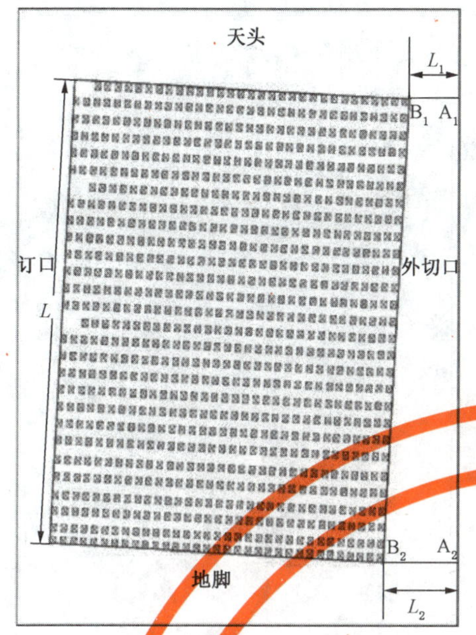

图 1 竖式装订版心歪斜度测量示意图

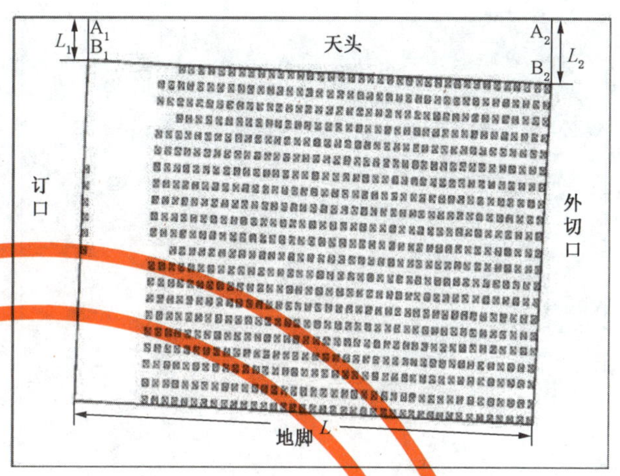

图 2 横式装订版心歪斜度测量示意图

5.2.2.9 书背字平移误差及歪斜误差的测量:按照 GB/T 30326—2013 中 8.6 规定的方法测量。

5.2.2.10 书芯粘结强度的测量:用精度不低于 0.1 N 的粘结强度试验机按照 CY/T 40—2007 中 5.7 规定的方法测量。

5.2.2.11 套印误差:使用带刻度的放大镜(分度值为 0.01 mm),对套印误差或重影进行测量。

5.2.2.12 同批同位置色差:使用符合 GB/T 18722 要求的分光光度计,按照 GB/T 7705—2008 中 6.6 规定的方法,以被检批样品的 CLE $L^*a^*b^*$ 均匀色空间的 L^* 值、a^* 值、b^* 值的平均值作为基准测量同批同位置色差。

5.2.2.13 接版误差:使用带刻度的放大镜(分度值为 0.1 mm)进行测量。

6 判定规则

6.1 单件产品质量判定

经检验,受检样品存在 1 项及以上 A 类不合格项目,或存在 4 项及以上 B 类不合格项目时,判定其为不合格品。否则,判定其为合格品。

6.2 批质量的判定

依据 GB/T 34053.2 进行检验批的质量判定。

五、校　　服

- GB/T 22854—2009　针织学生服
- GB/T 23328—2009　机织学生服
- GB/T 28468—2012　中小学生交通安全反光校服
- GB/T 31888—2015　中小学生校服

ICS 59.080.30
W 63

中华人民共和国国家标准

GB/T 22854—2009

针织学生服

Knitted school uniform

2009-04-21 发布　　　　2009-12-01 实施

中华人民共和国国家质量监督检验检疫总局
中国国家标准化管理委员会　发布

前　言

本标准的附录 A、附录 B 为规范性附录。

本标准由中国纺织工业协会提出。

本标准由全国纺织品标准化技术委员会针织品分技术委员会归口(SAC/TC 209/SC 6)。

本标准起草单位:浙江省纤维检验局、深圳市纤维纺织检测所、安踏(中国)有限公司、深圳默根服装有限公司、温州市智升服装有限公司、国家针织产品质量监督检验中心、北京市服装质量监督检验一站等。

本标准主要起草人:徐勤、杨志敏、于建军、李苏、张岩峰、李光亮、裘日亮、王艺。

针 织 学 生 服

1 范围

本标准规定了针织学生服的号型、要求、检验规则、判定规则、产品使用说明、包装、运输和贮存。

本标准适用于鉴定以针织物为主要原料成批生产的学生服产品。

2 规范性引用文件

下列文件中的条款通过本标准的引用而成为本标准的条款。凡是注日期的引用文件,其随后所有的修改单(不包括勘误的内容)或修订版均不适用于本标准,然而,鼓励根据本标准达成协议的各方研究是否可使用这些文件的最新版本。凡是不注日期的引用文件,其最新版本适用于本标准。

GB/T 250 纺织品 色牢度试验 评定变色用灰色样卡(GB/T 250—2008,ISO 105-A02:1993,IDT)

GB/T 251 纺织品 色牢度试验 评定沾色用灰色样卡(GB/T 251—2008,ISO 105-A03:1993,IDT)

GB/T 1335(所有部分) 服装号型

GB/T 2910 纺织品 二组分纤维混纺产品定量化学分析方法(GB/T 2910—1997,eqv ISO 1883:1977)

GB/T 2911 纺织品 三组分纤维混纺产品定量化学分析方法(GB/T 2911—1997,eqv ISO 5088:1976)

GB/T 2912.1 纺织品 甲醛的测定 第1部分:游离水解的甲醛(水萃取法)

GB/T 3920 纺织品 色牢度试验 耐摩擦色牢度(GB/T 3920—2008,ISO 105-X12:2001,MOD)

GB/T 3921 纺织品 色牢度试验 耐皂洗色牢度(GB/T 3921—2008,ISO 105-C10:2006,MOD)

GB/T 3922 纺织品耐汗渍色牢度试验方法(GB/T 3922—1995,eqv ISO 105-E04:1994)

GB/T 4802.1 纺织品 织物起毛起球性能的测定 第1部分:圆轨迹法

GB 5296.4 消费品使用说明 纺织品和服装使用说明

GB/T 5713 纺织品 色牢度试验 耐水色牢度

GB/T 6411 针织内衣规格尺寸系列

GB/T 8170 数值修约规则与极限数值的表示和判定

GB/T 8427 纺织品 色牢度试验 耐人造光色牢度:氙弧

GB/T 8878 棉针织内衣

GB/T 14576 纺织品耐光、汗复合色牢度试验方法

GB 18401 国家纺织产品基本安全技术规范

GB/T 19976 纺织品 顶破强力的测定 钢球法

FZ/T 01031 针织物和弹性机织物接缝强力和伸长率的测试 抓样拉伸法

FZ/T 01053 纺织品 纤维含量的标识

FZ/T 01057(所有部分) 纺织纤维鉴别试验方法

FZ/T 01095 纺织品 氨纶产品纤维含量的试验方法

FZ/T 80002 服装标志、包装、运输和贮存

GSB 16-1523—2002 针织物起毛起球样照

GSB 16-2159—2007　针织产品标准深度样卡(1/12)
GSB 16-2500—2008　针织物表面疵点彩色样照

3　号型

针织学生服号型设置按 GB/T 1335(所有部分)或 GB/T 6411 规定选用执行。

4　要求

4.1　要求内容

要求分为内在质量和外观质量两个方面。内在质量包括顶破强力、接缝强力、水洗尺寸变化率、水洗后扭曲率、耐皂洗色牢度、耐汗渍色牢度、耐摩擦色牢度,耐光、汗复合色牢度,耐水色牢度、耐光色牢度、印花耐皂洗色牢度、印花耐摩擦色牢度、起球、甲醛含量、pH 值、可分解芳香胺染料、异味、纤维含量、拼接互染程度等项指标。外观质量包括表面疵点、规格尺寸偏差、本身尺寸差异、缝制规定等项指标。

4.2　分等规定

4.2.1　针织学生服的质量等级分为优等品、一等品和合格品。

4.2.2　针织学生服的质量定等:内在质量按批以最低一项评等,外观质量按件以最低一项评等,二者结合以最低等级定等。

4.3　内在质量要求

内在质量要求见表 1。

表 1　内在质量要求

项　　目		优等品	一等品	合格品
顶破强力/N　≥		180		
接缝强力/N　≥	裤后裆缝	140		
水洗尺寸变化率/%	直向	−4.0～+2.0	−5.5～+3.0	−6.5～+3.0
	横向	−4.0～+2.0	−5.5～+3.0	−6.5～+3.0
水洗后扭曲率/%　≤	上衣	5.0	6.0	7.0
	裤子	1.5	2.5	3.0
耐皂洗色牢度/级　≥	变色	4	3-4	3
	沾色	4	3-4	3
耐汗渍色牢度/级　≥	变色	4	3-4	3
	沾色	4	3-4	3
耐水色牢度/级　≥	变色	3-4	3	3
	沾色	3-4	3	3
耐摩擦色牢度/级　≥	干摩	4	3-4	3
	湿摩	3	3(深 2-3)	2-3
印花耐皂洗色牢度/级　≥	变色	3-4	3	3
	沾色	3-4	3	3
印花耐摩擦色牢度/级　≥	干摩	3-4	3	3
	湿摩	3	2-3	2

表 1（续）

项　　目	优等品	一等品	合格品
耐光色牢度/级　≥	4	4(浅色 3)	3
耐光、汗复合色牢度(碱性)/级　≥	3-4	3	2-3
起球/级　≥	4.0	3.5	3.0
甲醛含量/(mg/kg)	按 GB 18401 规定执行		
pH 值			
异味			
可分解芳香胺染料/(mg/kg)			
纤维含量(净干含量)/%	按 FZ/T 01053 规定执行		
拼接互染程度/级　≥	4-5	4	3-4

色别分档按 GSB 16-2159—2007，>1/12 标准深度为深色，≤1/12 标准深度为浅色。
注 1：茄克式学生服上衣不考核水洗后扭曲率。
注 2：磨毛、起绒类产品不考核起球。
注 3：弹性织物产品不考核横向水洗尺寸变化率，短裤不考核水洗尺寸变化率。
注 4：拼接互染程度只考核深色与浅色相拼接的产品。
注 5：耐光、汗复合色牢度只考核 B 类(直接接触皮肤)产品。

4.4 外观质量要求

4.4.1 表面疵点规定见表 2。

表 2 表面疵点规定

序号	疵点名称		优等品	一等品	合格品
1	毛丝		不允许		
2	色差(不低于)		主料之间 4 级，主副料之间 3-4 级		
3	大肚纱、长花针		主要部位：不允许，次要部位：轻微者允许	轻微者允许	
4	修疤、变质、残破		不允许		
5	丝拉紧(挂紧丝)		不允许	累计不超过 5 cm	累计不超过 8 cm
6	油棉飞花		不允许	布面平整无洞眼者 1 cm 一处	布面平整无洞眼者 1 cm 两处
7	门襟	不平直	不允许	轻微的允许	明显的允许，显著的不允许
8	拉链	绱拉链不平服、不顺直	不允许	轻微的允许	明显的允许，显著的不允许
		拉链拉脱	不允许		
9	熨烫	不平服	不允许	轻微的允许	明显的允许，显著的不允许
		烫黄、烫焦	不允许		
10	锁眼间距		锁眼间距互差不大于 0.3 cm	锁眼间距互差不大于 0.5 cm	锁眼间距互差不大于 0.8 cm

表 2（续）

序号	疵点名称	优等品	一等品	合格品
11	扣眼互差	扣与眼位互差不大于 0.2 cm	扣与眼位互差不大于 0.3 cm	扣与眼位互差不大于 0.5 cm
12	钉扣不牢	不允许		
13	丢工、错工、缺件	不允许		

表面疵点程度按 GSB 16-2500—2008 执行。

注 1：未列入表内的疵点按 GB/T 8878 中表面疵点评等规定执行。

注 2：主要部位是指上衣前身上部的三分之二(包括领窝露面部位)，裤类无主要部位。

注 3：在同一件产品上只允许有两个同等级的极限表面疵点，超过者降一个等级。

注 4：轻微：直观上不明显，通过仔细辩认才可看出。明显：不影响整体效果，但能感觉到疵点的存在。显著：明显影响整体效果的疵点。

4.4.2 规格尺寸偏差见表 3。

表 3 规格尺寸偏差

单位为厘米

项目		身高 160 cm 及以下			身高 160 cm 以上		
		优等品	一等品	合格品	优等品	一等品	合格品
衣长		−0.5	−1.0	−1.0	±1.0	+2.0 −1.5	+2.0 −2.0
1/2 胸(腰)围		−0.5	−1.0	−1.5	±1.0	±1.5	±2.0
袖长	长袖	−0.5	−1.0	−1.0	±1.0	±1.5	±2.0
	短袖	−0.5	−1.0	−1.0	−1.0	−1.0	−1.5
裤长	长裤	−1.0	−1.5	−1.5	±1.0	±1.5	±2.0
	短裤	−0.5	−1.0	−1.0	−1.0	−1.5	−2.0
总肩宽		±0.5	±0.8	±1.0	±1.0	±1.5	±2.0
挂肩		−0.5	−0.8	−1.0	−1.0	−1.5	−2.0
直裆		±1.0	±1.5	±1.5	±1.0	±1.5	±2.0
横裆		−1.0	−1.5	−2.0	−1.0	−1.5	−2.0
袖口宽		±0.5	±0.5	±0.5	±0.5	±0.5	±0.5

4.4.3 本身尺寸差异见表 4。

表 4 本身尺寸差异

单位为厘米

项目		优等品	一等品	合格品
门襟、左右侧缝不一		0.5	0.8	1.0
肩宽不一		0.5	0.8	1.0
挂肩不一		1.0	1.0	1.5
袖长不一	长袖	0.8	1.0	1.5
	短袖	0.5	0.8	1.0
裤长不一	长裤	0.8	1.0	1.5
	短裤	0.5	0.8	1.0
腿阔不一		0.8	1.0	1.5

4.4.4 成衣测量部位及规定(精确至 0.1 cm)

4.4.4.1 长袖衫测量部位见图 1。

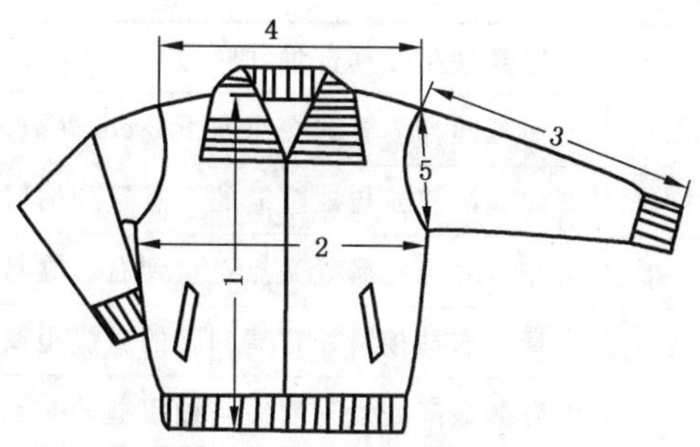

1——衣长；
2——1/2 胸围；
3——袖长；
4——总肩宽；
5——挂肩。

图 1　长袖衫测量部位

4.4.4.2 短袖衫测量部位见图 2。

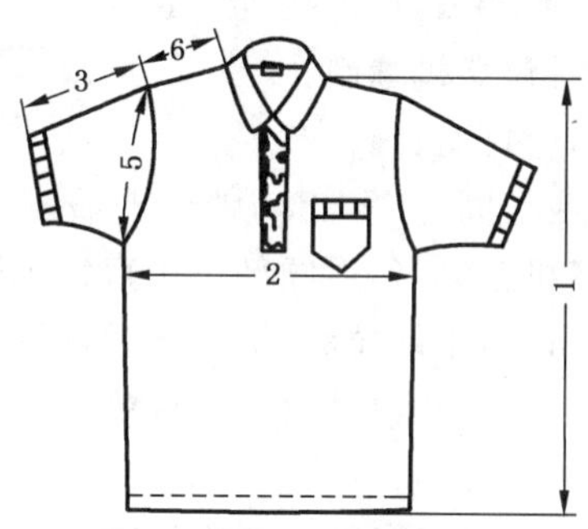

1——衣长；
2——1/2 胸围；
3——袖长；
5——挂肩；
6——单肩宽。

图 2　短袖衫测量部位

4.4.4.3 裤子测量部位见图 3。

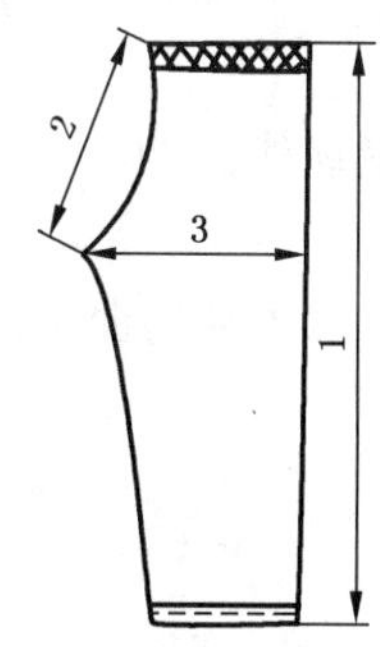

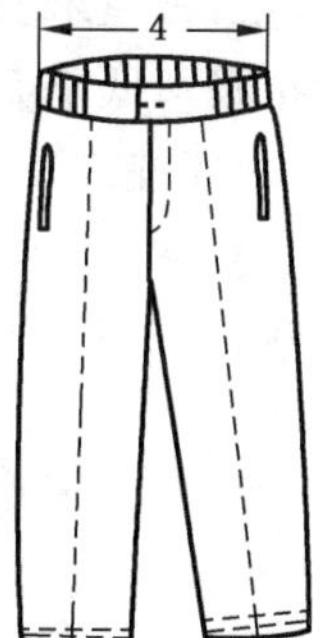

1——裤长；
2——直裆；
3——横裆；
4——1/2 腰围。

图 3　裤子测量部位

4.4.4.4 成衣测量部位规定见表 5。

表 5 成衣测量部位规定

类别	序号	部位	测量规定
上衣类	1	衣长	由肩缝最高处垂直量到底边
	2	1/2 胸围	由袖窿缝与侧缝的交点向下 2 cm 处横量
	3	袖长	平袖式由肩缝与袖窿缝的交点量到袖口边,插肩式由后领中间量到袖口边
	4	总肩宽	由左肩缝与袖窿缝交点直量到右肩缝与袖窿缝交点
	5	挂肩	大身和衣袖接缝处自肩到腋的直线距离
	6	单肩宽	由肩缝最高处量到肩缝与袖窿缝的交点
裤类	1	裤长	沿裤缝由侧腰边垂直量到裤口边
	2	直裆	裤身相对折,从腰边口向下斜量到裆角处
	3	横裆	裤身相对折,从裆角处横量
	4	1/2 腰围	腰边横量

4.4.5 缝制规定(不分品等)

4.4.5.1 合肩处,应加衬本料直纹条或纱带,在包缝机上缝制。

4.4.5.2 合缝处明缝迹用四线或五线包缝机缝制。

4.4.5.3 平缝机的针迹缝到边口处,应打回针。

4.4.5.4 沿边包缝合缝处应打回针或加固。

4.4.5.5 双针机绷缝:凡上领用包缝机缝制者,后领部位用双针机绷缝或包领条。

4.4.5.6 领型端正,门襟平直,拉链滑顺,不能拉脱,熨烫平整,线头修清。

4.4.5.7 采用适合于面料的纽扣、拉链以及金属附件,无残疵。洗后不变形,不生锈、不变色。

4.4.5.8 针迹密度规定见表 6。

表 6 针迹密度规定

单位为针迹数每 2 厘米

机种	平缝机	四线包缝机	双针绷缝机	平双针压条机	三针机	宽紧带机	包缝卷边机	捏缝机
针迹数(不低于)	9	8	7	8	9	7	7	8

4.4.5.9 测量针迹密度以一个缝纫过程的中间处计量。

4.4.5.10 锁眼机针迹密度按角计量,每厘米长度 8 针~9 针,两端各打套结 2 针~3 针。

4.4.5.11 钉扣的针迹密度,每个扣眼不低于 5 针。

4.4.5.12 缝纫针迹密度不得低于表 6 规定。各部位缝纫线迹 20 cm 内不得有两处连续跳针,链缝不允许跳线。

4.4.5.13 各部位缝制线路顺直、整齐、平服、牢固,明线部位缝纫曲折高低不大于 0.3 cm。

5 检验规则

5.1 抽样数量

5.1.1 外观质量按批随机采样 1%~3%,但不得少于 20 件(条)。

5.1.2 内在质量按批随机采样 5 件(条),不足时可增加件(条)数。

5.2 外观质量检验条件

5.2.1 一般采用灯光检验,用 40 W 青光或白光日光灯一支上面加灯罩,灯罩与检验台面中心垂直距离为 80 cm±5 cm。

5.2.2 如在室内利用自然光,光源射入方向为北向左(或右)上角,不能使阳光直射产品。

5.2.3 检验时应将产品平放在检验台上，台面铺白布一层，检验人员的视线应正视平摊产品的表面，目光与产品中间距离为 35 cm 以上。

5.3 试验方法

5.3.1 试样准备和试验条件

实验室温度为 20 ℃±2 ℃，相对湿度为 65%±4%。顶破强力、接缝强力、水洗尺寸变化率、水洗后扭曲率试验前，将试样在常温下展开平放 20 h，然后进入实验室展开平放 4 h 后进行试验。

5.3.2 顶破强力试验

按 GB/T 19976 规定执行，钢球的直径为 38 mm±0.02 mm。

5.3.3 裤后裆接缝强力试验

测试 1 条，取样部位按附录 A 执行。试验按 FZ/T 01031 方法 B 规定执行。

5.3.4 水洗尺寸变化率试验

按 GB/T 8878 规定执行，测试 3 件(条)。

5.3.5 水洗后扭曲率试验

5.3.5.1 水洗后扭曲率测量方法：将做完水洗尺寸变化率的成衣平铺在光滑的台上，用手轻轻拍平，每件成衣以扭斜程度最大的一边测量，以 3 件样品扭曲率的平均值作为计算结果。

5.3.5.2 成衣扭曲测量部位

5.3.5.2.1 上衣扭曲测量部位见图 4。

a——侧缝与袖窿交叉处垂到底边的点与水洗后侧缝与底边交点间的距离；

b——侧缝与袖窿缝交叉处垂直到底边的距离。

图 4 上衣扭曲测量部位

5.3.5.2.2 裤子扭曲测量部位见图 5。

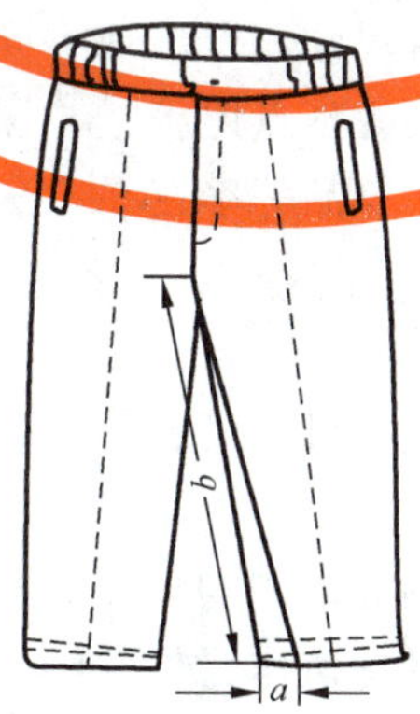

a——内侧缝与裤口边交叉点与水洗后内侧缝与底边交点间的距离；

b——裆底点到裤边口的内侧缝距离。

图 5 裤子扭曲测量部位

5.3.5.3 扭曲率计算方法见式(1)，结果按 GB/T 8170 修约，精确至 0.1。

$$F = a/b \times 100 \qquad (1)$$

式中：

F——扭曲率，%。

5.3.6 耐皂洗色牢度、印花耐皂洗色牢度试验

按 GB/T 3921 规定执行，试验条件按 A(1)执行。

5.3.7 耐汗渍色牢度试验

按 GB/T 3922 规定执行。

5.3.8 耐摩擦色牢度、印花耐摩擦色牢度试验

按 GB/T 3920 规定执行，只做直向。

5.3.9 耐光、汗复合色牢度试验

按 GB/T 14576 规定执行。

5.3.10 耐水色牢度试验

按 GB/T 5713 执行。

5.3.11 耐光色牢度试验

按 GB/T 8427 方法 3 规定执行。

5.3.12 起球试验

按 GB/T 4802.1 规定执行，其中压力为 780 cN，起毛次数 0 次，起球次数 600 次，评级按 GSB 16-1523—2002 评定。

5.3.13 甲醛含量试验

按 GB/T 2912.1 规定执行。

5.3.14 pH 值、可分解芳香胺染料、异味试验

按 GB 18401 规定执行。

5.3.15 纤维含量试验按 GB/T 2910、GB/T 2911、FZ/T 01057(所有部分)、FZ/T 01095 等规定执行。

5.3.16 拼接互染程度试验

按附录 B 执行。

5.3.17 色牢度评级

按 GB/T 250、GB/T 251 评定。

6 判定规则

6.1 外观质量

6.1.1 同件产品上，当规格尺寸偏差、本身尺寸偏差出现不同品等部位，表面疵点、缝制质量出现不同品等疵点时，分别按最低品等部位和最低品等疵点评等。

6.1.2 外观质量按件计算不符品等率。不符品等率在 0.5%及以内者，判定该批产品合格。不符品等率在 5.0%以上者，判该批产品不合格。

6.2 内在质量

6.2.1 顶破强力、水洗后扭曲率、起球检验结果，分别取全部测试样的算术平均值，合格者判定该批产品合格，不合格者判定该批产品不合格。

6.2.2 水洗尺寸变化率以三件(条)试样的算术平均值作为检验结果。若同时存在收缩与倒涨试验结果时，以收缩(或倒涨)的两件试样的算术平均值作为检验结果，合格者判定该批产品合格，不合格者判定该批产品不合格。

6.2.3 接缝强力、纤维含量、甲醛含量、pH 值、可分解芳香胺染料、异味检验结果合格者判定该批产品合格，不合格者判定该批产品不合格。

6.2.4 耐皂洗色牢度、耐汗渍色牢度、耐水色牢度、耐摩擦色牢度、印花耐皂洗色牢度、印花耐摩擦色牢度、耐光色牢度，耐光、汗复合色牢度，拼接互染程度检验合格者，判定该批产品合格，不合格者分色别判

定该批产品不合格。

6.3 复验

6.3.1 任何一方对检验结果(异味除外)有异议时,均可要求复验。

6.3.2 要求复验时,应保留要求复验批的全部。

6.3.3 复验时检验数量为验收时检验数量的2倍,复验结果按本标准6.1、6.2规定执行,以复验结果为准。

7 产品使用说明、包装、运输和贮存

7.1 产品使用说明按GB 5296.4规定执行。

7.2 产品包装按FZ/T 80002或企业自定。

7.3 产品运输应防潮、防火、防污染。

7.4 产品应存放在阴凉、通风、干燥库房内。

附　录　A
（规范性附录）
裤后裆接缝强力试验取样部位示意图

裤后裆接缝强力试验取样部位见图 A.1。

单位为厘米

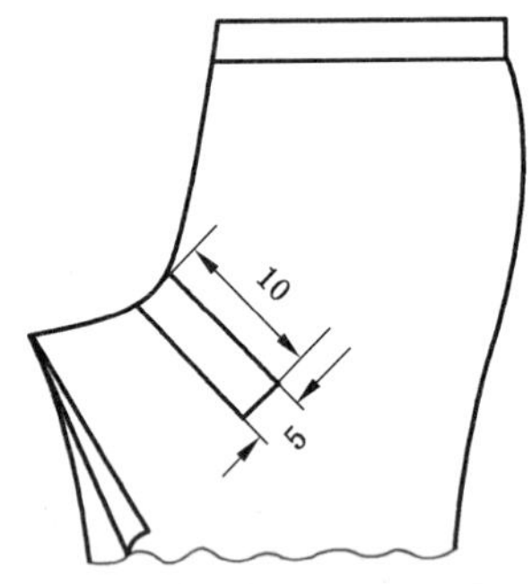

图 A.1　裤后裆接缝强力试验取样部位示意图

附 录 B
（规范性附录）
拼接互染程度测试方法

B.1 原理

成衣中拼接的两种不同颜色的面料组合成试样，放于皂液中，在规定的时间和温度条件下，经机械搅拌，再经冲洗、干燥。用灰色样卡评定试样的沾色。

B.2 试验要求与准备

B.2.1 在成衣上选取面料拼接部位，以拼接接缝为样本中心，取样尺寸为 40 mm×200 mm，使试样的一半为拼接的一个颜色，另一半为另一个颜色。

B.2.2 成衣上无合适部位可直接取样的，可在成衣或该批产品的同批面料上分别剪取拼接面料的 40 mm×100 mm，再将两块试样沿短边缝合成组合试样。

B.2.3 对于拼接面料很窄或加牙产品的取样，以拼接面料或拆开加牙部位，剪取最大面积，再将两块试样沿短边缝合成组合试样。

B.3 试验操作程序

B.3.1 按 GB/T 3921 进行洗涤测试，试验条件按 A(1)执行。

B.3.2 用 GB/T 251 样卡评定试样中两种面料的沾色。

ICS 61.020
Y 76

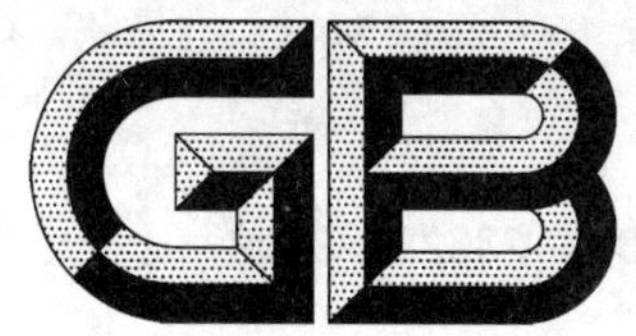

中华人民共和国国家标准

GB/T 23328—2009

机 织 学 生 服

Woven garments for students

2009-03-19 发布 2010-01-01 实施

中华人民共和国国家质量监督检验检疫总局
中国国家标准化管理委员会 发布

前　言

本标准的附录A、附录B为规范性附录。

本标准由中国纺织工业协会提出。

本标准由全国服装标准化技术委员会(SAC/TC 219)归口。

本标准由全国服装标准化技术委员会负责解释。

本标准主要起草单位:深圳市计量质量检测研究院、上海市服装研究所、深圳市默根服装有限公司、深圳市东泰服饰制品有限公司、深圳市裕达服装有限公司、深圳市思贝特服饰用品有限公司。

本标准主要起草人:杨志敏、许鉴、袁惠芸、钱国庆、李业赞、李光亮、陈汉武、戴伟烽、滕万红、陈国强。

机 织 学 生 服

1 范围

本标准规定了机织学生服的要求、检测方法、检验分类规则以及标志、包装、运输和贮存等技术特征。

本标准适用于以纺织机织物为主要面料生产的学生服。

2 规范性引用文件

下列文件中的条款通过本标准的引用而成为本标准的条款。凡是注日期的引用文件，其随后所有的修改单(不包括勘误的内容)或修订版均不适用于本标准，然而，鼓励根据本标准达成协议的各方研究是否可使用这些文件的最新版本。凡是不注日期的引用文件，其最新版本适用于本标准。

GB/T 250 纺织品 色牢度试验 评定变色用灰色样卡

GB/T 1335.1 服装号型 男子

GB/T 1335.2 服装号型 女子

GB/T 1335.3 服装号型 儿童

GB/T 2910 纺织品 二组分纤维混纺产品定量化学分析方法

GB/T 2911 纺织品 三组分纤维混纺产品定量化学分析方法

GB/T 2912.1 纺织品 甲醛的测定 第1部分：游离水解的甲醛(水萃取法)

GB/T 3920 纺织品 色牢度试验 耐摩擦色牢度

GB/T 3921 纺织品 色牢度试验 耐皂洗色牢度

GB/T 3922 纺织品耐汗渍色牢度试验方法

GB/T 3923.1 纺织品 织物拉伸性能 第1部分：断裂强力和断裂伸长率的测定 条样法

GB/T 4802.1 纺织品 织物起毛起球性能的测定 第1部分：圆轨迹法

GB/T 4841.3 染料染色标准深度色卡 2/1、1/3、1/6、1/12、1/25

GB 5296.4 消费品使用说明 纺织品和服装使用说明

GB/T 5713 纺织品 色牢度试验 耐水色牢度

GB/T 7573 纺织品 水萃取液pH值的测定

GB/T 8170 数值修约规则与极限数值的表示和判定

GB/T 8427 纺织品 色牢度试验 耐人造光色牢度：氙弧

GB/T 8629 纺织品 试验用家庭洗涤和干燥程序

GB/T 9995 纺织材料含水率和回潮率的测定 烘箱干燥法

GB/T 17592 纺织品 禁用偶氮染料的测定

GB 18401 国家纺织产品基本安全技术规范

GB/T 21295 服装理化性能的技术要求

FZ/T 01053 纺织品 纤维含量的标识

FZ/T 01057(所有部分) 纺织纤维鉴别试验方法

FZ/T 01095 纺织品 氨纶产品纤维含量的试验方法

FZ/T 80002 服装标志、包装、运输和贮存

FZ/T 80004 服装成品出厂检验规则

3 要求

3.1 使用说明

使用说明按 GB 5296.4 和 GB 18401 的规定执行。

3.2 号型规格

3.2.1 号型设置按 GB/T 1335.1、GB/T 1335.2、GB/T 1335.3 的规定选用。

3.2.2 成品主要部位规格按 GB/T 1335.1、GB/T 1335.2、GB/T 1335.3 的有关规定自行设计。

3.3 原材料

3.3.1 面料

按国家有关纺织面料标准选用符合本标准质量要求的面料。

3.3.2 里料

采用与所用面料性能、色泽相适宜的里料。

3.3.3 辅料

3.3.3.1 衬布、垫肩

采用与面料尺寸变化率、性能、色泽相近的粘合衬和垫肩，其质量应符合相应产品标准的规定。

3.3.3.2 缝线

采用适合所用面料质量的缝线；绣花线的缩率应与面料相适应；钉扣线应与扣的色泽相适宜；钉商标线应与商标底色相适宜(装饰线除外)。

3.3.3.3 纽扣、拉链及金属附件

采用适合所用面料的纽扣(装饰扣除外)、拉链及金属附件，无残疵，外表光滑，无利边利角。

3.4 经纬纱向

前身顺翘，不允许倒翘。领面、后身、袖子、前后裤片的允斜程度不大于 3%，色织或印花、条格料不大于 2%。

3.5 对条对格

面料有明显条格在 1.0 cm 及以上的按表 1 规定。

表 1

单位为厘米

部位名称	对条对格规定	备　　注
左右前身	条料顺直，格料对横，互差不大于 0.3。	遇格子大小不一时，以衣长二分之一上部为主。
袋与前身	条料对条，格料对格，互差不大于 0.3。斜料贴袋左右对称，互差不大于 0.5(阴阳条格例外)。	遇格子大小不一时，以袋前部为主。
领尖、驳头	条料对称，互差不大于 0.2。	遇有阴阳格，以明显条格为主。
袖子	条料顺直，格料对横，以袖山为准，两袖对称，互差不大于 0.8。	—
背缝	条料对条，格料对横，互差不大于 0.3。	—
摆缝	格料对横，袖窿 10.0 以下互差不大于 0.4。	—
裤侧缝	侧缝袋口 10 以下处格料对横，互差不大于 0.4。	—

3.6 拼接

挂面在驳头下、最下扣眼位置以上允许一拼，但应避开扣眼位，领里可对称一拼(立领不允许)，裙子、裤子腰头在后中缝或侧缝处允许一拼，其他部位除设计需要外不允许拼接。

3.7 色差

领子、驳头、前后过肩、前腰头与大身的色差不低于4级,里子的色差不低于3-4级。覆粘合衬或多层料所造成的色差不低于3-4级,其他表面部位与大身色差不低于4级。套装中上装与下装的色差不低于4级。

3.8 外观疵点

外观疵点按表2规定,各部位划分见图1。每个独立部位只允许疵点一处,超过一处降为下一个缺陷等级,如:轻缺陷降为重缺陷,以此类推。

表2

疵点名称	各部位允许存在程度		
	1号部位	2号部位	3号部位
粗于二倍粗纱3根	不允许	长1 cm～3 cm	长3 cm～6 cm
粗于三倍粗纱4根	不允许	不允许	长小于2.5 cm
经缩	不允许	不明显	长小于4 cm,宽小于1 cm
颗粒状粗纱	不允许	不允许	不影响外观
色档	不允许	不影响外观	轻微
斑疵(油、锈、色斑)	不允许	不影响外观	不大于0.2 cm^2
注:未列入疵点按其形态,参照本表相似疵点执行。			

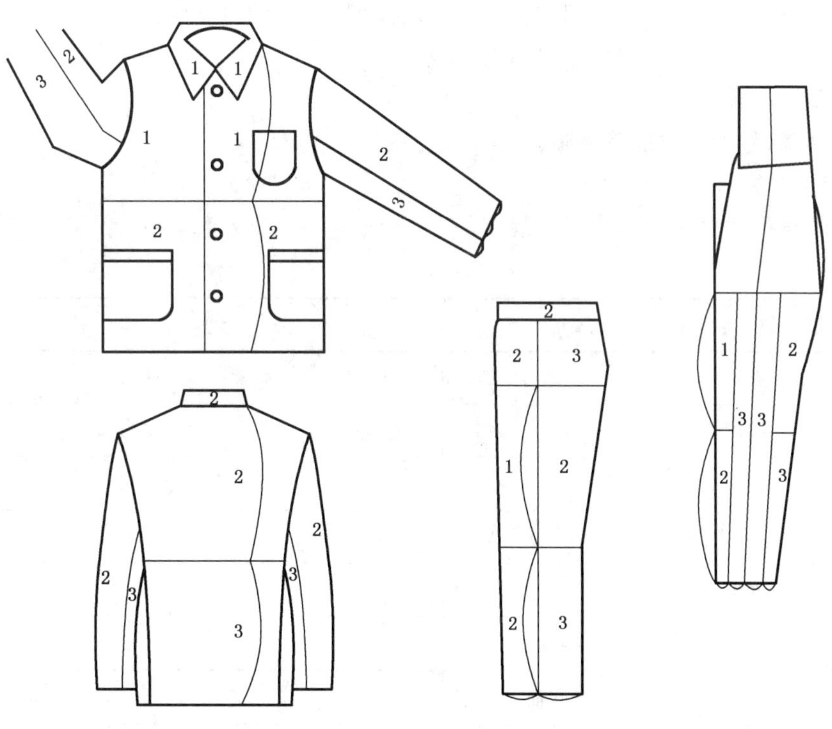

图1

3.9 缝制

3.9.1 针距密度按表3规定,特殊设计除外。

表 3

项目		针距密度	备注
明暗线		3 cm 不少于 12 针	—
包缝线		3 cm 不少于 9 针	—
手工针		3 cm 不少于 7 针	肩缝、袖窿、领子不少于 9 针
三角针		3 cm 不少于 5 针	以单面计算
锁眼	细线	1 cm 不少于 12 针	—
	粗线	1 cm 不少于 9 针	—
钉扣	细线	每眼不少于 8 根线	缠脚线高度与扣眼止口厚度相适应
	粗线	每眼不少于 6 根线	

3.9.2 各部位缝制平服，线路顺直、整齐、牢固，针迹均匀，上下线松紧要适宜，起止针处及袋口应回针缉牢。

3.9.3 领子平服，不反翘，领子部位明线不允许有接线。

3.9.4 绱袖圆顺，前后基本一致。袋与袋盖方正、圆顺，前后、高低一致。

3.9.5 各部位缝份不小于 0.8 cm。

3.9.6 所有外露缝份应全部包缝。

3.9.7 锁眼定位准确，大小适宜，扣与眼对位，整齐牢固。眼位不偏斜，锁眼针迹美观、整齐、平服。

3.9.8 钉扣牢固，扣脚高低适宜。钉扣不得钉在单层布上(装饰扣除外)，缠脚高度与扣眼厚度相适宜，缠绕三次以上(装饰扣不缠绕)，收线打结应结实完整，线结不外露。

3.9.9 四合扣上下扣松紧适宜，牢固，不脱落；扣与扣眼及四合扣上下要对位。

3.9.10 绱拉链缉线顺直，拉链带平服，左右高低一致。

3.9.11 对称部位基本一致。

3.9.12 商标位置端正，号型标志准确清晰。

3.10 规格尺寸允许偏差

成品主要部位规格尺寸允许偏差按表 4 规定。

表 4

单位为厘米

部位名称		允许偏差
衣长		±1.0
胸围		±2.0
领大		±0.8
总肩宽		±1.0
短袖袖长		±0.8
长袖袖长	装袖	±1.2
	连肩袖	±1.5
裤(裙)长		±1.0
腰围		±2.0

3.11 整烫外观

各部位熨烫平服、整洁，无烫黄、水渍及亮光，覆粘合衬部位不允许有脱胶、渗胶及起皱。

3.12 理化性能

3.12.1 水洗尺寸变化率

水洗尺寸变化率按表5规定。

表 5

%

部位名称	优等品	一等品	合格品	备注
领大	≥−1.0	≥−1.5	≥−2.0	只考核关门领
胸围	≥−1.5	≥−2.0	≥−2.5	—
衣长	≥−1.5	≥−2.5	≥−3.5	—
腰围	≥−1.0	≥−1.5	≥−2.0	—
裤长	≥−1.5	≥−2.5	≥−3.5	—
裙长	≥−1.5	≥−2.5	≥−3.5	—

3.12.2 洗后外观

成品经洗涤后不可出现破洞、明显扭曲变形等外观变化，其配件应不变形、变色、生锈、脱落。

3.12.3 色牢度

3.12.3.1 里料的耐干摩擦色牢度不低于3-4级，耐洗沾色色牢度不低于3级；绣花线耐洗沾色色牢度不低于3级。

3.12.3.2 面料的色牢度允许程度按表6规定。

表 6

单位为级

项目		色牢度允许程度		
		优等品	一等品	合格品
耐洗色牢度	变色	≥4	≥3-4	≥3
	沾色	≥4	≥3-4	≥3
耐汗渍色牢	变色	≥4	≥3-4	≥3
	沾色	≥4	≥3-4	≥3
耐摩擦色牢度	干摩	≥4	≥3-4	≥3
	湿摩	≥4	≥3-4(深色 3)	3(深色 2-3)
耐水色牢度	变色	≥4	≥3-4	≥3
	沾色	≥4	≥3-4	≥3
耐光色牢度	变色	≥4	≥3-4	≥3
按 GB/T 4841.3 规定，颜色大于 1/12 染料染色标准深度为深色，颜色小于等于 1/12 染料染色标准深度为浅色。				

3.12.4 起毛起球

成品起毛起球允许程度按表7规定。

表 7

单位为级

产品等级	起毛起球允许程度
优等品、一等品	≥4
合格品	≥3
注：磨毛、起绒类产品不考核起毛起球。	

3.12.5　纰裂

纰裂按 GB/T 21295 规定。

3.12.6　裤后裆缝接缝强力

裤后裆缝接缝强力按 GB/T 21295 规定。

3.12.7　回潮率

主面料的回潮率按表 8 规定。

表 8

%

产品等级	回潮率
优等品	≥5.0
一等品	≥3.0
合格品	≥1.0
注：只考核 GB 18401 规定的直接接触皮肤类产品。	

3.12.8　纤维成分和含量

纤维成分和含量按 FZ/T 01053 的规定。

3.12.9　基本安全性能

成品的甲醛含量、pH 值、异味和可分解芳香胺染料按 GB 18401 规定。

4　检测方法

4.1　检验工具

4.1.1　钢卷尺。

4.1.2　评定变色用灰色样卡(GB/T 250)。

4.1.3　1/12 染料染色标准深度色卡(GB/T 4841.3)。

4.2　成品规格测定

4.2.1　成品的主要部位规格选用按 3.2.2 规定。

4.2.2　成品主要部位规格允许偏差按表 4 规定，测量方法按表 9 规定，测量部位见图 2。

表 9

序号	部位	测量规定
1	衣长	由前身左襟肩缝最高点垂直量到底边，或由后领中垂直量到底边。
2	胸围	扣上纽扣(或合上拉链)前后身平摊，沿袖窿底缝水平横量(周围计算)。
3	领大	领子摊平横量，立领量上口，其他领量下口(叠门除外)。开门领不考核。
4	袖长	装袖由肩袖缝的交叉点量至袖口边中间，连肩袖由后领中沿肩袖缝的交叉点量至袖口边中间。
5	总肩宽	由袖肩缝的交叉点平摊横量。
6	腰围	扣上裤(裙)钩(纽扣)沿腰中间横量(周围计算)。
7	裤长	由腰上口沿侧缝摊平垂直量至脚口。
8	裙长	短裙由腰上口沿侧缝摊平垂直量至裙底边；连衣裙由肩缝最高点垂直量裙底边，或由后领缝正中量至裙底边。

图 2

4.3 外观测定

4.3.1 一般采用灯光检验,用 40 W 青光或白光日光灯一支,上面加灯罩,灯罩与检验台面中心垂直距离为 80 cm±5 cm。

4.3.2 如在室内利用自然光,光源射入方向为北向左(或右)上角,不能使阳光直射产品。检验时应将产品平放在检验台上,台面铺白布一层,检验人员的视线应正视平摊产品的表面,目光与产品中间距离为 35 cm 以上。

4.3.3 测定色差程度时,被测部位应纱向一致。入射光与织物表面约成 45°角,观察方向大致垂直于织物表面,距离 60 cm 目测,并与 GB/T 250 样卡对比。

4.3.4 针距密度的测定方法为:在成品上任取 3 cm 测量(厚薄部位除外)。

4.3.5 纬斜率按式(1)计算:

$$纬斜率 = \frac{纬纱(条格)倾斜与水平最大距离}{衣片宽} \times 100\% \quad \cdots\cdots(1)$$

4.4 理化性能测定

4.4.1 水洗尺寸变化率测试方法按 GB/T 8629 规定执行。在批量样本中随机抽取三件成品测试，结果取三件的算术平均值。若同时存在收缩与倒涨试验结果时，以收缩（或倒涨）的两件试样的算术平均值作为检验结果。

4.4.2 洗后外观测试方法按 4.4.1 规定执行。

4.4.3 耐洗色牢度、耐汗渍色牢度、耐摩擦色牢度、耐水色牢度、耐光色牢度测试分别按 GB/T 3921、GB/T 3922、GB/T 3920、GB/T 5713、GB/T 8427（方法 3）规定执行。

4.4.4 起毛起球测试方法按 GB/T 4802.1 规定执行，试样与精梳毛织品起球样照（绒面、光面）、粗梳毛织品起球样照对比。

4.4.5 缝子纰裂程度取样部位按表 10 规定，测试方法按附录 A 规定执行。

表 10

取样部位名称	取样部位规定
后背缝	后领中向下 25 cm
袖缝	袖窿处向下 10 cm
摆缝	袖窿底向下 10 cm
裤后缝	后龙门弧线二分之一为中心
裤侧缝	裤侧缝上三分之一为中心
下裆缝	下裆缝上三分之一为中心
裙缝	可任意取样

4.4.6 成品裤后裆缝接缝强力取样部位按附录 B 规定，测试方法按 GB/T 3923.1 规定执行。

4.4.7 回潮率测试按 GB/T 9995 规定执行，计算标准大气条件下的回潮率。

4.4.8 纤维含量测试按 GB/T 2910、GB/T 2911、FZ/T 01057（所有部分）、FZ/T 01095 等规定执行。

4.4.9 甲醛含量测试按 GB/T 2912.1 规定执行。其中印花等特殊处理产品试验应单独做印花等特殊处理部分，试验结果取最高者。

4.4.10 pH 值测试按 GB/T 7573 规定执行。

4.4.11 异味测试按 GB 18401 规定执行。

4.4.12 可分解芳香胺染料测试按 GB/T 17592 规定执行。

5 检验分类规则

5.1 检验分类

成品检验分为出厂检验和型式检验。

5.1.1 出厂检验项目按第 3 章规定，3.12 除外。出厂检验规则按 FZ/T 80004 规定。

5.1.2 型式检验项目按第 3 章规定。

5.2 质量等级划分

成品质量等级划分以缺陷是否存在及其轻重程度为依据。抽样样本中的单件产品以缺陷的数量及其轻重程度划分等级，批等级以抽样样本中单件产品的品等数量划分。

5.2.1 缺陷划分

单件产品不符合本标准规定的技术要求，即构成缺陷。

按照产品不符合本标准和对产品的使用性能、外观的影响程度，缺陷分成三类：

a) 严重缺陷

严重降低产品的使用性能，严重影响产品外观的缺陷，称为严重缺陷。

b) 重缺陷

不严重降低产品的使用性能，不严重影响产品的外观，但较严重不符合标准规定的缺陷，称为重缺陷。

c) 轻缺陷

不符合标准的规定，但对产品的使用性能和外观影响较小的缺陷，称为轻缺陷。

5.2.2 质量缺陷判定依据

质量缺陷判定依据见表11。

表 11

项目	序号	轻 缺 陷	重 缺 陷	严 重 缺 陷
使用说明	1	商标不端正，明显歪斜；钉商标线与商标底色的色泽不相适宜；使用说明内容不规范。	使用说明内容不正确。	使用说明内容缺项。
外观及缝制质量	2	—	—	使用粘合衬部位脱胶、渗胶、起皱。
	3	熨烫不平服；有亮光。	轻微烫黄；变色。	变质；残破。
	4	表面有污渍；表面有长于 1 cm 的连根线头三根及以上。	有明显污渍，面料大于 2 cm^2；里料大于 4 cm^2；水花大于 4 cm^2。	有严重污渍，污渍大于 30 cm^2。
	5	缝制不平服，松紧不适宜；底边不圆顺；包缝后缝份小于 0.8 cm；毛、脱、漏小于 1 cm。	有明显拆痕；毛、脱、漏大于等于 1 cm；表面部位布边针眼外露。	毛、脱、漏大于 2 cm。
	6	领子部位有 1 个单跳针，其余部位 30 cm 内有两个单跳针。	连续跳针或 30 cm 内有两处以上单跳针；四、五线包缝有跳针；锁眼缺线或断线 0.5 cm 以上。	链式针迹跳线。
	7	缉明线宽窄不一致。	—	—
	8	锁眼、钉扣、各个封结不牢固；眼位距离不均匀，互差大于 0.3 cm；扣与眼或四合扣上、下扣互差大于 0.3 cm。	眼位距离不均匀，互差大于 0.6 cm；扣与眼或四合扣上、下扣互差大于 0.6 cm。	—
	9	领子面、里松紧不适宜，表面不平服；领尖长短或驳头宽窄互差大于 0.3 cm。	领子面、里松紧明显不适宜。除领子部位以外其余部位 30 cm 内有两处以上单跳针或连续跳针。	链式线迹跳线。
	10	领窝不平服、起皱；绱领子（以肩缝对比）偏差大于 0.6 cm。	领窝明显不平服、起皱；绱领子（以肩缝对比）偏差大于1.0 cm。	—
	11	绱袖不圆顺；前后不适宜；吃势不均匀；两袖前后不一致，互差大于 1 cm。	—	—

表 11（续）

项目	序号	轻缺陷	重缺陷	严重缺陷
外观及缝制质量	12	袖缝不顺直，两袖长短互差大于 0.8 cm；两袖口大小互差大于 0.4 cm（双层）。	—	—
	13	门襟长于里襟 0.5 cm～1.0 cm；里襟长于门襟 0.5 cm；门、里襟止口处反吐；门襟不顺直。	门襟长于里襟 1.0 cm 以上；里襟长于门襟 0.5 cm 以上。	—
	14	肩缝不顺直、不平服；两肩宽窄不一致，互差大于 0.5 cm。	—	—
	15	口袋、袋盖不圆顺；袋盖及贴袋大小不适宜；开袋豁口及嵌线宽窄互差大于 0.3 cm；袋位前后、高低互差大于 0.5 cm。	袋口封结不牢固；毛茬；袋口无垫袋布。	—
	16	装拉链不平服，露牙不一致。	装拉链明显不平服。	—
	17	—	拉链或缝制部位经洗涤试验后起拱。	缝制部位经洗涤试验后破损。
规格允许偏差	18	规格超过本标准规定 50% 以内。	规格超过本标准规定 50% 及以上。	规格超过本标准规定 100% 及以上。
辅料	19	线、衬等辅料的色泽与面料不相适应。钉扣线与扣的色泽不相适宜。	—	纽扣、金属扣（包括附件等）脱落；金属件锈蚀；上述配件在洗涤试验后出现脱落或锈蚀。
纬斜	20	超过本标准规定 50% 及以内。	超过本标准规定 50% 以上。	—
对条对格	21	超过本标准规定 50% 及以内。	超过本标准规定 50% 以上。	—
图案	22	—	—	面料倒顺毛，全身顺向不一致；特殊图案顺向不一致。
色差	23	面料或里料色差不符合本标准规定半级；里布影响色差低于 3 级。	面料或里料色差不符合本标准规定半级以上。	—
疵点	24	2、3 号部位超过本标准规定。	1 号部位超过本标准规定。	—
针距	25	低于本标准规定 2 针以内（含 2 针）。	低于本标准规定 2 针以上。	—

注 1：以上各缺陷按序号逐项累计计算。

注 2：本表未涉及的缺陷可根据标准规定，参照规则相似缺陷酌情判定。

注 3：丢工为重缺陷，缺件为严重缺陷。

注 4：明显——不影响整体效果，但能感觉到疵点的存在，目视时容易辨认出。

5.3 **抽样规定**

外观质量检验抽样数量按产品批量：

500件(套)及以下抽验10件(套)。

500件(套)以上至1 000件(套)[含1 000件(套)]抽验20件(套)。

1 000件(套)以上抽验30件(套)。

理化性能检验抽样根据试验需要，一般不少于4件(套)。

5.4 **判定规则**

5.4.1 单件(样本)判定

优等品：	严重缺陷数=0	重缺陷数=0	轻缺陷数≤4
一等品：	严重缺陷数=0	重缺陷数=0	轻缺陷数≤6 或
	严重缺陷数=0	重缺陷数≤1	轻缺陷数≤3
合格品：	严重缺陷数=0	重缺陷数=0	轻缺陷数≤8 或
	严重缺陷数=0	重缺陷数≤1	轻缺陷数≤6

5.4.2 批量判定

优等品批：外观检验样本中的优等品数≥90%，一等品和合格品数≤10%(不含不合格品)，各项理化性能测试均达到优等品指标要求。

一等品批：外观检验样本中的一等品以上的产品数≥90%，合格品数≤10%(不含不合格品)，各项理化性能测试均达到一等品指标要求。

合格品批：合格品产品数≥90%，不合格品数≤10%(不含严重缺陷不合格品)。各项理化性能测试均达到合格品指标要求。

当外观缝制质量判定和理化性能判定不一致时，执行低等级判定。

5.4.3 抽验中各批量判定数符合上述规定为等级品出厂。

5.4.4 抽验中各批量判定数不符合本标准规定时，应进行第二次抽验，抽验数量应增加一倍；如仍不符合本标准规定，应全部整修或降等。

6 标志、包装、运输和贮存

成品的标志、包装、运输和贮存按FZ/T 80002执行。

附 录 A
（规范性附录）
缝子纰裂程度试验方法

A.1 原理

在垂直于服装（或缝制样）接缝的方向上施加一定的负荷，接缝处脱开，测量其脱开的最大距离。

A.2 仪器和工具

A.2.1 织物强力机，夹钳距离可调至10.0 cm，夹钳无载荷时移动速度可调至5.0 cm/min，预加张力（重锤）为2 N，夹钳对试样的有效夹持面积为2.5 cm×2.5 cm。

A.2.2 裁样剪刀。

A.2.3 钢直尺，分度值为1 mm。

A.3 试验环境

调湿和试验用标准大气，温度（20±2）℃，相对湿度（65±4）%。

A.4 试样要求与准备

A.4.1 试样尺寸：5.0 cm×20.0 cm，其直向中心线应与缝迹垂直。

A.4.2 试样数量：从成品服装的每个取样部位（或缝制样）上各截取三块。

A.4.3 试样预处理：在温度（20±2）℃及相对湿度61%～69%的标准大气中，试样吸湿调湿平衡。

A.5 试验步骤

A.5.1 将强力机的两个夹钳分开至10.0 cm±0.1 cm，两个夹钳边缘应相互平行且垂直于移动方向。

A.5.2 将试样固定在夹钳中间（试样下端先挂上2 N的预加负荷钳，再拧紧下夹钳），使试样直向中心线与夹钳边缘相互垂直。

A.5.3 以5.0 cm/min的速度逐渐增加至规定的负荷（见表A.1）时，停止夹钳的移动，然后在试样上垂直量取其接缝脱开的最大距离，见图A.1，测量值精确至0.05 cm。若试验中出现纱线从试样中滑脱现象，则测试结果记录为滑脱。若试验中出现试样断裂、试样撕破或缝线断裂现象，则在试验记录中予以描述。

表 A.1

<table>
<tr><th colspan="3">试样名称</th><th>试验规定负荷/N</th></tr>
<tr><td rowspan="3">服装面料</td><td rowspan="2">丝绸</td><td>52 g/m² 以上织物</td><td>67±1.5</td></tr>
<tr><td>52 g/m² 及以下织物或
67 g/m² 以上的缎类织物</td><td>45±1.0</td></tr>
<tr><td colspan="2">其他纺织织物</td><td>100±2.0</td></tr>
<tr><td colspan="3">服装里料</td><td>70±1.5</td></tr>
</table>

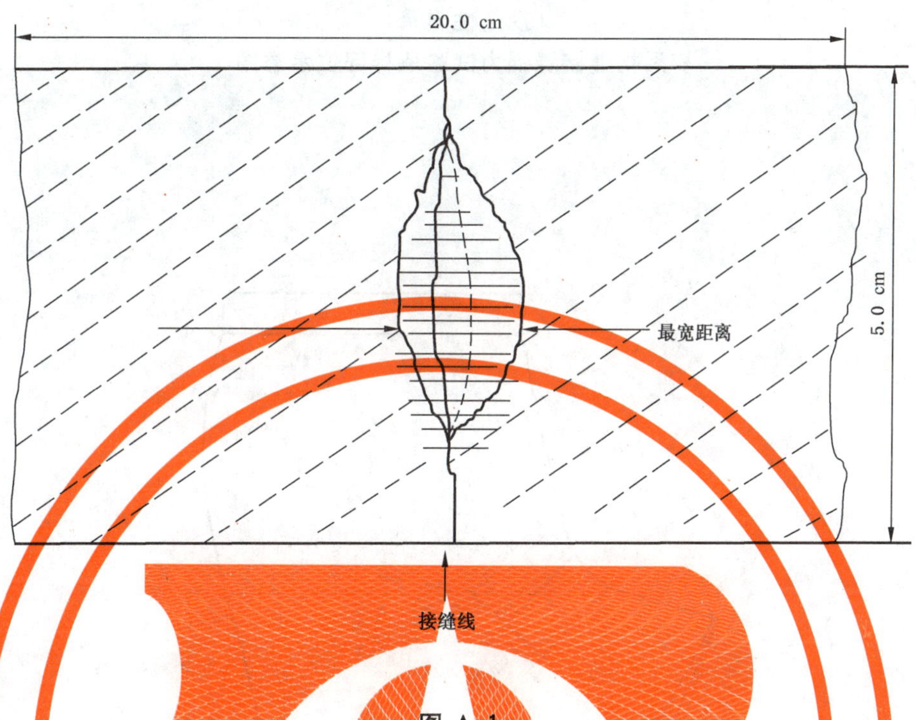

图 A.1

A.6 试验结果

分别计算每部位各试样测试结果的算术平均值，计算结果按 GB/T 8170 修约至 0.1 cm。若三块试样中仅有一块出现滑脱，则计算另两块试样的平均值，若三块试样中有两块或三块出现滑脱，则结果为滑脱。

若试样出现织物断裂、织物撕破或缝线断裂，则结果为织物断裂、织物撕破或缝线断裂。

附 录 B
（规范性附录）
裤后裆缝接缝强力试验取样部位示意图

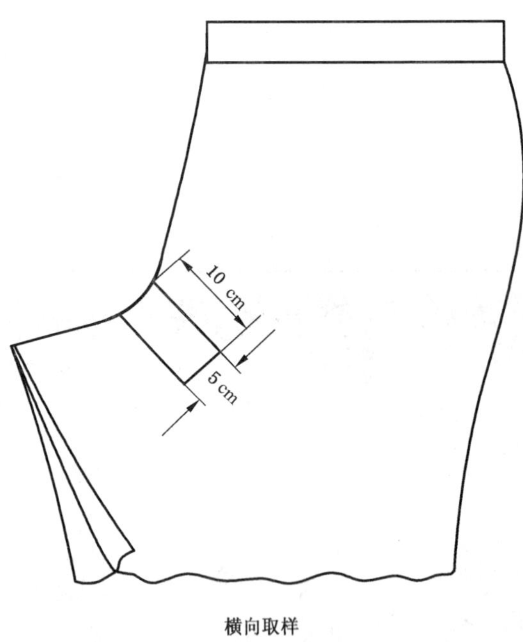

横向取样

图 B.1

ICS 61.020
Y 75

中华人民共和国国家标准

GB/T 28468—2012

中小学生交通安全反光校服

Traffic safety uniforms with reflective fabrics for primary and secondary students in schools

2012-06-29 发布　　2012-12-01 实施

中华人民共和国国家质量监督检验检疫总局
中国国家标准化管理委员会　发布

前　言

本标准按照 GB/T 1.1—2009 给出的规则起草。

本标准由中华人民共和国公安部提出。

本标准由公安部道路交通管理标准化技术委员会归口。

本标准负责起草单位:内蒙古自治区公安厅交通管理总队。

本标准参加起草单位:浙江道明光学股份有限公司。

本标准主要起草人:王葆元、韩永明、司洁、焦晋岩、胡智彪、包丽茹、陈誉、闫荣、张建伟、陈万达。

中小学生交通安全反光校服

1 范围

本标准规定了中小学生交通安全反光校服的术语和定义、技术要求、试验方法以及包装和标志。

本标准适用于中小学生交通安全反光校服的设计、制作和检测。

2 规范性引用文件

下列文件对于本文件的应用是必不可少的。凡是注日期的引用文件，仅注日期的版本适用于本文件。凡是不注日期的引用文件，其最新版本(包括所有的修改单)适用于本文件。

GB/T 8629—2001 纺织品 试验用家庭洗涤和干燥程序

GB 18401 国家纺织产品基本安全技术规范

GB 20653—2006 职业用高可视性警示服

GB/T 22854 针织学生服

FZ/T 81003—2003 儿童服装、学生服

3 术语和定义

下列术语和定义适用于本文件。

3.1

交通安全反光校服 traffic safety uniforms with reflective fabrics for students

在光源照射下，具有强逆反射性能、能够显著提高穿着者存在辨识力的中小学生校服。

3.2

反光布 reflective fabrics

反光材料与纺织底料结合在一起，在光源照射下具有强逆反射性能的纺织品。

4 技术要求

4.1 基本安全技术要求

基本安全技术要求应符合 GB 18401 的规定。

4.2 质量要求

质量要求应符合 FZ/T 81003 或 GB/T 22854 的规定。

4.3 反光布逆反射系数要求

4.3.1 反光布逆反射系数应不小于 GB 20653—2006 中表 4 的要求。

4.3.2 反光布经 50 次水洗试验后，在 12′观测角、5°入射角条件下，逆反射系数应大于 100 cd/lx · m^2。

4.3.3 反光布经耐磨、屈挠、低温弯曲、温度变化试验后，在 12′观测角、5°入射角条件下，逆反射系数应大于 100 cd/lx · m^2。

4.4 反光布的设计要求

4.4.1 部位要求

上衣的正面和背面、双袖的侧面和后面、裤子的两侧，应缝(贴)制反光布，保证在360°范围内从任意角度均可观察到交通安全反光校服上反光布的反光。双袖反光布缝(贴)制的位置与袖口的距离应不小于50 mm。上衣背面缝(贴)制的反光布，不应被学生书包完全遮挡。

4.4.2 宽度、长度或面积要求

反光布的宽度、长度或面积要求如下：

a) 有效宽度应不小于20 mm；

b) 使用条形反光布的，上衣和裤子上缝(贴)制的反光布各段长度之和应不小于裤长的2.3倍。其中，裤子上缝(贴)制的反光布长度之和应不小于500 mm。使用非条形反光布的，其面积应不小于条形反光布的面积。

4.5 反光布缝(贴)制要求

反光布的缝(贴)制要求如下：

a) 应采用适合反光布缝制的缝线；

b) 各部位反光布缝制的线路要顺直、宽窄均匀、牢固，不允许有跳针、开线和断线；

c) 反光布缝制的针距密度应符合FZ/T 81003—2003中3.9.1的规定；

d) 各部位反光布的贴制不允许有开胶、渗胶、起趋和脱落。

5 试验方法

5.1 基本安全技术要求的试验方法见GB 18401。

5.2 校服质量的试验方法见FZ/T 81003或GB/T 22854。

5.3 反光布逆反射系数的试验方法见附录A。

5.4 水洗试验的试验方法按GB/T 8629—2001规定，使用顶部加料、搅拌型洗衣机2B的洗涤程序洗涤、悬挂凉干50次后，测试逆反光系数。

5.5 反光布耐磨、屈挠、低温弯曲、温度变化试验，按GB 20653—2006中7.4.1、7.4.2、7.4.3、7.4.4规定的方法进行。

5.6 反光布缝(贴)制要求的检测采用目测和钢卷尺测量。

6 包装和标志

按FZ/T 81003或GB/T 22854执行。

附 录 A
（规范性附录）
逆反射系数试验方法

A.1 设备要求

逆反射系数测量仪器的光源为 CIE A 光源，观测角应能在 12′～2.0°范围内连续可调，最小分度值不应大于 6′；入射角应能在 0°～40°范围内可调，最小分度值为 1°。

A.2 试验环境

调湿和试验用标准大气，温度 20 ℃±2 ℃，湿度 65%±5%。

A.3 试样要求

从校服上不同部位反光布截取 20 mm×20 mm 的试样五块。

A.4 逆反射系数测试步骤

A.4.1 样品需放置在规定的试验环境中 2 h 后方可开始测试。

A.4.2 调整逆反射系数测量仪的入射角和观测角至规定条件，用已计量的标准逆反射系数板（或桶）进行标定。

A.4.3 将被测五块试样顺序放在仪器的测量孔下（试样应全部覆盖测量孔），待数据稳定后即可记录数值。

A.4.4 测量时，仪器与转动台平面垂直紧密结合，以防数据不准。

A.4.5 当变换不同的观察角时，要重新校准。

A.4.6 记录五块试样的逆反射系数值，精确到 0.1 $cd/lx \cdot m^2$。

A.5 结果计算

检测结果以所测五块试样的算术平均值修约到整数报出。

ICS 61.020;59.080.30
Y 76;W 63

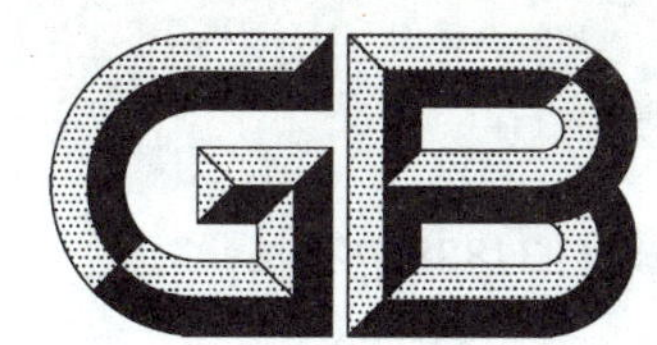

中华人民共和国国家标准

GB/T 31888—2015

中小学生校服

School uniforms of primary and secondary students

2015-06-30 发布　　2015-06-30 实施

中华人民共和国国家质量监督检验检疫总局
中国国家标准化管理委员会　发布

前　言

本标准按照 GB/T 1.1—2009 给出的规则起草。

本标准由中华人民共和国教育部和中国纺织工业联合会提出。

本标准由中国纺织工业联合会归口。

本标准由纺织工业科学技术发展中心、中纺标(北京)检验认证中心有限公司、上海市服装研究所、天纺标(天津)检测科技有限公司、教育部教育装备研究与发展中心、中国服装协会、中国针织工业协会和北京服装学院负责起草。

本标准主要起草人:孙锡敏、郑宇英、王国建、徐路、杜岩冰、刘凤荣、周双喜、李红、廖青、党建伟、吴颖、李青、胡浩、杨秀月。

中小学生校服

1 范围

本标准规定了中小学生校服的技术要求、试验方法、检验规则以及包装、贮运和标志。

本标准适用于以纺织织物为主要材料生产的、中小学生在学校日常统一穿着的服装及其配饰。其他学生校服可参照执行。

2 规范性引用文件

下列文件对于本文件的应用是必不可少的。凡是注日期的引用文件,仅注日期的版本适用于本文件。凡是不注日期的引用文件,其最新版本(包括所有的修改单)适用于本文件。

GB/T 250 纺织品 色牢度试验 评定变色用灰色样卡

GB/T 1335(所有部分) 服装号型

GB/T 2910(所有部分) 纺织品 定量化学分析

GB/T 2912.1 纺织品 甲醛的测定 第1部分:游离和水解的甲醛(水萃取法)

GB/T 3920 纺织品 色牢度试验 耐摩擦色牢度

GB/T 3921—2008 纺织品 色牢度试验 耐皂洗色牢度

GB/T 3922 纺织品 色牢度试验 耐汗渍色牢度

GB/T 3923.1 纺织品 织物拉伸性能 第1部分:断裂强力和断裂伸长率的测定(条样法)

GB/T 4802.1—2008 纺织品 织物起毛起球性能的测定 第1部分:圆轨迹法

GB/T 4802.3 纺织品 织物起毛起球性能的测定 第3部分:起球箱法

GB 5296.4 消费品使用说明 第4部分:纺织品和服装

GB/T 5713 纺织品 色牢度试验 耐水色牢度

GB/T 6411 针织内衣规格尺寸系列

GB/T 7573 纺织品 水萃取液pH值的测定

GB/T 7742.1 纺织品 织物胀破性能 第1部分:胀破强力和胀破扩张度的测定 液压法

GB/T 8427—2008 纺织品 色牢度试验 耐人造光色牢度:氙弧

GB/T 8628 纺织品 测定尺寸变化的试验中织物试样和服装的准备、标记及测量

GB/T 8629—2001 纺织品 试验用家庭洗涤和干燥程序

GB/T 8630 纺织品 洗涤和干燥后尺寸变化的测定

GB/T 13772.2 纺织品 机织物接缝处纱线抗滑移的测定 第2部分:定负荷法

GB/T 13773.1 纺织品 织物及其制品的接缝拉伸性能 第1部分:条样法接缝强力的测定

GB/T 14272 羽绒服装

GB/T 14576 纺织品 色牢度试验 耐光、汗复合色牢度

GB/T 14644 纺织品 燃烧性能 45°方向燃烧速率的测定

GB/T 17592 纺织品 禁用偶氮染料的测定

GB 18383 絮用纤维制品通用技术要求

GB 18401 国家纺织产品基本安全技术规范

GB/T 19976 纺织品 顶破强力的测定 钢球法

GB/T 23319.3　纺织品　洗涤后扭斜的测定　第3部分:机织服装和针织服装

GB/T 23344　纺织品　4-氨基偶氮苯的测定

GB/T 24121　纺织制品　断针类残留物的检测方法

GB/T 28468　中小学生交通安全反光校服

GB/T 29862　纺织品　纤维含量的标识

GB 31701　婴幼儿及儿童纺织产品安全技术规范

GB/T 31702　纺织制品附件锐利性试验方法

3　术语和定义

下列术语和定义适用于本文件。

3.1

校服　school uniforms

学生在学校日常统一穿着的服装,穿着时形成学校的着装标志。

3.2

配饰　accessories

与校服搭配的小件纺织产品,例如领带、领结和领花等。

4　要求

4.1　号型

校服号型的设置应按 GB/T 1335 或 GB/T 6411 规定执行,超出标准范围的号型按标准规定的分档数值扩展。

4.2　安全要求与内在质量

4.2.1　一般安全要求与内在质量

应符合表1的规定。

表 1

项　目	要　求
纤维含量	符合 GB/T 29862 要求
甲醛含量	符合 GB 18401 的 B 类要求
可分解致癌芳香胺染料	
pH 值	
异味	
燃烧性能	按 GB 31701 执行
附件锐利性	
绳带	
残留金属针	

表 1（续）

项　目			要　求
染色牢度/级	≥	耐水（变色、沾色）	3-4
		耐汗渍（变色、沾色）	3-4
		耐摩擦（干摩）	3-4
		耐摩擦（湿摩）	3
		耐皂洗（变色、沾色）	3-4
		耐光汗复合[a]	3-4
		耐光[b]	4
起球[b]/级		≥	3-4
顶破强力（针织类）[b]/N		≥	250
断裂强力（机织类）[b]/N		≥	200
胀破强力（毛针织类）[b]/kPa		≥	245
接缝强力/N	≥	面料	140
		里料	80
接缝处纱线滑移（机织类）/mm		≤	6
水洗尺寸变化率[b]/%		针织类（长度、宽度）	−4.0～+2.0
		机织类（长度、胸宽）	−2.5～+1.5
		机织类（腰宽、领大）	−1.5～+1.5
		毛针织类（长度、宽度）	−5～+3.0
水洗后扭曲率[b,c]/%	≤	上衣、筒裙	5
		裤子	2.5
水洗后外观		绣花和接缝部位处不平整	允许轻微
		面里料缩率不一，不平服	允许轻微
		涂层部位脱落、起泡、裂纹	不允许
		覆粘合衬部位起泡、脱胶	不允许
		破洞、缝口脱散	不允许
		附件损坏、明显变色、脱落	不允许
		变色	不低于 4 级
		其他严重影响服用的外观变化	不允许

注：轻微是指直观上不明显，目测距离 60 cm 观察时，仔细辨认才可看出的外观变化。

[a] 仅考核夏装。

[b] 仅考核校服的面料。

[c] 松紧下摆和裤口等产品不考核。

4.2.2 织物纤维成分及含量

校服直接接触皮肤的部分，其棉纤维含量标称值应不低于35%。

4.2.3 填充物

防寒校服的填充物应符合GB 18401 B类要求，以及GB 18383或GB/T 14272的要求。

4.2.4 配饰

配饰应符合GB 18401 B类要求和GB 31701的锐利性要求。领带、领结和领花等宜采用容易解开的方式。

4.2.5 高可视警示性

如果需要配置高可视警示性标志，应符合GB/T 28468的要求。

4.3 外观质量

应符合表2的要求。

表2

项目		要求
色差	单件	面料不低于4级，里料不低于3-4级
	套装，同批	不低于3-4级
布面疵点		主要部位不允许，次要部位允许轻微
对称部位互差	＜20 cm	5 mm
	≥20 cm	8 mm
对条对格(≥10 mm的条格)		主要部位互差不大于3 mm，次要部位互差不大于6 mm
门里襟		允许轻微的不平直；门里襟长度互差不大于4 mm；里襟不可长于门襟
拉链		允许轻微的不平服和不顺直
烫黄、烫焦		不允许
扣、扣眼		锁眼、钉扣封结牢固；眼位距离均匀，互差不大于4 mm；扣位与眼位互差不大于3 mm
缝线		无漏缝和开线。主要部位不允许有明显的不顺直、不平服、缉明线宽窄不一
绱袖		圆顺，前后基本一致
领子		平服，不反翘；领尖长短或驳头宽窄互差不大于3 mm
口袋		袋与袋盖方正、圆顺，前后、高低一致
覆粘合衬部位		不允许起泡、脱胶和渗胶

注1：布面疵点的名称及定义见GB/T 24250和GB/T 24117。

注2：轻微是指直观上不明显，目测距离60 cm观察时，仔细辨认才可看出的外观变化。

注3：对称部位包括裤长、袖长、裤口宽、袖口宽、肩缝长等。

注4：主要部位指上衣上部2/3，裤子和长裙前身中部1/3，短裤和短裙前身下部1/2。

5 试验方法

5.1 纤维含量的测定按 GB/T 2910 或相关方法执行。

5.2 甲醛含量的测定按 GB/T 2912.1 执行。

5.3 可分解致癌芳香胺染料的测定按 GB/T 17592 及 GB/T 23344 执行。

5.4 pH 值的测定按 GB/T 7573 执行。

5.5 异味的测定按 GB 18401 中异味检测方法执行。

5.6 燃烧性能的测定按 GB/T 14644 执行。

5.7 附件尖端和边缘的锐利性测定按 GB/T 31702 执行。

5.8 绳带长度采用钢直尺或钢卷尺测定其自然状态下的伸直长度，记录至 1 mm。

5.9 残留金属针的测定按 GB/T 24121 执行。

5.10 耐水色牢度的测定按 GB/T 5713 执行。

5.11 耐汗渍色牢度的测定按 GB/T 3922 执行。

5.12 耐摩擦色牢度的测定按 GB/T 3920 执行。

5.13 耐皂洗色牢度的测定按 GB/T 3921—2008 的试验条件 A(1)执行。

5.14 耐光汗复合色牢度的测定按 GB/T 14576 执行。

5.15 耐光色牢度的测定按 GB/T 8427—2008 方法 3 执行。

5.16 机织类和针织类校服起球的测定按 GB/T 4802.1—2008 的方法 E 执行，毛针织类校服起球的测定按 GB/T 4802.3 执行，精梳产品翻动 14 400 r，粗梳产品翻动 7 200 r。

5.17 顶破强力的测定按 GB/T 19976 执行，钢球直径为 38 mm。

5.18 断裂强力的测定按 GB/T 3923.1 执行。

5.19 胀破强力的测定按 GB/T 7742.1 执行，试验面积为 7.3 cm^2。

5.20 接缝强力的测定按 GB/T 13773.1 执行。拉伸试验仪隔距长度为 100 mm。以试样断裂强力为试验结果(不论何种破坏原因)。从每件产品上的以下部位各取 1 个试样，试样长度为 200 mm，接缝与试样长度垂直并处于试样中部(参见附录 A 图 A.1)；面里料缝合在一起的取组合试样：

——裤后裆缝：在紧靠臀围线下方；

——后袖窿缝：以背宽线与袖窿缝交点为中心。

5.21 接缝处纱线滑移的试样准备参照 GB/T 13773.1 的规定，从每件产品上的以下部位各取 2 个试样(参见附录 A 图 A.2)，测定程序按 GB/T 13772.2 执行，分别计算每个部位 2 个试样的平均值：

a) 面料

——后背缝：以背宽线为中心；

——袖　缝：袖窿缝与袖缝交点处向下 10 cm(两片袖时取后袖缝)；

——下裆缝：下裆缝上三分之一点为中心；

——裙　缝：以臀围线为中心，或紧靠拉链下方。

b) 里料

——后背缝：以背宽线为中心；

——裙　缝：以臀围线为中心，或紧靠拉链下方。

5.22 水洗尺寸变化率的测定按 GB/T 8628、GB/T 8629—2001 和 GB/T 8630 执行。机织类校服和针织类校服采用 GB/T 8629—2001 中 5A 程序洗涤和悬挂晾干，毛针织类校服采用 GB/T 8629—2001 中 7A 程序洗涤(试验总负荷 1 kg)和烘箱烘燥。测量部位长度为衣长、裤长和裙长，宽度为胸宽、腰宽和横裆，领大为立领的领圈长度。

5.23 水洗后扭曲率的测定按 GB/T 23319.3 的侧面标记法(裤子以内侧缝与裤口边，裙子以侧缝与底边)执行。

5.24 水洗后外观试验方法:将完成水洗的产品平铺在平滑的台面上,依次观察和记录外观变化。其中,变色按 GB/T 250 评定。

5.25 外观质量一般采用灯光检验,用 40 W 青光或白光灯一支,上面加灯罩,灯罩与检验台面中心垂直距离为 80 cm±5 cm。如果在室内采用自然光,光源射入方向为北向左(或右)上角,不能使阳光直射产品。将产品平放在检验台上,检验人员的视线应正视产品的表面,眼睛与产品的中间距离约 60 cm。

5.26 色差的测定按 GB/T 250 执行。

5.27 对称部位尺寸的测量按 GB/T 8628 执行。

6 检验规则

6.1 抽样

6.1.1 按同一品种、同一色别的产品作为检验批。

6.1.2 安全要求与内在质量按批随机抽取 4 个单元样本,其中 3 个用于水洗尺寸变化率、水洗后扭曲率、水洗后外观、接缝强力和接缝处纱线滑移的测定,1 个用于 4.2 中的其他项目试验(该样本抽取后密封放置,不应进行任何处理)。配饰的取样数量应满足试验需要。

注:接缝强力和接缝处纱线滑移的试样从完成水洗后试验的样本上取样。

6.1.3 外观质量的检验抽样方案见表 3。

表 3

单位为套或件

批量 N	样本量 n	接收数 Ac	拒收数 Re
≤15	2	0	1
16～25	3	0	1
26～90	5	0	1
91～150	8	0	1
151～280	13	0	1
281～500	20	1	2
501～1 200	32	2	3
≥1 201	50	3	4

6.2 安全要求与内在质量的判定

6.2.1 所有色牢度检验结果符合表 1 要求的判定该项批产品合格,否则为批不合格。

6.2.2 水洗尺寸变化率以 3 个样本的平均值作为检验结果,符合表 1 要求的判定该项批产品合格,否则为批不合格。若 3 个样本中存在收缩与倒涨时,以收缩(或倒涨)的两个样本的平均值作为检验结果。

6.2.3 水洗后扭曲率以 3 个样本的平均值作为检验结果,符合表 1 要求的判定该项批产品合格,否则为批不合格。

6.2.4 水洗后外观质量检验,分别对 3 个样本按表 1 要求进行评定,2 个及以上符合表 1 要求时判定该项批产品合格,否则为批不合格。

6.2.5 接缝强力和接缝处纱线滑移以 3 个样本的平均值作为检验结果,符合表 1 要求的判定该项批产品合格,否则为批不合格。接缝处纱线滑移试验出现织物断裂、滑脱、缝线断裂的现象,判定为不合格。

6.2.6 除6.2.1～6.2.5外，其他项目检验结果符合表1以及4.2.2～4.2.5要求的判定这些项目的批产品合格，否则为批不合格。

6.3 外观质量的判定

按表2对批样的每个样本进行外观质量评定，符合表2要求的为外观质量合格，否则为不合格。如果外观质量不合格样本数不超过表3的接收数Ac，则该批产品外观质量合格。如果不合格样本数达到了表3的拒收数Re，则该批产品不合格。

6.4 结果判定

按6.2和6.3判定均为合格，则该批产品合格。

7 包装、贮运和标志

7.1 产品按件(或套)包装，每箱件数(或套数)根据协议或合同规定。

7.2 应保证在贮运中包装不破损，产品不沾污、不受潮。包装中不应使用金属针等锐利物。

7.3 产品应存放在阴凉、通风、干燥的库房内，注意防蛀、防霉。

7.4 每个包装单元应附使用说明，使用说明应符合GB 5296.4的要求，至少包含下列内容：

a) 服装号型、配饰规格(产品主体的最大标称尺寸，以cm为单位)；
b) 纤维成分及含量；
c) 维护方法；
d) 产品名称；
e) 本标准编号；
f) 安全技术要求类别；
g) 制造商名称和地址；
h) 如果需要，产品的贮存方法。

其中，每件校服上应有包括a)、b)和c)项内容的耐久性标签，并放在侧缝处，不允许在衣领处缝制任何标签。d)～h)项内容应采用吊牌、资料或包装袋等形式提供。

附 录 A
（资料性附录）
接缝强力和接缝处纱线滑移试验取样示意图

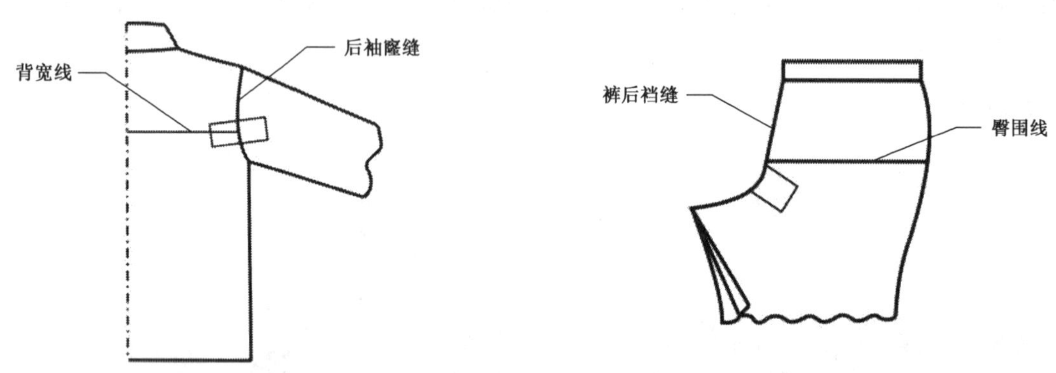

图 A.1 接缝强力取样示意图

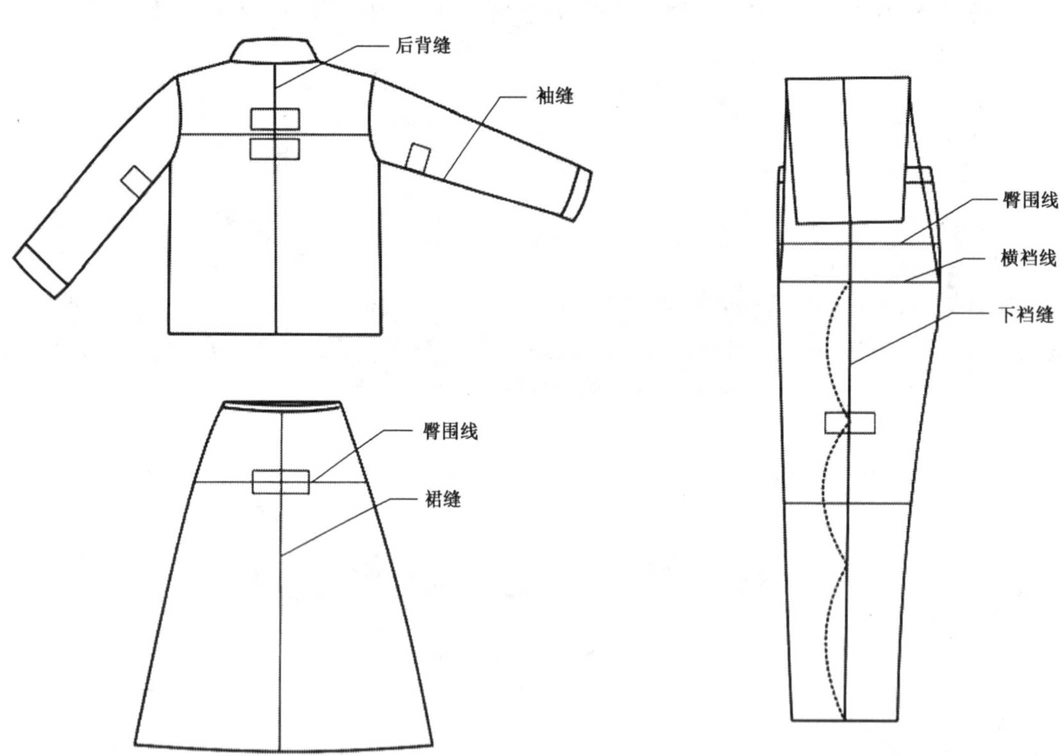

图 A.2 接缝处纱线滑移取样示意图

参 考 文 献

［1］ GB/T 24117 针织物 疵点的描述 术语
［2］ GB/T 24250 机织物 疵点的描述 术语

六、校车与交通

ICS 43.160
T 59

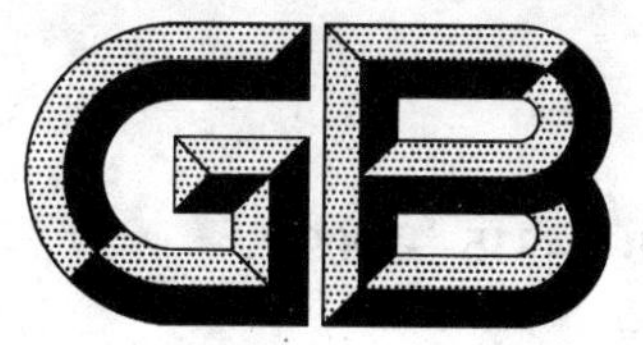

中华人民共和国国家标准

GB 24315—2009

校 车 标 识

The marker for school bus

2009-09-30 发布　　　　2010-01-01 实施

中华人民共和国国家质量监督检验检疫总局
中国国家标准化管理委员会　发布

前　言

本标准的第5章(5.1.3.1.2和5.1.7除外)、第6章、第7章(7.5除外)、第8章(8.3.1除外)为强制性,其余为推荐性。

本标准的附录A和附录B为规范性附录。

本标准由中华人民共和国公安部提出并归口。

本标准负责起草单位:公安部交通管理科学研究所。

本标准参加起草单位:交通部公路科学研究院、教育部基础教育司、3M中国有限公司、金龙联合汽车工业(苏州)有限公司、广州新晖汽车零部件有限公司。

本标准主要起草人:虞力英、邵咏秋、孙正良、张赟、俞伟跃、高建刚、张建军、吴云强、刘兴良、严则进、毕玉龙。

校 车 标 识

1 范围

本标准规定了校车标识的组成、式样、专用校车车身外观标识涂装、校车标牌、校车停靠预告标志、校车停靠站点标志、校车停靠站标线、更换和试验方法等。

本标准适用于校车及其相关设施的标识。

2 规范性引用文件

下列文件中的条款通过本标准的引用而成为本标准的条款。凡是注日期的引用文件,其随后所有的修改单(不包括勘误的内容)或修订版均不适用于本标准,然而,鼓励根据本标准达成协议的各方研究是否可使用这些文件的最新版本。凡是不注日期的引用文件,其最新版本适用于本标准。

GB/T 3181—2008 漆膜颜色标准

GB 5768(所有部分) 道路交通标志和标线

GB 7258—2004 机动车运行安全技术条件

GB/T 18833 公路交通标志反光膜

GA 522 警车车徽

GA 523 警车外观制式涂装用定色漆

JT/T 693 荧光反光膜和荧光反光标记材料昼间色度性能测试方法

QB/T 3523 白卡纸

3 术语和定义

GB 7258—2004 中确立的以及下列术语和定义适用于本标准。

3.1

校车 school bus

用于运送不少于5名幼儿园、小学、中学等教育机构的学生及其照管人员上下学的客车和乘用车。按乘坐对象分为幼儿校车、小学生校车和其他校车,按车辆属性分为专用校车和非专用校车。

[GB 7258—2004 第2号修改单,定义3.2.10]

3.2

校车标志 school bus stick

粘贴于专用校车上的标志性标贴。

3.3

校车轮廓标识 contour marks of school bus

用于显示校车外形轮廓和应急门轮廓的反光标识。

3.4

校车标牌 school bus plate

校车随车携带的、签注校车信息的标志牌。

3.5

校车停靠站点标志 school bus stop signs

校车规定行经路线上停靠的站点标志。

3.6

校车停靠预告标志 signs in advance for school bus stop

提供校车停靠站点标志距离的标志。

4 组成

校车标识包括专用校车车身外观标识、校车标牌、校车停靠预告标志、校车停靠站点标志和校车停靠站标线。

5 式样

5.1 专用校车车身外观标识

5.1.1 组成

专用校车车身外观标识由校车标志、中文字符“校车”、中文字符“核载人数:××人”、校车编号和校车轮廓标识组成。

5.1.2 校车标志

5.1.2.1 颜色和式样

校车标志颜色为红色和白色,其中中文字符“校车”为红色,式样见图1a)。

5.1.2.2 规格尺寸

5.1.2.2.1 7 m及以上长度的校车采用规格为460 mm×460 mm的校车标志,具体尺寸见图1b)。其中中文字符“校车”字体为华文琥珀,字符“校”和“车”高为90 mm,宽为102 mm。

a) 校车标志式样

单位为毫米

b) 校车标志尺寸

图1 校车标志

5.1.2.2.2 7 m 以下长度的校车采用规格为 380 mm×380 mm 的校车标志，具体尺寸按 5.1.2.2.1 的要求同比例缩小。

5.1.2.3 **位置**

校车标志位于车身两侧前部四分之一处到三分之一处之间。7 m 及以上长度校车的校车标志涂装粘贴位置见附录 A 的侧视图。

5.1.3 **中文字符**

5.1.3.1 **校车**

5.1.3.1.1 中文字符“校车”颜色为红色白边，字体为华文琥珀，字符“校”和“车”高为 300 mm，宽为 300 mm，白边宽为 12 mm，式样见图 2。中文字符“校车”位于车身前风窗玻璃下空白处中央，字符间距不大于校车宽度的五分之二。涂装位置见附录 A 的前视图。

图 2 中文字符“校车”式样

5.1.3.1.2 中文字符“校车”的大小和间距可根据车身尺寸和部件进行调整。

5.1.3.2 **核载人数：××人**

中文字符“核载人数：××人”字体为黑体，字高为 75 mm，颜色为黑色。中文字符“核载人数：××人”位于车身右侧校车标志右下方，涂装位置见附录 A 的右侧侧视图。

5.1.4 **校车编号**

校车编号为 4 位数字字符，颜色为黑色，字体为 Arial，字高为 100 mm，式样见图 3。校车编号有两组，位于车身两侧最后部，涂装位置见附录 A 的侧视图。

图 3 校车编号式样

5.1.5 **校车轮廓标识**

校车轮廓标识高度为 50 mm，长度为 300 mm，间隔不大于 300 mm。校车轮廓标识颜色为荧光黄绿色。校车轮廓标识贯通车身侧围中部、后围中部和应急门轮廓，涂装位置见附录 A 的侧视图和后视图。

5.1.6 **涂装式样**

5.1.6.1 车身通体底色为黄色。

5.1.6.2 专用校车涂装应符合附录 A 的要求。

5.1.7 **其他**

除上述规定涂装元素外，可在车身侧面中部或后部涂装学校名称或英文“SCHOOL BUS”，车身不应涂装其他内容。

5.2 校车标牌

5.2.1 颜色和式样

校车标牌颜色为黄色、红色和白色。校车标牌有两块，分别置于前风窗玻璃右下角和后风窗玻璃适当位置。置于前风窗玻璃右下角的校车标牌有正面和背面，式样见图 4a）和图 4b）。背面英文字符“No.”为红色，其他中文字符为黑色。置于后风窗玻璃的校车标牌正面式样见图 4a），背面为空白。

a）校车标牌正面式样

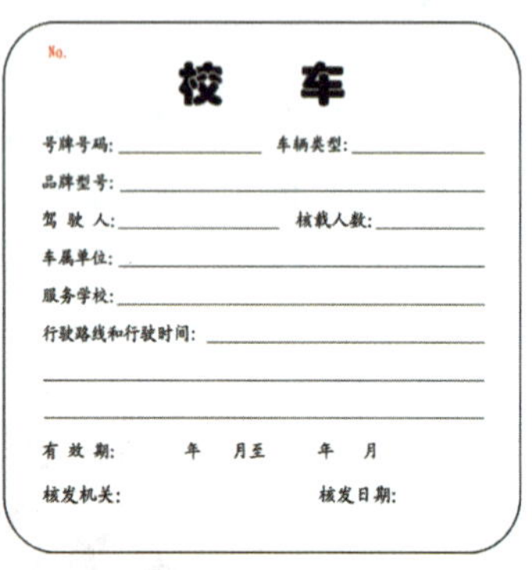
No.

校　车

号牌号码:　　车辆类型:

品牌型号:

驾 驶 人:　　核载人数:

车属单位:

服务学校:

行驶路线和行驶时间:

有 效 期:　　年　月至　　年　月

核发机关:　　核发日期:

b）校车标牌背面式样

图 4　校车标牌

5.2.2 规格尺寸

5.2.2.1　校车前风窗玻璃右下角放置的校车标牌规格为 300 mm×300 mm，具体尺寸见图 5。正面中文字符“校车”字体为华文琥珀，字高为 60 mm，白边宽为 2.5 mm。校车标牌背面英文字符“No.”为 10 mm 楷体；中文字符“校车”字体为华文琥珀，字高为 25 mm；“号牌号码：”、“车辆类型：”、“品牌型号：”、“驾驶人：”、“核载人数：”、“车属单位：”、“服务学校：”、“行驶路线和行驶时间：”、“有效期：　　　年　　月至　　　年　　月”、“核发机关：”和“核发日期：”等中文字符字体为楷体，字高为10 mm。放置式样见附录 A 的前视图。

单位为毫米

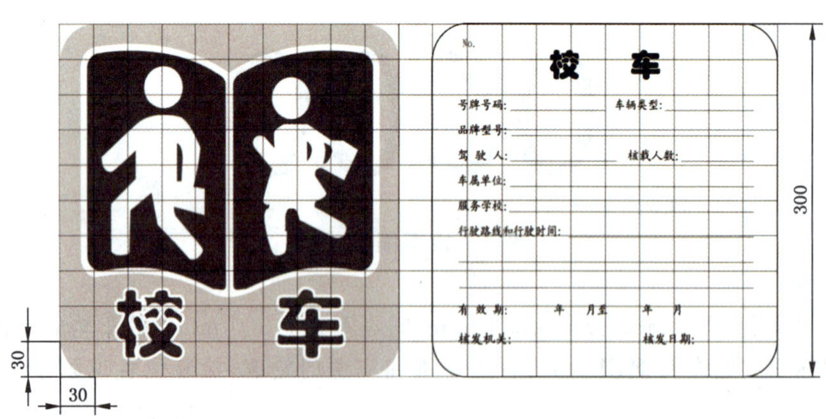

图 5　校车标牌尺寸

5.2.2.2　校车后风窗玻璃放置的校车标牌规格为 400 mm×400 mm，具体尺寸按 5.2.2.1 的要求同比例放大。放置式样见附录 A 的后视图。

5.3 校车停靠预告标志和校车停靠站点标志

5.3.1　校车停靠预告标志为上下组合标志，颜色为荧光黄绿色和黑色。式样见图 6。

图 6　校车停靠预告标志式样

5.3.2　校车停靠预告标志上下组合标志的规格尺寸见图 7a)和图 7b)。下标志中文字符为黑体，数字和英文字符为 Arial，字符高度见表 1。

单位为毫米

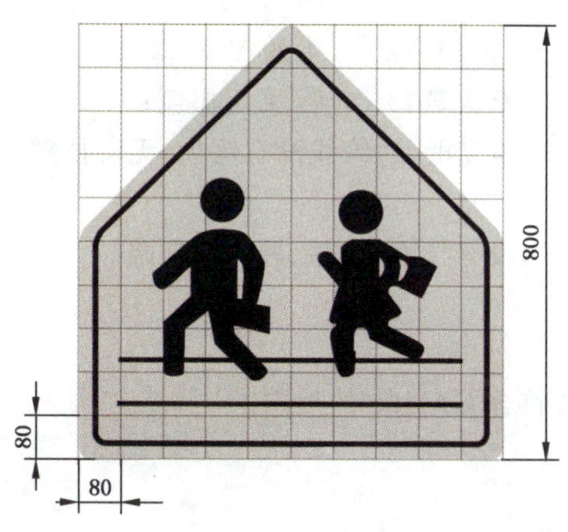

a) 上标志尺寸

单位为毫米

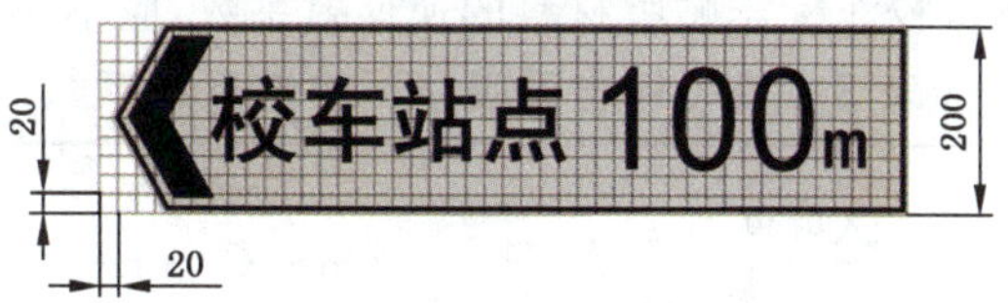

b) 下标志尺寸

图 7　标志尺寸

表 1　下标志字符高度

字　符	高　度/mm
“校车站点”	90
数字	110
英文“m”	40

5.3.3 校车停靠站点标志分为指示组合标志和告示标志两种，指示组合标志中注意儿童标志颜色为荧光黄绿色和黑色，告示标志中注意儿童图案背景颜色为荧光黄绿色。标志式样和其他颜色应符合 GB 5768(所有部分)的要求。

5.4 校车停靠站标线

校车停靠站标线的式样应符合 GB 5768(所有部分)的要求。

6 专用校车车身外观标识涂装

6.1 涂装方式

专用校车车身外观涂装分为喷漆和贴膜两种，涂装方式见表 2。

表 2 涂装方式

涂装要素	涂装方式
车身通体底色	喷漆
中文字符“校车”、校车编号、中文字符“核载人数：××人”	喷漆
车身轮廓标识	贴膜(反光材料)
校车标志	贴膜(反光材料)

6.2 喷漆外观

喷漆外观应符合以下要求：

a) 车身通体底色采用 GB/T 3181—2008 中的 Y08(深黄)；

b) 校车编号和中文字符“核载人数：××人”采用黑色；

c) 喷漆漆面应颜色均匀，平整光滑，边缘线没有锯齿，无流挂露底。

6.3 贴膜外观

贴膜应和车身表面贴附粘牢，没有气泡、皱褶、翘角等缺陷。

6.4 材料

6.4.1 喷漆材料

喷漆除颜色外，其他性能应符合 GA 523 的规定。

6.4.2 校车标志贴膜材料

6.4.2.1 材料及颜色

校车标志采用柔韧性反光膜粘贴，颜色应符合附录 B 中 B.1 的要求。

6.4.2.2 反射性能

按 11.4.1 规定的方法测量校车标志贴膜材料的逆反射系数，应不小于表 3 的规定值。

表 3 校车标志贴膜材料的逆反射系数

观察角	入射角	白色/($cd \cdot lx^{-1} \cdot m^{-2}$)	红色/($cd \cdot lx^{-1} \cdot m^{-2}$)
0.2°	−4°	80	14
	30°	30	6
0.5°	−4°	30	9
	30°	15	3
1.0°	−4°	5	1.8
	30°	2	0.7

6.4.2.3 色度性能

校车标志贴膜材料的色度性能，包括丝网印刷后的颜色，按照 11.4.2 规定的方法测试，各颜色的色品坐标和总体亮度因数应在表 4 规定的范围内。

表 4　校车标志贴膜材料颜色各角点的色品坐标

颜色	坐标点(x,y)					总体亮度因数 Y 值
		1	2	3	4	
白色	x	0.350	0.300	0.285	0.335	≥0.27
	y	0.360	0.310	0.325	0.375	
红色	x	0.690	0.658	0.569	0.595	0.03～0.10
	y	0.310	0.342	0.341	0.315	

6.4.2.4　其他性能

校车标志贴膜材料其他性能，除图案和尺寸外，应符合 GA 522 的要求。

6.4.3　校车轮廓标识贴膜材料

6.4.3.1　材料及颜色

校车轮廓标识贴膜材料为反光材料，颜色应符合附录 B 中 B.2 的要求。

6.4.3.2　反射性能

正常状态下，校车轮廓标识贴膜材料的反射性能应不低于表 5 的规定值。湿状态的校车轮廓标识贴膜材料在观察角为 0.2°，入射角为 −4°时的逆反射系数值不应该低于表 5 的相应规定值的 80%。

表 5　校车轮廓标识贴膜材料的逆反射系数

观察角	入射角	荧光黄绿色/($cd \cdot lx^{-1} \cdot m^{-2}$)
0.2°	−4°	460
	30°	170
0.5°	−4°	200
	30°	92
1.0°	−4°	28
	30°	15

6.4.3.3　色度性能

按 11.4.2 规定的方法测试，反光膜的颜色的色品坐标和总体亮度因数应在表 6 规定的范围内。

表 6　校车轮廓标识贴膜材料颜色各角点的色品坐标

颜色	坐标点(x,y)					总体亮度因数 Y 值
		1	2	3	4	
荧光黄绿	x	0.387	0.369	0.428	0.460	≥50%
	y	0.610	0.546	0.496	0.540	

6.4.3.4　其他性能

校车轮廓标识贴膜材料的其他性能，除图案和尺寸外，应符合 GB/T 18833 中一级反光膜的要求。

7　校车标牌

7.1　材质

校车标牌采用 250 g/m^2 的白卡纸。白卡纸的各项性能应符合 QB/T 3523 的要求。

7.2　颜色

校车标牌的黄色和红色采用 GB/T 3181—2008 中的 Y08(深黄)和 R03(大红)。

7.3 印刷

校车标牌的正面和背面印刷套印位置上下允许偏差 1 mm，左右允许偏差 1 mm。印刷无缺色，无透印，版面整洁，无脏、花、糊，无缺笔划。

7.4 签注

校车标牌背面信息由计算机打印或手工签注，应加盖公章。

7.5 塑封

塑封应封接牢固，外观平整，封口均匀，不起泡，不出皱。

7.6 放置

专用校车和非专用校车运送学生时都应放置校车标牌，从车外应能清楚识别。

8 校车停靠预告标志、校车停靠站点标志

8.1 材质

校车停靠预告标志应使用荧光黄绿色反光材料，校车停靠站点标志中指示组合标志的注意儿童标志和告示标志的注意儿童图案背景应使用荧光黄绿色反光材料，其他材料应符合 GB/T 18833 的要求。

8.2 性能

校车停靠预告标志和校车停靠站点标志使用的荧光黄绿色反光材料的颜色应符合附录 B 中 B.2 的要求，反射性能和色度性能应符合 6.4.3.2 和 6.4.3.3 的要求，其他性能应符合 GB/T 18833 中一级反光膜的要求。

8.3 设置

8.3.1 宜在距离校车停靠位置 50 m 和 100 m 处设置校车停靠预告标志。

8.3.2 专用的校车临时停靠位置设置校车停靠站点标志的指示组合标志，与公交车辆或班车等车辆共用的校车停靠位置设置校车停靠站点标志的告示标志。

8.3.3 校车停靠预告标志和校车停靠站点标志的安装应符合 GB 5768(所有部分)的要求。

9 校车停靠站标线

校车停靠站标线的设置应符合 GB 5768(所有部分)的要求。

10 更换

校车标识应保持清晰完整，出现以下情形之一应进行更换：

——信息识别不完整；

——校车标志有明显褪色难以辨认，不符合 6.4.2.1 的要求；

——校车轮廓标识、校车停靠站点标志和校车停靠预告标志的荧光黄绿色有明显褪色，不符合 6.4.3.1和 8.2 中颜色的要求；

——反光材料逆反射系数下降 50%以上。

11 试验方法

11.1 专用校车车身外观标识

11.1.1 颜色

用附录 B 中颜色样板对比观察。

11.1.2 外观

目测。

11.1.3 尺寸

用精度为 1 mm 的长度测量工具测量。

11.2 校车标牌

11.2.1 外观

采用目测法对标志的外观、印刷、颜色和图案进行检查。

11.2.2 尺寸

用精度为1 mm的长度测量工具测量。

11.3 校车停靠预告标志和校车停靠站点标志

11.3.1 颜色

用附录B中颜色样板对比观察。

11.3.2 尺寸

用精度为1 mm的长度测量工具测量。

11.4 反光材料性能

11.4.1 反射性能测试

按GB/T 18833规定的方法，对校车轮廓标识、校车停靠预告标志和校车停靠站点标志用反光材料的反射性能进行测试。采用逆反射系数测量仪器和附录B的颜色样板对校车轮廓标识、校车停靠预告标志和校车停靠站点标志用反光材料进行对比测量。

11.4.2 色度性能测试

按JT/T 693规定的方法，对校车轮廓标识、校车停靠站点标志和校车停靠预告标志用荧光黄绿色反光材料的色度性能进行测试。

附　录　A
（规范性附录）
专用校车车身外观标识涂装图

A.1　专用校车外观标识涂装右侧侧视图

专用校车外观标识涂装右侧侧视图见图 A.1。

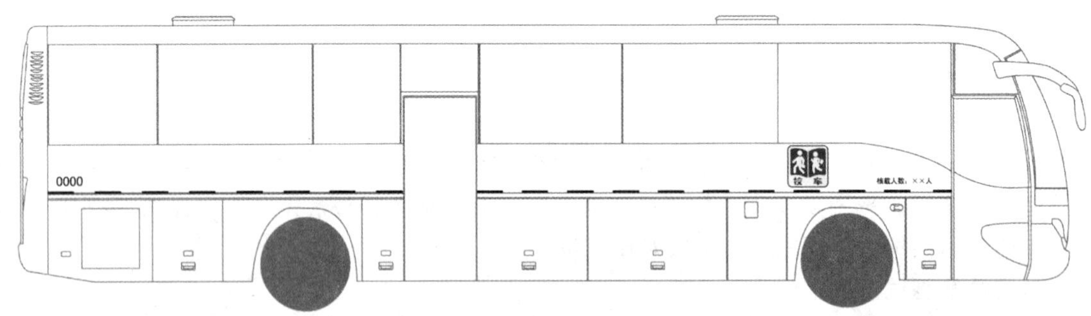

图 A.1　专用校车外观标识涂装右侧侧视图

A.2　专用校车外观标识涂装左侧侧视图

专用校车外观标识涂装左侧侧视图见图 A.2。

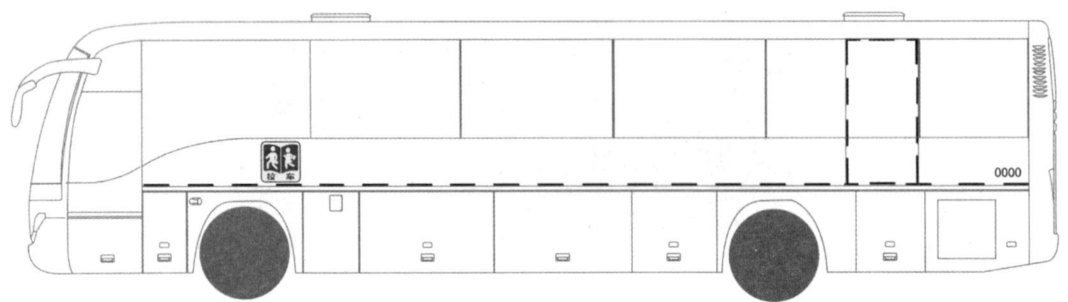

图 A.2　专用校车外观标识涂装左侧侧视图

A.3　专用校车外观标识涂装前视图

专用校车外观标识涂装前视图见图 A.3。

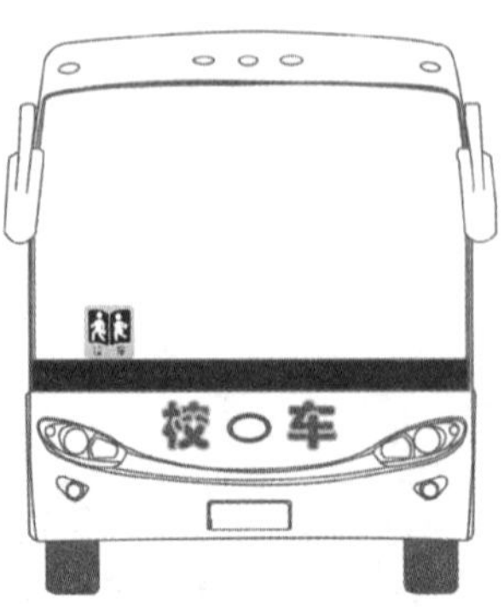

图 A.3　专用校车外观标识涂装前视图

A.4 专用校车外观标识涂装后视图

专用校车外观标识涂装后视图见图 A.4。

图 A.4 专用校车外观标识涂装后视图

附　录　B
（规范性附录）
校车标识用反光材料颜色样板

B.1　校车标志用反光材料颜色样板

校车标志用反光材料颜色样板见图B.1。

图B.1　校车标志用反光材料颜色样板

B.2　校车轮廓标识、校车停靠预告标志和校车停靠站点标志用荧光黄绿色反光材料颜色样板

校车轮廓标识、校车停靠预告标志和校车停靠站点标志用荧光黄绿色反光材料颜色样板见图B.2。

图B.2　校车轮廓标识、校车停靠预告标志和校车停靠站点标志用荧光黄绿色反光材料颜色样板

GB 24315—2009《校车标识》国家标准第1号修改单

本修改单经国家标准化管理委员会于2012年12月25日批准,自2013年1月1日起实施。

一、第2章中“GB 7258—2004 机动车运行安全技术条件”修改为“GB 7258—2012 机动车运行安全技术条件”。

二、第3.1条修改为:

校车 school bus

用于有组织地接送3周岁以上学龄前幼儿或接受义务教育的学生上下学的7座以上的载客汽车。

[GB 7258—2012,定义3.2.1.3]

三、第5.2.1条图4a)和图4b)修改为:

a) 校车标牌正面式样

校 车

No. 号牌号码 ________

车辆所有人 ________

驾驶人 ________

行驶线路 ________

停靠站点 ________

开行时间 ________

有效期 ________ 发牌单位(盖章)

b) 校车标牌背面式样

图4 校车标牌

四、第5.2.2.1条修改为:校车前风窗玻璃右下角放置的校车标牌外廓尺寸为300 mm×300 mm,其他尺寸见图5。校车标牌正面中文字符“校车”字体为方正魏碑简体,字高为60 mm,白边宽为1 mm,中文字符“号牌号码”为楷体,字高为10 mm。校车标牌背面英文字符“No.”为10 mm楷体,中文字符“校车”字体为华文琥珀,字高为25 mm,“号牌号码”、“车辆所有人”、“驾驶人”、“行驶线路”、“停靠站点”、“开行时间”、“有效期”和“发牌单位(盖章)”等中文字符字体为楷体,字高为10 mm。放置式样见附录A的前视图。

单位为毫米

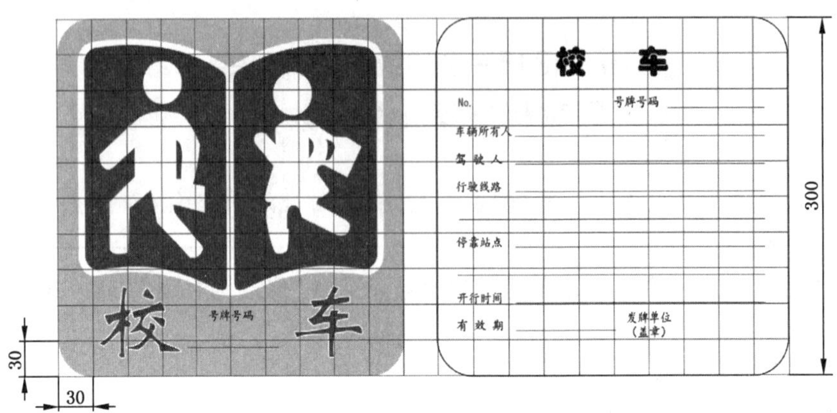

图 5　校车标牌尺寸

五、第 5.2.2.2 条修改为：校车后风窗玻璃放置的校车标牌，正面式样见图 4a)，但无中文字符“号牌号码”和下方横线。背面为空白。外廓尺寸为 400 mm×400 mm，其他尺寸按 5.2.2.1 的要求同比例放大。放置式样见附录 A 的后视图。

六、第 7.4 条修改为：校车标牌信息由计算机打印签注，应加盖公章。

ICS 43.020
T 59

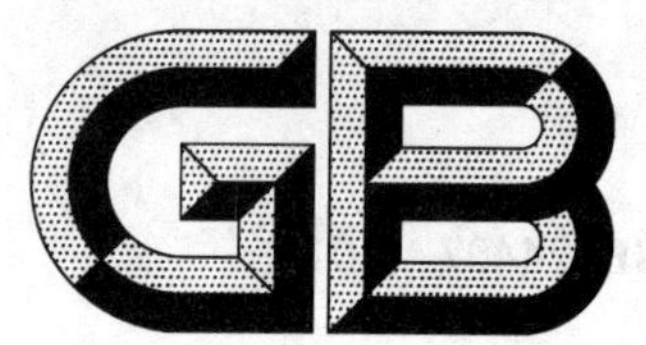

中华人民共和国国家标准

GB 24407—2012
代替 GB 24407—2009

专用校车安全技术条件

The safety technique specifications of special school

2012-04-10 发布　　2012-05-01 实施

中华人民共和国国家质量监督检验检疫总局
中国国家标准化管理委员会　发布

前　言

本标准的全部技术内容为强制性的。

本标准按照 GB/T 1.1—2009 给出的规则起草。

本标准代替 GB 24407—2009《专用小学生校车安全技术条件》。与 GB 24407—2009 相比，除编辑性修改外主要技术变化如下：

——标准名称修改为《专用校车安全技术条件》；

——标准范围（见第 1 章）进行了修改，修改为"本标准适用于幼儿园阶段 3 周岁以上及九年制义务教育阶段受教育的群体所乘坐的专用校车。"；

——修改了术语和定义（见第 3 章）：删除了 GB 24407—2009 中的 4 个术语"校车 school bus"、"小学生校车 school bus for schoolchildren"、"专用小学生校车 special school bus for schoolchildren"、"护板 fender"；修改了"专用校车 special school bus"；增加了"幼儿专用校车 special school buses for infants"、"小学生专用校车 special school buses for primary students"、"中小学生专用校车 special school buses for primary and junior middle school students"、"停车指示牌 stopping signal plate"；

——增加了"专用校车类型划分"（见第 4 章）；

——修改了前碰撞结构的要求和外观标识、车高限值、行李舱体顶部离地高度限值（见 5.1）；

——增加了动力性要求（见 5.2）；

——增加了幼儿专用校车的幼儿质量和中小学生专用校车的学生质量，修改了照管人员的质量，新增了各类专用校车的最大乘员数（见 5.3）；

——增加了转向系统（见 5.4）、制动系统（见 5.5）、传动系统（见 5.6）、行驶系统（见 5.7）、前后保险杠（见 5.8）、侧倾稳定性（见 5.9）、车身结构（见 5.10.1）、顶部结构强度（见 5.10.2）的要求；

——修改了上部结构强度的要求（见 5.10.3）；

——修改了出口的种类、位置、数量和尺寸的规定（见 5.10.4.1.1）：重新规定了乘客门的数量和位置，乘客门尺寸按照轻型和大中型分别进行了规定；增加了"应急门和应急窗不应位于排气管出口的上方，应急窗也不应位于停车指示牌的上方。"的要求；重新规定应急出口的种类和最少数量，其中应急门为基本应急出口；应急门、应急窗和撤离舱口的最小尺寸按 GB 13094 规定；

——修改了侧窗的结构要求（见 5.10.4.1.2）：增加了侧窗透明度的要求；

——修改了出口的技术要求（见 5.10.4.1.3）：增加了车辆后围上的应急门开启方式；乘客门和应急门上装玻璃窗的要求；高度小于 1 700 mm 的乘客门和应急门对乘员的安全防护要求；出口技术要求按轻型和大中型分别规定；加严了大中型专用校车对乘客门的要求；

——修改了踏步的要求（见 5.10.4.2）：补充了踏步的其他要求和伸缩踏步的要求；

——修改了乘客门引道（见 5.10.4.3.1）的要求：删除了 GB 24407—2009 图 1 中铅垂平板 2 对应的模型；删除了 GB 24407—2009 中 4.6.1.5 中对安装在轮罩上座椅前方范围的要求；删除了 GB 24407—2009 中 4.6.1.8 和 4.6.1.9；增加了引道处地板的坡度要求；

——修改了应急门引道（见 5.10.4.3.2）的要求：删除了 GB 24407—2009 中 4.6.2.2 的要求；

——修改了应急窗的通过性（见 5.10.4.3.3）：删除了 GB 24407—2009 中 4.6.3.3 中关于乘员数小于 33 人的车辆的应急出口的规定；

——修改了撤离舱口的通过性（见 5.10.4.3.4）：删除了地板出口的要求（见 GB 24407—2009 中 4.6.4.2）；

——修改了通道的要求(见 5.10.4.4):修改通道内对台阶的要求,要求车内通道内无台阶;要求 8 m 及以上专用校车通道测量装置下圆柱直径加大到 350 mm(GB 24407—2009 规定为 300 mm);要求大中型专用校车的通道高度不小于 1 800 mm;增加了通道坡度的要求;删除了GB 24407—2009 中 4.6.5.4 的规定;

——增加了驾驶员安全带及其固定点的要求(见 5.10.5.1.1.1 和 5.10.5.1.1.3);

——修改了照管人员座椅的要求(5.10.5.1.2):增加了幼儿专用校车和中小学生专用校车照管人员座位数量的要求,修改了照管人员座位位置的要求,修改了小学生专用校车上照管人员座位数量的要求;

——增加了幼儿座椅的要求,并修改了学生座椅的要求(见 5.10.5.1.3):修改了小学生安全带及其车辆固定点的要求,要求必须为 2 点式安全带,要求最多采用 2+3 座椅布置形式,增加了靠背厚度、靠背最大高度、靠背宽度的要求,调整了座椅扶手高度范围,要求驾驶员座椅 R 点所处的横向垂直平面以前不得设置幼儿及学生座椅,要求座椅必须软化处理;调整了单人座椅的宽度要求;增加了幼儿和中小学生座椅的相关项目要求;单人座椅的座垫宽度最小值由 400 mm 调整为 380 mm;删除了行动不便乘客的相应要求(GB 24407—2009 中 4.3.6);

——修改了就坐乘客空间的要求(见 5.10.5.1.4):增加了幼儿专用校车座椅座间距、中小学生专用校车座椅座间距、照管人员座椅座间距的要求,修改了座间距测量示意图;新增了位于隔离物或其他非座椅的刚性结构后面的乘客座椅座垫前沿到前部障碍物的水平距离最小限值;新增了幼儿座椅、中小学生专用校车座椅和照管人员座椅的就坐乘客的上方空间的要求;轮罩处的自由空间由1 200 mm 修改为 1 250 mm,外侧座椅椅脚靠近侧围处删除了一组尺寸;

——修改了座椅前方约束隔板的要求(见 5.10.5.2):约束隔板的位置确定由 GB 24407—2009 中的 R 点确定修改为根据 G 点确定,G 点按比 R 点靠后 100 mm;增加了幼儿专用校车座椅的约束隔板位置、中小学生专用校车座椅的约束隔板位置、照管人员座椅的约束隔板位置;增加了约束隔板软化的要求;修改细化了约束隔板下缘离地的高度要求;修改了约束隔板的要求;

——增加了适用于幼儿和小学生的扶手,完善细化了扶手的要求(见 5.10.5.3);

——增加了急救箱(见 5.10.5.5)、内装饰件(见 5.10.5.7)、信号系统(见 5.11)的要求;

——修改了火灾预防和火灾控制措施的要求(见 5.12):修改了导线耐高温和阻燃性的要求;修改了发动机舱、电涡流缓速器旁的材料阻燃性要求;增加了缓速器旁的温度报警装置配置要求;增加了电源总开关的布置要求;增加了应急开关;增加了排气系统、油路、电路的相对位置要求;增加了发动机舱灭火装备和报警装置配备要求;增加了乘员舱灭火器的要求;

——修改了驾驶员视野的要求(见 5.13):增加了乘客门关闭后驾驶员应能观察到车外乘客门附近情况的要求;增加了辅助倒车装置和前风窗除霜雾装置的要求;修改了车内视野装置的要求;

——修改了车内空气质量的要求(见 5.14):增加了车内空气成分的要求;

——修改了行车信息记录及处理系统的要求(见 5.15):增加了对行驶记录仪功能的要求和车内外录像监控系统的要求;

——增加了专用校车后围板上的停车提醒标示的要求(见 5.16);

——删除了 GB 24407—2009 中 4.10 视觉娱乐装置的位置要求;

——增加了标准实施的过渡期要求(见第 6 章);

——增加了“附录 A　顶部结构强度试验方法”、“附录 B　停车指示牌”。

本标准由中华人民共和国工业和信息化部提出。

本标准由全国汽车标准化技术委员会(SAC/TC 114)归口。

本标准负责起草单位:郑州宇通客车股份有限公司、中国汽车技术研究中心、中国公路学会客车分会。

本标准参加起草单位：国家客车质量监督检验中心、东风襄樊旅行车有限公司、南京依维柯汽车有限公司、丹东黄海汽车有限责任公司、金华青年汽车制造有限公司、扬州亚星客车股份有限公司、保定长安客车制造有限公司、中国第一汽车股份有限公司、金龙联合汽车工业（苏州）有限公司、厦门金龙联合汽车工业有限公司、北汽福田汽车股份有限公司、安徽安凯汽车股份有限公司、成都客车股份有限公司、泰乐玛汽车制动系统（上海）有限公司、江苏旷达汽车织物集团有限公司。

本标准主要起草人：周慧慈、汤望、吴晓光、马春新、张长庚、李维菁、董晓坤、张喆、卢长军、司俊德、王向阳、乔慧琳、孙鹰、刁薇、曹飞、李弢、邝勇、邓玉林、李桂兰、陈新弟、周建国、苏亮、赵天红、邓海。

本标准于 2009 年首次发布，本次为第一次修订。

专用校车安全技术条件

1 范围

本标准规定了专用校车术语和定义、类型划分、要求及试验方法。

本标准适用于幼儿园阶段3周岁以上及九年制义务教育阶段受教育的群体所乘坐的专用校车。

2 规范性引用文件

下列文件对于本文件的应用是必不可少的。凡是注日期的引用文件，仅注日期的版本适用于本文件。凡是不注日期的引用文件，其最新版本(包括所有的修改单)适用于本文件。

GB/T 2406.2 塑料 用氧指数法测定燃烧行为 第2部分:室温试验

GB/T 2408—2008 塑料 燃烧性能的测定 水平法和垂直法

GB 4351.1 手提式灭火器 第1部分:性能和结构要求

GB/T 5454 纺织品 燃烧性能试验氧指数法

GB 5768.2—2009 道路交通标志和标线 第2部分:道路交通标志

GB 8410—2006 汽车内饰材料的燃烧特性

GB/T 8627—2007 建筑材料燃烧或分解的烟密度试验方法

GB/T 12428—2005 客车装载质量计算方法

GB 12676 汽车制动系统 结构、性能和试验方法

GB 13057 客车座椅及其车辆固定件的强度

GB 13094—2007 客车结构安全要求

GB/T 13594 机动车和挂车防抱制动性能和试验方法

GB 13954—2009 警车、消防车、救护车、工程救险车标志灯具

GB 14166 机动车乘员用安全带、约束系统、儿童约束系统和ISOFIX 儿童约束系统

GB 14167 汽车安全带安装固定点、ISOFIX固定点及上固定点系统

GB/T 14172 汽车静侧翻稳定性台架试验方法

GB 15083 汽车座椅、座椅固定装置及头枕强度要求和试验方法

GB 15084 机动车辆后视镜的性能和安装要求

GB 17578 客车上部结构强度要求

GB/T 17729 长途客车内空气质量要求

GB/T 18833 公路交通标志反光膜

GB 18986 轻型客车结构安全要求

GB/T 19056 汽车行驶记录仪

GB/T 19596—2004 电动汽车术语

GB 24315 校车标识

GB 24406 专用校车学生座椅系统及其车辆固定件的强度

GB/T 24545 车辆车速限制系统技术要求

GB/T 28370 长途客车内空气质量检测方法

JT/T 782 营运客车爆胎应急安全装置技术要求

3 术语和定义

GB/T 12428—2005 和 GB 13094—2007 中界定的以及下列术语和定义适用于本文件。为了便于使用,以下重复列出了 GB/T 12428—2005 和 GB 13094—2007 中的某些术语和定义。

3.1

专用校车 special school buses

设计和制造上专门用于运送幼儿或学生的校车。

3.2

幼儿专用校车 special school buses for infants

运送 3 周岁以上学龄前幼儿上下学的专用校车。

3.3

小学生专用校车 special school buses for primary school students

运送小学生上下学的专用校车。

3.4

中小学生专用校车 special school buses for primary and junior middle school students

运送九年制义务教育阶段学生(小学生和初中生)上下学的专用校车。

3.5

停车指示牌 stopping signal plate

用于警示其他车辆不得超越已停驻、待学生上下车的校车的标牌。

3.6

出口 exit

乘客门或应急出口。

[GB 13094—2007,定义 3.6]

3.7

应急出口 emergency exit

应急门、应急窗或撤离舱口。

[GB 13094—2007,定义 3.7]

3.8

应急门 emergency door

仅在异常、紧急情况下作为乘客出口的车门。

[GB 13094—2007,定义 3.8]

3.9

应急窗 emergency window

仅在紧急情况下作为乘员出口的车窗,该车窗可以不装玻璃。

[GB 13094—2007,定义 3.9]

3.10

撤离舱口 escape hatch

仅在紧急情况下供乘客作为应急出口的车顶或地板上的开口,即安全顶窗和地板出口。

[GB 13094—2007,定义 3.11]

3.11

“前”和“后” ‘front’ and ‘rear’

按正常行驶方向的车辆的前或后,“向前”、“最前”、“向后”、“最后”等应作相应解释。

[GB 13094—2007,定义 3.26]

3.12

乘员 passengers and crew

客车上乘客、驾驶员和车组人员的总称。

[GB/T 12428—2005,定义 3.1]

4 专用校车类型划分

专用校车按车辆结构和用途划分的分类见表1。

表1 专用校车分类及基本特征

结构类型	用　途	基本特征
轻型专用校车	幼儿专用校车	车长大于5 m且小于等于6 m
	小学生专用校车	
	中小学生专用校车	
大中型专用校车	幼儿专用校车	车长大于6 m且小于等于12 m
	小学生专用校车	
	中小学生专用校车	

5 要求和试验方法

5.1 外观标识和主要结构尺寸

5.1.1 专用校车应喷涂符合 GB 24315 要求的专用校车外观标识。

5.1.2 专用校车前部应设置碰撞安全结构。若为前横置发动机,则发动机曲轴中心线应位于前风窗玻璃最前点以前;若为前纵置发动机,则发动机第一缸和第二缸的中心线应位于前风窗玻璃最前点以前;若大中型专用校车其前部碰撞性能不低于前两种结构,可以不限定发动机布置形式。

注:发动机第一缸和第二缸的中心线指发动机第一缸和第二缸缸心距的中心线。

5.1.3 铰接客车和双层客车不应作为专用校车。

5.1.4 专用校车车高不得大于3.7 m。

5.1.5 如果有侧围行李舱体,则行李舱体顶部离地面高度应小于1.0 m。

5.1.6 专用校车不得设置车外行李架。

5.1.7 车内外不得有容易卡住幼儿和小学生手指的孔洞,并不应存在可能致人员受伤的突起、凹陷、尖角等缺陷。

5.2 动力性

专用校车(电动专用校车除外)的比功率应不小于9.0 kW/t。

注1:电动专用校车指 GB/T 19596—2004 中所定义的电动汽车种类:纯电动汽车、混合动力(电动)汽车、燃料电池电动汽车。

注2:比功率为发动机最大净功率(或0.9倍的发动机额定功率或0.9倍的发动机标定功率)与机动车最大允许总质量之比。

5.3 乘员质量和最大乘员数

5.3.1 幼儿专用校车的每个幼儿的质量按30 kg计算,小学生专用校车的每个学生的质量按48 kg计算，中小学生专用校车的每个学生的质量按53 kg计算，每个照管人员的质量按68 kg计算，驾驶员的质量按75 kg计算。

5.3.2　幼儿专用校车的最大乘员数应不超过45人；小学生专用校车和中小学生专用校车的最大乘员数应不超过56人。

5.4　转向系统

专用校车应采用助力转向装置。

5.5　制动系统

5.5.1　专用校车应安装符合GB/T 13594规定的防抱制动装置。

5.5.2　前轮应安装盘式制动器。

5.5.3　长度大于8 m的专用校车应安装缓速器或其他辅助制动装置，辅助制动装置性能应符合GB 12676规定的ⅡA型试验要求。

5.6　传动系统

5.6.1　专用校车应安装符合GB/T 24545规定的限速装置，出厂时调定的最高车速应不大于80 km/h。

5.6.2　传动轴应有防止因传动轴滑动连接(花键或其他类似装置)脱离或断裂等故障而引起危险的防护装置。

5.7　行驶系统

5.7.1　专用校车应使用无内胎子午线轮胎。

5.7.2　总质量大于4.5 t的专用校车，后轮应安装双轮胎。

5.7.3　若安装轮胎爆胎应急安全装置，应符合JT/T 782的要求。

5.8　前后保险杠

5.8.1　专用校车应安装前、后保险杠。

5.8.2　保险杠应连接到车架或车身骨架上。前保险杠应向前伸出到散热器格栅、前照灯、引擎盖部分等的前面，向外延伸到轮罩的外缘，以提供最大的保护；后保险杠应包住车身后角。

5.8.3　保险杠上不应存在可能致人员受伤的突起、凹陷、尖角。

5.9　侧倾稳定性

按GB/T 14172规定的方法测试，在每个座椅的座垫上平面按5.3.1规定的乘员质量加载(若有行李舱，行李舱不应加载)，且载荷要牢固固定到座椅上，测得的侧倾稳定角应不小于32°；同时在空载状态下测量，测得的侧倾稳定角应不小于35°。

5.10　车身结构、强度、出口及车内布置

5.10.1　车身结构

5.10.1.1　大中型专用校车应为车身骨架结构，同一横截面上的顶梁、立柱和底架主横梁应形成封闭环(轮罩与顶风窗处除外)，从侧窗上纵梁到底横梁之间的车身立柱应采用整体结构，中间不得通过拼焊连接。若轻型专用校车车身结构未采用上述结构，则应采用覆盖件与加强梁共同承载的结构。

5.10.1.2　幼儿专用校车乘客区应采用平地板结构，除轮罩、检修口盖等的局部结构凸起外，地板上不

得有台阶。

5.10.1.3 乘坐区、过道区和引道区域的地板覆盖层应防滑、耐磨。

5.10.2 顶部结构强度

顶部结构强度按附录A进行试验,应满足以下要求:

a) 试验中,车身结构应能够承受规定的载荷,车门没有开启,车身与底架没有分离;
b) 试验中和试验后,每一座垫上方应有不小于900 mm的净高度(从未下陷座垫的最高点所在平面向上测量);就座乘客搁脚的地板处向上应有不小于1 350 mm的净高度(对于轮罩处和质量小于等于3.5 t和座椅数小于等于12个的专用校车,地板处向上应有不小于1 200 mm的净高度);轻型专用校车的通道高度应不小于1 440 mm,大中型专用校车的通道净高度应不小于1 670 mm;乘客门、应急门、应急窗和撤离舱口应能正常打开,位于车顶的撤离舱口不要求在试验过程中打开。

5.10.3 上部结构强度

在每个座椅上的乘员质量按5.3.1的规定,并按GB 17578的规定进行加载和测试,侧翻过程中和侧翻后的乘员生存空间均应符合GB 17578的规定。

5.10.4 出口、踏步、引道、通道

5.10.4.1 出口

5.10.4.1.1 出口的种类、位置、数量和尺寸

5.10.4.1.1.1 专用校车应只有一个乘客门并位于右侧前后轮之间。轻型专用校车的乘客门尺寸应符合GB 18986的规定。大中型专用校车的乘客门尺寸应符合GB 13094的规定。

5.10.4.1.1.2 车辆的左侧、右侧应至少各有一个出口。乘客区的前半部和后半部应至少各设一个出口。后围应至少有一个出口。

5.10.4.1.1.3 为满足紧急情况下的乘员撤离和车外救助,应急出口的种类、位置、最少数量应符合表2的规定。若车顶或地板上设有一个撤离舱口,应位于车辆中部范围内(该范围的长度等于车长的1/2);若设有两个撤离舱口,二者相邻两边之间的距离(平行于车辆纵轴线测量)应至少为2 m。应急门和应急窗不应位于排气管出口的上方,应急窗也不应位于停车指示牌的上方。应急门、应急窗和撤离舱口的最小尺寸应符合GB 13094的规定。

表2 应急出口的种类、位置和最少数量

车长 L/m	基本应急出口	基本应急出口对应的附加应急出口
$L<6$	“后围应急门”,或者“左侧应急门+后围应急窗”	1个左侧应急窗+1个右侧应急窗
$6\leqslant L<9$	“后围应急门”,或者“左侧应急门+后围应急窗”	1个左侧应急窗+1个右侧应急窗+1个顶部撤离舱口
$9\leqslant L<12$	“后围应急门”,或者“左侧应急门+后围应急窗”	2个左侧应急窗+2个右侧应急窗+2个顶部撤离舱口

5.10.4.1.2 侧窗的结构

专用校车乘客区侧窗的结构应为高度方向上至少下部1/2封闭。所有车窗玻璃的可见光透射比均

应不小于50%,且不得张贴有不透明和带任何镜面反光材料的色纸或隔热纸。

5.10.4.1.3　**出口的技术要求**

5.10.4.1.3.1　车辆后围上的应急门应铰接于侧面并向外开启。

5.10.4.1.3.2　乘客门和应急门上应装玻璃窗,玻璃窗应采用安全玻璃。

5.10.4.1.3.3　乘客门和应急门的高度小于1 700 mm时,门洞顶部内侧整个宽度范围内应安装宽度不小于75 mm、厚度不小于20 mm、邵氏硬度不大于50的防撞垫。

5.10.4.1.3.4　应急出口的锁止装置应能从车内和车外手动解锁开启,解锁力和开启力应不超过178 N。

5.10.4.1.3.5　出口的其他技术要求,对轻型专用校车应符合GB 18986的相关规定,对大中型专用校车应符合GB 13094的相关规定。

5.10.4.2　**踏步**

5.10.4.2.1　**乘客门踏步**

在车辆整备质量状态下,从地面至乘客门的第一级踏步高度D(图1)应不大于350 mm,允许使用伸缩踏步达到要求,其他各级踏步的高度E应不大于250 mm。一级踏步深度F,对轻型专用校车应不小于230 mm,对大中型专用校车应不小于300 mm。踏步的其他要求应符合GB 13094的规定。

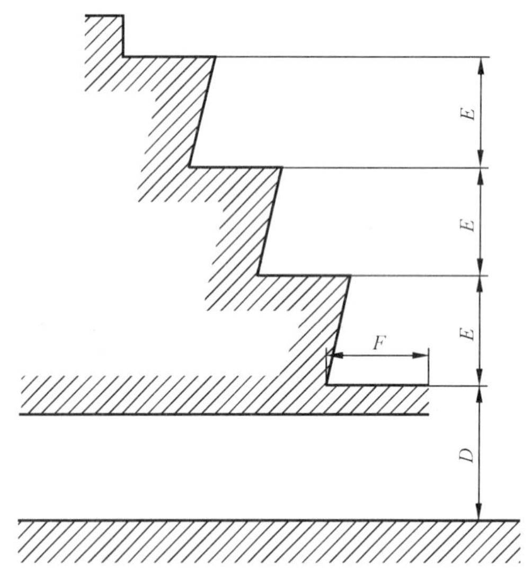

图1　乘客门踏步尺寸

5.10.4.2.2　**伸缩踏步的技术要求**

轻型专用校车的伸缩踏步的技术要求应符合GB 18986的规定;大中型专用校车的伸缩踏步的技术要求应符合GB 13094的规定。

5.10.4.3　**引道**

5.10.4.3.1　**乘客门引道**

5.10.4.3.1.1　从乘客门向车内的延伸空间应允许厚度20 mm的垂直平板1(见图2)自由通过。垂直平板1在起始位置时,靠近车辆内侧的板面应切于车门开口的最外边缘,移动时板面应保持与乘客的出入方向垂直,移动方向与乘客的出入方向一致。

单位为毫米

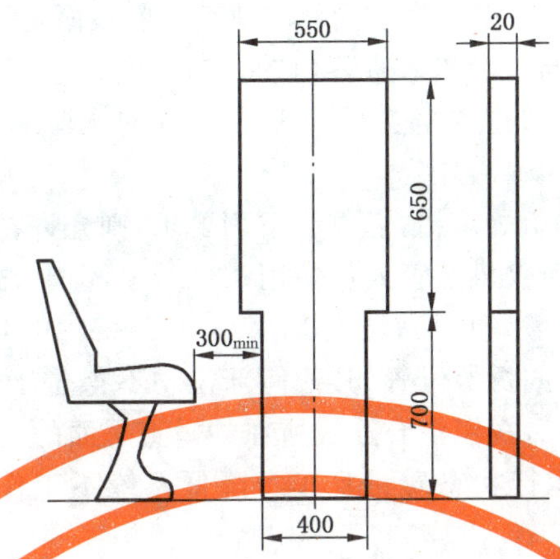

图 2 乘客门引道和垂直平板 1 图示

5.10.4.3.1.2 当垂直平板 1 的中心线从起始位置移过 300 mm 时,将平板底部接触踏步表面并保持在此位置。

5.10.4.3.1.3 用来检查通道空间的圆柱体(见图 5 和表 3)从通道开始沿乘客离开车辆的运动方向移动,直到其中心线达到最上一级踏步外边缘所在的垂直平面或上圆柱接触垂直平板 1 并保持在此位置(见图 3)。

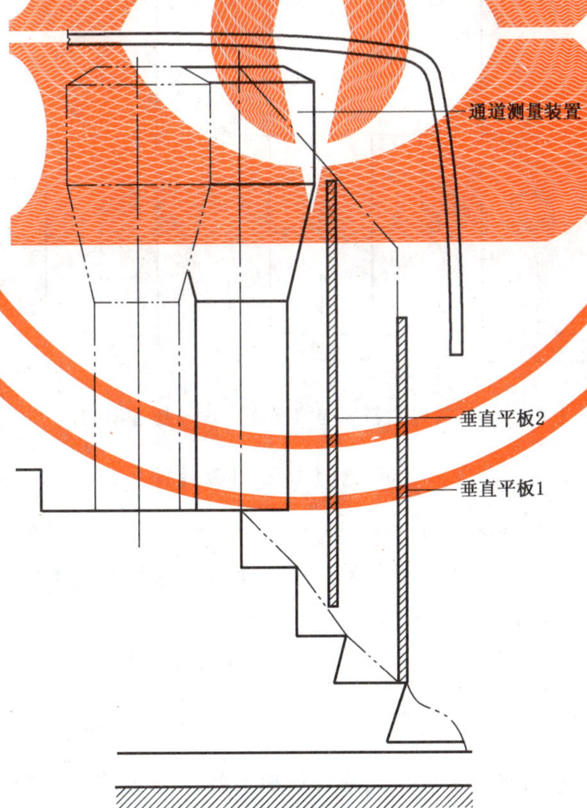

图 3 乘客门引道图示

5.10.4.3.1.4 在上述位置的圆柱体同5.10.4.3.1.2所述位置的垂直平板1之间应允许垂直平板2自由通过(见图3)。垂直平板2的形状和尺寸与5.10.4.4.1所述的圆柱体的中心截面相同,其厚度不大于20 mm。垂直平板2从与圆柱体相切的位置移动到其外侧板面与垂直平板1接触,其底部触及由踏步外边缘形成的平面,移动方向与乘客出入乘客门的方向一致。

5.10.4.3.1.5 上述测量装置自由通过的净空间,不应包括前向座椅未压缩座垫前300 mm的范围内,高度从地板至座垫最高点的空间。

5.10.4.3.1.6 对照管人员专用的折叠座椅,若符合下列要求,则允许在其折叠位置测量:

a) 在车上清楚地标示,此座椅仅供照管人员使用;

b) 座椅不使用时应能自动折叠,以便满足5.10.4.3.1.1~5.10.4.3.1.5的要求;

c) 无论该座椅处于使用位置或折叠位置,其任何部位均不得位于驾驶员座椅(处于最后位置时)座垫上表面中心与车外右后视镜中心连线所在的垂直平面的前方。

5.10.4.3.1.7 当车辆处于整车运行状态质量且车身降低系统不工作时,引道处地板的坡度不应超过5%。

5.10.4.3.2 应急门引道

5.10.4.3.2.1 在通道和应急门之间的自由空间应允许叠加圆柱(见图4)自由通过。

单位为毫米

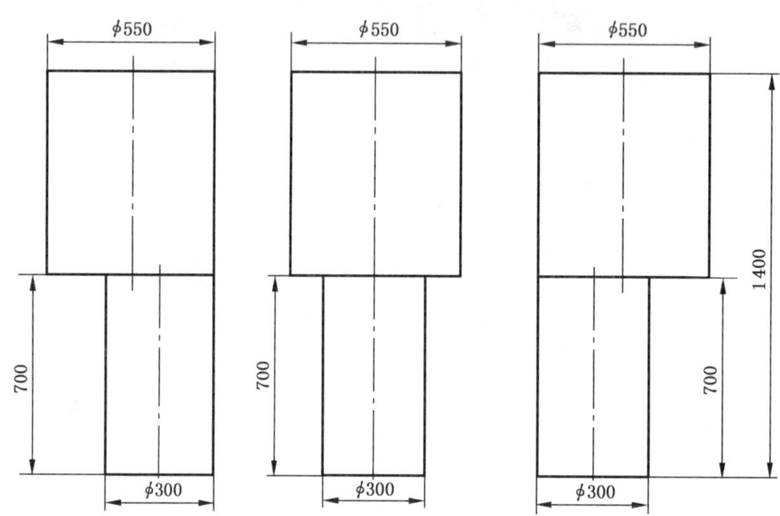

注:上圆柱直径可在顶部减为400 mm,其过渡斜面与水平面夹角不超过30°。

图4 应急门引道测量装置

5.10.4.3.2.2 下圆柱体的底部应在上圆柱体的投影内,二者可以相对位移。

5.10.4.3.2.3 沿引道侧面设有折叠座椅时,叠加圆柱通过的自由空间应在该座椅打开位置时测量。如该座椅在不使用时能自动折叠,则允许在其折叠位置测量。

5.10.4.3.2.4 可用5.10.4.4.1规定的圆柱体(见图5)替代叠加圆柱。

5.10.4.3.3 应急窗的通过性

5.10.4.3.3.1 每个应急窗应能使相应的测试量具从通道经应急窗移到车外。

5.10.4.3.3.2 测试量具的运动方向应与乘客从车内撤出的方向一致,其正面(最大端面)应与运动方向保持垂直。

5.10.4.3.3.3 测试量具是尺寸为600 mm×400 mm、圆角半径200 mm的薄板,但若应急窗在车辆后围,其尺寸可改为1 400 mm×350 mm、圆角半径175 mm。

5.10.4.3.4 **撤离舱口的通过性**

大中型专用校车撤离舱口的通过性应符合 GB 13094 的规定。

5.10.4.4 **通道**

5.10.4.4.1 对于轻型专用校车，通道应允许Ⅰ型通道测量装置自由通过；对于长度小于 8 m 的大中型专用校车，通道应允许Ⅱ型通道测量装置自由通过；对于长度大于或等于 8 m 的专用校车，通道应允许Ⅲ型通道测量装置自由通过(通道测量装置见图 5 和表 3)。通道内不应有台阶，通道应防滑，通道内的盖板高出通道表面应不大于 8 mm。

单位为毫米

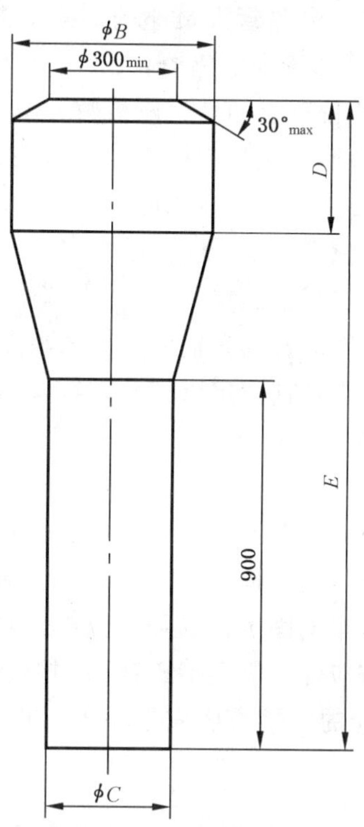

图 5 通道测量装置

表 3 通道测量装置尺寸

项　　目	Ⅰ型通道测量装置	Ⅱ型通道测量装置	Ⅲ型通道测量装置
下圆柱直径 C/mm	300	300	350
上圆柱直径 B/mm	450	450	550
上圆柱高度 D/mm	300	300	300
总高 E/mm	1 500	1 800	1 800

5.10.4.4.2 当车辆处于整车运行状态质量且车身降低系统不工作时，通道纵向坡度不应大于 8%，横向坡度(垂直于车辆纵向轴线的平面上)不应大于 5%。

5.10.5 车内布置

5.10.5.1 座椅

5.10.5.1.1 驾驶员座椅

5.10.5.1.1.1 驾驶员座椅应配备3点式安全带。

5.10.5.1.1.2 驾驶员座椅及其车辆固定件的强度应符合GB 15083的规定。

5.10.5.1.1.3 驾驶员座椅的安全带及其固定点应分别符合GB 14166和GB 14167的规定。

5.10.5.1.2 照管人员座椅

5.10.5.1.2.1 专用校车应至少安装一个照管人员座椅。当幼儿专用校车上的幼儿座椅数大于等于20个且小于40个时应安装2个或3个照管人员座椅，大于等于40个时应安装3个或4个照管人员座椅。当小学生专用校车、中小学生专用校车上的学生座椅数大于等于40个时应安装2个或3个照管人员座椅。当只有1个照管人员座椅时，照管人员座椅应位于车辆通道前端并靠近乘客门；当照管人员座椅超过1个时，应至少有1个照管人员座椅靠近应急门。

5.10.5.1.2.2 照管人员座椅应有标识。

5.10.5.1.2.3 照管人员座椅应配备安全带。

5.10.5.1.2.4 前向安装的照管人员座椅及其车辆固定件的强度应符合GB 13057的规定。

5.10.5.1.2.5 照管人员座椅的安全带及其固定点应分别符合GB 14166和GB 14167的规定。

5.10.5.1.3 幼儿及学生座椅

5.10.5.1.3.1 幼儿及学生座椅应前向布置。幼儿及学生座椅不应是折叠座椅，驾驶员座椅R点所处的横向垂直平面以前不得设置幼儿及学生座椅。幼儿及学生座椅在车辆横向上最多采用“2＋3”布置。

5.10.5.1.3.2 幼儿及学生座椅及其车辆固定件的强度应符合GB 24406的要求。

5.10.5.1.3.3 每个幼儿及学生座椅应配备满足GB 14166规定的两点式安全带。

5.10.5.1.3.4 单人幼儿及学生座椅的座垫宽度应不小于380 mm。若为长条幼儿及学生座椅，应符合表4的规定。

表4 幼儿及学生座椅的尺寸

车　　型	幼儿专用校车	小学生专用校车	中小学生专用校车
每人座垫宽/mm	≥330	≥350	≥380
座垫深/mm	≥300	≥350	≥350
座垫高/mm	220～300	280～380	300～450
靠背厚度/mm	≥40	≥40	≥40
靠背高度 H/mm	$600\leqslant H\leqslant 710$	$710\leqslant H\leqslant 860$	$710\leqslant H\leqslant 860$

5.10.5.1.3.5 每个幼儿及学生座椅应带有靠背，靠背高度和厚度按表4的规定，靠背宽不应小于座垫宽度，座椅靠背在座垫上平面与座垫上方510 mm处的水平面之间的部分在车身横向垂直平面内的投影面积不应小于0.9×510 mm×座垫宽。幼儿及学生座椅应软化。

5.10.5.1.3.6 靠近通道的幼儿及学生座椅应在通道一侧设置平行于椅垫面的座椅扶手，扶手距离座垫上平面150 mm～230 mm，并应软化处理，扶手应有足够的强度，并应使乘坐幼儿及学生易于抓握，且每个扶手的表面应防滑。幼儿及学生座椅靠背后不应有扶手等硬质物品。

5.10.5.1.4 就坐乘客空间

5.10.5.1.4.1 座间距

座间距为座椅靠背的前面与前排座椅靠背后面之间的距离(*H*),在座垫上表面最高点所处水平面与其上方 200 mm 高度范围内水平测量(见图 6),幼儿专用校车座椅的座间距应不小于 500 mm,小学生专用校车座椅的座间距应不小于 550 mm,中小学生专用校车座椅的座间距应不小于 650 mm,照管人员座椅的座间距应不小于 650 mm。所有数据均在通过(单人)座椅中心线的垂直平面内测量,且座垫和靠背都未被压陷。

单位为毫米

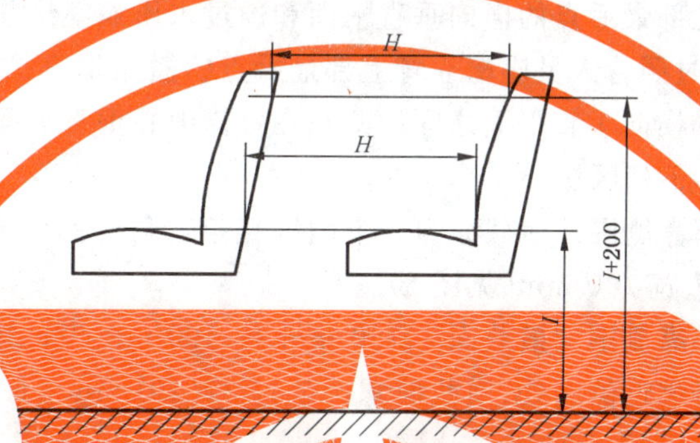

注:*I* 为座垫上平面最高点距离地板的高度。

图 6 座间距的测量方法示意图

5.10.5.1.4.2 就坐乘客的前方空间

位于隔离物或其他非座椅的刚性结构后面的乘客座椅座垫前沿到前部障碍物的水平距离为 *L*(见图 7),幼儿专用校车就坐乘客的前方空间不小于 220 mm,小学生专用校车就坐乘客的前方空间不小于 250 mm,中小学生专用校车就坐乘客的前方空间不小于 280 mm。

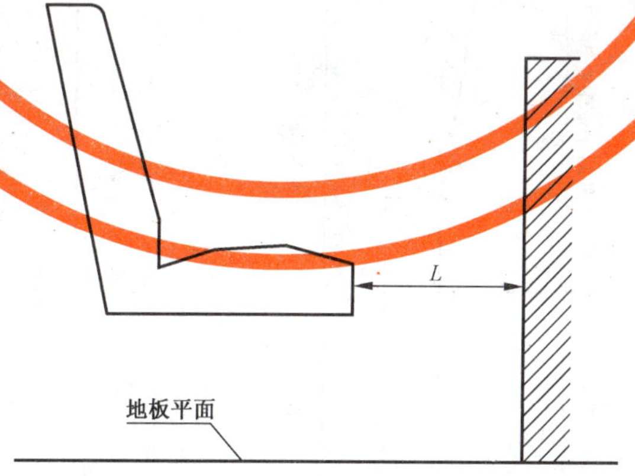

图 7 就坐乘客前方的自由空间

5.10.5.1.4.3 座椅上方的自由空间

每个座位上方的自由空间:

a) 每个座椅均应有一垂直净空间,从未压陷座垫的最高点所处平面向上应不小于 900 mm,从就坐乘客搁脚的地板处向上应不小于 1 350 mm(见图 8),对于轮罩处和后排座椅处,可减小为 1 250 mm。

b) 这个净空间应包括下述的全部水平区域:
   1) 横向区域:幼儿专用校车学生座椅中心垂直平面两侧各 165 mm 处的纵向垂直平面之间;小学生专用校车学生座椅中心垂直平面两侧各 175 mm 处的纵向垂直平面之间;中小学生专用校车学生座椅中心垂直平面两侧各 190 mm 处的纵向垂直平面之间;照管人员座椅中心垂直平面两侧各 200 mm 处的纵向垂直平面之间;
   2) 纵向区域:幼儿专用校车通过座椅靠背上部最后点的横向垂直平面和通过未压缩座垫前端向前 200 mm 的横向垂直平面之间;小学生专用校车通过座椅靠背上部最后点的横向垂直平面和通过未压缩座垫前端向前 200 mm 的横向垂直平面之间;中小学生专用校车通过座椅靠背上部最后点的横向垂直平面和通过未压缩座垫前端向前 280 mm 的横向垂直平面之间;通过照管人员座椅靠背上部最后点的横向垂直平面和通过未压缩座垫前端向前 280 mm 的横向垂直平面之间。测量在座椅中心垂直平面进行。

c) 该净空间可以不包括下列区域:
   1) 靠窗座椅上方邻靠侧围的横截面为一个倒置直角三角形的区域,三角形顶点位于地板上方 650 mm,底边宽 100 mm(见图 8)。
   2) 靠窗座椅上方邻靠侧围的横截面为 150 mm 高、100 mm 宽的矩形区域(见图 9)。
   3) 靠窗座椅的椅脚靠近侧围处,横截面积不超过 3×10^4 mm^2、最大宽度不超过 150 mm 的区域(见图 9)。

d) 该净空间应允许另一座椅靠背的侵入。

单位为毫米

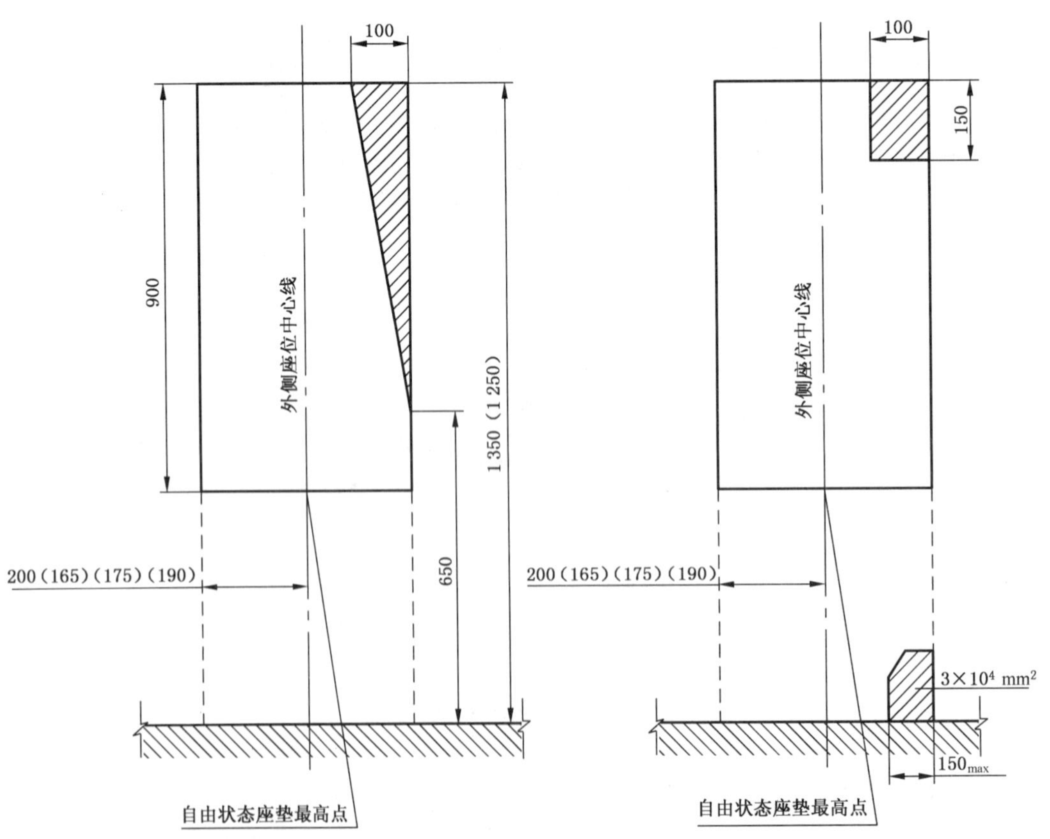

图 8 座椅上方的自由空间

图 9 外侧座椅空间的允许侵入

5.10.5.2 **座椅前方约束隔板**

5.10.5.2.1 从座椅G点沿纵向水平方向向前一定距离(该距离对幼儿专用校车和小学生专用校车座椅为710 mm,对中小学生专用校车座椅为800 mm,对照管人员座椅为850 mm)内没有另一座椅的后表面时,应在该座椅前安装约束隔板,约束隔板应使用外敷厚度不小于20 mm且邵氏硬度不大于50的软化材料。

5.10.5.2.2 约束隔板上缘距地板高度应不小于其后座椅高度,幼儿专用校车约束隔板下缘应紧贴地板,小学生专用校车和中小学生专用校车约束隔板下缘距离地板高度应不大于200 mm并避免卡住脚部,宽度应不小于前排此类座椅靠背对应的宽度。

5.10.5.2.3 按GB 24406规定的试验方法进行试验后,约束隔板应满足:

a) 隔板的变形不应影响车门正常开关;

b) 隔板的任何安装固定点不得脱开;

c) 隔板的任何部件不得分离。

5.10.5.3 **乘客门扶手**

专用校车乘客门处应安装高、低扶手,扶手上不应存在可能致伤的凸起、毛刺。

大中型专用校车高扶手应符合GB 13094的规定,轻型专用校车高扶手应符合GB 18986的规定。

低扶手应符合图10的规定,要求:

a) 在垂直方向:位于地面或每一级踏步(不包括伸缩踏步)上方600 mm~800 mm之间;

b) 在水平方向:

  1) 对地面上的乘客:由第一级踏步板(不包括伸缩踏步)向里不超过250 mm;

  2) 对任一级踏步板(不包括伸缩踏步)上的乘客:由踏步板外缘向里不超过450 mm。

单位为毫米

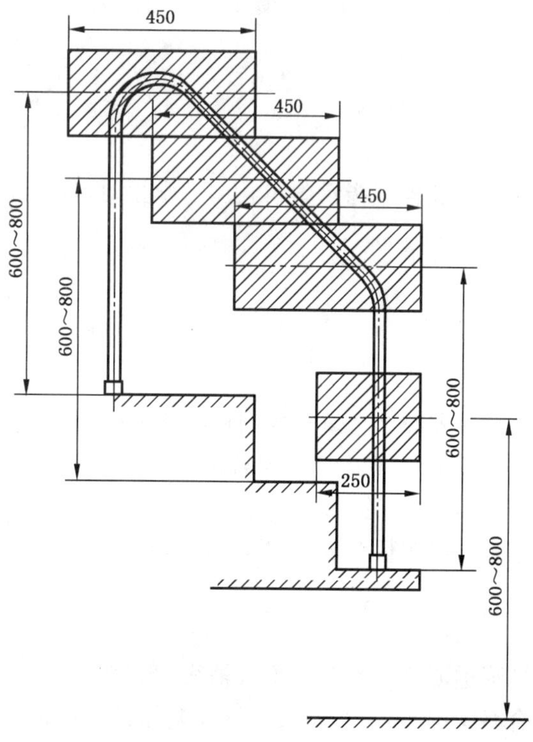

图10 低扶手位置示意图

5.10.5.4 地板上的活动盖板

车辆地板上如果设置活动盖板(如用于检修的口盖),但不是作为撤离舱口的地板出口,应安装紧固,需借助工具或钥匙方能移动或开启,提升或关闭装置凸出于地板平面以上不应超过 8 mm(若处于乘客不使用的位置,可不满足此项要求),突出的边缘应圆角过渡。

5.10.5.5 急救箱

专用校车内应设计至少一个急救箱的安装位置和安装支架。急救箱外形尺寸应不小于 240 mm×200 mm×200 mm,其安装位置处应清晰标示“急救箱”或国际通用符号,安装支架应保证医药箱安装牢靠,且便于取用。安装支架上不应存在可能使人致伤的尖角、锐边、毛刺。

5.10.5.6 车内照明

5.10.5.6.1 车内照明应覆盖如下区域:

——全部乘客区、车组人员区;

——所有踏步;

——所有出口的引道和靠近乘客门的区域;

——所有出口的内部标志和内部控制件;

——所有存在障碍物之处。

5.10.5.6.2 至少应有两条内部照明线路,当一条线路出故障时不应影响另一条线路的照明。用于进出口处常规照明的线路可作为其中之一。

5.10.5.6.3 应采取防护措施,避免驾驶员受车内照明和反射光的影响。

5.10.5.7 内装饰件

内装饰件应牢固固定在车辆上,并不应存在可能使人致伤的尖角、锐边、毛刺。

5.11 信号系统

5.11.1 停车指示牌

专用校车应按附录 B 的规定安装停车指示牌,当上、下学生时,停车指示牌应伸出以提醒后方车辆停车等候。

5.11.2 专用校车标志灯

5.11.2.1 安装位置和数量

专用校车应在车外顶部前后各安装 2 个黄色专用校车标志灯,前标志灯与车顶前部最边缘的距离应不大于 400 mm;后标志灯与车顶后部最边缘的距离应不大于 400 mm。左右两个标志灯应尽量靠近车身左右侧外缘,并与车辆纵向中心线对称。

专用校车标志灯安装后不应高出车顶蒙皮上表面 200 mm。

5.11.2.2 技术要求

5.11.2.2.1 灯具应有一个圆形透明灯罩且绕其垂直轴线 360°发光。

5.11.2.2.2 发光强度应符合 GB 13954—2009 的 5.7 中规定的二级发光强度要求。

5.11.2.2.3 外观、光源、电气性能、色度特性、闪烁特性、电源适应性、防水性能、防尘性能、耐高温性能、耐低温性能、耐盐雾腐蚀性能、耐碰撞性能、耐振动性能、机械强度、表面硬度、耐人工加速老化性能应符合 GB 13954—2009 的要求。

5.11.2.3 电路控制

专用校车标志灯由驾驶员通过手动或脚动进行控制，当处于开启状态时应通过声觉或视觉对驾驶员进行报警，以提示标志灯处于工作状态。

5.11.3 倒车信号

专用校车应有倒车语音提示系统。

5.12 火灾预防和火灾控制措施

5.12.1 燃油箱及燃油供给系统

燃油箱及燃油供给系统应符合 GB 13094 的规定。

5.12.2 电器系统

5.12.2.1 电器及导线

电器设备及导线应能耐受其环境温度和湿度，尤其能耐受发动机舱内的温度和各种污染物可能带来的损害。导线应满足负荷要求、绝缘良好并具有阻燃性能，发动机舱内和其他热源附近的线束应采用耐温不低于 125 ℃ 的阻燃导线，其他部位应采用耐温不低于 105 ℃ 的阻燃导线，波纹管应达到 GB/T 2408—2008 中表 1 规定的 V-0 级，所有电器导线均应捆扎成束、布置整齐、固定卡紧、接头牢固并在接头处有绝缘套，在导线穿越孔洞时应装设阻燃耐磨绝缘套管，电器元件应连接可靠，乘员舱外部的接插件应有防水要求。导线应妥善防护，安全地固定在不会被划伤、磨损、腐蚀的位置，除非提供专门的绝缘和保护(例如对控制排气阀的电磁线圈)，否则不应与油管、排气系统接触或承受过高温度。蓄电池安装应符合 GB 13094 的规定。

5.12.2.2 电路保护

除起动机、点火线圈(强制点火)、电热塞、发动机停机装置、充电线路和蓄电池地线外，每个电气设备的供电线路都应有熔断器或断路器。但对于低耗电设备的供电线路，如额定电流总和不超过 16 A，可设置公共熔断器或公共断路器来保护。

5.12.2.3 电源总开关

专用校车应设置电源总开关，但如在蓄电池端对所有供电线路均设置了保险装置，或车辆用电设备由电子控制单元直接驱动且具有负载监控功能、电子控制单元供电线路和个别直接供电的线路均设置有保险装置时，可不设电磁式电源总开关。车长不小于 6 m 的专用校车，还应设置能切断蓄电池和所有电路连接的手动机械断电开关。

5.12.2.4 应急开关

为降低火灾发生后造成的损失，应在驾驶员座椅附近安装有安全应急开关，可使驾驶员在其座椅上进行操作，并应采用保护盖或其他方式避免误操作，将操作方法清晰标示在应急开关处，例如“移开罩盖，打开开关！仅当车辆停稳后操作！”。

启动应急开关后，应能同时实现以下功能：

——发动机迅速停止工作；

——加热器的冷却风扇能够延时关闭；

——乘客门开启和关闭的控制系统能够正常工作；
——起动车内应急照明(部分厢灯和乘客门踏步灯)；
——接通车辆危险警告信号；
——切断电磁式电源总开关，如果没有电磁式电源总开关，在满足 5.12.2.4 上述要求的功能外所有电路都应该切断；
——以上功能的实现不仅可以通过应急开关实现，而且还可以通过独立的操作来完成，但在紧急状态下这些操作不能影响应急开关功能的实现。

5.12.3 电涡流缓速器

若安装电涡流缓速器，则电涡流缓速器与车辆其他部分之间应安装隔热材料，使用的隔热材料、用于联接隔热材料的固定夹、垫圈等的燃烧特性应达到 GB 8410—2006 中 4.6 规定的 A 级要求；安装部位应设置温度报警系统或自动灭火装置。

5.12.4 排气系统

在排气系统周围 100 mm 内不应有可燃材料，除非将其有效屏蔽。排气系统不应布置在燃油系统下方，且排气系统和燃油系统之间应适当屏蔽。排气尾管不应从加油口下面伸出。

5.12.5 发动机舱

5.12.5.1 发动机舱油路

应合理布置发动机舱并采取设置泄油孔等预防措施，尽可能避免燃料、润滑油或其他易燃物积聚在发动机舱内。

5.12.5.2 发动机舱隔热材料

发动机舱应安装隔热材料，并不应使用易浸吸燃料、润滑油或其他易燃而又无防渗透覆盖层的材料；使用的隔热材料、用于联接隔热材料的固定夹、垫圈等的燃烧特性应达到 GB 8410—2006 中 4.6 规定的 A 级要求。

5.12.5.3 发动机舱灭火装备

发动机舱应安装自动灭火装置，其灭火剂喷射范围应包括发动机舱至少两处具有着火隐患的热源(如增压器、排气管等)，启动工作时应能通过视觉或声觉信号向驾驶员报警。

5.12.6 乘员舱内饰材料及灭火器

5.12.6.1 内饰材料

5.12.6.1.1 按 GB 8410—2006 规定的方法进行试验时，材料的最大水平燃烧速度应不大于 70 mm/min。

5.12.6.1.2 内饰材料的氧指数 OI≥22%，对于不同材料的试验方法按以下执行：

a) 针对纺织品及塑料、橡胶类涂附织物，试样应从距离布边 1/10 幅宽的部位剪取，每个试样的尺寸为 150 mm×58 mm。对因尺寸太小无法按照规定尺寸制样的产品不做此条要求。试验方法按 GB/T 5454 的规定执行。
b) 其他塑料材料，试样应按照表 5 规定取样。对因尺寸太小无法按照规定尺寸制样的产品不做此要求。试验方法按 GB/T 2406.2 的规定执行。

表 5 其他塑料材料取样要求

<table>
<tr><th rowspan="2">类型</th><th rowspan="2">型式</th><th colspan="2">长/mm</th><th colspan="2">宽/mm</th></tr>
<tr><th>基本尺寸</th><th>极限偏差</th><th>基本尺寸</th><th>极限偏差</th></tr>
<tr><td rowspan="4">自撑材料</td><td>Ⅰ</td><td rowspan="3">80～150</td><td rowspan="4">—</td><td rowspan="3">10</td><td rowspan="5">±0.5</td></tr>
<tr><td>Ⅱ</td></tr>
<tr><td>Ⅲ</td></tr>
<tr><td>Ⅳ</td><td>70～150</td><td>6.5</td></tr>
<tr><td>非自撑材料</td><td>Ⅴ</td><td>140</td><td>—5</td><td>52</td></tr>
</table>

5.12.6.1.3 塑料类内饰材料烟密度等级(SDR)≤75,试验方法按 GB/T 8627—2007 的规定执行。

5.12.6.2 灭火器

乘员舱内应配备灭火器,应保证至少一个照管人员座椅附近和驾驶员座椅附近各有 1 只至少 2 kg 重的 ABC 型干粉灭火器,其要求应符合 GB 4351.1 的规定。灭火器的安装位置应清晰或清楚标识,在紧急情况易于取用。灭火器的压力表应在不移动灭火器的条件下能观察到压力情况。

5.13 驾驶员视野

5.13.1 车外视野装置

按 GB 15084 的规定确定驾驶员视野的眼点位置。驾驶员视野应满足附录 C 的要求。不应设置影响驾驶员车外视野的装置;乘客门关闭后,驾驶员应能观察到乘客门车外附近的情况。

5.13.2 辅助倒车装置

专用校车应安装后视系统,以保证驾驶员在正常驾驶状态下能看清后风窗玻璃后缘正下方地面上长 3.6 m、宽 2.5 m 范围内的情况。

5.13.3 车内视野装置

驾驶员在正常驾驶状态下,应能通过内视镜观察到所有乘客区。内视镜边缘无尖角、锐边。

5.13.4 前风窗除霜雾装置

专用校车应安装前风窗除霜雾装置。

5.14 车内空气质量

如果不能自然通风,则应安装强制通风装置。车内空气中的成分应符合 GB/T 17729 的规定,测试方法按 GB/T 28370 的规定。允许采用具有杀菌、消除有害气体功能的空气净化装置达到空气质量的要求。

5.15 行车信息记录及处理系统

专用校车应安装具有卫星定位功能并符合 GB/T 19056 规定的行驶记录仪;行驶记录仪的显示部分应易于观察,数据接口应便于移动存储介质的插拔。

专用校车应安装车内和车外录像监控系统。车内监控系统应能监控到驾驶员行为和车内通道的状况;车外监控系统应能监控到车辆前方和乘客门外的状况。

5.16 专用校车后围板上的停车提醒标示

专用校车应在车后围板外表面、后方车辆接近时可以看到的区域,清晰标示“请停车等候”及“当停车指示牌伸出时”红色字样。

“当停车指示牌伸出时”字样应在“请停车等候”字样的下方;“请停车等候”字样高度至少应为200 mm。“当停车指示牌伸出时”字样高度至少为130 mm,见图11。

图11 后围板上的停车提醒标示示意图

6 标准实施的过渡期要求

已获得许可或通过认证的产品自本标准实施之日起第13个月开始执行。

附 录 A
（规范性附录）
顶部结构强度试验方法

A.1 试验条件

A.1.1 环境温度

环境温度介于 0 ℃～40 ℃之间。

A.1.2 车辆条件

车窗、车门和应急出口处于完全关闭，且为拴上而不是锁住的状态。

A.2 试验装备

试验设备应能以不超过 13 mm/s 的加载速度自动完成加载及载荷保持。

A.3 试验过程

A.3.1 试验样品为整车，或按实车结构焊装在底架上并包含有车门和地板的车身骨架（骨架结构的车辆可不装内外蒙皮、附件等）。

A.3.2 试验载荷通过一个长度和宽度不小于试验车身长度和宽度的刚性平板均匀、垂直地施加在试验样品顶部结构上。

A.3.3 将施力板置于车顶，使其刚性面与垂直纵平面垂直，且与车顶的接触点不少于两处，且若从车顶向下投影观察，其纵向中心线应与车辆纵向中心线重合，施力板投影应覆盖所有乘员区。

A.3.4 试验样品安装：试验样品为整车时，应通过多处刚性支撑车辆底（车）架下平面的方式消除悬架和轮胎的变形，试验车辆的安装应保证底（车）架固定牢固；试验样品为骨架车身时，样品的安装应保证底（车）架固定牢固。

A.3.5 试验时，以不超过 13 mm/s 的加载速度沿垂直向下方向进行加载，直至达到整备质量 1.5 倍的试验载荷，并保持不少于 5 s 直至变形稳定为止。

A.3.6 检查试验期间车身结构变形状态，车门状态，车身与底架联接状态等。

附 录 B
（规范性附录）
停车指示牌

B.1 安装要求

在车辆左侧应装有一个停车指示牌。停车指示牌伸出时应在如下位置：

a) 垂直于车辆侧边，其安装允差为±5°。
b) 停车指示牌上边缘平行于与驾驶员后面乘员窗下边缘相切的水平面并位于其下方，且相距不超过 150 mm。停车指示牌的纵向安装位置，应在驾驶员能观察到的区域内。
c) 停车指示牌伸出时，其外边缘距离车辆与停车指示牌安装接触处不大于 610 mm。
d) 停车指示牌收起时，其外边缘距离车辆与停车指示牌安装接触处不大于 160 mm，且应该往车辆的后方收起。

B.2 停车指示牌技术要求

B.2.1 停车指示牌的颜色、形状、字符、图形按 GB 5768.2—2009 的图 71 执行，外接圆直径为 500 mm 或 450 mm，白边宽度为 20 mm，表面不应有可能导致伤害的尖锐凸起或拐角。
B.2.2 停车指示牌的两面应一致，其使用的逆反射材料符合 GB/T 18833 规定的二级或一级反光膜的要求。
B.2.3 在停车指示牌的外边缘沿旋转轨迹相切处施加 50 N 的力时，停车指示牌应该沿施加力的方向旋转，当旋转到与车辆平行时，停车指示牌应停止旋转；外力消除后应该能够通过电动或手动操作使停车指示牌回到正常位置。
B.2.4 如果停车指示牌出现损坏或控制系统失效，则可以通过手动使其回到收起位置。
B.2.5 停车指示牌伸出或收起时间应不超过 10 s。

B.3 控制要求

B.3.1 停车指示牌的伸出和收起由驾驶员通过手动或脚动进行控制，操作机构应在驾驶员坐在驾驶员座椅上可触及的位置。当停车指示牌伸出时，应能通过视觉或声觉信号向驾驶员报警。
B.3.2 若车辆起步时停车指示牌未收起，当车速超过 5 km/h 时，停车指示牌应能自动收起。

附　录　C
（规范性附录）
驾驶员视野的试验方法

C.1　试验条件

C.1.1　专用校车应保证驾驶员能看清图 C.1 所示圆柱体的整个顶面。

C.1.2　圆柱体 A～O 的高度和直径均为 0.3 m；圆柱体 P 的直径为 0.3 m，高度为 0.91 m。

C.1.3　圆柱体的颜色应与车辆所停靠路面形成强烈的对比。

C.2　试验步骤

将圆柱体放置在 C.2.1～C.2.7 规定的位置上，如图 C.1 所示。图 C.1 中所示距离为一个圆柱体到另一个圆柱体的俯视图的中心距离。

C.2.1　放置圆柱体 G、H 和 I，使它们与一个横向垂直平面相切，该横向垂直平面是与车辆前保险杠最前方表面相切的平面。放置圆柱体 D、E 和 F，使它们的中心位于一个横向垂直平面内，该横向垂直平面在穿过圆柱体 G、H 和 I 中心的横向垂直平面前方 1.8 m 处。放置圆柱体 A、B 和 C，使它们的中心位于一个横向垂直平面内，该横向垂直平面在穿过圆柱体 G、H 和 I 中心的横向垂直平面前方 3.6 m 处。

C.2.2　放置圆柱体 B、E 和 H，使它们的中心位于一个纵向垂直平面上，该纵向垂直平面穿过车辆纵向中心线。

C.2.3　放置圆柱体 A、D 和 G，使它们的中心位于一个纵向垂直平面上，该纵向垂直平面与汽车前保险杠左侧最外侧边缘相切。

C.2.4　放置圆柱体 C、F 和 I，使它们的中心位于一个纵向垂直平面上，该纵向垂直平面与汽车前保险杠右侧最外侧边缘相切。

C.2.5　放置圆柱体 J，使它的中心在一个纵向垂直平面上，该纵向垂直平面在穿过圆柱体 A、D 和 G 的纵向垂直平面的左方 0.3 m 处，且 J 的中心在穿过车辆前轮轴中心线的横向垂直平面上。

C.2.6　放置圆柱体 K，使它的中心在一个纵向垂直平面上，该纵向垂直平面在穿过圆柱体 C、F 和 I 的纵向垂直平面的右方 0.3 m 处，且 K 的中心在穿过车辆前轮轴中心线的横向垂直平面上。

C.2.7　放置圆柱体 L、M、N、O 和 P，使它们的中心位于通过车辆后轴中心线的横向垂直平面上。放置圆柱体 L，使它的中心在距离相切于车辆左边最外侧表面（包括后视镜系统）的纵向垂直平面 1.8 m 的纵向垂直平面上。放置圆柱体 M，使它的中心在距离相切于车辆左边最外侧表面的纵向垂直平面 0.3 m 的纵向垂直平面上。放置圆柱体 N，使它的中心在距离相切于车辆右边最外侧表面的纵向垂直平面 0.3 m 的纵向垂直平面上。放置圆柱体 O，使它的中心在距离相切于车辆右边最外侧表面的纵向垂直平面 1.8 m 的纵向垂直平面上。放置圆柱体 P，使它的中心在距离相切于车辆右边最外侧表面的纵向垂直平面 3.6 m 的纵向垂直平面上。

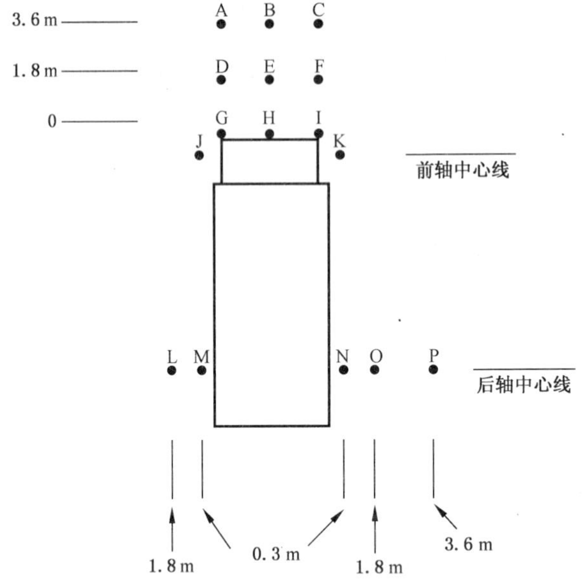

说明：

●——试验圆柱。

图 C.1 视野检验中检验圆柱体的位置

GB 24407—2012《专用校车安全技术条件》国家标准第 1 号修改单

本修改单经国家标准化管理委员会于 2017 年 11 月 1 日批准，自 2017 年 11 月 1 日起实施。

一、表 4 的表题“表 4　幼儿及学生座椅的尺寸”修改为“表 4　长条型座椅每个幼儿及学生座位的尺寸”。表题与表格之间增加“单位为毫米”。删除表 4 第 1 列中的“/mm”。表 4 中第 1 行第 1 列“车型”修改为“项目”。表 4 中第 4 行第 1 列中“座垫高”修改为“座垫高[a]”。“靠背高度 H”改为“靠背高度”。“$\leqslant H \leqslant$”改为“～”。增加第 7 行“[a] 轮罩处的座垫高由于结构限制允许例外，但应不低于下限值的 50%，不高于上限值的 30%；若大于 450 mm 应设置脚蹬。”

表 4　长条型座椅每个幼儿及学生座位的尺寸

单位为毫米

项目	幼儿专用校车	小学生专用校车	中小学生专用校车
每人座垫宽	≥330	≥350	≥380
座垫深	≥300	≥350	≥350
座垫高[a]	220～300	280～380	300～450
靠背厚度	≥40	≥40	≥40
靠背高度	600～710	710～860	710～860
[a] 轮罩处的座垫高由于结构限制允许例外，但应不低于下限值的 50%，不高于上限值的 30%；若大于 450 mm 应设置脚蹬。			

二、5.10.5.1.4.3d)由“该净空间应允许另一座椅靠背的侵入。”修改为“该净空间应允许另一座椅靠背和约束隔板的侵入。”

三、5.10.5.2.1 末尾增加“该要求不适用于位于踏步区的照管人员座椅及位于通道最后端且面对通道的照管人员座椅。”

四、5.11.1 中增加第二段“停车指示牌收起或展开后凸出车宽部分不计入车宽，但处于收起位置时凸出安装面不得超过 110 mm。停车指示牌上若安装红色信号灯，该红色信号灯不得闪烁。”

五、5.12.6.2 中“应保证至少一个照管人员座椅附近和驾驶员座椅附近各有一只至少 2 kg 重的 ABC 型干粉灭火器。”修改为“应保证驾驶员座椅附近和至少一个照管人员座椅附近各设置一具 ABC 车用型干粉灭火器，每具干粉灭火器灭火剂额定充装量不小于 2 kg。从座椅最外边缘到灭火器中心的最短距离应不超过 2 m。”

六、5.15 第二段“专用校车应安装车内和车外录像监控系统。车内监控系统应能监控到驾驶员行为和车内通道的状况；车外监控系统应能监控到车辆前方和乘客门外的状况。”修改为“专用校车应安装能监控车内和车外情况的录像监控系统，应能监控到驾驶员行为和车内通道、车辆前方、乘客门外的状况。”

七、增加一条：5.10.4.3.1.8“5.10.4.3.1.1～ 5.10.4.3.1.5 不适用于乘客门只有一级踏步的轻型专用校车。”

八、5.10.4.1.3.5 由“出口的其他技术要求，对轻型专用校车应符合 GB 18986 的相关规定，对大中型专用校车应符合 GB 13094 的相关规定。”修改为“专用校车应在驾驶人座位附近驾驶人易于操作部位设置乘客门应急开关。出口的其他技术要求，对轻型专用校车应符合 GB 18986 的相关规定，对大中型专用校车应符合 GB 13094 的相关规定。”

ICS 43.040.60
T 26

中华人民共和国国家标准

GB 24406—2012
代替 GB 24406—2009

专用校车学生座椅系统及其车辆固定件的强度

The strength of student seat systems and their anchorages of special school bus

2012-04-10 发布　　2012-05-01 实施

中华人民共和国国家质量监督检验检疫总局
中国国家标准化管理委员会　发布

前　言

本标准的第4章、第5章为强制性的,其余为推荐性的。

本标准按照GB/T 1.1—2009给出的规则起草。

本标准代替GB 24406—2009《专用小学生校车座椅及其车辆固定件的强度》。

本标准与GB 24406—2009的主要差异有:

a) 标准名称修改为《专用校车学生座椅系统及其车辆固定件的强度》;
b) 修改了标准适用范围,由专用小学生校车座椅扩展为专用校车学生座椅,并增加了校车上安装于座椅前方的约束隔板;
c) 为便于使用,增加了GB 13057中的相关术语(见3.3、3.4、3.5、3.7、3.8),还增加了"座椅系统"(见3.1)、"学生座椅系统"(见3.2)、"固定件"(见3.6)、"基准平面"(见3.9)、"座椅间距"(见3.10)及"约束隔板"(见3.11)的术语及定义;
d) 将验证前倾性能和座椅靠背后部的吸能特性的静态试验方法修改为动态试验方法(见5.1,2009年版4.2.1和4.2.5);
e) 由于试验方法的修改,相应修改了抗前倾性能要求(见4.1.2,2009年版3.1.1和3.1.5);
f) 删除了车辆固定件试验(2009年版4.2.6);
g) 增加了与动态试验方法相关的检测仪器要求(见附录A)和允许伤害指标的确定方法(见附录B)。

本标准参照ECE R80法规《就座椅及其固定点方面批准大型客车座椅和车辆的统一规定》及FMVSS 222《学童客车乘员座椅和碰撞保护》的内容修订。

本标准由中华人民共和国工业和信息化部提出。

本标准由全国汽车标准化技术委员会(SAC/TC 114)归口。

本标准负责起草单位:中国汽车技术研究中心、郑州宇通客车股份有限公司。

本标准参加起草单位:中国公路车辆机械有限公司、国家客车质量监督检验中心、南京依维柯汽车有限公司、丹东黄海汽车有限责任公司、江苏省公路学会、中国第一汽车股份有限公司、金龙联合汽车工业(苏州)有限公司、厦门金龙联合汽车工业有限公司、北汽福田汽车股份有限公司、安徽安凯汽车股份有限公司、成都客车股份有限公司、柳州五菱汽车有限责任公司。

本标准主要起草人:李维菁、袁健、赵伟丽、周慧慈、李弢、王欣、孙鹰、刁薇、金明新、白红、李桂兰。

本标准于2009年首次发布,本次为第一次修订。

专用校车学生座椅系统及其车辆固定件的强度

1 范围

本标准规定了专用校车的学生座椅系统(以下简称“座椅”)及其车辆固定件的术语和定义、要求及试验方法。

本标准适用于专用校车上的学生座椅以及用于安装该座椅的车辆固定件,也适用于专用校车上安装于座椅前方的约束隔板。

2 规范性引用文件

下列文件对于本文件的应用是必不可少的。凡是注日期的引用文件,仅注日期的版本适用于本文件。凡是不注日期的引用文件,其最新版本(包括所有的修改单)适用于本文件。

GB 13057—2003　客车座椅及其车辆固定件的强度

GB 14166　机动车成年乘员用安全带和约束系统

GB 14167　汽车安全带安装固定点

GB 24407—2012　专用校车安全技术条件

GB 27887　机动车儿童乘员用约束系统

ISO 6487　道路车辆　碰撞试验测量技术　检测仪器(Road vehicles—Measurement techniques in impact tests—Instrumentation)

3 术语和定义

GB 24407—2012 界定的以及下列术语和定义适用于本文件。为了便于使用,以下重复列出了 GB 13057—2003 中的某些术语和定义。

3.1

座椅系统　seat system

安装在车辆上可供一个或多个乘员乘坐的设施,包括完整的装饰及配件。

3.2

学生座椅系统　student seat system

专用校车上专门供幼儿和学生乘坐的座椅系统。

3.3

调整系统　adjustment system

一种可将座椅或其部件调节到适合乘客乘坐的装置。

[GB 13057—2003,定义 3.2]

3.4

位移系统　displacement system

在没有固定的中间位置情况下,一种可使座椅或某个部件横向或纵向移动、以方便乘客进出的装置。

[GB 13057—2003,定义 3.3]

3.5

锁止系统 locking system

一种保证座椅或其部件保持在其使用位置的装置。

[GB 13057—2003,定义 3.4]

3.6

固定件 anchorage

车辆车身上可用于固定座椅的部件。

3.7

连接件 attachment fittings

用来将座椅安装到车辆固定件上的螺栓等零件。

[GB 13057—2003,定义 3.5]

3.8

辅助座椅 auxiliary seat

动态试验中被试座椅后面安装假人的座椅,代表着车辆上使用的位于被试座椅后面的座椅。

[GB 13057—2003,定义 3.7]

3.9

基准平面 reference plane

假人两脚跟与地板接触点的平面。

3.10

座椅间距 seat spacing

后方座椅靠背前部凸起部分至前方座椅靠背后部凸起部分之间的距离,在座垫上表面最高点所处平面与其上方 200 mm 高度范围内水平测量。

3.11

约束隔板 restraining barrier

安装在车身结构上,用于在前方碰撞事故或紧急制动过程中约束位于其后方乘员的装置。

4 要求

4.1 座椅要求

4.1.1 总体要求

所有座椅应前向安装。所提供的每种调整系统和位移系统都应配备自动锁止装置,试验后座椅的调整系统和锁止系统允许产生变形、部分断裂,但不允许失效。

4.1.2 抗前倾性能

4.1.2.1 按照 5.1 的规定进行动态试验,应满足以下 4.1.2.2～4.1.2.6 的要求。

4.1.2.2 乘坐的乘客能被其前方座椅和(或)安全带恰当地约束住。即:对于幼儿专用校车座椅、小学生专用校车座椅,假人躯干和头部的任何部分向前位移不应超过位于辅助座椅 G 点前 1.1 m 的横向垂面;对于中小学生专用校车座椅,假人躯干和头部的任何部分向前位移不应超过位于辅助座椅 G 点前 1.2 m 的横向垂面。

4.1.2.3 乘坐的乘客未受严重伤害。按附录 A 和附录 B 确定的允许伤害指标应满足:

a) 头部允许指标(HIC) 小于 500;

b) 胸部允许指标(ThAC) 小于 30 g(总时间小于 3 ms 者除外)($g=9.81\ m/s^2$);

c) 在使用混合Ⅲ型第5百分位人体模型进行试验时,腿部允许指标(FAC)小于10 kN。

4.1.2.4 座椅系统及其固定件足够牢固。若满足以下要求,则认为满足本条规定:

a) 座椅、座椅连接件或配件不应在试验过程中完全脱离;

b) 即使车身上一个或几个固定点有部分脱离或其周边区域产生永久变形,座椅也不应与车身完全脱开;

c) 座椅靠背的装饰件或配件不应出现可能给乘员带来伤害的危险尖角。

4.1.2.5 在试验中,形成座椅靠背的所有配件不应对乘员造成伤害。头型接触的区域的曲率半径不应小于5 mm。

4.1.2.6 若安装在刚性靠背上的装饰件或配件材料的硬度小于邵氏A50,则4.1.2.5的要求仅对刚性部分适用。

4.1.2.7 紧临其后的座椅的G点与该座椅G点的高度差应不大于72 mm,如果大于72 mm,应按照实际装车位置关系进行试验。

4.1.2.8 当座椅后部不会被未约束的乘客所撞击时(即无前向座椅直接在被试座椅后面),可不做5.1.2和5.1.3规定的试验。

4.1.3 抗后倾性能

4.1.3.1 按照5.2的规定进行静态加载试验,应满足以下4.1.3.2～4.1.3.6的要求。

4.1.3.2 座椅靠背所受的力不应超过9 786 N。

4.1.3.3 座椅靠背的位移不应超过254 mm。

4.1.3.4 变形后的座椅不应进入相距其他座椅原始安装位置102 mm的范围内。

4.1.3.5 座椅、座椅连接件或配件不应在试验过程中完全脱离。

4.1.3.6 即使车身上一个或几个固定点有部分脱离或其周边区域产生永久变形,座椅也不应与车身完全脱开。

4.2 座垫要求

有座垫的座椅,在1 s～5 s内对座垫施加向上的大小相当于座垫重量5倍的力,保持5 s,任何安装点都不应分离。

4.3 座椅固定件要求

4.3.1 按照5.1和5.2的规定进行试验,应分别满足4.1.2.4、4.1.3.5、4.1.3.6的要求。

4.3.2 如果一种车型上有多于一种形式的固定件,每种形式的固定件都应进行试验。

4.3.3 如果几种形式的座椅其前后椅脚脚端之间的距离不等,且都能安装在相同的固定件上,试验应用脚端距离最短的座椅进行。

4.3.4 如果相应座椅位置的安全带固定点直接固定在座椅上,且这些安全带固定点符合GB 14167的要求,应认为座椅固定件符合4.3.1和4.3.2的要求。

5 试验方法

5.1 座椅动态试验

5.1.1 试验座椅或约束隔板的准备

5.1.1.1 试验座椅或约束隔板应安装在代表车身的试验平台上。

5.1.1.2 试验平台上试验座椅或约束隔板的固定件应与安装该座椅的车辆固定件相同,或具有相同的特性。

5.1.1.3 试验座椅或约束隔板的装饰件和附件应齐全,如座椅配有小桌,则应处于收起位置。

5.1.1.4 如座椅可横向调整,应处于最大伸开位置。

5.1.1.5 如座椅靠背可调整,应调整到尽可能接近制造厂推荐的正常使用值,如无制造厂特定的推荐值,应尽可能向垂线后方倾斜25°。

5.1.1.6 如座椅靠背装有可调节高度的头枕,头枕应处于最低位置。

5.1.1.7 安装在辅助座椅和被试座椅上的安全带应符合GB 14166的规定。

5.1.2 试验1

5.1.2.1 试验平台

试验平台应安装在模拟滑车上。

5.1.2.2 辅助座椅

辅助座椅可以与被试座椅型式相同,并应直接放置在被试座椅后面,两座椅高度相同,调整状态一致。对于幼儿专用校车座椅、小学生专用校车座椅,辅助座椅与被试座椅或约束隔板间距为690 mm;对于中小学生专用校车座椅,辅助座椅与被试座椅或约束隔板间距为780 mm。

5.1.2.3 假人

5.1.2.3.1 对于幼儿专用校车座椅,使用符合GB 27887中规定的6岁人体模型进行动态试验。对于小学生专用校车座椅、中小学生专用校车座椅,使用符合GB 27887中规定的6岁人体模型和国际通用的混合Ⅲ型第5百分位人体模型各进行一次动态试验。

5.1.2.3.2 假人应无约束地放在辅助座椅上,使其对称面同所述乘坐位置的对称面相一致。

5.1.2.3.3 假人的手应放在大腿上,肘部接触到靠背,腿处于最大伸展位置,如可能时应平行,脚跟接触地板。

5.1.2.3.4 每个所使用的假人应按下列程序安置在座椅上:

a) 以尽可能接近所要求的位置将假人安放在座椅上;

b) 将一块76 mm×76 mm的刚性平面尽可能低地放置在假人躯干的前面;

c) 以250 N~350 N的水平力将此平面压向假人躯干;拉动假人的肩部,将躯干向前拉到垂直位置,然后再放回到靠背上,该动作做两次;躯干不移动时,头部应处于使头内支承测量仪器的平台为水平的位置,并保持头部中心平面平行于车辆的对称平面;

d) 将该刚性平面小心地移去;

e) 将座椅上的假人向前移动,重复上述安装步骤;

f) 如果需要,下部肢体的位置应调整;

g) 碰撞时,所装仪器应对假人的运动无任何影响;

h) 试验前,测量仪器系统的温度应稳定,并尽可能保持在19 ℃~26 ℃范围内。

5.1.2.4 碰撞模拟

5.1.2.4.1 模拟滑车的碰撞速度应为30 km/h~32 km/h。

5.1.2.4.2 模拟滑车的减速度或加速度-时间的曲线,见图1。

5.1.2.4.3 平均减速度或加速度应为6.5g~8.5g。

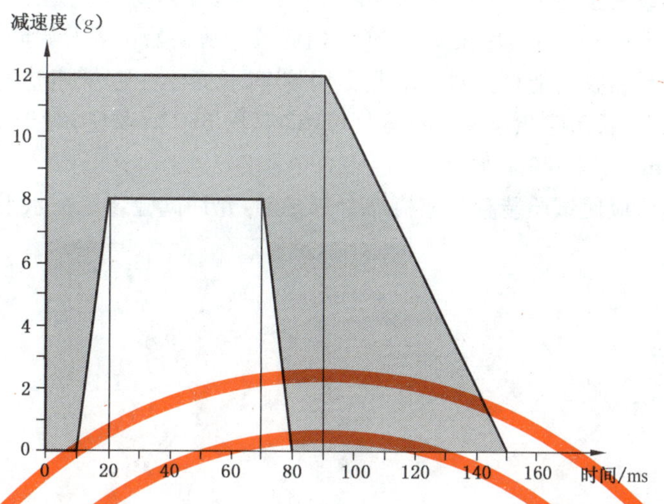

图 1 减速度或加速度-时间的曲线

5.1.3 试验 2

用坐在辅助座椅上的假人重复进行 5.1.2 规定的试验，假人佩戴安全带，并按制造厂的说明安装和调整。

5.2 静态加载试验

5.2.1 试验装置

5.2.1.1 静态试验装置模板的示意图见图 2，其曲率半径为 76 mm，加载模板的长度比每次试验中靠背宽度短 102 mm。

单位为毫米

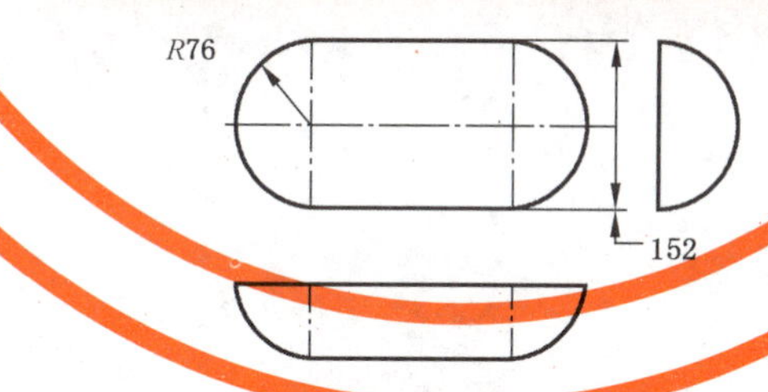

图 2 静态加载试验装置

5.2.1.2 与座椅部件接触的表面材料的硬度应不小于邵氏 A80。
5.2.1.3 每个圆柱面应至少安装一个力传感器，以测定 4.1.3.2 规定的力。

5.2.2 试验程序

5.2.2.1 试验座椅应安装在代表车身的试验平台上。
5.2.2.2 试验平台上试验座椅的固定件应与安装该座椅的车辆固定件相同，或具有相同的特性。
5.2.2.3 用 5.2.1 规定的试验装置对座椅靠背前部施力。其纵向中心轴在车辆横向平面内，施力方向水平且位于相应乘坐位置的垂直中心面内，从座椅背部向后，施力高度在座椅 R 点以上 343 mm 的水平面内。向后移动模板，直至力达到 222 N，确定模板的初始位置。

5.2.2.4 继续通过加载装置施力，在 5 s～30 s 内使座椅变形吸收的能量达到 316 J 与长条座椅座位数的乘积，在此位置保持 5 s～10 s，然后在 5 s～30 s 内卸载。从初始位置开始测量加载装置的力-位移曲线，由曲线计算座椅变形吸收的能量。对于幼儿专用校车，长条学生座椅座垫宽度（mm）除以 330 后取整；对于小学生专用校车，长条学生座椅座垫宽度（mm）除以 350 后取整；对于中小学生专用校车，长条学生座椅座垫宽度（mm）除以 380 后取整。

5.2.2.5 在加载过程中应使试验装置与座椅靠背部接触，允许试验装置在水平面内转动。

附 录 A
（规范性附录）
应做的检测

A.1 总体要求

对所有应做的检测，其测量系统应符合 ISO 6487 的规定。

A.2 动态试验

A.2.1 在模拟滑车上做的测定

模拟滑车的减速度特性应通过其刚性结构件，用 CFC60 测量系统测得的减速度来确定。

A.2.2 在假人上做的测定

测量装置的读数应通过下列 CFC 独立数据通道记录：

a） 假人头部重心的三维合减速度（γ_r）应用 CFC600 测量；

b） 假人胸部重心的合减速度应用 CFC180 测量；

c） 假人腿部轴向压力应用 CFC600 测量。

附 录 B
（规范性附录）
允许伤害指标的确定

B.1 头部允许指标(HIC)

此指标应按附录 A 中 A.2.2a)测量的三维合减速度来计算，公式如下：

$$\mathrm{HIC}=(t_2-t_1)\left[\frac{1}{t_2-t_1}\int_{t_1}^{t_2}\gamma_\mathrm{r}\,\mathrm{d}t\right]^{2.5}$$

$$\gamma_\mathrm{r}^2=\gamma_\mathrm{l}^2+\gamma_\mathrm{v}^2+\gamma_\mathrm{t}^2$$

式中：

t_1——试验期间时间的任意值，单位为秒(s)；

t_2——试验期间时间的任意值，单位为秒(s)；

γ_r——头部合成加速度，g(9.81 $\mathrm{m/s^2}$)；

γ_l——纵向瞬时加速度，g；

γ_v——垂直瞬时加速度，g；

γ_t——横向瞬时加速度，g。

B.2 胸部允许指标(ThAC)

此指标由合减速度(g)的绝对值和减速度持续时间(单位为 ms)确定，减速度按附录 A 中 A.2.2b)的规定测量。

B.3 腿部允许指标(FAC)

此指标由人体模型每条腿轴向传递的压载(按附录 A 中 A.2.2c)的规定测量，单位为 kN)和压载持续时间(单位为 ms)确定。

ICS 03.220.20
R 80

中华人民共和国国家标准

GB 5768.8—2018

道路交通标志和标线 第8部分:学校区域

Road traffic signs and markings—
Part 8:School zone

2018-12-28 发布 2019-07-01 实施

国家市场监督管理总局
中国国家标准化管理委员会 发布

前　言

GB 5768 的本部分全部技术内容为强制性。

GB 5768《道路交通标志和标线》分为 8 个部分：

——第 1 部分：总则；

——第 2 部分：道路交通标志；

——第 3 部分：道路交通标线

——第 4 部分：作业区；

——第 5 部分：限制速度；

——第 6 部分：铁路道口；

——第 7 部分：非机动车和行人；

——第 8 部分：学校区域。

本部分为 GB 5768 的第 8 部分。

本部分自实施之日起，凡新设(改设)的交通标志和标线应按新的规定实施。

本部分由中华人民共和国交通运输部、中华人民共和国公安部提出。

本部分由中华人民共和国交通运输部归口。

本部分起草单位：交通运输部公路科学研究院。

本部分主要起草人：唐琤琤、姜明、陈瑜、张帆、宋楠、晁遂。

道路交通标志和标线
第8部分:学校区域

1 范围

本部分规定了学校区域道路交通标志和标线的设置原则、要求。

本部分适用于学校区域道路交通标志和标线的设置。

2 规范性引用文件

下列文件对于本文件的应用是必不可少的。凡是注日期的引用文件,仅注日期的版本适用于本文件。凡是不注日期的引用文件,其最新版本(包括所有的修改单)适用于本文件。

GB 5768.2 道路交通标志和标线 第2部分:道路交通标志

GB 5768.3 道路交通标志和标线 第3部分:道路交通标线

GB/T 18833—2012 道路交通反光膜

3 术语和定义

下列术语和定义适用于本文件。

3.1

学校区域 school zone

幼儿园、小学、中学的校门上、下游150 m半径范围内的道路。

4 一般规定

4.1 学校区域的道路交通标志和标线应与其他交通安全与管理设施相协调。

4.2 学校区域限速及警告标志的尺寸宜在GB 5768.2要求的基础上放大。

4.3 学校区域交通标志采用的反光膜宜为符合GB/T 18833—2012的Ⅳ类或Ⅴ类反光膜。

4.4 学校区域的警告标志的底色宜采用荧光黄绿色。学校区域的辅助标志的底色可采用荧光黄绿色。

4.5 学校区域的限制速度值不宜超过30 km/h。

4.6 学校区域的起点前、儿童经常出入的地点前以及直接通往校门的路口前,应设置相应的注意儿童、注意行人警告标志。

4.7 学校区域可设置禁止鸣喇叭标志。禁止鸣喇叭的时间和范围可用辅助标志说明。

5 限制速度

5.1 学校区域的限制速度标志设置有如下两种方式:

a) 进入学校区域的道路上设置限制速度标志,如图1示例。可用辅助标志说明限制速度的时间;

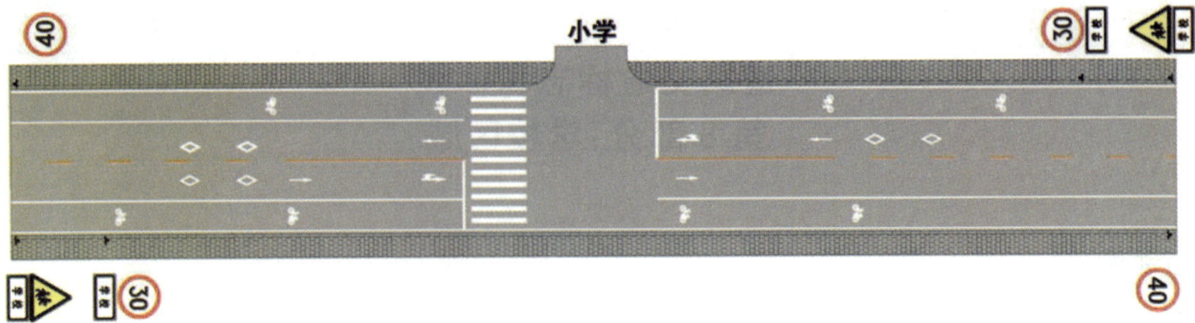

注：图中40为通过学校区域之后新的限速标志，限速值为示例。

图 1 学校区域限速标志设置示例

b) 学校区域的所有入口处设置区域限制速度标志。根据道路与交通条件，可在道路两侧同时设置，见图 2。

单位为米

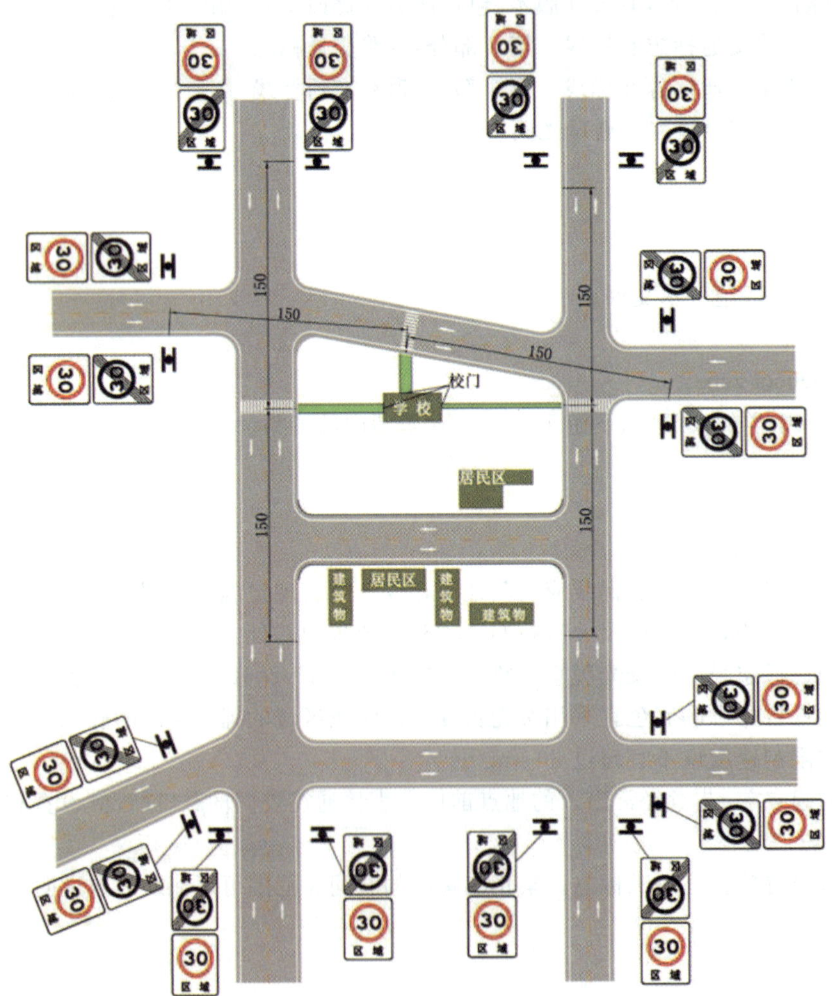

图 2 区域限速标志设置示例

5.2 注意儿童或注意行人警告标志宜设置在限制速度标志前适当位置。

5.3　根据需要进入限速路段或限速区域前可采用减速丘、压缩行车道宽度等措施，同时应设置相应警告标志和标线。

6　停车管理

6.1　设置了校车专用停车位或校车停靠站点的，应设置校车专用停车位标志或校车停靠站点标志以及校车专用停车位线。如图 3 示例。

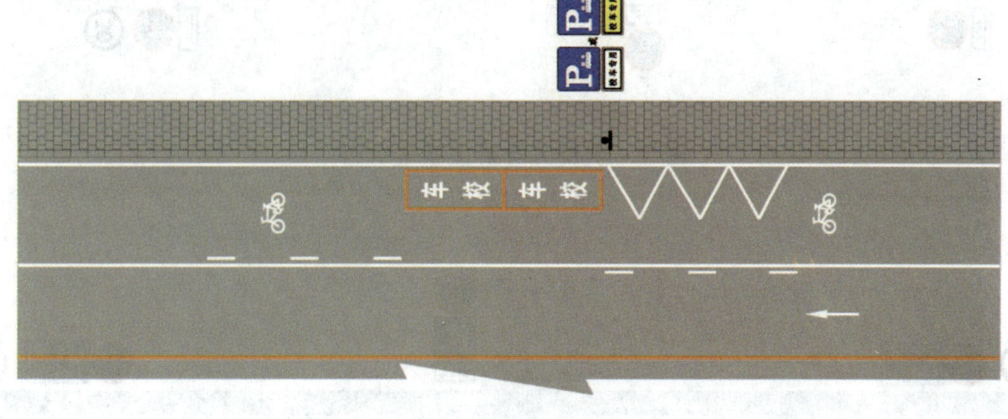

a)　路边式

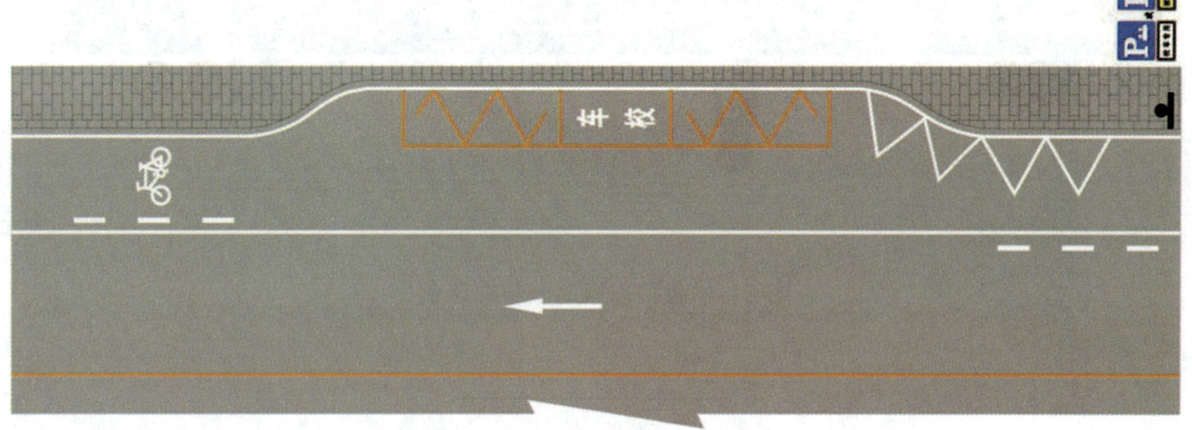

b)　港湾式

图 3　校车停车位、停靠站点的道路交通标志和标线示例

6.2　学校门前交叉路口、出入口易发生临时停车造成堵塞的范围，宜设置 GB 5768.3 规定的网状线。

6.3　学校门前一定范围内宜设置禁止停车标志或限时长停车标志。如图 4、图 5 示例。

单位为米

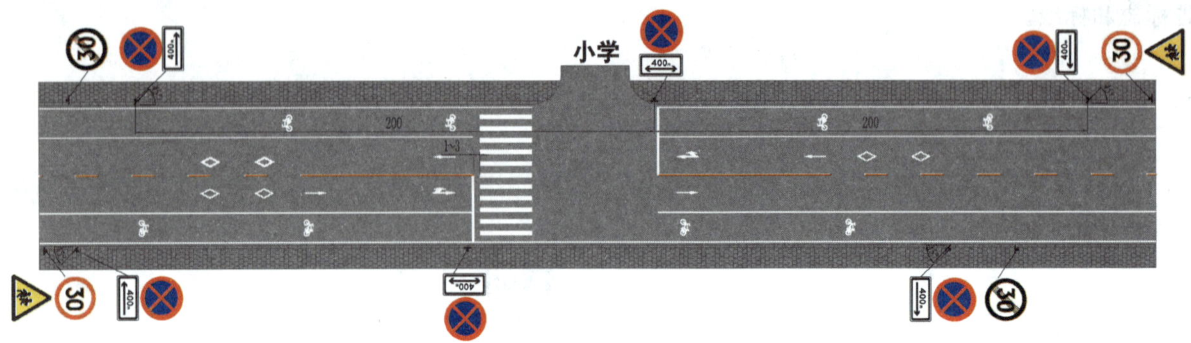

图 4　学校门前禁止停车示例

单位为米

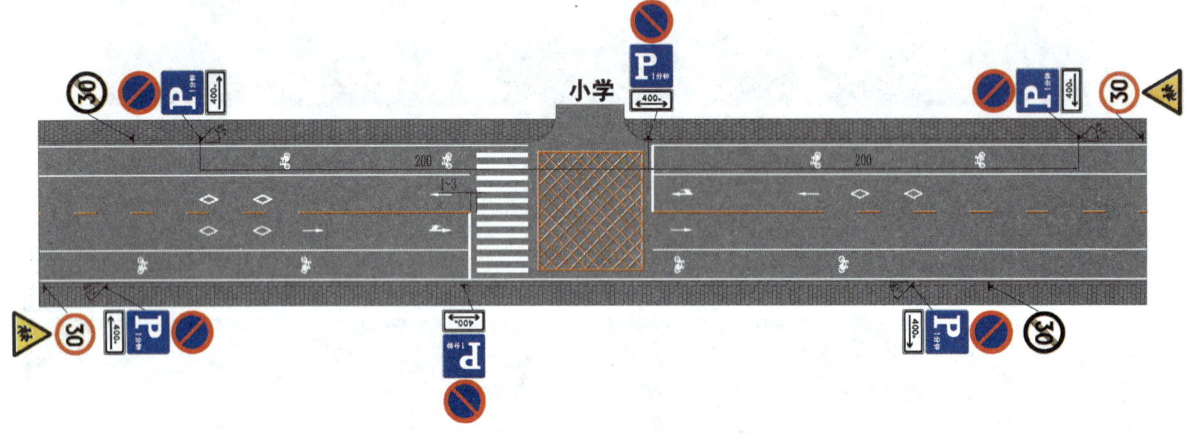

注：1 分钟为示例。

图 5　学校门前限时长停车示例

七、场地与设施

ICS 13.100
C 56

中华人民共和国国家标准

GB/T 3976—2014
代替 GB/T 3976—2002

学校课桌椅功能尺寸及技术要求

Functional sizes and technical requirements of chairs and tables for educational institutions

2014-12-05 发布　　　　2015-05-01 实施

中华人民共和国国家质量监督检验检疫总局
中国国家标准化管理委员会　发布

前　言

本标准按照 GB/T 1.1—2009 给出的规则起草。

本标准代替 GB/T 3976—2002《学校课桌椅功能尺寸》。与 GB/T 3976—2002 相比主要技术内容变化如下：

——修改标准名称为《学校课桌椅功能尺寸及技术要求》；

——增加了术语和定义；

——增加了 0 号课桌椅及其尺寸要求；

——修改了图 1、图 2，增加了图 3；

——修改了课椅靠背上缘距座面高为 h_5；删除靠背下缘距座面高的值；

——增加了甲醛释放量和可溶性重金属含量的要求；

——修改了课桌椅产品标志的颜色标记；

——修改了课桌椅的分配使用要求；

——删除了附录 A。

本标准由中华人民共和国国家卫生和计划生育委员会提出并归口。

本标准起草单位：哈尔滨医科大学、北京大学医学部、北京市卫生监督所。

本标准主要起草人：王忆军、武丽杰、马军、高权、张琳、夏薇、孙彩虹。

本标准所代替标准的历次版本发布情况为：

——GB 3976—1983、GB/T 3976—2002；

——GB 7792—1987。

学校课桌椅功能尺寸及技术要求

1 范围

本标准规定了中小学校、托幼机构和高等院校课桌椅的大小型号、功能尺寸、分配使用及其他卫生要求。

本标准适用于大、中、小学校及托幼机构课桌椅的生产加工和使用。

2 规范性引用文件

下列文件对于本文件的应用是必不可少的。凡是注日期的引用文件，仅注日期的版本适用于本文件。凡是不注日期的引用文件，其最新版本(包括所有的修改单)适用于本文件。

GB 6675.4 玩具安全 第4部分:特定元素的迁移

GB 18584 室内装饰装修材料 木家具中有害物质限量

GB 50099 中小学校设计规范

QB/T 4071 课桌椅

3 术语和定义

下列术语和定义适用于本文件。

3.1

座面高 height of seat

椅前缘最高点离地面的高度。

3.2

桌面高 height of table top

桌面近胸缘距离地面的高度。

3.3

桌椅高差 table-chair height difference

桌面高与座面高之差。

3.4

桌下净空 leg room under the table

桌下空区

课桌屉箱下的空间。

3.5

桌面宽 minimum length of table top

坐人侧，桌面左右方向的尺寸。

3.6

桌面深 minimum depth of table top

坐人侧，桌面前后方向的尺寸。

3.7

座面宽　minimum width of seat

椅面前缘左右方向的尺寸。

3.8

座面深　effective depth of seat

椅面前缘中点至靠背下缘中点之间的水平距离。

3.9

靠背点　point of backrest

在椅正中线上,靠背向前最凸的点。

4　中小学校课桌椅

4.1　品种与型号

课桌和课椅各分为 11 种大小型号,见表 1。

表 1　中小学校课桌椅的品种与型号

课桌	课椅
0 号	0 号
1 号	1 号
2 号	2 号
3 号	3 号
4 号	4 号
5 号	5 号
6 号	6 号
7 号	7 号
8 号	8 号
9 号	9 号
10 号	10 号

4.2　课桌

4.2.1　课桌的尺寸

课桌的尺寸见表 2 及图 1、图 2 的规定。有条件的地方,0 号、1 号、2 号、3 号桌宽可 650 mm,桌深可 450 mm。

表 2　中小学校课桌的尺寸　　单位为毫米

指　标	0 号	1 号	2 号	3 号	4 号	5 号	6 号	7 号	8 号	9 号	10 号
桌面高(h_1)	790	760	730	700	670	640	610	580	550	520	490
桌下净空高 1(h_2)	≥660	≥630	≥600	≥570	≥550	≥520	≥490	≥460	≥430	≥400	≥370

表 2（续）

单位为毫米

指　标	0号	1号	2号	3号	4号	5号	6号	7号	8号	9号	10号
桌下净空高 2(h_3)	≥520	≥490	≥460	≥430	≥400	≥370	≥340	≥310	≥280	≥250	≥220
桌面深、桌下净空深 1(t_1)	400										
桌下净空深 2(t_2)	≥250										
桌下净空深 3(t_3)	≥330										
桌面宽(b_1)	600										
桌下净空宽(b_2)	≥440										

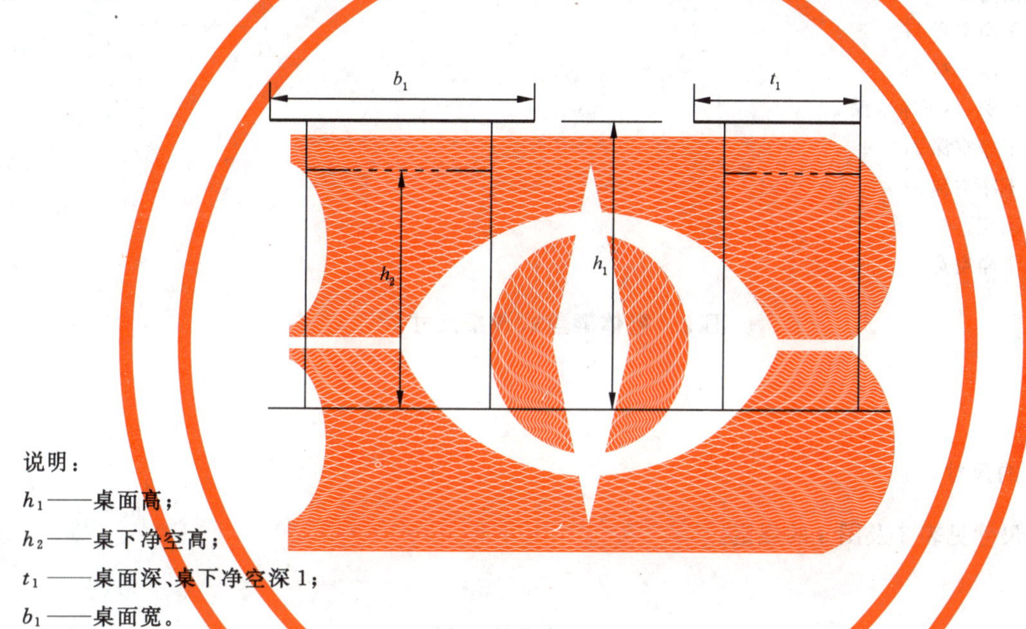

说明：

h_1——桌面高；

h_2——桌下净空高；

t_1——桌面深、桌下净空深 1；

b_1——桌面宽。

图 1　课桌尺寸

4.2.2　桌面

桌面可为平面，也可为斜面；可为固定式，也可为整体翻盖式。如为斜面则应从坐人侧向外上倾斜 0°～12°，该侧桌缘高度与平面桌 h_1 相同。

4.2.3　桌下净空和桌下构件

桌面下可设搁板或屉箱，h_1～h_2 之间开口的高度不小于 80 mm。桌侧方设挂钩时，钩端不超出桌侧缘之外。

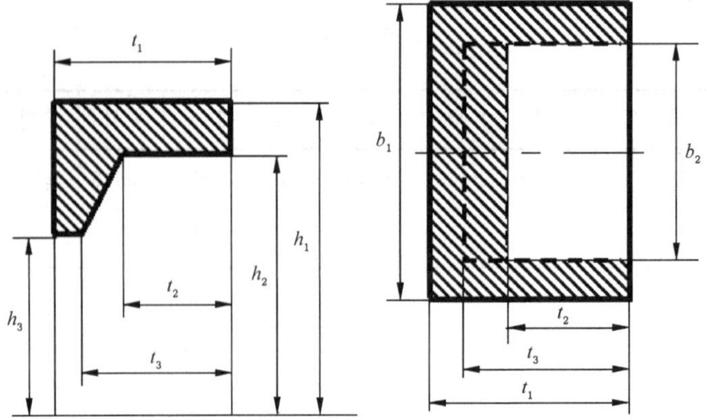

说明：

h_1——桌面高；

h_2——桌下净空高 1；

h_3——桌下净空高 2；

t_1 ——桌面深、桌下净空深 1；

t_2 ——桌下净空深 2；

t_3 ——桌下净空深 3；

b_1——桌面宽；

b_2——桌下净空宽。

图 2 整体翻盖式课桌尺寸

4.3 课椅

4.3.1 课椅的尺寸

课椅的尺寸见表 3 及图 3 的规定。

表 3 中小学校课椅的尺寸

单位为毫米

指 标	0 号	1 号	2 号	3 号	4 号	5 号	6 号	7 号	8 号	9 号	10 号
座面高(h_4)	460	440	420	400	380	360	340	320	300	290	270
靠背上缘距座面高(h_5)	350	340	330	320	310	290	280	270	260	240	230
靠背点距座面高(w)	220	220	220	210	210	200	200	190	180	170	160
座面有效深(t_4)	400	380	380	380	340	340	340	290	290	290	260
座面宽(b_3)	≥380	≥360	≥360	≥360	≥320	≥320	≥320	≥280	≥280	≥270	≥270

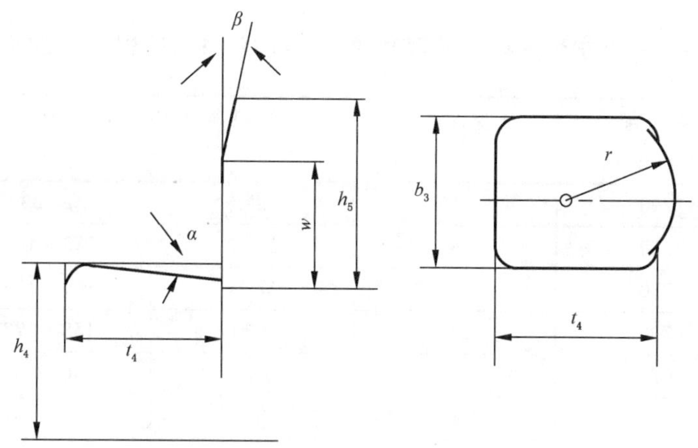

说明：

h_4——座面高；

h_5——靠背上缘距座面高；

w——靠背点距座面高；

t_4——座面有效深；

b_3——座面宽；

α——座面向后下倾斜的角度；

β——靠背点以上向后倾斜，与垂直面之间的夹角；

r——座面沿正中线如呈凹面时的曲率半径。

图 3　课椅尺寸

4.3.2　椅座面

椅座面向后下倾斜 0°～2°(图 3,α)。座面沿正中线如呈凹面时，其曲率半径在 500 mm 以上。座面前缘及两角钝圆。

4.3.3　椅靠背

靠背点以上向后倾斜，与垂直面之间呈 6°～12°(图 3,β)。靠背面的前凸呈漫圆(图 3)，上、下缘加工成弧形。靠背下缘与座面后缘之间留有净空。

4.4　产品技术要求及试验方法

4.4.1　桌面高、座面高的允许误差范围为±2 mm，靠背点距座面高的允许误差范围为±15 mm，其他尺寸误差见 QB/T 4071 的规定。

4.4.2　材料要求、工艺要求、漆膜理化性能要求、力学性能要求及试验方法应符合 QB/T 4071 的要求。钢木课桌椅的桌面、座面及靠背三个部位为木制件。漆膜色调浅淡、均匀，接近天然木色。

4.4.3　人造板材、钢木课桌椅的甲醛释放量、可溶性重金属含量的要求及试验方法应符合 GB 18584 的要求。

4.5　产品标志

按本标准生产的课桌和课椅，附着永久性标牌，按表 4 标明型号及学生身高范围。标牌的颜色也符合表 4 的规定。

表 4 中小学生课桌椅各型号的标准身高、身高范围及颜色标志

课桌椅型号	桌面高 mm	座面高 mm	标准身高 cm	学生身高范围 cm	颜色标志
0 号	790	460	187.5	≥180	浅蓝
1 号	760	440	180.0	173～187	蓝
2 号	730	420	172.5	165～179	浅绿
3 号	700	400	165.0	158～172	绿
4 号	670	380	157.5	150～164	浅红
5 号	640	360	150.0	143～157	红
6 号	610	340	142.5	135～149	浅黄
7 号	580	320	135.0	128～142	黄
8 号	550	300	127.5	120～134	浅紫
9 号	520	290	120.0	113～127	紫
10 号	490	270	112.5	≤119	浅橙
注 1：标准身高系指各型号课桌椅最具代表性的身高。对正在生长发育的儿童青少年而言，常取各身高段的组中值。 注 2：学生身高范围厘米以下四舍五入。 注 3：颜色标志即标牌的颜色。					

4.6 分配使用

4.6.1 学校预置课桌椅时，应根据当地学生学年中期至末期的身高组成比例状况，确定各种大小型号的数量。按表 4 规定的身高范围，计算现用课桌椅对学生身高的符合率(符合人数占被调查人数的百分比)。

4.6.2 课桌椅在教室里的排列，应符合 GB 50099 的规定。

4.6.3 教室中矮的课桌椅在前，高的在后。同号课桌与课椅相匹配。也可以在现有条件下，采用相邻两个型号大桌与小椅相匹配的方法。

5 学前儿童桌椅

5.1 品种与型号

儿童桌和儿童椅各分为 6 种大小型号，见表 5。

表 5 儿童桌椅的品种与型号

儿童桌(多人用)	儿童椅(单人用)
幼 1 号	幼 1 号
幼 2 号	幼 2 号
幼 3 号	幼 3 号
幼 4 号	幼 4 号
幼 5 号	幼 5 号
幼 6 号	幼 6 号

5.2 儿童桌

5.2.1 儿童桌的主要尺寸见表6。

5.2.2 桌面不应倾斜角度，四角成圆弧型。桌面可为方形、长方形、圆形、梯形、扇形等。

5.2.3 桌面下不设放置书物用的搁板、抽屉等，桌下净空内也不设踏板及其他构件。

5.3 儿童椅

5.3.1 儿童椅的主要尺寸见表6。

5.3.2 座面平，或向后下倾斜2°以内。椅面的四角成圆弧型。

5.3.3 靠背从垂直面向后倾斜6°以内。

表6 儿童桌椅的主要尺寸

单位为毫米

指标	幼1号	幼2号	幼3号	幼4号	幼5号	幼6号
桌面高(h_1)	520	490	460	430	400	370
桌下净空高(h_2)	≥450	≥420	≥390	≥360	≥330	≥300
座面高(h_4)	290	270	250	230	210	190
座面有效深(t_4)	290	260	260	240	220	220
座面宽(b_3)	270	270	250	250	230	230
靠背上缘距座面高(h_5)	240	230	220	210	200	190
注：参见图1、图3。						

5.4 产品技术要求及试验方法

5.4.1 桌面高、座面高的允许误差范围为±2mm，其他尺寸误差见QB/T 4071的规定。

5.4.2 儿童桌椅为木制品，产品技术要求及试验方法见QB/T 4071的规定。

5.4.3 座面和靠背面不加装软垫。

5.4.4 幼儿园、托儿所不采用钢木结构桌椅，也不采用折叠式或翻板式桌椅。

5.4.5 儿童桌椅的外表和内表以及儿童手指可触及的隐蔽处，均不得有锐利的棱角、毛刺以及小五金部件露出的锐利尖端。

5.4.6 儿童桌椅的涂层、漆膜、可迁移元素的最大限量应符合GB 6675.4的规定。甲醛释放量及试验方法应符合GB 18584的要求。色调浅淡，柔和。

5.4.7 一把儿童椅的重量，在幼儿园不超过2.5 kg，在托儿所不超过2.0 kg。

5.5 产品标志

按本标准生产的儿童桌和儿童椅，按表7标明型号和儿童身高范围，附着永久性标牌。标牌颜色也符合表7的规定。

表 7　儿童桌椅各型号的标准身高、身高范围及颜色标志

桌椅型号	桌面高 mm	座面高 mm	标准身高 cm	学生身高范围 cm	颜色标志
幼 1 号	520	290	120.0	≥113	紫
幼 2 号	490	270	112.5	105～119	浅橙
幼 3 号	460	250	105.0	98～112	橙
幼 4 号	430	230	97.5	90～104	浅灰
幼 5 号	400	210	90.0	83～97	灰
幼 6 号	370	190	82.5	75～89	白
注 1：标准身高系指各型号课桌椅最具代表性的身高。对正在生长发育的儿童而言，常取各身高段的中值。 注 2：儿童身高范围厘米以下四舍五入。 注 3：颜色标志即标牌的颜色。					

5.6　分配使用

5.6.1　根据当地儿童身高组成状况预置儿童桌椅。亦可只选用单号或只选用双号。

5.6.2　托儿所、幼儿园里的儿童椅，个人专用，附贴儿童可辨认的图片或名签。

6　高等院校课桌椅

6.1　品种

在高等院校中只设一种高度的课桌椅，男女通用，品种分固定式课桌椅和非固定式课桌椅。

6.2　高校固定式课桌椅

适用于阶梯教室，也适用于平面教室。课桌椅固定于教室地面。多人用。主要尺寸见表 8。

表 8　高校固定式课桌椅的主要尺寸　　单位为毫米

指标	规格	说明
桌面高(h_1)	730±10	—
桌面深(t_1)	350	
每个席位桌面宽(b_1)	600	
桌下净空高(h_2)	≥620	
桌下净空深(t_2、t_3)	≥300	
座面高(h_4)	410±10	使 $h_1-h_4 \leqslant 320$ mm
座面有效深(t_4)	360	—
靠背上缘距座面高(h_5)	≥340	或与后排桌前侧一体化
靠背点距座面高(w)	210	靠背点以上向后倾斜 6°～10°
坐人侧桌缘与靠背点之间的水平距离	420	—
每套课桌椅前后长	810～850	
注：参见图 1、图 3。		

6.3 高校非固定式课桌和课椅

适用于平面教室。主要尺寸见表 9。

表 9 高校非固定式课桌和课椅的主要尺寸

单位为毫米

指　标	规　格
桌面高(h_1)	730±10
桌下净空高 1(h_2)	≥600
桌下净空高 2(h_3)	≥460
桌面深、桌下净空深(t_1)	400
桌下净空深 2(t_2)	≥250
桌下净空深 3(t_3)	≥330
桌面宽(b_1)	600
桌下净空宽(b_2)	≥440
座面高(h_4)	410±10
靠背上缘距座面高(h_5)	340
靠背点距座面高(w)	210
座面有效深(t_4)	380
座面宽(b_3)	≥360
注 1：h_1 和 h_4 的具体选用，使 $h_1-h_4 \leqslant 320$ mm。	
注 2：参见图 1、图 3。	

6.4 产品技术要求及试验方法

产品技术要求及试验方法同 4.4。

ICS 03.180
Y 55

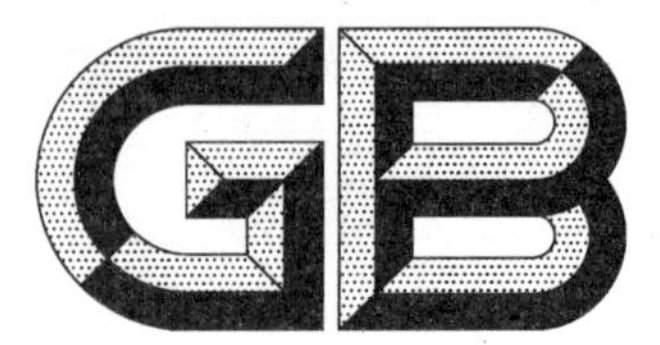

中华人民共和国国家标准

GB 36246—2018
代替 GB/T 19851.11—2005

中小学合成材料面层运动场地

Sports areas with synthetic surfaces for primary and middle schools

2018-05-14 发布 2018-11-01 实施

国家市场监督管理总局
中国国家标准化管理委员会 发布

前　言

本标准的全部技术内容为强制性。

本标准按照 GB/T 1.1—2009 给出的规则起草。

本标准代替 GB/T 19851.11—2005《中小学体育器材和场地　第 11 部分：合成材料面层运动场地》。与 GB/T 19851.11—2005 相比，除编辑性修改外主要技术变化如下：

——增加了合成材料面层、现浇型面层、预制型面层、人造草面层、渗水型面层、非渗水型面层、固体原料、非固体原料、厚度、冲击吸收、垂直变形、拉伸强度、拉断伸长率、抗滑值、耐老化性能、阻燃性能、总挥发性有机化合物、挥发性有机化合物的术语和定义，删除了合成面层、平整度、压缩复原率、1 级阻燃的术语和定义(见第 3 章，2005 年版的第 3 章)；

——增加了分类(见第 4 章)；

——增加了铺装要求(见 5.1)；

——修改了厚度要求(见 5.2，2005 年版的 4.4)；

——删除了外观和规格、标志线、平整度的要求(见 2005 年版的 4.1、4.2、4.3)；

——增加了物理机械性能中冲击吸收、垂直变形、抗滑值项目及指标要求，删除了硬度(邵 A)、压缩复原率、回弹值性能要求，修改了拉伸强度项目及指标要求，修改了拉断伸长率及其指标要求(见 5.3.1，2005 年版的 4.6)；

——修改了厚度、拉伸强度、拉断伸长率、阻燃性能的试验方法(见 6.1、6.4、6.6，2005 年版的附录 B、5.6 和附录 E)；

——增加了冲击吸收、垂直变形和抗滑值的试验方法(见附录 D、附录 E 和附录 F)；

——增加了人造草面层的物理机械性能要求和试验方法(见 5.3.2、6.2、6.3、6.7、6.8)；

——增加了合成材料面层耐老化性能要求及试验方法(见 5.4、6.9)；

——增加了除人造草面层以外的合成材料面层中无机填料含量要求及试验方法(见 5.5.1、6.10)；

——增加了合成材料面层防滑胶粒及人造草面层填充合成材料颗粒中高聚物总量要求及试验方法(见 5.5.2、6.11)；

——增加了合成材料面层运动场地成品和原料中有害物质限量要求和气味要求及试验方法(见 5.6、附录 A、附录 B、附录 G、附录 H、附录 I、附录 J 和 6.12、6.13、6.14、6.15)；

——增加了取样要求(见第 7 章)；

——增加了检验规则(见第 8 章)。

本标准由中华人民共和国教育部提出并归口。

本标准起草单位：教育部教育装备研究与发展中心、清华大学、中国建材检验认证集团股份有限公司、深圳市计量质量检测研究院、上海建科检验有限公司、中国环境科学研究院、南京林业大学、山东省产品质量检验研究院、浙江省家具与五金研究所、环境保护部固体废物与化学品管理技术中心、广州同欣康体设备有限公司、江苏省产品质量监督检验研究院、广州质量监督检测研究院、上海市化学建材行业协会、武汉体育学院、中国聚氨酯工业协会、国正检验认证有限公司、国家体育总局体育器材装备中心、山东泰山体育工程有限公司、上海航宽体育场设施工程有限公司、广州大洋元亨化工有限公司、都佰城新材料技术(上海)有限公司、广州杰锐体育设施有限公司、深圳市领先康体实业有限公司、麦迪人造草坪股份有限公司、青岛科兴教育装备有限公司。

本标准主要起草人：张彭义、李平、郭中宝、吴海涛、车燕萍、党建伟、余若祯、罗振扬、蔡陈敏、丁琼、黄金飞、朱晓翠、张耀东、张滨、王微山、孟庆生、楼明刚、李建波、郑伟涛、陈韶、侯力波、吴颖、陈琳、黄宇梁、王港、贾志勇、王季安、余询、周立成、郭飞、卞志勇、李志实、郭龙、师建华、林凡秋、吴雪、孙震。

本标准所代替标准的历次版本发布情况为：

——GB/T 19851.11—2005。

中小学合成材料面层运动场地

1 范围

本标准规定了中小学合成材料面层运动场地的术语和定义、分类、技术要求、试验方法、取样要求及检验规则。

本标准适用于中小学校新建、改建和扩建的室外合成材料面层运动场地的设计、选材、铺装、检测与验收。

2 规范性引用文件

下列文件对于本文件的应用是必不可少的。凡是注日期的引用文件，仅注日期的版本适用于本文件。凡是不注日期的引用文件，其最新版本(包括所有的修改单)适用于本文件。

GB/T 4498.1—2013 橡胶 灰分的测定 第1部分：马弗炉法

GB/T 6682—2008 分析实验室用水规格和试验方法

GB/T 10111—2008 随机数的产生及其在产品质量抽样检验中的应用程序

GB/T 10654—2001 高聚物多孔弹性材料 拉伸强度和拉断伸长率的测定

GB/T 14833—2011 合成材料跑道面层

GB/T 14837.1 橡胶和橡胶制品 热重分析法测定硫化胶和未硫化胶的成分 第1部分：丁二烯橡胶、乙烯-丙烯二元和三元共聚物、异丁烯-异戊二烯橡胶、异戊二烯橡胶、苯乙烯-丁二烯橡胶

GB/T 14837.2 橡胶和橡胶制品 热重分析法测定硫化胶和未硫化胶的成分 第2部分：丙烯腈-丁二烯橡胶和卤化丁基橡胶

GB/T 16422.2—2014 塑料 实验室光源暴露试验方法 第2部分：氙弧灯

GB/T 16483 化学品安全技术说明书 内容和项目顺序

GB/T 18204.2 公共场所卫生检验方法 第2部分：化学污染物

GB/T 18446 色漆和清漆用漆基 异氰酸酯树脂中二异氰酸酯单体的测定

GB 18581—2009 室内装饰装修材料 溶剂型木器涂料中有害物质限量

GB 18583 室内装饰装修材料 胶粘剂中有害物质限量

GB/T 18883—2002 室内空气质量标准

GB/T 22517.6 体育场地使用要求及检验方法 第6部分：田径场地

GB/T 23986—2009 色漆和清漆 挥发性有机化合物(VOC)含量的测定 气相色谱法

GB/T 23991 涂料中可溶性有害元素含量的测定

HJ 865—2017 恶臭嗅觉实验室建设技术规范

QB/T 1090—2001 地毯绒簇拔出力的试验方法

ISO 16000-3 室内空气 第3部分：室内空气和实验室空气中甲醛与其他羰基化合物的测定 主动取样法(Indoor air—Part 3: Determination of formaldehyde and other carbonyl compounds in indoor air and test chamber air—Active sampling method)

ISO 16000-6 室内空气 第6部分：通过Tenax TA吸附剂、热解吸以及使用质谱(MS)或质谱-火焰离子化检测器(MS-FID)的气相色谱主动取样来测定室内和实验室空气中的挥发性有机化合物(Indoor air—Part 6: Determination of volatile organic compounds in indoor and test chamber air by active sampling on Tenax TA sorbent, thermal desorption and gas chromatography using MS or MS-FID)

3 术语和定义

GB/T 10654—2001、GB/T 14833—2011、GB 18581—2009 和 GB/T 18883—2002 界定的以及下列术语和定义适用于本文件。为了便于使用,以下重复列出了 GB/T 10654—2001、GB/T 14833—2011、GB 18581—2009 和 GB/T 18883—2002 中的某些术语和定义。

3.1

合成材料面层　synthetic surface

铺装在沥青混凝土或水泥混凝土等基础层上的高分子合成材料层。

3.2

现浇型面层　in-situ casting surface

将高分子原料和其他原料在现场浇注铺装的面层。

3.3

预制型面层　prefabricated surface

按一定的生产工艺流程将高分子合成材料预先制备成一定厚度的卷材或块材,至现场粘结或拼装的面层。

3.4

人造草面层　artificial turf surface

以类似天然草的合成纤维经机械编织固定于底布层上所形成的合成材料面层。

3.5

渗水型面层　permeable surface

由树脂粘合橡胶碎粒或其他方法制造的具有缝隙结构的一类合成材料面层。水在该类型面层上除存在表面径流外,还存在通过面层的流动形式。

注:改写自 GB/T 14833—2011 中 3.2.1。

3.6

非渗水型面层　non-permeable surface

垂直剖面致密或有少量气孔及带有特定结构形式的一类合成材料面层。

注:改写自 GB/T 14833—2011 中 3.2.2。

3.7

固体原料　solid raw materials

在铺装时以固体形式存在的合成材料。

注:如丁苯橡胶颗粒、三元乙丙橡胶颗粒、聚氨酯橡胶颗粒、热塑性弹性体、预制卷材、人造草等。

3.8

非固体原料　non-solid raw materials

在铺装时以非固体形式存在的合成材料。

注:如各种胶粘剂、现浇型面层用预聚体和多元醇树脂组分等。

3.9

厚度　thickness

合成材料面层表面与其底面之间的总垂直距离。

3.10

冲击吸收 shock absorbency

合成材料面层对冲击力的减缓性能。

3.11

垂直变形 vertical deformation

20 kg 重物以规定的高度落在合成材料面层时,合成材料面层在垂直方向的变形。

3.12

拉伸强度 tensile strength

拉伸试样到断裂所施加的最大拉伸应力。

[GB/T 10654—2001,定义 3.1]

3.13

拉断伸长率 elongation at break

断裂试样的百分伸长率。

[GB/T 10654—2001,定义 3.2]

3.14

抗滑值 anti-skidding value

合成材料面层在干燥或潮湿状态下通过滑动摩擦阻力吸收能量的程度。

3.15

耐老化性能 aging resistance

合成材料面层具有的推迟延缓老化的性质。

3.16

阻燃性能 flame retardance

合成材料面层具有的推迟火焰蔓延的性质。

3.17

总挥发性有机化合物 total volatile organic compounds;TVOC

利用 Tenax GC 或 Tenax TA 采样,非极性色谱柱(极性指数小于 10)进行分析,保留时间在正己烷和正十六烷之间的挥发性有机化合物。

[GB/T 18883—2002,定义 3.3]

3.18

挥发性有机化合物 volatile organic compounds;VOC

在 101.3 kPa 标准大气压下,任何初沸点低于或等于 250 ℃的有机化合物。

[GB 18581—2009,定义 3.1]

4 分类

4.1 合成材料面层运动场地按使用功能分为田径场地、球类场地和其他活动场地。

4.2 合成材料面层按材料形态分为现浇型面层、预制型面层和人造草面层。

5 技术要求

5.1 铺装要求

5.1.1 合成材料面层的铺装应综合评估场地及其周边的通风、扩散条件,应有利于挥发性有机化合物的散发,并避免铺装时废气、废水、固体废弃物等对场地及周边环境的污染。

5.1.2 铺装前应提供所需使用的原料清单(包括品名和数量)、按照 GB/T 16483 编写的化学品安全技术说明书和型式检验报告，所使用的原料以及铺装后的运动场地在正常及预期使用条件下不应对人体健康和生态环境产生危害。

5.1.3　不应使用煤焦油沥青作为场地基础材料。

5.2　厚度

现浇型和预制型面层厚度应符合表1规定。

表1　现浇型和预制型面层[a] 厚度要求

类型		指标	要　求
田径场地	400 m田径场地	平均厚度≥13 mm	除需加厚区域外，场地面层平均厚度应≥13 mm，低于规定厚度10%的面积应≤总面积的10%；任何区域的厚度均应≥10 mm。 跳高起跳区助跑道最后3 m、三级跳远助跑道最后13 m、撑竿跳高助跑道最后8 m、掷标枪助跑道最后8 m以及起掷弧前端的区域厚度均应≥20 mm。 障碍赛跑水池落地区面层厚度应≥25 mm
	非400 m田径场地	平均厚度≥13 mm	场地面层平均厚度应≥13 mm，低于规定厚度10%的面积应≤总面积的10%；任何区域的厚度均应≥10 mm
球类场地		平均厚度≥8 mm	场地面层平均厚度应≥8 mm，低于规定厚度10%的面积应≤总面积的10%；任何区域的厚度均应≥6mm
其他活动场地		平均厚度≥10 mm	场地面层平均厚度应≥10 mm，低于规定厚度10%的面积应≤总面积的10%；任何区域的厚度均应≥8 mm
[a] 不含专业比赛用丙烯酸涂层运动场地面层。			

5.3　物理机械性能

5.3.1　现浇型和预制型面层物理机械性能应符合表2规定。

表2　现浇型和预制型面层[a] 物理机械性能要求

项　目		要　求
冲击吸收/%	田径场地	35～50
	球类场地	20～50
	其他活动场地	25～50
垂直变形/mm		0.6～3.0
抗滑值(20 ℃)/BPN	田径场地	≥47(湿测)
	球类场地及其他活动场地	80～110(干测)
拉伸强度/MPa	渗水型面层	≥0.4
	非渗水型面层	≥0.5
拉断伸长率/%		≥40
阻燃性能/级		Ⅰ
[a] 不含专业比赛用丙烯酸涂层运动场地面层。		

5.3.2 人造草面层成品及草丝的物理机械性能应符合表3规定。

表3 人造草面层成品及草丝的物理机械性能要求

项目		要求
冲击吸收/%		45～70
垂直变形/mm		4～11
草丝拉断力/N	开网丝	≥60
	单丝	≥10
单簇草丝拔出力/N		≥20

5.4 合成材料面层耐人工气候老化性能

5.4.1 现浇型和预制型面层加速老化500 h后，拉伸强度和拉断伸长率应符合表2要求。

5.4.2 人造草面层草丝加速老化500 h后，草丝拉断力应不低于加速老化前测定值的80%。

5.5 合成材料面层中无机填料及高聚物的含量

5.5.1 除人造草面层以外的合成材料面层中，无机填料含量应≤65%。

5.5.2 合成材料面层防滑胶粒及人造草面层填充用合成材料颗粒中高聚物总量应≥20%。

5.6 合成材料面层成品和原料中有害物质限量及气味

5.6.1 合成材料面层成品中有害物质限量及气味

现浇型和预制型面层成品中有害物质限量及气味应符合表4要求，人造草面层成品中有害物质限量应符合表5要求。

表4 现浇型和预制型面层成品中有害物质限量及气味要求

项目		要求
有害物质含量	3种邻苯二甲酸酯类化合物(DBP、BBP、DEHP)总和[a]/(g/kg)	≤1.0
	3种邻苯二甲酸酯类化合物(DNOP、DINP、DIDP)总和[a]/(g/kg)	≤1.0
	18种多环芳烃总和[b]/(mg/kg)	≤50
		≤20[c]
	苯并[a]芘/(mg/kg)	≤1.0
	短链氯化石蜡(C_{10}-C_{13})/(g/kg)	≤1.5
	4,4′-二氨基-3,3′-二氯二苯甲烷(MOCA)/(g/kg)	≤1.0
	游离甲苯二异氰酸酯(TDI)和游离六亚甲基二异氰酸酯(HDI)总和/(g/kg)	≤0.2
	游离二苯基甲烷二异氰酸酯(MDI)/(g/kg)	≤1.0
	可溶性铅/(mg/kg)	≤50
	可溶性镉/(mg/kg)	≤10
	可溶性铬/(mg/kg)	≤10
	可溶性汞/(mg/kg)	≤2

表 4（续）

项　　目		要求
有害物质释放量	总挥发性有机化合物(TVOC)/[mg/(m^2 · h)]	≤5.0
	甲醛/[mg/(m^2 · h)]	≤0.4
	苯/[mg/(m^2 · h)]	≤0.1
	甲苯、二甲苯和乙苯总和/[mg/(m^2 · h)]	≤1.0
	二硫化碳/[mg/(m^2 · h)]	≤7.0
气味	气味等级/级	≤3

[a] 邻苯二甲酸酯类化合物的具体名称见附录 A。
[b] 18 种多环芳烃的具体名称见附录 B。
[c] 取距合成材料面层上表面 5 mm 以内的部分进行测试。

表 5　人造草面层成品中有害物质限量要求

项　　目		要求
有害物质含量	3 种邻苯二甲酸酯类化合物(DBP、BBP、DEHP)总和[a]/(g/kg)	≤1.0
	3 种邻苯二甲酸酯类化合物(DNOP、DINP、DIDP)总和[a]/(g/kg)	≤1.0
	18 种多环芳烃总和[b]/(mg/kg)	≤50
	苯并[a]芘/(mg/kg)	≤1.0
	可溶性铅/(mg/kg)	≤50
	可溶性镉/(mg/kg)	≤10
	可溶性铬/(mg/kg)	≤10
	可溶性汞/(mg/kg)	≤2
有害物质释放量	总挥发性有机化合物(TVOC)/[mg/(m^2 · h)]	≤5.0
	甲醛/[mg/(m^2 · h)]	≤0.4
	苯/[mg/(m^2 · h)]	≤0.1
	甲苯、二甲苯和乙苯总和/[mg/(m^2 · h)]	≤1.0

[a] 邻苯二甲酸酯类化合物的具体名称见附录 A。
[b] 18 种多环芳烃的具体名称见附录 B。

5.6.2　合成材料面层原料中有害物质限量及气味

5.6.2.1　铺装时使用的固体原料(包括防滑颗粒、填充颗粒、铺装前的预制型面层和人造草等)中有害物质限量及气味要求应符合表 6 要求。

表 6　固体原料中有害物质限量及气味要求

项　目		要求
有害物质含量	18 种多环芳烃总和[a]/(mg/kg)	≤50
		≤20[b]
	苯并[a]芘/(mg/kg)	≤1.0
	可溶性铅/(mg/kg)	≤50
	可溶性镉/(mg/kg)	≤10
	可溶性铬/(mg/kg)	≤10
	可溶性汞/(mg/kg)	≤2
气味	气味等级[b]/级	≤3

[a] 18 种多环芳烃的具体名称见附录 B。

[b] 仅人造草面层填充用合成材料颗粒适用此项。

5.6.2.2　铺装时使用的非固体原料(包括各种胶粘剂、现浇型面层用预聚体和多元醇树脂组分等)中有害物质限量应符合表 7 的要求。

表 7　非固体原料中有害物质限量要求[a]

项　目		要求
有害物质含量	3 种邻苯二甲酸酯类化合物(DBP、BBP、DEHP)总和[b]/(g/kg)	≤1.0
	3 种邻苯二甲酸酯类化合物(DNOP、DINP、DIDP)总和[b]/(g/kg)	≤1.0
	短链氯化石蜡(C_{10}-C_{13})/(g/kg)	≤1.5
	游离甲苯二异氰酸酯(TDI)和游离六亚甲基二异氰酸酯(HDI)总和 /(g/kg)	≤10
	挥发性有机化合物/(g/L)	≤50
	游离甲醛/(g/kg)	≤0.50
	苯/(g/kg)	≤0.05
	甲苯、二甲苯和乙苯总和/(g/kg)	≤1.0
	可溶性铅/(mg/kg)	≤50
	可溶性镉/(mg/kg)	≤10
	可溶性铬/(mg/kg)	≤10
	可溶性汞/(mg/kg)	≤2

[a] 多组分样品,在测试游离甲苯二异氰酸酯(TDI)和游离六亚甲基二异氰酸酯(HDI)总和时,应先检测固化剂样品中游离甲苯二异氰酸酯(TDI)和游离六亚甲基二异氰酸酯(HDI)含量,然后按产品明示的施工配比进行计算;其他检测项目按照产品明示的施工配比混合后测定。

[b] 邻苯二甲酸酯类化合物的具体名称见附录 A。

6 试验方法

6.1 厚度的测定

6.1.1 田径场地按 GB/T 22517.6 规定的方法进行。

6.1.2 球类场地及其他活动场地按附录 C 的规定进行。

6.2 冲击吸收的测定

按附录 D 的规定进行。

6.3 垂直变形的测定

按附录 E 的规定进行。

6.4 拉伸强度、拉断伸长率的测定

按 GB/T 10654—2001 规定的方法进行。

6.5 抗滑值的测定

按附录 F 的规定进行。

6.6 阻燃性能的测定

按 GB/T 14833—2011 规定的方法进行。

6.7 草丝拉断力的测定

6.7.1 试样制备

在不同行任意选择 5 簇草丝，从每簇草丝中任选一根草丝进行拉伸试验。

6.7.2 试验程序

在精度为 1 N 以上的拉力试验机上进行试验，试验速度为(250±50) mm/min，记录试样断裂时的拉断力示值，5 个试样试验，取结果的算术平均值，精确到 1 N。

注：如果某个试样的试验结果与该批试样平均值的允差超过 30%，则该试样试验无效，重新选择一根草丝进行试验。

6.8 单簇草丝拔出力的测定

按照 QB/T 1090—2001 的规定，利用器具夹住一个单簇草丝的端头，从人造草的结构中向上拔出，并在拔出过程中记录所示的最大力值。

6.9 耐老化性能的测定

按 GB/T 16422.2—2014 的规定进行氙灯辐照试验，试验条件为方法 A、循环序号 1，试验 500 h 后，按 6.4 测定拉伸强度、拉断伸长率，按 6.7 测定草丝拉断力。

6.10 无机填料含量的测定

按照 GB/T 4498.1—2013 方法 A 的规定进行，试验温度(550±25)℃，测得的灰分含量作为无机填

料含量。

6.11 高聚物总量的测定

按照 GB/T 14837.1 和 GB/T 14837.2 的规定进行。

6.12 合成材料面层成品和固体原料中有害物质含量的测定

6.12.1 样品前处理

取样品适量,采用冷冻研磨或不致产生热量的其他加工方式粉碎,选取粒径在 0.85 mm～1.40 mm(20 目～14 目)之间的细小颗粒,作为检测用试样。制样过程应避免使用不锈钢研磨装置以防止其造成的铬等污染。如样品颗粒粒径小于 1.40 mm,可直接作为检测用试样。检测各项二异氰酸酯含量的试样在样品前处理过程中应避免空气中水分的影响。

对于现场挖取的样品,制样前应去除底层附着物,以避免基础层对面层材料可能的污染。

除重金属外,其余项目应在样品前处理后立即检测。

6.12.2 测定

6.12.2.1 邻苯二甲酸酯类化合物(DBP、BBP、DEHP、DNOP、DINP、DIDP)的测定按附录 A 中的规定进行。

6.12.2.2 18 种多环芳烃总和及苯并[a]芘的测定按附录 B 中的规定进行。

6.12.2.3 短链氯化石蜡(C_{10}-C_{13})的测定按附录 G 中的规定进行。

6.12.2.4 4,4′-二氨基-3,3′-二氯二苯甲烷(MOCA)的测定按附录 H 中的规定进行。

6.12.2.5 游离甲苯二异氰酸酯(TDI)和游离六亚甲基二异氰酸酯(HDI)总和的测定按 GB/T 18446 中的规定进行。

6.12.2.6 游离二苯基甲烷二异氰酸酯(MDI)的测定按 GB/T 18446 中的规定进行。

6.12.2.7 可溶性铅、镉、铬、汞的测定按 GB/T 23991 中的规定进行。

6.13 合成材料面层成品中有害物质释放量的测定

按附录 I 中的规定进行。

6.14 气味评定

按附录 J 中的规定进行。

6.15 合成材料面层非固体原料中有害物质含量的测定

6.15.1 游离甲醛的测定按 GB 18583 中的规定进行。

6.15.2 苯、甲苯/二甲苯/乙苯总和的测定按 GB 18581—2009 中的规定进行。

6.15.3 游离甲苯二异氰酸酯(TDI)和游离六亚甲基二异氰酸酯(HDI)总和的测定按 GB/T 18446 中的规定进行。

6.15.4 邻苯二甲酸酯类化合物的测定,称取 0.2 g～0.3 g(精确至 0.1 mg)试样置于 50 mL 的容量瓶中,用乙酸乙酯溶解/分散并定容,摇匀,然后按照附录 A 中的规定进行分析。

6.15.5 短链氯化石蜡(C_{10}-C_{13})的测定按照附录 G 中的规定进行。

6.15.6 挥发性有机化合物含量的测定按 GB/T 23986—2009 的规定进行。其中,样品称量为 1 g(精确至 0.1 mg),按方法 2 计算挥发性有机化合物含量,多组分原料按明示配比进行混合,搅拌均匀后称量。

6.15.7 可溶性铅、镉、铬、汞的测定按 GB/T 23991 中的规定进行。

7 取样要求

7.1 见证取样

验收检验样品应在建设方(或代建方、使用方)、监理方及施工方代表等相关人员见证下在铺装现场取样。

7.2 合成材料面层原料样品

7.2.1 应对每次进场的原料取样,同一批次同一规格原料取一组样品。非固体原料每组取样量不少于 250 mL,多组分非固体原料按配比取样,配比最小的组分取样量应不少于 50 mL。预制型面层和人造草面层样品规格不小于 300 mm×400 mm×实际厚度,其他固体原料每组取样量不少于 500 g。

7.2.2 非固体原料在充分搅拌均匀后装入洁净干燥的玻璃瓶或其他不会导致化学污染的容器中密封保存,多组分非固体原料应将各组分单独取样包装。固体原料取样后装入聚乙烯或聚四氟乙烯袋密封保存。

7.3 合成材料面层成品样品

7.3.1 样品规格及取样位置

铺装现场裁取、挖取或平行制备的合成材料面层样品规格不小于 300 mm×400 mm×实际厚度,取样后装入聚乙烯或聚四氟乙烯袋密封保存。运动场地上挖取样品的位置应按附录 K 确定。

7.3.2 现浇型面层样品

物理机械性能及无机填料含量检测用样品应在合成材料面层现场铺装的同时平行制备,平行样的制备配方、工艺和厚度应与现场施工相同;样品数量不少于 3 块,其中 1 块作为检测用样,其余作为复验备样。必要时,可在铺装完成后的场地上挖取样品。

有害物质限量及气味检测用样品应在合成材料面层铺装后 14 d~28 d 内直接从运动场地上挖取一块样品。

7.3.3 预制型面层和人造草面层样品

物理机械性能及无机填料和高聚物含量检测用样品应在现场裁取未铺装的合成材料面层,取样数量不少于 3 块,其中一块作为检测用样,其余作为复验备样。人造草面层填充颗粒取样量按取样面积与单位面积颗粒填充量计算确定。必要时,应在铺装完成后的运动场地上挖取样品,挖取的人造草面层样品应不带胶粘剂。

有害物质限量及气味检测用样品应在合成材料面层铺装完成后 14 d~28 d 内直接从运动场地上挖取一块样品。铺装后现场挖取的预制型面层样品按合成材料面层成品的要求进行检验;铺装后现场挖取的人造草面层样品中的填充颗粒按合成材料面层固体原料的要求进行检验,去除填充颗粒后的人造草面层按合成材料面层成品的要求进行检验。

7.4 运输、保存与检测时间

样品运输过程中应避免因扭曲、挤压、受潮、化学污染或高温等改变样品物理或化学完整性,样品送达实验室后应在温度为(25±5)℃的室内环境带包装保存,原料样品应在送达实验室后 14 d 内开始检测,成品样品应在合成材料面层铺装完毕后 14 d~60 d 内开始检测。

8 检验规则

8.1 验收检验

验收检验项目为 5.2、5.3、5.5、5.6。

8.2 型式检验

型式检验项目为 5.2～5.6，出现下列情况之一时，合成材料面层产品应进行型式检验：

a) 新产品、新工艺、新配方定型鉴定时；

b) 正常生产后，原材料、生产工艺、配方有重大变化时；

c) 停产或未施工 6 个月及以上恢复生产或施工时；

d) 正常生产或施工时，每年进行一次；

e) 质量主管部门监督抽查时。

8.3 检验结果的判定

经检验，检验项目全部合格，判定所检样品符合本标准要求；检验项目中任一项或一项以上不合格，判定所检样品不符合本标准要求。

8.4 复验规则

8.4.1 原料样品经检验不符合本标准要求的，可另取双倍样品进行复验，检验项目全部合格，判定所检样品复验符合本标准要求，否则判定不符合本标准要求。

8.4.2 成品样品经初次检验如有部分指标不符合本标准要求的，可以安排复验。如物理机械性能、无机填料含量或高聚物总量存在不合格项目，可对复验备样进行检测，如果两块复验备样全部合格，判定复验符合本标准要求，否则判定不符合本标准要求；必要时，可在铺装完成后的场地上现场见证挖取样品进行复验，如检验项目全部合格，判定复验符合本标准要求，否则判定不符合本标准要求。如有害物质或气味要求存在不合格项目，可在 60 d 内整改完毕后重新在铺装完成后的场地上现场见证挖取样品进行检验，如检验项目全部合格，判定复验符合本标准要求，否则判定不符合本标准要求。

8.5 场地符合性判定原则

所有检验项目，包括复验项目(如有)均符合本标准要求时，判定该场地符合本标准要求。

附　录　A
（规范性附录）
邻苯二甲酸酯类化合物含量的测试　气相色谱-质谱法

A.1　概述

本附录规定了用气相色谱-质谱法测定合成材料面层及其原料中邻苯二甲酸酯类化合物含量的方法。

A.2　原理

试样用乙酸乙酯或者其他合适的溶剂进行超声萃取，试样溶液冷却后用气相色谱-质谱联用仪测定，采用总离子流色谱图（TIC）进行定性，选择离子检测（SIM）进行定量。

A.3　材料和试剂

A.3.1　萃取溶剂

乙酸乙酯或者其他合适溶剂，分析纯。

A.3.2　校准化合物

邻苯二甲酸二丁酯（DBP）、邻苯二甲酸丁苄酯（BBP）、邻苯二甲酸二（2-乙基己基）酯（DEHP）、邻苯二甲酸二正辛酯（DNOP）、邻苯二甲酸二异壬酯（DINP）、邻苯二甲酸二异癸酯（DIDP），纯度≥98%或已知纯度。

A.3.3　标准储备溶液

分别称取适量的邻苯二甲酸酯类标准品，用萃取溶剂（A.3.1）配制成 DBP、BBP、DEHP、DNOP 浓度为 200 mg/L，DINP、DIDP 浓度为 500 mg/L 的混合标准储备溶液。标准储备溶液宜在 0 ℃～4 ℃冰箱中保存，配制后 180 d 内使用。

A.3.4　标准工作溶液

将标准储备溶液采用逐级稀释的方法配制 DBP、BBP、DEHP、DNOP 浓度从 0.5 mg/L 到 10 mg/L，DINP、DIDP 浓度从 2.5 mg/L 到 50 mg/L 之间的不少于 5 点的混合标准工作溶液。标准工作溶液宜在 0 ℃～4 ℃冰箱中保存，配制后 90 d 内使用。

A.3.5　有机相微孔滤膜

孔径 0.45 μm。

A.4　仪器设备

A.4.1　气相色谱-质谱联用仪。

A.4.2 超声波发生器。

A.4.3 电子天平：精确度 0.1 mg。

A.5 分析步骤

A.5.1 气相色谱-质谱联用仪工作条件

由于测试结果取决于所使用的仪器，因此不可能给出仪器分析的普适参数，可参考的仪器条件如下：

a) 色谱柱：5%苯基-甲基硅氧烷毛细管柱，30 m×0.25 mm×0.25 μm；

b) 进样口温度：290 ℃；

c) 柱温：程序升温，50 ℃保持 2 min，然后以 20 ℃/min 升至 200 ℃再以 8 ℃/min 升至 300 ℃保持 5.5 min；

d) 质谱接口温度：280 ℃；

e) 离子源温度：230 ℃；

f) 电离方式：EI；

g) 电离能量：70 eV；

h) 质量扫描范围：50 amu～500 amu；

i) 测试方式：全扫描的总离子流图(TIC)定性，选择离子监测(SIM)定量；

j) 进样方式：不分流进样；

k) 载气：氦气(纯度≥99.999%)，流量为 1.0 mL/min；

l) 进样量：1.0 μL；

m) 溶剂延迟：5 min。

A.5.2 试样制备

称取约 0.5 g 样品，精确至 0.1 mg，放入螺口刻度试管(带密封盖)，加入 10 mL 萃取溶剂(A.3.1)并密封试管，置于超声波发生器(A.4.2)中，在 60 ℃水温下超声萃取 60 min。萃取完成后，取出刻度试管冷却至室温并混合均匀，用微量注射器取 1 μL 进样，测其峰面积。若试样溶液的峰面积大于 A.3.4 中最大浓度的峰面积，则用萃取溶剂(A.3.1)稀释后测定，并将稀释倍数 f 代入计算公式中。

注 1：高浓度样品可进行两次萃取测试。

注 2：如果待测溶液中有颗粒物质，取一部分试液经 0.45 μm 有机系微孔滤膜过滤后用于检测分析。

A.5.3 定性分析

进行样品测试时，如果检出色谱峰的保留时间与标准样品相一致，并且在扣除背景后样品质谱图中所有选择离子均出现，而且其丰度比与标准品的丰度比相一致(相对丰度>50%，允许±10%的偏差；相对丰度在 20%～50%之间，允许±15%的偏差；相对丰度在 10%～20%之间，允许±20%的偏差；相对丰度≤10%，允许±50%的偏差)，则可判断样品中存在相应的邻苯二甲酸酯类。

在 A.5.1 条件下，6 种邻苯二甲酸酯类化合物的特征离子及其丰度比见表 A.1。

表 A.1 6 种邻苯二甲酸酯类化合物的定性参考离子和定量选择离子

序号	邻苯二甲酸酯名称	CAS 编号	特征离子碎片		
			定性参考离子/amu	定性参考离子丰度比	定量选择离子/amu
1	邻苯二甲酸二丁酯(DBP)	84-74-2	149、150、205、223	100∶9∶6∶7	149
2	邻苯二甲酸丁苄酯(BBP)	85-68-7	149、150、206、238	100∶12∶23∶3	149
3	邻苯二甲酸二(2-乙基己基)酯(DEHP)	117-81-7	149、150、167、279	100∶11∶31∶5	149
4	邻苯二甲酸二正辛酯(DNOP)	117-84-0	149、279、150、261	100∶7∶11∶1	279
5	邻苯二甲酸二异壬酯(DINP)	28553-12-0 或 68515-48-0	149、293、127、167	100∶20∶11∶7	293
6	邻苯二甲酸二异癸酯(DIDP)	26761-40-0 或 68515-49-1	149、307、141、150	100∶20∶9∶10	307

A.5.4 定量分析

A.5.4.1 标准溶液和试液中待测试的邻苯二甲酸酯类化合物的响应值均应在仪器检测的线性范围内，如果试液的检测响应值超出仪器检测的线性范围，可适当稀释后测试。

A.5.4.2 本标准采用外标法对邻苯二甲酸酯类化合物进行定量分析。在色谱图中，选取适当的定量选择离子(参见表 A.1)进行峰面积积分，DINP 和 DIDP 应分别将其所有同分异构体的色谱峰的基线拉平后积分，计算其面积的总和，按式(A.1)计算样品中每种邻苯二甲酸酯的含量。

A.5.4.3 DINP 和 DIDP 由于包含不可分离的同分异构体，出峰存在部分重叠，并且如果同时存在 DNOP，在色谱图上 DNOP 出峰也会与 DINP 出峰出现重叠。因此在选取定量离子时应避免 DNOP、DINP 和 DIDP 之间的相互干扰，DNOP 选择 $m/z=279$、DINP 选择 $m/z=293$、DIDP 选择 $m/z=307$ 可在最大程度上减少相互之间的干扰。

A.5.5 空白试验

除不加试样外，均按照上述分析步骤进行。

A.6 结果计算

按式(A.1)计算样品中每种邻苯二甲酸酯类化合物的含量：

$$w_i=\frac{(c_i-c_{0i})\times V\times f}{m\times 1\ 000} \qquad \cdots\cdots(A.1)$$

式中：

w_i ——试样中第 i 种邻苯二甲酸酯的含量，单位为克每千克(g/kg)；

c_i ——试样中第 i 种邻苯二甲酸酯的浓度，单位为毫克每升(mg/L)；

c_{0i} ——空白试样中第 i 种邻苯二甲酸酯的浓度，单位为毫克每升(mg/L)；

V ——试样定容体积，单位为毫升(mL)；

f ——稀释倍数；

m ——试样质量，单位为克(g)。

A.7 检出限

本方法 6 种邻苯二甲酸酯类化合物含量的参考检出限见表 A.2。

表 A.2 6 种邻苯二甲酸酯类化合物含量的参考检出限

名称	检出限/(g/kg)
邻苯二甲酸二丁酯(DBP)	0.01
邻苯二甲酸丁苄酯(BBP)	0.01
邻苯二甲酸二(2-乙基己基)酯(DEHP)	0.01
邻苯二甲酸二正辛酯(DNOP)	0.01
邻苯二甲酸二异壬酯(DINP)	0.05
邻苯二甲酸二异癸酯(DIDP)	0.05

A.8 精密度

同一实验室相同条件下，在短时间内对同一被测对象，两次独立测定结果的绝对差值不应大于其算术平均值的 10%。

附　录　B
（规范性附录）
18 种多环芳烃含量的测试　气相色谱-质谱法

B.1　概述

本附录规定了用气相色谱-质谱法测定合成材料面层及其原料中 18 种多环芳烃含量的方法。

B.2　原理

试样用乙酸乙酯或者其他合适的溶剂进行超声萃取，萃取液经冷却后试样经超声波水浴提取，提取液冷却后为待测溶液，用气相色谱-质谱联用仪测试，内标法定量。

B.3　材料和试剂

B.3.1　萃取溶剂

乙酸乙酯或其他合适的溶剂，均为分析纯。

B.3.2　标准工作溶液

18 种多环芳香烃（PAHs）混合标准溶液。

B.3.3　内标溶液

内标溶液如下：

a)　内标物 1：八氘代萘溶液（naphthalene-d_8），用于校正表 B.1 中 2 号 PAH；
b)　内标物 2：十氘代芘溶液（pyrene-d_{10}），或十氘代蒽溶液（anthracene-d_{10}），或十氘代菲溶液（Phenanthrene-d_{10}），用于校正表 B.1 中 3 号～8 号，10 号～12 号 PAHs；
c)　内标物 3：十二氘代苝溶液（perylene-d_{12}），或十二氘代苯并［a］芘溶液［benzo（a）pyrene-d_{12}］，三苯基苯（triphenylbenzene），用于校正表 B.1 中 13 号～17 号，19 号～21 号 PAHs。

B.3.4　内标物混合溶液

移取适量内标物 1、内标物 2、内标物 3，用萃取溶剂（B.3.1）稀释成含内标物 l 质量浓度为 0.3 mg/L、内标物 2 质量浓度为 0.42 mg/L、内标物 3 质量浓度为 0.96 mg/L 的混合内标液，至少应使用 3 种内标物质。

B.3.5　混合标准溶液配制

移取适量 18 种 PAHs 混合标准溶液（B.3.2），用萃取溶剂（B.3.1）逐级稀释成质量浓度为 0.1 mg/L、0.05 mg/L、0.02 mg/L、0.01 mg/L、0.002 mg/L 的系列标准溶液各 1 mL，再分别加入 100 μL 内标物混合溶液（B.3.4），混合均匀。

B.3.6　有机相微孔滤膜

孔径 0.45 μm。

B.4 仪器设备

B.4.1 气相色谱-质谱联用仪。

B.4.2 超声波发生器。

B.4.3 电子天平：精确度 0.1 mg。

B.5 分析步骤

B.5.1 样品制备

称取 0.5 g 样品，精确至 0.1 mg，放入螺口刻度试管(带密封盖)，加入 10 mL 萃取溶剂(B.3.1)并密封试管，置于超声波水浴装置中，在 60 ℃水温下超声萃取 60 min。萃取完成后，取出刻度试管冷却至室温并混合均匀，得到的试样溶液可依据其实际情况直接进样，或者用萃取溶剂(B.3.1)稀释后用于测试。

移取 1 mL 待测液，加入 100 μL 内标物混合溶液(B.3.4)混匀后进行气相色谱-质谱分析。

注 1：高浓度样品可进行两次萃取测试。

注 2：如果试样溶液中有颗粒物质，取一部分试液经 0.45 μm 有机系微孔滤膜过滤后用于检测分析。

B.5.2 内标标准曲线的绘制

对混合标准溶液(B.3.5)进行气相色谱-质谱分析，以待测物的质量浓度为横坐标、待测物和对应内标物峰面积的比值为纵坐标作图，可得一条通过原点的直线，即内标标准曲线。

B.5.3 气相色谱-质谱分析条件

由于测试结果取决于所使用的仪器，因此不可能给出仪器分析的普适参数，可参考的仪器条件如下：

a) 色谱柱：5%苯基-甲基硅氧烷毛细管柱，30 m×0.25 mm×0.25 μm；
b) 进样口温度：280 ℃；
c) 柱温：程序升温，50 ℃保持 2 min，然后以 20 ℃/min 升至 200 ℃再以 8 ℃/min 升至 300 ℃保持 5.5 min；
d) 质谱接口温度：280 ℃；
e) 离子源温度：270 ℃；
f) 电离方式：EI；
g) 电离能量：70 eV；
h) 质量扫描范围：45 aum～350 aum；
i) 测试方式：选择离子监测(SIM)；
j) 进样方式：不分流进样；
k) 载气：氦气(纯度≥99.999%)，流量为 1.0 mL/min；
l) 进样量：1.0 μL；
m) 溶剂延迟：5 min。

B.5.4 定性及定量分析

根据各实验室仪器所适合的分析条件对混合标准溶液及待测液进行分析，根据色谱峰的保留时间和特征离子的相对丰度进行定性分析。以下条件可用于判定样品中是否含有多环芳烃：

a) 样品中目标物保留时间与标液中目标物保留时间的偏差在±0.5%或±0.1 min 范围内；

b) 特征离子在标液中目标物的保留时间处出峰；

c) 特征离子的相对丰度与标液中目标物的相对丰度一致(相对丰度>50%，允许±10%的偏差；相对丰度 20%～50%之间，允许±15%的偏差；相对丰度 10%～20%之间，允许±20%的偏差；相对丰度≤10%，允许±50%的偏差)。

定量分析参考表 B.1 中的定量离子，采用内标法定量。

表 B.1　18 种多环芳烃与内标物定性参考离子和定量选择离子

序号	多环芳烃名称	CAS 编号	化学分子式	特征离子碎片/amu	
				定性参考离子	定量选择离子
1	八氘代萘(内标 1)	1146-65-2	$C_{10}D_8$	108、136、137	136
2	萘	91-20-3	$C_{10}H_8$	127、128、129	128
3	苊烯	208-96-8	$C_{12}H_8$	151、152、153	152
4	苊	83-32-9	$C_{12}H_{10}$	152、153、154	153
5	芴	86-73-7	$C_{13}H_{10}$	165、166、167	166
6	菲	85-01-8	$C_{14}H_{10}$	176、178、179	178
7	蒽	120-12-7	$C_{14}H_{10}$	176、178、179	178
8	荧蒽	206-44-0	$C_{16}H_{10}$	101、202、203	202
9	十氘代芘(内标 2)	1718-52-1	$C_{16}D_{10}$	106、212、213	212
10	芘	129-00-0	$C_{16}H_{10}$	101、202、203	202
11	苯并[a]蒽	56-55-3	$C_{18}H_{12}$	226、228、229	228
12	䓛	218-01-9	$C_{18}H_{12}$	226、228、229	228
13	苯并[b]荧蒽	205-99-2	$C_{20}H_{12}$	126、252、253	252
14	苯并[k]荧蒽	207-08-9	$C_{20}H_{12}$	126、252、253	252
15	苯并[j]荧蒽	205-82-3	$C_{20}H_{12}$	126、252、253	252
16	苯并[a]芘	50-32-8	$C_{20}H_{12}$	126、252、253	252
17	苯并[e]芘	192-97-2	$C_{20}H_{12}$	125、252、253	252
18	十二氘代苝(内标 3)	1520-96-3	$C_{20}D_{12}$	260、264、265	264
19	茚并[1,2,3-cd]芘	193-39-5	$C_{22}H_{12}$	138、276、277	276
20	二苯并[a,h]蒽	53-70-3	$C_{22}H_{14}$	139、278、279	278
21	苯并[g,h,i]苝	191-24-2	$C_{22}H_{12}$	138、276、277	276

B.5.5　空白试验

除不加试样外，均按照上述分析步骤进行。

B.6　结果计算

按式(B.1)计算待测液中每种多环芳烃的浓度：

$$c_i = \frac{1}{K_i} \times \frac{A_i}{A_s} \qquad \cdots\cdots(B.1)$$

式中：

c_i——待测液中第 i 种多环芳烃的浓度，单位为毫克每升(mg/L)；

A_i——待测液中第 i 种多环芳烃的峰面积；

K_i——第 i 种多环芳烃内标标准曲线的斜率；

A_s——待测液中第 i 种多环芳烃所对应内标物的峰面积。

按式(B.2)计算试样中每种多环芳烃的含量：

$$w_i = \frac{(c_i - c_{0i}) \times V \times f}{m} \qquad \cdots\cdots(B.2)$$

式中：

w_i ——试样中第 i 种多环芳烃的含量，单位为毫克每千克(mg/kg)；

c_i ——待测液体中第 i 种多环芳烃的浓度，单位为毫克每升(mg/L)；

c_{0i} ——空白试样中第 i 种多环芳烃的浓度，单位为毫克每升(mg/L)；

V ——待测液的体积，单位为毫升(mL)；

f ——待测液的稀释因子；

m ——试样的质量，单位为克(g)。

按式(B.2)计算得到的每种多环芳烃的含量加和即得到试样中18种多环芳烃总和。

B.7 检出限

本方法单个多环芳香烃化合物的参考检出限为0.1 mg/kg。

B.8 精密度

同一实验室相同条件下，在短时间内对同一被测对象，两次独立测定结果的绝对差值不应大于其算术平均值的15%。

附　录　C
（规范性附录）
球类场地及其他活动场地面层厚度的测量方法

C.1　测量仪器

三针测厚仪，精度为 1 mm。

C.2　测量方法

每个场地至少取 12 个点，在场地端线开始向对侧测量 3 排点，每排 4 个测试点，视场地长短均匀排定。把三针测厚仪放在场地上，手持专业测厚仪垂直向下，压向运动地面直至基础层表面即停止，专业测厚仪上相对应的数字即为测量厚度。

C.3　结果计算

C.3.1　取各个测试点的测量厚度的平均值为平均厚度，数值精确到小数点后一位。

C.3.2　低于规定厚度 10％的面积占总面积的百分比按式(C.1)进行计算：

$$w=\frac{N_{低}}{N_{总}}\times 100 \qquad \cdots\cdots(C.1)$$

式中：

w ——低于规定厚度 10％的面积占总面积的百分比，％；

$N_{低}$——低于规定厚度 10％的测量点数；

$N_{总}$——总测量点数。

附　录　D
（规范性附录）
合成材料面层冲击吸收的检测方法

D.1　检测装置

D.1.1　采用冲击吸收测试仪(见图 D.1 所示)检测合成材料面层的冲击吸收性能。

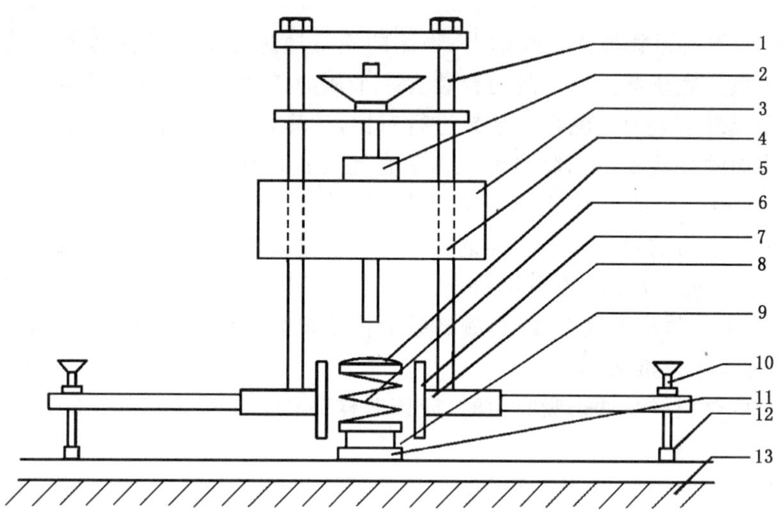

说明：

1——立柱；
2——提升/放开重物装置；
3——下落重物；
4——导向管；
5——铁砧；
6——弹簧；
7——小管；
8 ——支撑面；
9 ——装载层；
10——测试台支撑物；
11——测试台；
12——合成材料表面；
13——地基。

图 D.1　冲击吸收测试仪

D.1.2　冲击吸收测试仪及地基应符合下列要求：

a)　下落重物的质量为(20±0.1)kg,并有一个坚硬光滑的表面,使其可以以最小的摩擦力垂直通过导向管无阻碍的落下；

b)　螺旋弹簧直径为(69±1)mm,上层为硬化表面,在 0.1 kN 到 7.5 kN 的范围内,有着(2 000±60)N/mm 的线性弹簧弹性度。这个弹簧应该由 3 个或以上同轴线圈所组成,并在末端被固定在一起。这种弹簧可以通过将同一块钢铣制而成；

c)　可调节测力台支撑物,距离点弹性运动面层的测试点最少 250 mm;距离面弹性运动面层的测试点最少 600 mm；

d)　钢制测力台,其底盘下面层呈圆弧状,弧度的半径为 500 mm,边缘半径为 1 mm,底盘直径为(70.0±0.1)mm,厚度最少为 10 mm；

e)　金属导向管,其内沿内径是(71.0±0.1) mm；

f) 测力脚，是由钢制测力台，压力传感器，弹簧和铁砧（最低厚度 20 mm，以盘中心的测量值为准）组成的，固定在金属导向管中，整体质量（不计导向管）应该为（3.0±0.3）kg；

g) 提升与释放重物装置，可以让其从设定的高度跌落，且误差不大于±0.25 mm；

h) 具有记录和调节放大从压力传感器输出的信号的装置以及显示这些记录的装置；

i) 电子测量记录装置装有放大器和记录放大器，以及过滤性很低的过滤器，并能在 0.01 s 内记录单个冲击产生的力的最大值，精确度为 0.5%，放大器的频道频率应该大于或等于 1 kHz；

j) 测试地基应该是一块平整、坚硬、无振动的混凝土地板，可得到 D.3 中要求的 F_c 数据。

D.2 检测方法

将质量为 20 kg 的下落重物掉落在铁砧上，物体的质量通过弹簧由铁砧传递给放置于合成材料面层测试样品上的一个弧形底座测力台。测力台装有一个压力传感器，它能记录撞击时的最高压力。将这个力的最高值与在混凝土表面上测得的结果进行对比，计算合成材料表面冲击吸收百分比。

测试在混凝土表面的读数 F_c 时，将检测仪器垂直地放置在混凝土地板上，将下落重物的下端调整到距离铁砧（55±0.25）mm 的正上方，释放下落重物，使其自由落体砸在铁砧上。记录在冲击过程中，混凝土表面所受到的冲击力的峰值数值。再重复上述的测试过程 10 次，使总测试次数达到 11 次。记录下第二次到第十一次冲击力峰值的平均值，作为 F_c，并记录在软件中。F_c 的数值应该在（6.60±0.25）kN 的范围内，如果数值超出这个数据，测试结果将被视为无效。通常 F_c 的测试每三个月要做一次，作为仪器及测试环境的校准测试。

在实验室测试合成材料样品冲击吸收值时，应该对样品在 3 个温度点（0±2）℃、（23±2）℃、（50±2）℃下进行测试。

测试在合成材料表面的读数 F_s 时，将检测仪器垂直地放置在测试样品上，将下落重物的下端调整到距离铁砧（55±0.25）mm 的正上方，释放下落重物，使其自由落体砸在铁砧上。记录在冲击过程中，合成材料表面所受到的冲击力的峰值数值。经过第一次测试后，间隔（60±10）s 进行第二次测试。经过冲击表面后，为了不让合成材料表面负重太久，应在几秒钟内从铁砧上提起重物。

从 0 ℃温度点开始依序往高温度点测试样品时，先将待测样品放置在－5 ℃冰箱中恒温 1 h，然后将样品取出放置到测试平台待测，当样品表面温度自然上升至（0±2）℃、（23±2）℃时，分别开始测试，每一个温度点的测试要在 5 min 内完成，每一个点位测试 3 次，取后 2 次数值计算冲击吸收值，结果取其算术平均值，为该点位在相应温度点的测定值。

从 50 ℃温度点开始依序往低温度点测试样品时，先将待测样品放置在 55 ℃烘箱中恒温 1h，然后将样品取出放置到测试平台待测，当样品表面温度自然下降至（50±2）℃时，开始测试，每一个温度点测试要在 5 min 内完成，每一个点位测试 3 次，取后 2 次数值计算冲击吸收值，结果取其算术平均值，为该点位在相应温度点的测定值。

样品的表面温度，使用经校准后的红外线测温仪测量。

D.3 结果计算

冲击吸收 F_r 按式（D.1）进行计算，数值精确到小数点后一位。

$$F_r = \left(1 - \frac{F_s}{F_c}\right) \times 100 \qquad \text{(D.1)}$$

式中：

F_r ——冲击吸收，%；

F_s ——在合成材料表面的测试读数，单位为牛（N）；

F_c ——在混凝土表面的测试读数，单位为牛（N）。

附 录 E
（规范性附录）
合成材料面层垂直变形的检测方法

E.1 检测装置

E.1.1 采用垂直变形测试仪(见图E.1所示)检测合成材料跑道面层的垂直变形性能。

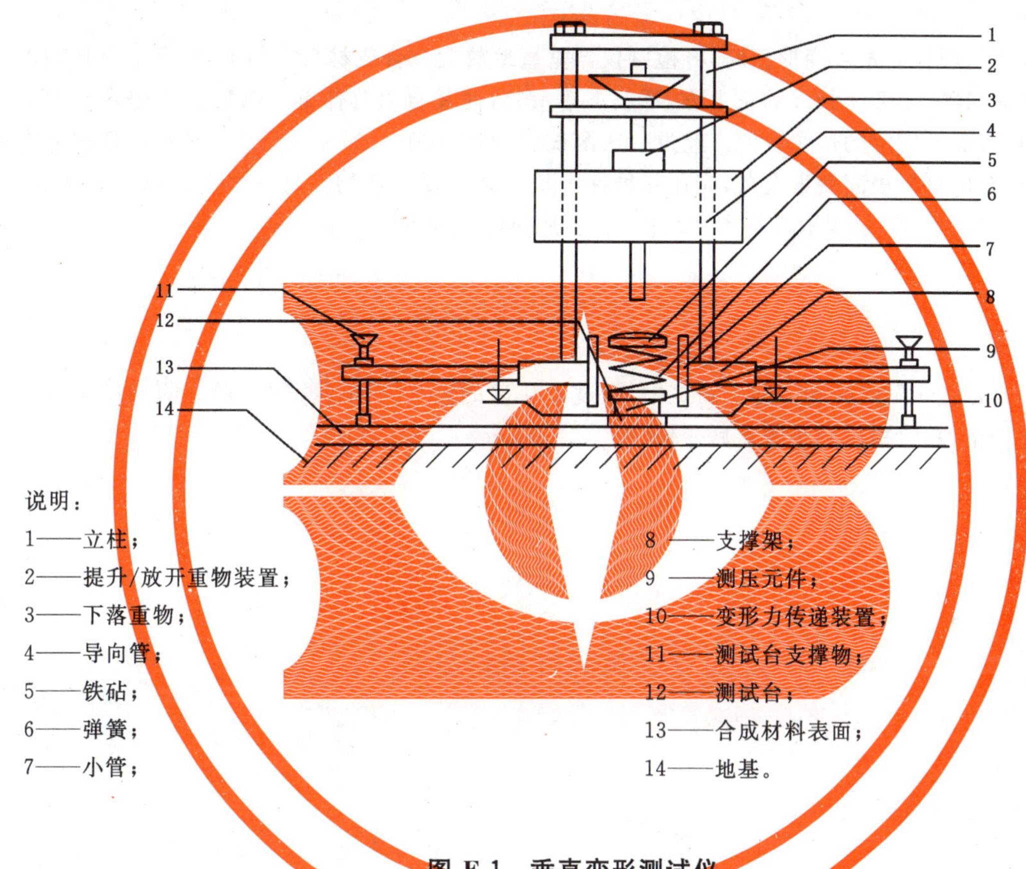

图 E.1 垂直变形测试仪

E.1.2 垂直变形测试仪及地基应符合下列要求：

a) 下落重物的质量为(20±0.1)kg,并有一个坚硬光滑的表面,使其可以以最小的摩擦力垂直通过导向管无阻碍地落下；

b) 螺旋弹簧直径为(69±1)mm,上层为硬化表面,在0.1 kN到1.6 kN的范围内,有着(40±1.5)N/mm的线性弹簧弹性度；

c) 可调节测力台支撑物,距离点弹性运动面层的测试点最少250 mm;距离面弹性运动面层的测试点最少600 mm;

d) 钢制测力台,其底盘下面层呈平面状,边缘半径为1 mm,底盘直径为(70.0±0.1)mm,厚度最少为10 mm;

e) 金属导向管,其内沿内径是(71.0±0.1) mm;

f) 测试脚,是由钢制测力台、压力传感器、弹簧和铁砧(最低厚度20 mm,以盘中心的测量值为准)组成的,固定在金属导向管中,整体质量(不计导向管)应该为(3.5±0.35)kg;

g) 提升与释放重物装置,可以让其从设定的高度跌落,且误差不大于±0.25 mm;
h) 测试形变用的传感器可采用测试范围为±10 mm,误差不超过 0.05 mm 的电子变形传感器。传感器距离整个测试仪器的中轴线的距离应该≤125 mm。两个感应器应该以仪器的中轴线对称放置在变形力传递装置上;
i) 具有记录和调节放大从压力传感器输出的信号的装置以及显示这些记录的装置。放大器的频道频率应该大于或等于 1 kHz;
j) 测试地基应该是一块平整、坚硬、无振动的混凝土地板。

E.2 检测方法

测试在合成材料样品垂直变形值时,将检测仪器垂直地放置在合成材料样品上,将下落重物的下端调整到距离铁砧(120±0.25) mm 的正上方,释放下落重物,使其自由落体砸在铁砧上。记录在冲击过程中,合成材料表面所发生的形变数值。经过一次测试后,间隔(60±10) s 进行二次测试。经过冲击表面后,为了不让合成材料表面负重太久,应在几秒钟内从铁砧上提起重物。每一个点位测试 3 次,取后 2 次数值计算垂直变形值,结果取其算术平均值,数值精确到小数点后一位。

E.3 结果表示

垂直变形是根据 1 500 N 动力冲击测试中,超过 400 N 的读数结果计算得出的。测试结果是最后两次冲击的平均值,数值精确到小数点后一位。

附 录 F
(规范性附录)
合成材料面层抗滑值的检测方法

F.1 检测装置

采用图 F.1 中所示滑动阻力测试仪进行检测。

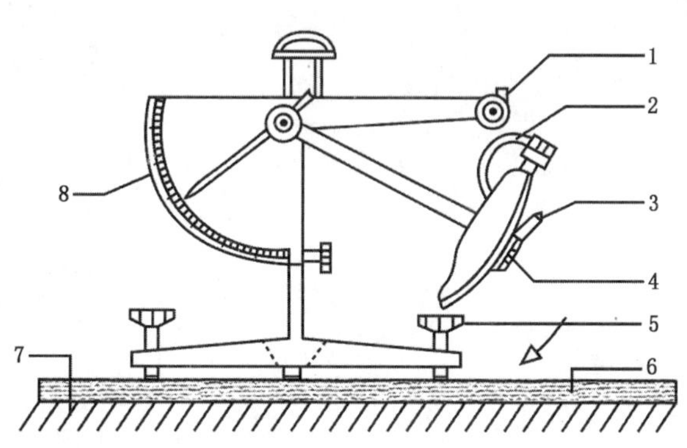

说明:

1——重物释放装置;
2——重物提升装置;
3——连接销;
4——橡胶滑动装置;
5——测试台支撑脚;
6——场地材料表面;
7——基础层;
8——刻度表(标尺)。

图 F.1 便携式阻力测试仪

F.2 检测方法

将一个标准的光滑橡胶滑动片安装在摆动臂末端的支撑块之下,并用弹簧顶住。这个滑动片将随摆动臂从 90°位置向下摆向样品表面,并沿着表面滑动一定距离,摆动臂摆动时带动一个惰性指针,使指针停留在摆动的最高点位置上。

将滑动阻力测试仪水平放置在样品表面,放开撑脚,以防止当摆动臂摆过表面时,支撑脚下方合成材料的表面出现局部偏斜。当摆动臂从正常的水平位置自由下落时,指针停留的刻度应是零点,否则,应调节摩擦环(在摆动臂的定位中心处)并反复操作,直到始终得到一个零点。

测试样品时,调节摆动臂的高度,使滑动片与被测表面接触,滑动片从左边缘到右边缘与被测表面接触的距离是在 125 mm～127 mm 之间。把所设置的高度固定在这个位置上并反复摆动滑动片以核定距离。然后,把摆动臂放在水平重物的位置上。

在测试区保持测试样品表面干燥,放开摆动臂使其自由落下,略去第一次指针计数,然后进行 5 次同样的试验。记录每次摆动后指针所得的刻度读数,计算这 5 个读数的平均值,数值精确到小数点后一位,即为干燥表面的抗滑值。

在测试区洒上干净的水,放开摆动臂使其自由落下,略去第一次指针计数,然后进行 5 次同样的试验。记录每次摆动后指针所得的刻度读数，计算这5个读数的平均值，数值精确到小数点后一位，即为潮湿表面的抗滑值。

如果合成材料表面显示具有方向性的图案，那么，用仪器应能测出各个方向不同的数值。方法是调节仪器，使滑动部件从开始摆动方向的90°和180°通过相同的一块表面，所测得结果可作为第一组读数的参考数。

附 录 G
（规范性附录）
短链氯化石蜡（C_{10}-C_{13}）含量的测试 气相色谱-电子捕获负化学电离源质谱法

G.1 概述

本附录规定了用气相色谱-质谱法测定合成材料面层成品及其原料中短链氯化石蜡（C_{10}-C_{13}）的含量的方法。

G.2 原理

样品采用正己烷或其他合适的溶剂作为萃取溶剂进行超声萃取，所得试样溶液经浓硫酸净化处理后，用气相色谱-电子捕获化学电离源质谱仪进行定性定量分析。

本方法详细给出了内标法定量的测试步骤，实验室也可以经方法确认后采用外标法进行定量分析。

G.3 试剂和材料

G.3.1 萃取溶剂

正己烷或其他合适的溶剂，分析纯。

G.3.2 内标标准物质

可选用 ε-六六六（CAS 编号：6108-10-7，100 mg/L）、1，1，1，3，10，11-六氯十一烷（CAS 编号：601523-28-8，100 mg/L），或其他合适的内标物质。

G.3.3 短链氯化石蜡（C_{10}-C_{13}）标准储备溶液

51.5%平均氯化度，100 mg/L。

55.5%平均氯化度，100 mg/L。

63.0%平均氯化度，100 mg/L。

G.3.4 浓硫酸

分析纯。

G.4 仪器和设备

G.4.1 气相色谱-质谱联用仪：配有电子捕获负化学电离源。

G.4.2 超声波发生器。

G.4.3 电子天平：精确度 0.1 mg。

G.4.4 离心机：转速 5 000 r/min～20 000 r/min。

G.5 分析步骤

G.5.1 短链氯化石蜡(C_{10}-C_{13})标准工作溶液

将平均氯化度为51.5%、55.5%和63.0%的短链氯化石蜡(C_{10}-C_{13})标准溶液等比例混合，充分混匀后，用萃取溶剂(G.3.1)将其配制成5 mg/L、10 mg/L、15 mg/L、20 mg/L、25 mg/L、50 mg/L 的系列标准工作溶液，其中内标浓度为5 mg/L。根据需要可配制成其他合适的浓度。

G.5.2 超声波萃取

称取约0.5 g样品，精确至0.1 mg，放入螺口刻度试管(带密封盖)，加入1 mL内标(G.3.2)和9 mL萃取溶剂(G.3.1)，用超声波发生器在60 ℃水温下超声萃取60 min，摇匀冷却后待处理。

注1：高浓度样品可进行两次萃取测试。

注2：如果试样溶液中有颗粒物质，取一部分试液经0.45 μm有机系微孔滤膜过滤后用于检测分析。

G.5.3 净化

取5 mL试样溶液于玻璃管，并加入5 mL 98%浓硫酸，混匀并用离心机分离，收集上层有机溶液。重复以上操作直至下层酸溶液澄清或至白色，此过程不超过5次。

此溶液可依据其实际情况直接进样，或者用萃取溶剂(G.3.1)稀释后测试。

G.5.4 气相色谱-质谱分析条件

由于测试结果取决于所使用的仪器，因此不可能给出仪器分析的普适参数，可参考的仪器条件如下：

a) 色谱柱：DB-5MS毛细管柱，30 m×0.25 mm×0.1 μm，或其他具有相当性质的毛细管柱；
b) 进样口温度：300 ℃；
c) 柱温：程序升温，80 ℃保持以40 ℃/min升至300 ℃保持5 min；
d) 质谱接口温度：280 ℃；
e) 离子源温度：200 ℃；
f) 质量扫描范围：50 amu～550 amu；
g) 进样方式：不分流进样；
h) 电离方式：电子捕获负化学源电离(ECNI)；
i) 载气：氦气(99.999%)，流量为2.0 mL/min；
j) 反应气：甲烷，流速为1.5 mL/min；
k) 进样量：1.0 μL；
l) 溶剂延迟：2.0 min。

G.5.5 试验

分别取1 μL标准工作溶液与试样溶液注入色谱仪，按分析条件操作。通过比较试样与标样的保留时间及特征离子进行定性或定量分析。

G.5.6 定性定量分析

根据各实验室仪器所适合的分析条件对标准溶液及试样溶液进行分析，根据色谱峰的保留时间和特征离子的相对丰度进行定性分析，在确认是短链氯化石蜡(C_{10}-C_{13})的条件下，采用定量离子进行定量分析。

定量分析参考表 G.1 中的定量离子，采用内标法定量。

表 G.1 短链氯化石蜡(C_{10}-C_{13})的定性参考离子和定量选择离子

序号	分子式	特征离子碎片/amu	
		定性参考离子	定量选择离子
1	$C_{10}H_{17}Cl_5$	279	277
2	$C_{10}H_{16}Cl_6$	315	313
3	$C_{10}H_{15}Cl_7$	349	347
4	$C_{10}H_{14}Cl_8$	383	381
5	$C_{10}H_{13}Cl_9$	417	415
6	$C_{10}H_{12}Cl_{10}$	451	449
7	$C_{11}H_{19}Cl_5$	291	293
8	$C_{11}H_{18}Cl_6$	329	327
9	$C_{11}H_{17}Cl_7$	363	361
10	$C_{11}H_{16}Cl_8$	397	395
11	$C_{11}H_{15}Cl_9$	431	429
12	$C_{11}H_{14}Cl_{10}$	465	463
13	$C_{12}H_{21}Cl_5$	305	307
14	$C_{12}H_{20}Cl_6$	343	341
15	$C_{12}H_{19}Cl_7$	377	375
16	$C_{12}H_{18}Cl_8$	411	409
17	$C_{12}H_{17}Cl_9$	445	443
18	$C_{12}H_{16}Cl_{10}$	477	479
19	$C_{13}H_{23}Cl_5$	319	321
20	$C_{13}H_{22}Cl_6$	357	355
21	$C_{13}H_{21}Cl_7$	391	389
22	$C_{13}H_{20}Cl_8$	425	423
23	$C_{13}H_{19}Cl_9$	457	459
24	$C_{13}H_{18}Cl_{10}$	491	493

G.5.7 空白试验

除不加试样外，均按上述分析步骤进行。

G.6 结果计算

按式(G.1)计算待测液中短链氯化石蜡(C_{10}-C_{13})的浓度：

$$c = \frac{1}{L} \times \frac{A}{A_s} \qquad \text{(G.1)}$$

式中：

c ——待测液中短链氯化石蜡(C_{10}-C_{13})的浓度，单位为毫克每升(mg/L)；

A ——待测液中短链氯化石蜡(C_{10}-C_{13})的峰面积；

L ——短链氯化石蜡(C_{10}-C_{13})内标标准曲线的斜率；

A_s——待测液中短链氯化石蜡(C_{10}-C_{13})内标物的峰面积。

按式(G.2)计算试样中短链氯化石蜡(C_{10}-C_{13})的含量：

$$w=\frac{(c-c_0)\times V\times f}{m\times 1\ 000} \qquad \cdots\cdots(G.2)$$

式中：

w ——试样中短链氯化石蜡(C_{10}-C_{13})的含量，单位为克每千克(g/kg)；

c ——待测液体中短链氯化石蜡(C_{10}-C_{13})的浓度，单位为毫克每升(mg/L)；

c_0 ——空白试样中短链氯化石蜡(C_{10}-C_{13})的浓度，单位为毫克每升(mg/L)；

V ——待测液的体积，单位为毫升(mL)；

f ——待测液的稀释因子；

m ——试样的质量，单位为克(g)。

G.7 检出限

本方法短链氯化石蜡(C_{10}-C_{13})含量的参考检出限为 0.1 g/kg。

G.8 精密度

同一实验室相同条件下，在短时间内对同一被测对象，两次独立测定结果的绝对差值不应大于其算术平均值的 15%。

附 录 H
（规范性附录）
4,4′-二氨基-3,3′-二氯二苯甲烷（MOCA）含量的测试

H.1 概述

本附录规定了用气相色谱-质谱法和高效液相色谱法测定合成材料面层中 MOCA 含量的方法，其中气相色谱-质谱法为仲裁法。

H.2 方法一：气相色谱-质谱法（仲裁法）

H.2.1 原理

用适当的溶剂萃取试样，萃取液经过滤后加入蒽－d_{10}作为内标物，取适量样液用气相色谱-质谱联用仪进行分析，用内标法计算试样溶液中 MOCA 的含量。

本方法详细给出了内标法定量的测试步骤，实验室也可以经方法确认后采用外标法进行定量分析。

H.2.2 材料和试剂

H.2.2.1 萃取溶剂

丙酮或其他合适的溶剂，分析纯。

H.2.2.2 内标溶液

用萃取溶剂（H.2.2.1）将蒽－d_{10}（CAS 编号：1719-06-8）配制成浓度约为 50 mg/L 的内标溶液。

H.2.2.3 MOCA（CAS 编号：101-14-4）标准样品

纯度≥99％或已知纯度。

H.2.2.4 标准工作溶液

用萃取溶剂（H.2.2.1）将 MOCA（H.2.2.3）配制成 5 mg/L、10 mg/L、25 mg/L、50 mg/L 的标准工作溶液。

注：标准工作溶液现配现用，根据需要可配制成其他合适的浓度。

H.2.2.5 混合标准溶液

移取 1 mL 标准溶液（H.2.2.4），加入 100 μL 内标物溶液（H.2.2.2），配制成混合标准溶液。

H.2.3 仪器设备

H.2.3.1 气相色谱-质谱联用仪。

H.2.3.2 超声波发生器。

H.2.3.3 电子天平：精确度 0.1 mg。

H.2.4 分析步骤

H.2.4.1 样品制备

称取 0.5 g 样品，精确至 0.1 mg，放入螺口刻度试管(带密封盖)，加入 10 mL 萃取溶剂(H.2.2.1)并密封试管，置于超声波发生器(H.2.3.2)中，超声萃取 60 min。萃取完成后，取出刻度试管冷却至室温并混合均匀。此试样溶液可依据其实际情况直接进样，或者用萃取溶剂(H.2.2.1)稀释后进行分析。

移取 1 mL 上述待测液至色谱配样瓶中，加入 100 μL 内标溶液(H.2.2.2)混匀后进行气相色谱-质谱分析。

注 1：高浓度样品可进行两次萃取测试。

注 2：如果试样溶液中有颗粒物质，取一部分试液经 0.45 μm 有机系微孔滤膜过滤后用于检测分析。

H.2.4.2 内标标准曲线的绘制

对混合标准溶液(H.2.2.5)进行气相色谱-质谱分析，以待测物的质量浓度为横坐标、MOCA 和对应内标物峰面积的比值为纵坐标作图，可得一条通过原点的直线，即内标标准曲线。

H.2.4.3 气相色谱-质谱分析条件

由于测试结果取决于所使用的仪器，因此不可能给出仪器分析的普适参数，可参考的仪器条件如下：

a) 色谱柱(基本柱)：聚二甲基硅氧烷毛细管柱，30 m×0.32 mm×1.0 μm；
b) 进样口温度：250 ℃；
c) 柱温：程序升温，35 ℃保持 4 min，然后以 8 ℃/min 升至 300 ℃保持 10 min；
d) 质谱接口温度：270 ℃；
e) 离子源温度：230 ℃；
f) 质量扫描范围：35 amu～350 amu；
g) 进样方式：不分流进样；
h) 载气：氦气(纯度≥99.999%)，流量为 1.0 mL/min；
i) 进样量：1.0 μL；
j) 离子化方式：EI；
k) 离子化电压：70 eV；
l) 溶剂延迟：3.0 min。

H.2.4.4 定性定量分析

分别取 1 μL 标准工作溶液(H.2.2.4)与试样溶液按 H.2.4.3 条件进行气相色谱-质谱分析。通过比较试样与标样的保留时间及特征离子进行定性。必要时，选用另外一种或多种方法对异构体进行确认。

移取 1 mL 稀释后的试样溶液，加入 100 μL 内标溶液(H.2.2.2)混匀后待测。然后分别取 1 μL 混合标准溶液(H.2.2.5)与待测溶液按 H.2.4.3 条件进行气相色谱-质谱分析，选用选择离子方式进行定量。

定量分析可参考表 H.1 中的定量离子。

表 H.1 MOCA 与内标物的定性参考离子和定量选择离子

序号	化合物名称	CAS 编号	化学分子式	特征离子碎片/amu	
				定性参考离子	定量选择离子
1	MOCA	101-14-4	$C_{13}H_{12}Cl_2N_2$	266、98	231
2	蒽-d_{10}	1719-06-8	$C_{14}D_{10}$	189、94	188

H.2.4.5 空白试验

除不加试样外，均按照上述分析步骤进行。

H.2.5 结果计算

按式(H.1)计算待测液中 MOCA 的浓度：

$$c=\frac{1}{L}\times\frac{A}{A_s} \qquad \cdots\cdots(\text{H.1})$$

式中：

c ——待测液中 MOCA 的浓度，单位为毫克每升(mg/L)；

A ——待测液中 MOCA 的峰面积；

L ——MOCA 内标标准曲线的斜率；

A_s——待测液中 MOCA 内标物的峰面积。

按式(H.2)计算试样中 MOCA 的含量：

$$w=\frac{(c-c_0)\times V\times f}{m\times 1\ 000} \qquad \cdots\cdots(\text{H.2})$$

式中：

w ——试样中 MOCA 的含量，单位为克每千克(g/kg)；

c ——待测液中 MOCA 的浓度，单位为毫克每升(mg/L)；

c_0 ——空白试样中 MOCA 的浓度，单位为毫克每升(mg/L)；

V ——待测液的体积，单位为毫升(mL)；

f ——待测液的稀释因子；

m ——试样的质量，单位为克(g)。

注：待测液中 MOCA 的含量也可用外标法计算。

H.2.6 检出限

本方法 MOCA 的参考检出含量为 0.01 g/kg。

H.2.7 精密度

同一实验室相同条件下，在短时间内对同一被测对象，两次独立测定结果的绝对差值不应大于其算术平均值的 15%。

H.3 方法二：高效液相色谱法

H.3.1 原理

用适当溶剂萃取试样，经超声水浴萃取后静置冷却至室温，取适量试样溶液过微孔滤膜，用高效液相色谱仪进行分析，外标法计算试样溶液中 MOCA 的含量。

H.3.2 材料和试剂

H.3.2.1 甲醇

色谱纯。

H.3.2.2 水

GB/T 6682—2008 推荐使用的二级水。

H.3.2.3 萃取溶剂

丙酮或其他合适的溶剂，色谱纯。

H.3.2.4 MOCA（CAS 编号：101-14-4）标准样品

纯度≥99％或已知纯度。

H.3.2.5 MOCA 储备液

准确称取 MOCA 标准物质(H.3.2.4)50 mg(精确到 0.1 mg)于 100 mL 容量瓶中，用甲醇(H.3.2.1)溶解并稀释到刻度，摇匀，即得到浓度为 500 μg/mL MOCA 标准储备液。

H.3.2.6 MOCA 系列标准工作溶液

准确量取适当体积的 MOCA 储备液(H.3.2.5)于 10 mL 容量瓶中，用萃取溶剂(H.3.2.3)稀释并定容至刻度，得到浓度为 1 μg/mL、2 μg/mL、5 μg/mL、10 μg/mL、20 μg/mL 和 50 μg/mL MOCA 系列标准溶液。

H.3.2.7 有机相微孔滤膜

孔径 0.22 μm。

H.3.3 仪器与设备

H.3.3.1 高效液相色谱仪，配有 UV-Vis 检测器。
H.3.3.2 超声波发生器。
H.3.3.3 电子天平，精确度 0.1 mg。
H.3.3.4 高速离心机，转速不小于 10000 r/min。

H.3.4 分析步骤

H.3.4.1 样品制备

称取约 0.5 g 样品，精确至 0.1 mg，置于 50 mL 带密封盖的玻璃瓶中，准确加入 10.0 mL 甲醇＋丙酮(1＋1，体积比)混合溶液，超声萃取 60 min，得到试样溶液，将试样溶液静置冷却至室温，如有必要可将试样溶液以 10 000 r/min 的转速离心 10 min，取离心后的上层清液过 0.22 μm 微孔滤膜(H.3.2.7)后，滤液作为待测液。

此试样溶液可依据其实际情况直接进样，或者用萃取溶剂(H.3.2.3)稀释后进行分析。

H.3.4.2 高效液相色谱条件

由于测试结果取决于所使用的仪器，因此不可能给出仪器分析的普适参数，可参考的仪器条件如下：

a) 色谱柱：C_{18}反相柱[250 mm×4.6 mm(i.d.)×5 μm]或相当者；

b) 流动相：甲醇＋水溶液＝70＋30(体积比)；

c) 流速：1.0 mL/min；

d) 柱温：30 ℃；

e) 进样体积：20 μL；

f) 检测波长：254 nm。

H.3.4.3 定性定量分析

参照测试条件，待仪器稳定后，对制备的样品溶液进行测定，本方法采用色谱峰的保留时间和光谱图进行定性分析。如果检出的色谱峰的保留时间与光谱图和标准品一致，则可判断样品中有 MOCA 的存在。

采用外标法进行定量分析，根据 H.3.2.6 配制的 MOCA 系列标准工作溶液，将该系列标准工作溶液和待测液在相同条件下进样分析。以标准溶液的浓度为横坐标、MOCA 峰面积为纵坐标做图，得到标准曲线回归方程。将样品中检测出的 MOCA 的峰面积代入标准曲线，即可得样品溶液中 MOCA 的质量浓度，将其代入式(H.3)即可计算出样品中 MOCA 的含量。

H.3.4.4 空白试验

除不加试样外，均按上述分析步骤进行。

H.3.5 结果计算

按式(H.3)计算样品中 MOCA 的含量：

$$w=\frac{(c-c_0)\times V\times f}{m\times 1\ 000} \quad \cdots\cdots\cdots\cdots (H.3)$$

式中：

w ——试样中 MOCA 的含量，单位为克每千克(g/kg)；

c ——待测液中 MOCA 的浓度，单位为毫克每升(mg/L)；

c_0 ——空白试样中 MOCA 的浓度，单位为毫克每升(mg/L)；

V ——待测液的体积，单位为毫升(mL)；

f ——待测液的稀释因子；

m ——试样的质量，单位为克(g)。

H.3.6 检出限

本方法 MOCA 的参考检出限为 0.001 g/kg。

H.3.7 精密度

同一实验室相同条件下，在短时间内对同一被测对象，两次独立测定结果的绝对差值不应大于其算术平均值的 15%。

附 录 I
（规范性附录）
有害物质释放量的测试 小型环境测试舱法

I.1 概述

本附录规定了用小型环境测试舱测定合成材料面层有害物质释放量的方法。

I.2 原理

将试样置于指定温度、湿度和通风条件的环境测试舱中，经过一定的平衡时间之后通过检测舱内空气中有害物质浓度确定试样的有害物质释放量。

I.3 小型环境测试舱

小型环境测试舱由有效容积为 60 L 的密封舱、空气净化系统、空气温湿度调节控制系统、空气温湿度监控系统、空气流量调节控制装置、空气采样系统等部分组成。如图 I.1 所示。

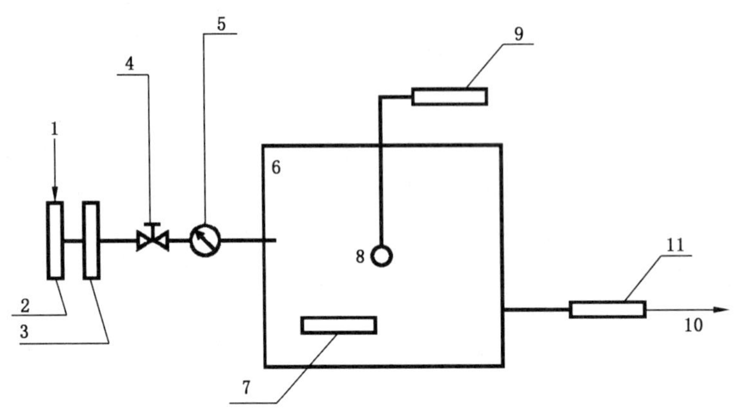

说明：

1——空气进气口；

2——空气过滤器；

3——空气温湿度调节系统；

4——空气气流调节器；

5——空气流量调节器；

6——密封舱；

7——气流速度和空气循环的控制装置；

8——温度和湿度传感器；

9——温度和湿度的监测系统；

10——排气口；

11——空气取样的集气管。

图 I.1 小型环境测试舱示意图

I.4 环境测试舱舱内试验条件

环境测试舱舱内试验条件如下：

——空气温度(60±2)℃；

——空气相对湿度(5±2)%；

——空气交换速率(1±0.01)h^{-1}；

——试样表面空气流速 0.1 m/s～0.3 m/s；

——材料/舱载荷比 0.4 m^2/m^3。

I.5 试样的制备

I.5.1 受检试样到达实验室后试样应存放在温度(25±5)℃的室内环境带包装保存，并应尽快检验。

I.5.2 试样制备时，试验环境保持清洁通风，避免试样被污染。

I.5.3 合成材料面层试样应从距样品边缘至少 20 mm 处按要求的面积截取，并将试样的人为切割表面及底面用铝箔包覆。

I.5.4 以试样的上表面曝露面积进行计算，保证其材料/舱负荷比为 0.4 m^2/m^3。

I.5.5 试样制备后应将其置于温度(23±2)℃，相对湿度(50±10)%的无污染环境中进行 24 h 的预平衡，之后置于环境测试舱内进行测试。

I.6 测试步骤

I.6.1 环境测试舱的准备

I.6.1.1 试验前对环境测试舱进行清洗。首先用碱性清洗剂(pH 值≥7.5)清洗舱内壁，再用去离子水或蒸馏水擦洗舱内壁，敞开舱门，开启风扇至舱体风干。

I.6.1.2 在环境测试舱运行六次换气之后，通过空气采样检测环境测试舱的背景浓度。

I.6.1.3 当舱内甲醛背景浓度不大于 6 $\mu g/m^3$，总挥发性有机化合物(TVOC)背景浓度不大于 50 $\mu g/m^3$，其他单一污染物本底浓度不大于 5 $\mu g/m^3$ 时方可进行进一步测试。

I.6.2 试样的平衡

I.6.2.1 将按 I.5 制备的试样放入环境测试舱居中位置，散发面应水平向上，使空气气流均匀地从试件表面通过，并迅速关闭环境测试舱舱门开始试验。

I.6.2.2 以试件放入环境测试舱的时刻为 0 时刻计。

I.6.3 舱内空气采样分析

I.6.3.1 试样在环境测试舱内平衡(24±1) h 之后进行舱内空气采样分析。

I.6.3.2 按照表 I.1 规定的先后次序进行舱内空气采样，采样流速不应大于环境舱供给气流的 80%。

I.6.3.3 舱内空气采样及分析方法见表 I.1。

表 I.1 环境测试舱内空气采样及分析方法

采样次序	有害物质	采样及分析方法[a]
1	总挥发性有机化合物(TVOC)[b]	ISO 16000-6
	苯	
	甲苯、二甲苯、乙苯总和	
2	二硫化碳	I.7
3	甲醛[c]	GB/T 18204.2 或 ISO 16000-3

[a] 当采用吸附管法采集环境舱内空气中的污染物时，应保证吸附管与环境舱的出气口直接相连，不应使二者之间存在连接管，以避免待测物在连接管中的吸附和冷凝；当采用吸收瓶法采集甲醛时，应使吸收瓶与环境舱出口之间连接管的长度尽量短，传输管应采用聚四氟乙烯或硅胶等惰性材质，而且最长不超过 30 cm。

由于本方法为 60 ℃条件下的高温采样，实验室应关注所采用的吸附管的吸附能力和吸附容量，关注低沸点污染物在吸附管中穿透的可能性，必要时采用串联吸附管的方式进行采样。

[b] 总挥发性有机化合物(TVOC)除苯、甲苯、对(间)二甲苯、邻二甲苯、苯乙烯、乙苯、乙酸丁酯、十一烷之外，其他未知峰以甲苯的响应因子计算。

[c] 仲裁时采用 ISO 16000-3 中规定的方法。

I.7 空气中二硫化碳的热解吸测试方法

I.7.1 原理

用活性炭管采集环境舱空气中的 CS_2，然后用热解吸仪解吸，用气相色谱仪或气相色谱-质谱联用仪分析，保留时间定性，峰面积定量。

I.7.2 仪器设备

I.7.2.1 活性炭采样管

用与热解吸匹配的不锈钢管，装入 200 mg 活性炭，两端用少量玻璃棉固定，装好后的管用纯氮气于 300 ℃～350 ℃温度条件下吹扫 1 h，然后套上塑料帽封紧管的两端，干燥器中可保存 5 d。

I.7.2.2 恒流大气采样器

流量范围 0.02 L/min～0.5 L/min，流量稳定，使用时用流量计校准采样系统在采样前和采样后的流量。流量误差小于 5%。

I.7.2.3 气相色谱仪

配备火焰光度检测器(394 nm 硫滤光片)、质谱检测器或其他合适检测器。

I.7.3 采样和样品保存

在采样地点打开活性炭采样管，使其与环境舱出气口直接相连，以 0.2 L/min～0.5 L/min 的流速，抽取 1 L～10 L 舱内空气。采样后，将管的两端套上塑料帽，记录采样时的温度和大气压力，尽快拿到实验室分析。

I.7.4 分析步骤

I.7.4.1 样品解吸条件

可参考的解吸条件如下：

a) 解吸温度:300 ℃;

b) 解吸时间:10 min;

c) 解吸气流量:30 mL/min～50 mL/min;

d) 冷阱制冷温度:2 ℃;

e) 冷阱加热温度:280 ℃。

I.7.4.2 色谱分析条件

可参考的色谱分析条件如下：

a) 色谱柱:DB-5,60 m×0.25 mm×0.25 μm 毛细管柱或其他等效色谱柱;

b) 升温程序:初始温度 50 ℃保持 5 min,以 25 ℃/min 的速率升至 250 ℃,保持 10 min;

c) 进样口温度:250 ℃;

d) 其他仪器条件根据使用的检测器的不同自行确认。

I.7.4.3 标准曲线的绘制

标准曲线的绘制分为气体外标法和液体外标法。

a) 气体外标法

用泵准确抽取浓度约 10 mg/m³ 的标准气体,100 mL、200 mL、400 mL、1 L、2 L 通过吸附管,为标准系列。

b) 液体外标法

用液体外标法制备注射装置分别取 0.5 μL～10 μL,含液体组分约 2 000 mg/L 的标准溶液注入活性炭吸附管,同时用 100 mL/min 的惰性气体通过活性炭吸附管,5 min 后取下吸附管密封,为标准系列。

二硫化碳标准溶液配制的参考步骤:在 25 mL 容量瓶中加入无水乙醇(或甲醇)约 15 mL,盖塞称重(精确至 0.1 mg),然后加入二硫化碳(色谱纯)约 50 mg(精确至 0.1 mg)。用无水乙醇(或甲醇)稀释至标线,计算其中二硫化碳的准确浓度。

I.7.4.4 样品分析

每支样品吸附管按绘制标准曲线的操作步骤进行分析。

I.8 结果的计算

I.8.1 舱内有害物质浓度的标准化

所采空气样品中各组分有害物质浓度按式(I.1)换算成标准状态下的浓度：

$$C_{si}=C_i\times\frac{101.3}{P}\times\frac{t+273}{273} \qquad \text{(I.1)}$$

式中：

C_{si}——标准状态下所采空气样品中 i 组分的浓度,单位为毫克每立方米(mg/m³);

C_i——所采空气样品中 i 组分的浓度,单位为毫克每立方米(mg/m³);

t ——采样时采样点的温度,单位为摄氏度(℃);

P ——采样时采样点的大气压力,单位为千帕(kPa)。

I.8.2 有害物质释放量

有害物质 i 释放量按式(I.2)进行计算。

$$EF_i = \frac{C_{si} \times V \times ACH}{S} \qquad \cdots\cdots (\text{I.2})$$

式中:

EF_i ——试样的有害物质 i 释放量,单位为毫克每平方米时[mg/(m² · h)];

C_{si} ——标准状态下环境舱内 i 组分浓度,单位为毫克每立方米(mg/m³);

V ——环境舱的内体积,单位为立方米(m³);

ACH ——环境舱换气速率,单位为次每时(次/h);

S ——材料试样的释放表面积,单位为平方米(m²)。

I.9 检出限

按上述方法测试总挥发性有机化合物(TVOC),苯,甲苯、二甲苯和乙苯总和,二硫化碳,甲醛的释放量,其检出限不应大于该项指标的1/10,由实验室确定。

附 录 J
（规范性附录）
气 味 评 定

J.1 试验装置和评定小组

J.1.1 测试瓶：测试瓶的容量为 1 L。带有可密闭的盖子，在室温或 60 ℃下应是无气味的。

J.1.2 恒温箱：空气循环型，温度波动不大于±2 ℃。

J.1.3 气味评定实验室应符合 HJ 865—2017 的建设要求，并要求环境无气味。

J.1.4 气味评定小组：为了获得一致的数据，气味评定小组应由不少于 5 名，年龄在 18 岁～45 岁，不吸烟、嗅觉器官无疾病，并经嗅觉检测，具有气味评定资质的气味评定人员组成。评定当天，气味评定人员不应携带和使用带气味的香料、化妆品或护肤品，不应食用有刺激气味的食物。患感冒或嗅觉器官不适的气味评定人员不应参加当天的测定。

J.2 样品制备

对于合成材料面层成品，从距样品边缘至少 20 mm 处截取规格为 20 mm×50 mm×实际厚度的试样，用铝箔包覆试样的侧面及底面；对于人造草面层填充颗粒，直接取样 20 g。

J.3 气味评定

将取好的样品放入 1 L 的测试瓶内，测试瓶在 60 ℃恒温箱中保持 2 h，待冷却到室温进行气味评定，测试瓶从恒温箱中取出到评定应在 0.5 h 内完成。

评定时，气味评定人员应把鼻子靠近测试瓶口，然后移去盖子，立即吸入瓶内气体。如果需要重复测试，应在容器被再次打开前关闭 2 min。每个测试瓶内的气体样品最多可供 3 名气味评定人员进行测试；每个气味评定人员只能对一组气味评定试验进行一次气味评定。

为了避免适应性效应，气味评定人员应在 2 次测定间暂停不少于 2 min。为避免嗅觉疲劳，1 h 内连续测定次数不应超过 5 次。

J.4 气味评定等级

气味评定人员评定及记录样品气味等级。气味等级见表 J.1。

表 J.1 气味等级

等级级别	状态描述
1 级	无气味
2 级	气味轻微，但可感觉到
3 级	有气味，但无强烈的不适性
4 级	强烈的不适气味
5 级	有刺激性不适气味

J.5 结果表述

气味评定等级尽量用整数表示,必要时也可使用半数表示。

某个评定结果与所有评定结果中位数相差1.5或更多,则为无效评定结果;如果存在两个或两个以上无效评定结果,或者有效评定结果少于5个,则应重新进行评定。

取所有有效评定结果的中位数作为气味评定等级值,结果保留至小数点后一位。

附 录 K
（规范性附录）
合成材料场地现场取样位置的确定规则

K.1 原理

以运动场地为一个平面，以其相邻两边为坐标轴，通过产生随机数的方式确定取样坐标。

K.2 器材

K.2.1 卷尺：精确到 1 cm。
K.2.2 随机数骰子：符合 GB/T 10111—2008 的规定。
K.2.3 绳子等辅助工具。

K.3 试验方法

K.3.1 测量运动场地的长度 L、宽度 W，选取运动场地的任意相邻两边中长边为横坐标轴，短边为纵坐标轴，规定横坐标代表运动场地中某点到纵坐标轴的垂线段的长度。
K.3.2 不规则的运动场地则先划定包含场地的最小矩形，然后进行长度和宽度的测量及坐标轴的确定。
K.3.3 按照 GB/T 10111—2008 中 5.2.2 的规定，用两个随机数筛子操作一次，产生一个 1～99 的随机数 R，若得的随机数是 00 则重新操作。
K.3.4 按照式(K.1)计算取样位置中心点的横坐标。

$$X=\frac{R}{100}\times L \quad \cdots\cdots\cdots\cdots (K.1)$$

式中：
X ——取样中心点的横坐标，单位为米(m)；
R ——产生的随机数；
L ——运动场地的长度，单位为米(m)。

K.3.5 根据式(K.1)产生的横坐标确定一条平行于纵坐标的线段，取样区域为该线段与合成材料跑道重叠部分中适宜取样的区域。
K.3.6 挖取样品中心点应落于 K.3.5 产生的线段上，样品边缘距合成材料场地边缘距离至少 10 cm，若挖取样品不是正方形，应保证矩形样品的长边与运动场地的长边平行。
K.3.7 若上述随机抽取的位置出现未浇筑合成材料面层或距离面层边缘过近等不适于取样的情况，则重复上述 K.3.4～K.3.6 的过程，直到确定合适的取样位置。
K.3.8 如有必要，用上述规则抽取第 2 块或更多样品，但两个取样中心点之间的直线距离不应小于 10 m，否则应重复上述 K.3.4～K.3.6 的过程，直到确定合适的取样位置。

参 考 文 献

[1] GB 18582—2008 室内装饰装修材料 内墙涂料中有害物质限量

[2] GB 19272—2011 室外健身器材的安全 通用要求

[3] GB/T 20033.3—2006 人工材料体育场地使用要求及检验方法 第3部分:足球场地人造草面层

[4] GB/T 22753—2008 玩具表面涂层技术条件

[5] GB/T 29614—2013 硫化橡胶中多环芳烃含量的测定

[6] GB 30982—2014 建筑胶粘剂有害物质限量

[7] GB 50325—2010 民用建筑工程室内环境污染控制规范

[8] HG/T 4065—2008 胶粘剂气味评价方法

[9] SJG 29—2016 合成材料运动场地面层质量控制标准

[10] SN/T 2570—2010 皮革中短链氯化石蜡残留量检测方法 气相色谱法

[11] T/310101002-C003—2016 学校运动场地塑胶面层有害物质限量

[12] 中国田径协会.国际田径协会联合会田径场地设施标准手册(2008年版)[M].北京:人民体育出版社,2009(2017.4.重印).

[13] ISO 16000-9:2006 Indoor air—Part 9: Determination of the emission of volatile organic compounds from building products and furnishing—Emission test chamber method

[14] DIN 18035-6:2014 Sports ground—Part 6:Synthetic surfaces

[15] EN 71-3:2013 Safety of toys—Part 3: Migration of certain elements

[16] EN 14877:2013 Synthetic surfaces for outdoor sports areas—Specification

八、学校建设

- GB/T 29117—2012　节约型学校评价导则
- GB/T 36342—2018　智慧校园总体框架

ICS 27.010
F 01

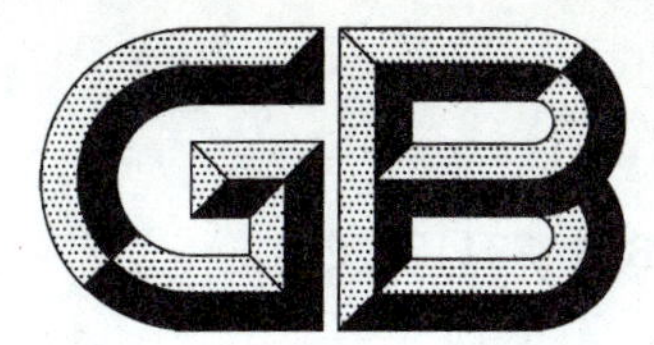

中华人民共和国国家标准

GB/T 29117—2012

节约型学校评价导则

Evaluating guide for resource conserving schools

2012-12-31 发布　　2013-06-01 实施

中华人民共和国国家质量监督检验检疫总局
中国国家标准化管理委员会　发布

前　　言

本标准按照 GB/T 1.1—2009 给出的规则起草。

本标准由国家发展和改革委员会和国务院机关事务管理局提出。

本标准由全国能源基础与管理标准化技术委员会(SAC/TC 20)归口。

本标准起草单位:中国标准化研究院、中国人民大学、北京师范大学。

本标准主要起草人:朱春雁、白雪、张强、李燕、李明奎、梁秀英、曹宁。

节约型学校评价导则

1 范围

本标准规定了节约型学校的相关术语和定义、评价指标分类和方法、评价指标内容和要求。

本标准适用于高等学校，其他学校可参照使用。

2 规范性引用文件

下列文件对于本文件的应用是必不可少的。凡是注日期的引用文件，仅注日期的版本适用于本文件。凡是不注日期的引用文件，其最新版本(包括所有的修改单)适用于本文件。

GB 50189 公共建筑节能设计标准

3 术语和定义

下列术语和定义适用于本文件。

3.1

节约型学校 resource conserving schools

在教学、科研、管理、服务和建设过程中，严格遵守相关法律、法规、政策和标准要求，坚持和传播节约理念，培育和推行节约模式，通过建立资源节约管理制度、有效采用管理手段和技术措施，不断提高资源利用水平，达到评价要求的学校。

4 评价指标分类和方法

4.1 节约型学校评价指标分为管理评价指标和资源利用水平指标两类。

4.2 节约型学校的管理评价指标内容和要求见5.1，管理评价指标计分方法见附录A，计分标准满分为100分，得分在90分以上(含90分)的学校符合节约型学校的管理评价要求。

4.3 节约型学校的资源利用水平指标见5.2，计算方法参见附录B，各项指标均达到同类可比先进水平的学校符合节约型学校的资源利用水平评价要求。

4.4 管理评价和资源利用水平评价同时符合要求的学校为节约型学校。

5 评价指标内容和要求

5.1 管理评价指标内容和要求

5.1.1 组织管理与制度建设

5.1.1.1 学校的最高管理机构应承诺建设节约型学校，并为其提供资源保障。

5.1.1.2 建立相应的组织机构，负责有关节约制度、措施和方案的制定和实施，确保节约目标的实现。

5.1.1.3 建立各级部门的责任人制度，各部门负责人作为该部门节约监管工作的责任人，负责监督落实学校制定的各项与节约型学校建设有关的制度。

5.1.1.4 建立资源计量和统计管理制度，制定建筑、机房、实验室以及其他重点用能、用水设备和设施的计量统计管理规程。

5.1.1.5 研究制定合理的用能、用水定额管理制度。

5.1.1.6 遵守节能产品政府采购制度，优先使用节能、节水产品和设备，推动节能、节水产品的普及。

5.1.1.7 建立资源节约、提高资源利用效率的自我完善机制，定期进行检查、考核，不断分析和识别改进的机会，持续改进资源节约管理绩效。对在能源、水以及其他资源节约管理中取得成绩的个人和集体予以表彰奖励。

5.1.2 规划与技术要求

5.1.2.1 制定节约型学校建设的规划及年度目标和实施方案。

5.1.2.2 在基本建设和更新改造过程中，积极采用节能、节水、节地、节材以及资源综合利用等方面的先进技术。

5.1.2.3 在基本建设和更新改造过程中，积极利用可再生能源、非常规水资源，合理规划雨水径流途径，降低地表径流。

5.1.3 建筑及设备设施的运行管理

5.1.3.1 定期对建筑及用能、用水设备进行巡查、测试、检修和维护，确保正常运行。

5.1.3.2 指定专人负责对能源、水以及其他资源的消耗进行计量、监测和统计，实行分项计量，建立统计台账，并定期对各类资源消耗情况进行分析，结合建筑、系统、设施、设备的运行情况，识别和评估节约潜力，针对节约指标制定并实施节约方案。

5.1.3.3 对采暖、空调、照明、电梯、实验室和机房等进行专项节能管理，包括：

a) 采暖系统的分区分时控制等；
b) 空调系统的节能运行和模式等；
c) 照明系统的分区分时控制等；
d) 电梯系统的智能控制；
e) 实验室实行专项节能管理；
f) 机房实行专项节能管理；
g) 其他节能措施。

5.1.3.4 实施节水管理措施：

a) 对供水系统进行定期检查维护，杜绝跑冒滴漏现象；
b) 绿化浇灌、景观补水和路面喷洒等鼓励采用雨雪水回收、再生水处理系统；
c) 绿化浇灌采用喷灌、微灌、滴灌等节水浇灌方式，合理安排绿化的灌溉次数及用水量；
d) 建有回用水供水系统的学校需对回用水管网压力进行监测，保证各用水点的正常使用，安排专人对再生水处理设施进行日常管理，保持日常数据记录并定期进行分析；
e) 公共卫生间宜采用自动启闭的节水器具，并定期进行检查，保证设施正常运行；
f) 学生集中浴室、游泳馆应积极采用废水的热回收和回用处理技术，有计划采用智能节水管理系统；
g) 杜绝教学及科研试验过程中水的一次性排放；
h) 供暖、制冷等设备用水的节水管理；
i) 其他节水措施。

5.1.3.5 食堂应采用高效节能灶具，严格执行操作规程，在清洗、烹调、消毒过程中，注意水、电、气等资源的有效利用。

5.1.3.6 对固定资产积极采取回收利用措施。

5.1.3.7 合理采用立体绿化方式,节约用地。

5.1.4 节约教育和校园文化

5.1.4.1 建立有效途径积极传播节约理念、信息和知识,加强校园节约文化建设。

5.1.4.2 开设有关资源节约的理论、技术、方法等方面教育内容的课程,普及和宣传相关知识。

5.1.4.3 学生工作部门应将节约型学校建设纳入学生工作中,有计划地引导和支持学生开展校园节约活动,鼓励支持学生成立节约型学校志愿者队伍,巡查、监督并制止校园的浪费现象和行为。

5.1.5 科技与管理创新

5.1.5.1 制定资源节约领域的创新计划,引导学生和教职工开展资源节约领域的科技创新和管理创新活动,积极开展相关专业的课题研究。

5.1.5.2 建立资源节约创新奖励制度,对在资源节约领域作出科技创新和管理创新的个人、集体给予奖励和资金等方面的支持。

5.1.5.3 积极宣传、推广和示范科技创新和管理创新案例。

5.1.6 行为节约

5.1.6.1 制定并实施行为节约规范,对日常行为进行约束和管理,养成节约习惯,推行节约行为模式。

5.1.6.2 节约行为规范的内容:

a) 空调、照明等用能设备的节能使用方式;
b) 计算机、打印机等教学办公设备的节能使用方式;
c) 洗衣机、卫生洁具等用水设备的节水使用方式;
d) 纸、墨等办公耗材的节约使用方式;
e) 鼓励网络、电视电话会议等;
f) 抵制过度包装和一次性用品;
g) 节约粮食、文明就餐的行为方式;
h) 鼓励书籍、文具、衣物等资源的循环利用;
i) 鼓励低碳出行;
j) 其他节约行为方式。

5.1.6.3 检查记录节约行为规范的执行情况,对节约行为进行奖励、对浪费行为进行教育处罚。

5.2 资源利用水平指标

节约型学校的资源利用水平指标包括:生均能耗指标和生均水耗指标。

附 录 A
（规范性附录）
管理评价指标的计分方法

节约型学校管理评价指标的计分方法见表 A.1。

表 A.1

序号	评价指标	评价内容	评价依据	评分
1	组织管理与制度建设(20 分)	有主要领导负责节约型学校建设工作	查阅有关文件及会议记录	2 分
		有节约型学校建设的管理机构并明确职责	查阅有关文件及会议记录	2 分
		有各级部门节约型学校建设的责任人制度	查阅有关制度文件	2 分
		有能源资源计量管理制度，制定各类能源、水计量器具配备和管理规程	查阅有关文件	3 分
		有资源消耗统计制度，定期上报统计报表	查阅有关资料	2 分
		有校园用能用水定额管理制度和标准	查阅有关资料	2 分
		有政府节能采购细则，优先采购节能节水产品	查阅有关文件和采购记录	2 分
		有资源节约的自我完善机制并定期进行检查、分析和改进	查阅有关文件和记录	3 分
		有校园资源节约激励制度	查阅制度文件和记录	2 分
2	规划与技术要求(20 分)	有节约型学校建设规划	查阅规划文件	2 分
		有年度节约目标和实施方案	查阅有关文件	3 分
		新建建筑执行 GB 50189	查阅设计文件	1 分
		在基本建设和更新改造过程中，采用： a) 节能技术 b) 节水技术 c) 节地技术 d) 节材技术 e) 资源综合利用技术	查阅相关文件及查看现场	 1 分 1 分 1 分 1 分 1 分
		在基本建设和更新改造过程中，有： a) 利用可再生能源 b) 利用非常规水资源 c) 合理规划雨水径流	查阅相关资料及查看现场	 1 分 1 分 1 分
		建立计量数据自动采集监控系统	查阅相关资料及查看现场	6 分
3	建筑及设备设施的运行管理(35 分)	定期对建筑及用能、用水设备进行巡查、测试、检修和维护，设备运行正常	查阅记录	3 分
		区分资源消耗种类，实行分户、分类、分项计量和监测	查阅记录	2 分
		建立统计台账，定期对资源消耗情况进行分析，有具体的节约方案和措施	查阅台账和分析报告，核实数据	2 分

表 A.1（续）

序号	评价指标	评价内容	评价依据	评分
3	建筑及设备设施的运行管理(35 分)	采暖、空调、照明、电梯、实验室和机房等实行专项节能管理，包括： a) 采暖系统实行分时段供热控制等 b) 空调系统实行节能运行参数和模式控制等 c) 照明系统实行分区分时控制等 d) 电梯系统实行智能化控制 e) 实验室实行专项节能管理 f) 机房实行专项节能管理	查阅文件和记录及查看现场	 2 分 2 分 2 分 2 分 1 分 1 分
		采用可再生能源利用措施	查阅资料及查看现场	1 分
		实施节水管理措施，包括： a) 定期检查和维护供水系统，无跑冒滴漏现象 b) 绿化浇灌、景观补水和路面喷洒采用雨雪水回收或再生水处理系统 c) 绿化浇灌采用喷灌、微灌、滴灌等节水浇灌方式 d) 节水型器具普及率达到 95% e) 学生集中浴室、游泳馆等采用废水的热回收技术及回用处理技术，并采用智能节水管理系统 f) 采取非常规水资源利用措施 g) 教学及科研试验过程中没有水的一次性排放 h) 供暖、制冷等用水设备的节水管理	查阅资料及查看现场，核实数据	 2 分 1 分 1 分 2 分 3 分 1 分 1 分 2 分
		食堂采用节能灶具，严格执行节约操作规程	查阅资料及查看现场	2 分
		有固定资产回收利用措施	查阅文件和记录	1 分
		采用立体绿化方式	查看现场	1 分
4	节约教育和校园文化(10 分)	建立有效途径传播节约理念、信息和知识	查阅工作记录	3 分
		设置有资源节约内容的课程	查阅有关课程设置方案及大纲	3 分
		学生工作部门将节约型校园建设工作纳入学生工作	查阅工作记录	2 分
		组建学生志愿者队伍并开展相关活动	查阅活动记录	2 分
5	科技与管理创新(5 分)	制定资源节约领域的研究创新计划	查阅相关文件	2 分
		建立创新奖励制度、设立奖金	查阅制度文件及财务记录	2 分
		开展研究并进行成果推广示范	查阅研究和示范案例	1 分
6	行为节约(10 分)	制定节约行为规范、内容完整科学	查阅相关文件	6 分
		有节约行为奖惩措施	查阅文件及记录	2 分
		检查记录节约行为规范的执行情况	查阅文件及记录	2 分

附　录　B
（资料性附录）
资源利用水平指标的计算方法

B.1　生均能耗指标

生均能耗指标按式(B.1)计算：

$$E_{pp}=\frac{E_c}{N} \qquad \text{(B.1)}$$

式中：

E_{pp}——学校的生均能耗，单位为千克标准煤每人；

E_c——统计报告期内，学校的能源消耗总量，单位为千克标准煤；

N——统计报告期内，学校的学生人数，单位为人。

注1：特殊区域(指机房、实验室以及营业场馆等)的能耗不计入其中。

注2：统计报告期内学生人数为学校全日制教育、继续教育以及短期培训的人数之和，需要折算。本科生折算系数为1，硕士生折算系数为2，博士生折算系数为3，留学生折算系数为5，继续教育和短期培训人员按在校时间折算成统计报告期内人数。

B.2　生均水耗指标

生均水耗指标按式(B.2)计算：

$$V_{pp}=\frac{V_c}{N} \qquad \text{(B.2)}$$

式中：

V_{pp}——学校的生均水耗，单位为立方米每人；

V_c——统计报告期内，学校的用水总量，单位为立方米；

N——统计报告期内，学校的学生人数，单位为人。

注1：学校的年用水量不包括非常规水资源的用水量。

注2：特殊区域(指机房、实验室以及营业场馆等)的用水不计入其中。

注3：统计报告期内学生人数为学校全日制教育、继续教育以及短期培训的人数之和，需要折算。本科生折算系数为1，硕士生折算系数为2，博士生折算系数为3，留学生折算系数为5，继续教育和短期培训人员按时间折算成统计报告期内人数。

ICS 35.240.99
L 67

中华人民共和国国家标准

GB/T 36342—2018

智慧校园总体框架

Smart campus overall framework

2018-06-07 发布　　　　2019-01-01 实施

国家市场监督管理总局
中国国家标准化管理委员会　发布

前　言

本标准按照GB/T 1.1—2009给出的规则起草。

本标准由全国信息技术标准化技术委员会(SAC/TC 28)提出并归口。

标准主要起草单位:清华大学、华南理工大学、国家开放大学、中央民族大学、浙江大学、北京大学、北京工业大学、中国人民大学、上海交通大学、南京大学、中国教育技术协会、深圳锐取信息技术股份有限公司、北京同方艾威康科技有限公司、上海金桥信息技术股份有限公司、湖南青果软件有限公司、北京康邦科技有限公司、北京外国语大学、苏州科技大学、中国电子技术标准化研究院。

主要起草人:钟晓流、丁泉龙、单从凯、郑道林、肖波、董榕、蒋家傅、左渠、周恕义、张秋、葛萌、刘培柱、李海霞、聂风华、郑莉、毕雄、何全、张光铎、陈学林、沈宏兴、钱震、宋述强、杜婧、王峻京、余云涛、李莹。

智慧校园总体框架

1 范围

本标准规定了智慧校园建设的总体框架，包括智慧教学环境、智慧教学资源、智慧校园管理、智慧校园服务、信息安全体系等的系统架构及基本要求。

本标准适用于智慧校园建设的设计与实施。

2 规范性引用文件

下列文件对于本文件的应用是必不可少的。凡是注日期的引用文件，仅注日期的版本适用于本文件。凡是不注日期的引用文件，其最新版本(包括所有的修改单)适用于本文件。

GB/T 22240—2008 信息安全技术 信息系统安全等级保护定级指南

3 术语和定义

下列术语和定义适用于本文件。

3.1

数字校园 digit campus

在传统校园基础上构建一个数字空间，实现从环境信息(包括教室、实验室等)、资源信息(如图书、讲义、课件等)到应用信息(包括教学、管理、服务、办公等)等全部数字化，从而为资源和服务共享提供有效支撑。

3.2

智慧校园 smart campus

物理空间和信息空间有机衔接，使任何人、任何时间、任何地点都能便捷地获取资源和服务。

注：智慧校园是数字校园的进一步发展和提升，是教育信息化的更高级形态。

3.3

智慧教学环境 smart instructional environment

集智能化感知、智能化控制、智能化管理、智能化互动反馈、智能化数据分析、智能化视窗等功能于一体的用以支持教学、科研活动的现实空间环境或虚拟空间环境。

3.4

智慧教学资源 smart instructional resources

能通过自动分类与编目、检索与导航、汇聚与策展、共享与推送等方式实现跨终端获取和应用的资源。

3.5

智慧校园管理 smart campus management

集智能化感知、智能化控制、智能化管理、智能化互动反馈、智能化数据分析、智能化视窗等功能于一体的用于实现校园信息管理的系统。

3.6

智慧校园服务 smart campus service

集智能化感知、智能化控制、智能化管理、智能化互动反馈、智能化数据分析、智能化视窗等功能于一体的用于实现校园信息化服务的系统。

3.7

数据分析　data analysis

为提取有用信息和形成结论而对数据加以详细研究和概括总结的过程。

[GB/T 33745—2017,定义 2.5.4]

3.8

数据挖掘　data mining

从大量的数据中通过算法搜索隐藏于其中信息的过程。

注：一般通过包括统计、在线分析处理、情报检索、机器学习、专家系统(依靠过去的经验法则)和模式识别等方法来实现。

[GB/T 33745—2017,定义 2.5.3]

3.9

智能监测　intelligent monitoring

能自动获取服务网络、视频监控设备或其他感知设备的各种状态信息、监测信息,并利用相关技术,根据一定策略实现系统的自动监测、诊断、告警和修复的一种自动化的工作行为。

3.10

在线学习　online learning

通过有线和无线网络进行授课、自主学习、互动学习等的一种互联网学习方式。

3.11

一卡通　one cardpass

在同一张卡上实现多种不同功能的智能管理。

注：本质上是一套由卡片、器具和上位管理软件所构成的特殊信息管理系统。其核心内容是利用卡片这种特定的物理媒介,实现从业务数据的生成、采集、传输到汇总分析的信息资源管理的规范化和自动化。

3.12

虚拟校园　virtual campus

基于地理信息系统技术、虚拟现实技术、宽带网络技术、多媒体技术、计算机图形学等高新技术,以真实校园整体(校园布局设计、交通、景观、教学及生活环境、建筑物内外、人文)为蓝本,将校园地理空间信息和其属性信息相结合,从而构建产生的三维可视化的逼真校园环境和景观。

4　缩略语

下列缩略语适用于本文件。

API:应用程序编程接口(Application Programming Interface)

APP:加速平行处理技术(Accelerated Parallel Processing)

ARP:地址解析协议(Address Resolution Protocol)

B/S:浏览器/服务器模式(Browser/Server)

C/S:客户/服务器模式(Client/Server)

MOOC:大规模在线课程(Massive Open Online Courses)

SPOC:小规模限制性在线课程(Small Private Online Course)

SRT:大学生研究训练计划(Student Research Training)

SSL:安全套接层(Secure Sockets Layer)

VPN:虚拟专用网络(Virtual Private Network)

5 智慧校园总体系统架构

5.1 智慧校园的总体架构

智慧校园总体框架宜采用云计算架构进行部署，如图1所示，分为基础设施层、支撑平台层、应用平台层、应用终端和信息安全体系等。

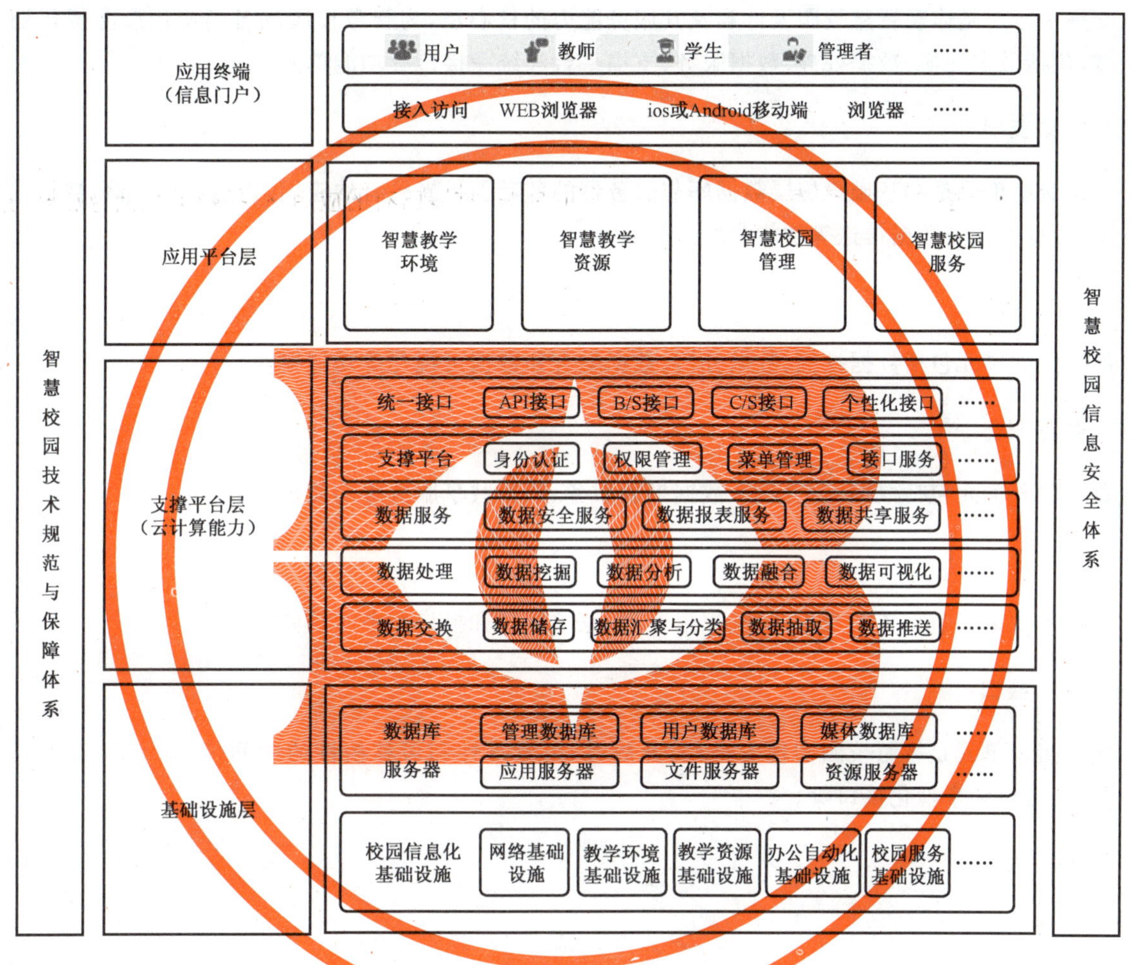

图1 智慧校园总体架构图

5.2 基础设施层

5.2.1 概述

基础设施层是智慧校园平台的基础设施保障，提供异构通信网络、广泛的物联感知和海量数据汇集存储，为智慧校园的各种应用提供基础支持，为大数据挖掘、分析提供数据支撑。包括校园信息化基础设施、数据库与服务器等。

5.2.2 校园信息化基础设施

校园信息化基础设施包括网络基础设施、教学环境基础设施、教学资源基础设施、办公自动化基础设施、校园服务基础设施等。

5.2.3 数据库与服务器

数据库与服务器是智慧校园海量数据汇集存储系统，配置管理数据库、用户数据库、媒体数据库等和与之相对应的应用服务器、文件服务器、资源服务器等。

5.3 支撑平台层

5.3.1 概述

支撑平台层是体现智慧校园云计算及其服务能力的核心层，为智慧校园的各类应用服务提供驱动和支撑，包括数据交换、数据处理、数据服务、支撑平台和统一接口等功能单元。

5.3.2 数据交换

数据交换单元是在基础设施层数据库与服务器的基础上扩展已有的应用，包括数据存储、数据汇聚与分类、数据抽取与数据推送等功能模块。

5.3.3 数据处理

数据处理单元包括数据挖掘、数据分析、数据融合和数据可视化等功能模块。

5.3.4 数据服务

数据服务单元包括数据安全服务、数据报表服务、数据共享服务等功能模块。

5.3.5 支撑平台

支撑平台单元包括统一身份认证、权限管理、菜单管理和接口服务等功能模块。

5.3.6 统一接口

统一接口单元是智慧校园实现安全性、开放性、可管理性和可移植性的中间件，如 API 接口、B/S 接口、C/S 接口和个性化接口等。

5.4 应用平台层

5.4.1 概述

应用平台层是智慧校园应用与服务的内容体现，在支撑平台层的基础上，构建智慧校园的环境、资源、管理和服务等应用，为师生员工及社会公众提供泛在的服务。包括智慧教学环境、智慧教学资源、智慧校园管理、智慧校园服务四大部分。

5.4.2 智慧教学环境

智慧教学环境总体架构可以独立部署，按第 6 章的要求。

5.4.3 智慧教学资源

智慧教学资源总体架构可以独立部署，按第 7 章的要求。

5.4.4 智慧校园管理

智慧校园管理总体架构可以独立部署，按第 8 章的要求。

5.4.5 智慧校园服务

智慧校园服务总体架构可以独立部署，按第 9 章的要求。

5.5 应用终端

5.5.1 概述

应用终端是接入访问的信息门户，访问者通过统一认证的平台门户，以各种浏览器及移动终端安全访问，随时随地共享平台服务和资源。包括用户和接入访问两个方面。

5.5.2 用户

用户指教师、学生、管理者和社会公众等用户群体。

5.5.3 接入访问

用户可以通过计算机网页浏览器或移动终端系统接入访问以获取资源和服务。

5.6 信息系统安全体系

5.6.1 概述

信息安全体系是贯穿智慧校园总体框架多个层面的安全保障系统。

5.6.2 系统安全

智慧校园系统的信息安全保护包括物理安全、网络安全、主机安全、应用安全和数据安全。

5.6.3 安全等级

智慧校园安全体系不低于 GB/T 22240—2008 规定的三级要求。

6 智慧教学环境

6.1 概述

智慧教学环境可以是实体的教学环境，也可以是虚拟的教学环境或虚实相结合的混合教学环境。

6.2 智慧教学环境的类型与分级

6.2.1 智慧教学环境的类型

智慧教学环境按功能特征分为以下三个类型或三级：

a) 基础型(一级)教学环境：适用于各级各类院校的常规教学活动；
b) 拓展型(二级)教学环境：适用于各级各类院校的常规教学、案例教学及远程教学活动；
c) 高级型(三级)教学环境：适用于各级各类院校的常规教学、远程教学、实践实训教学活动和课堂教学管理决策分析等。

6.2.2 智慧教学环境的分级

各类或各级智慧教学环境的功能要求见表 1。

表1 智慧教学环境的分级及其功能要求

功能	要求	基础型(一级)	拓展型(二级)	高级型(三级)
智能感知	能够实现对环境内所有装备(软硬件设备)及状态的信息采集,对环境指标及活动情境的识别、感知和记录	必选	必选	必选
智能控制	能够实现对教学设备的控制和管理,且能实现对控制全过程及效果的监视	必选	必选	必选
智能管理	能够实现环境内各类信息或数据的生成、采集、汇聚和推送,便于实现对环境内的所有装备(软硬件设备)、环境指标及教学活动进行管理	必选	必选	必选
互动反馈	具备受众者通过互联网在任何地方、任何地点都能根据权限许可加入的条件,支持教师和学生在活动过程中的全方位交互,包括课程通知、课堂互动、在线答疑、课程讨论区交流和获取所需的资源和服务,并且可及时进行信息反馈	—	必选	必选
跨域拓展	具备通过互联网跨域远程拓展同步教学活动的环境空间或跨域构建虚拟教学活动同步课堂的条件	—	必选	必选
环境条件监测与调节	具备基于室内自然光、照明、空气质量、温度及湿度等环境数据实现智能调节控制的条件	可选	可选	可选
虚拟现实与增强现实	宜具备仿真、虚拟现实或增强现实系统,强化视觉、听觉及触觉等效果进行案例教学、实验教学或科研活动的条件	—	—	可选
分析决策	宜具备综合运用教学活动的信息和数据,为数据分析和决策提供支持的环境与条件	—	—	可选

6.3 智慧教学环境总体架构

6.3.1 概述

智慧教学环境可以作为智慧校园总体架构的一部分进行构建,也可以独立进行部署。

6.3.2 系统架构

进行独立部署的智慧教学环境总体架构如图2所示,分为基础设施层、支撑平台层、应用平台层、应用终端和信息安全体系等。

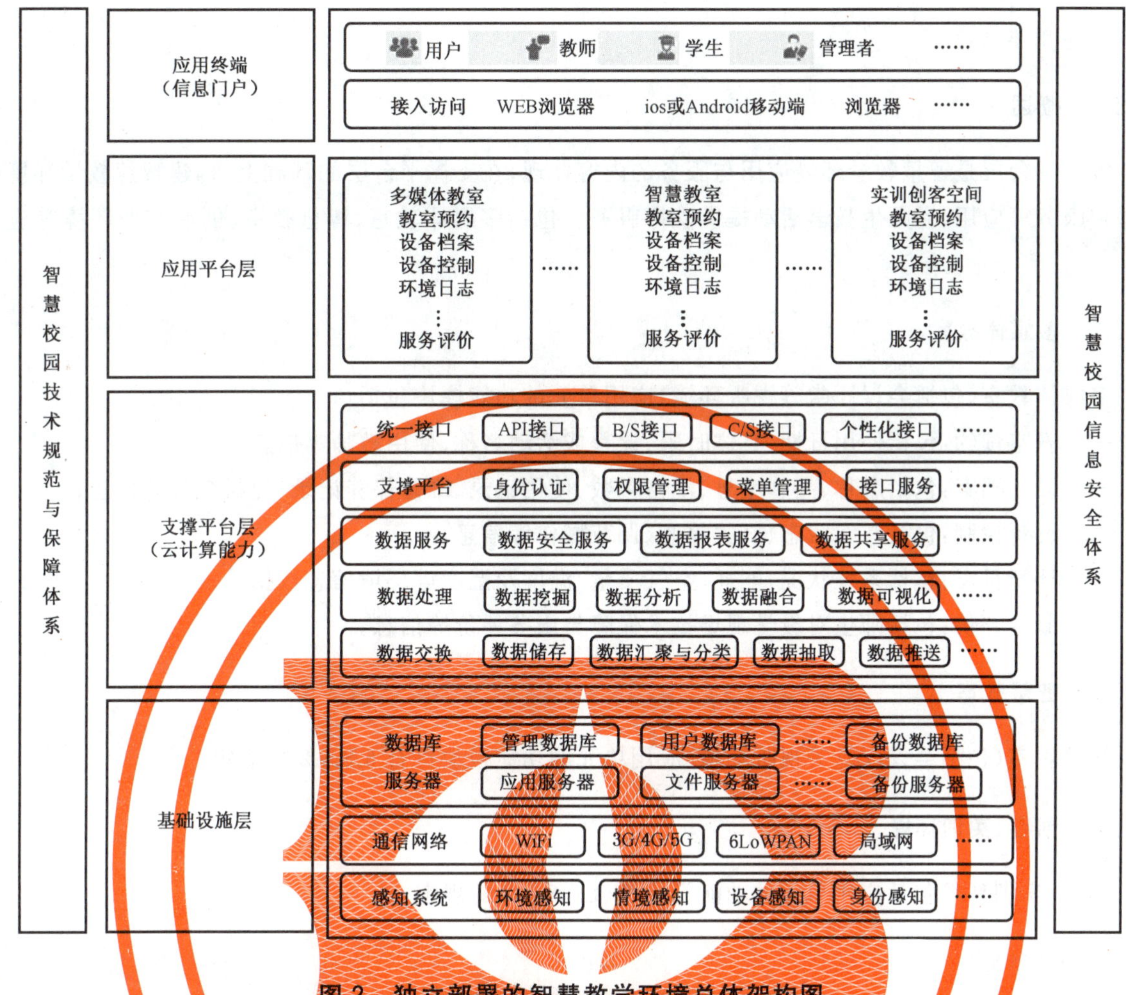

图 2 独立部署的智慧教学环境总体架构图

6.3.3 基础设施层

6.3.3.1 感知系统

感知系统包括物理环境感知、活动情境感知、设备感知和人员身份感知等。

6.3.3.2 网络通信系统

网络通信系统包括互联网接入，如有线接入、无线接入等。

6.3.3.3 数据库与服务器

数据库与服务器配置管理数据库、用户数据库、媒体数据库、备份数据库等和与之相对应的应用服务器、文件服务器、资源服务器和备份服务器等。

6.3.4 支撑平台层

按 5.3 的规定。

6.3.5 应用平台层

6.3.5.1 概述

应用平台层是智慧教学环境应用与服务的内容体现，在支撑平台层的基础上，构建智慧教学环境的管理和服务等应用，为师生教学活动提供支撑服务。包括多媒体教室、智慧教室、创客实训环境等应用单元。

6.3.5.2 多媒体教室

多媒体教室(包括会议厅堂等视听环境)应用单元的功能模块包括：

——教室预约：包括使用日期、具体时限、课程或活动名称、使用教师等信息；

——设备档案：包括名称、品牌型号、规格参数、使用记录、维修保养记录、耗材统计等信息；

——设备控制：包括在线状态、开关控制、调节操作等信息；

——环境日志：包括系统状况，能耗、空气质量、温度及湿度等环境信息数据；

——服务评价：包括师生对教学现场技术保障与服务评价等信息。

6.3.5.3 智慧教室

智慧教室(包括会议厅堂等视听环境)应用单元的功能模块符合 6.3.5.2 的规定。

6.3.5.4 创客、实训环境

创客、实训环境包括应用单元的功能模块符合 6.3.5.2 的规定。

6.3.6 应用终端

应用终端是接入访问的信息门户，访问者通过统一认证的平台门户，以各种浏览器及移动终端安全访问，随时随地掌控智慧教学环境的运行状态。包括用户和接入访问两个方面：

——用户：用户指教师、学生、管理者和操作员等用户群体；

——接入访问：用户可以通过计算机网页浏览器或移动终端系统接入访问。

6.3.7 信息系统安全体系

按 5.6 的规定。

7 智慧教学资源

7.1 概述

智慧教学资源是智慧校园的重要功能单元，使用者可通过多种接入方式访问资源管理平台，并搜索、浏览或下载所需资源。

7.2 智慧教学资源总体架构

7.2.1 概述

智慧教学资源可以作为智慧校园总体框架的一部分进行构建，也可以独立进行部署。

7.2.2 系统架构

进行独立部署的智慧教学资源总体架构如图3所示，分为基础设施层、支撑平台层、应用平台层、应用终端和信息安全体系等。

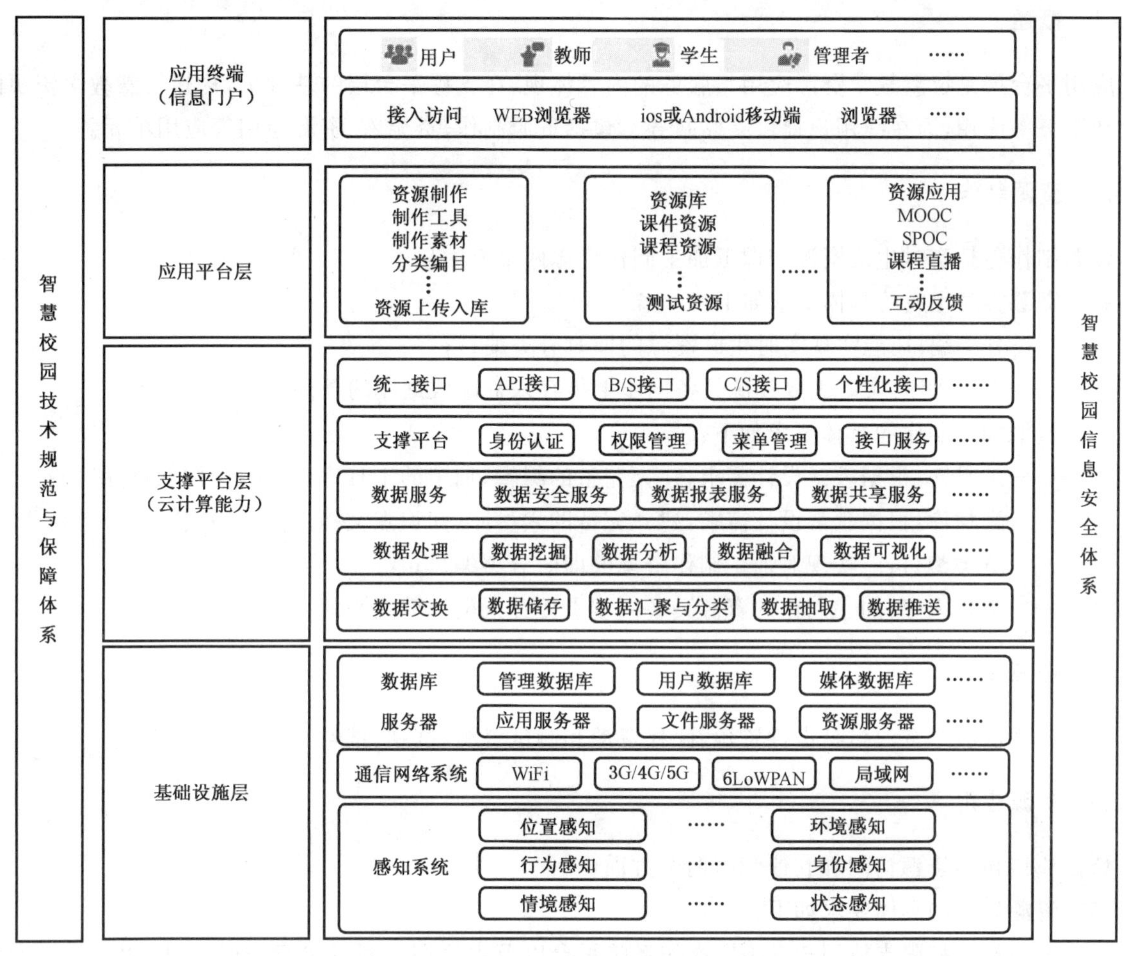

图3 独立部署的智慧教学资源总体架构图

7.2.3 基础设施层

7.2.3.1 感知系统

感知系统包括资源环境感知、资源位置感知、资源状态感知、用户身份感知、用户行为感知等功能模块。

7.2.3.2 网络通信系统

网络通信系统包括互联网接入，如有线接入、无线接入等。

7.2.3.3 数据库与服务器

数据库与服务器配置管理数据库、用户数据库、媒体数据库、备份数据库等和与之相对应的应用服务器、文件服务器、资源服务器和备份服务器等。

7.2.4 支撑平台层

按5.3的规定。

7.2.5 应用平台层

7.2.5.1 概述

应用平台层是智慧教学资源应用与服务的内容体现，在支撑平台层的基础上，构建智慧教学资源的管理和服务等应用，为在线用户提供支撑服务。包括资源制作、资源库、资源应用等应用单元。

7.2.5.2 资源制作

资源制作包括实时生成资源和课下加工制作资源两个方面：

a) 资源实时生成的具体要求如下：
  ——分类编目：能实现实时生成资源的即时分类编目；
  ——上传入库：实时生成资源具备同步上传存入资源数据库的条件。
b) 资源加工制作的具体要求如下：
  ——工具库：根据教学设计需求，建立完备的编辑、加工的工具库(图库、应用软件库等)；
  ——素材库：根据教学设计需求，建立完备的素材库(知识点文档、音视频资料、图片等)；
  ——分类编目：能实现对加工制作资源的即时分类编目；
  ——上传入库：加工制作的资源具备同步上传存入资源数据库的条件。

7.2.5.3 资源库

资源库中的教学资源包括课件资源、课程资源和测试资源(试题、试卷)等。

7.2.5.4 资源应用

资源应用包括资源访问和在线学习两个方面：

a) 资源访问的具体要求如下：
  ——根据权限支持用户在不同操作系统平台以及主流浏览器等进行访问管理，用户无需安装插件即可通过浏览器访问平台的资源；
  ——具有移动端APP功能；
  ——开放权限，为用户提供统一的检索目录，促进资源交易交换，提高资源流通效率；
  ——资源浏览、下载：根据权限，支持用户对需求资源的实时浏览、下载支持视频无插件播放。
b) 在线学习包括支持在线课程、现场直播及互动反馈等，具体要求如下：
  ——在线课程：支持MOOC大规模在线课程和SPOC小规模限制性在线课程应用模式等；
  ——现场直播：实时生成资源支持网络或微信现场同步直播；
  ——互动反馈：支持在线讨论、辅导、答疑和相互评价。

7.2.6 应用终端

按6.3.6的规定。

7.2.7 信息系统安全体系

按5.6的规定。

8 智慧校园管理

8.1 概述

智慧校园管理专指学校个行政管理部门的行政管理、教学管理、科研管理、人力资源管理、资产设备管理、财务管理等协同办公(办公自动化)的管理信息系统。

8.2 智慧校园管理类型与分级

8.2.1 概述

智慧校园管理按功能特征分为基础型(一级)、拓展型(二级)和高级型(三级),应包含的内容见表2。

表2 智慧校园管理的分级及业务内容

业务内容	基础型(一级)	拓展型(二级)	高级型(三级)
协同办公系统	必选(见8.3.4.2)	必选(见8.3.4.2)	必选(见8.3.4.2)
人力资源系统	可选(见8.3.4.3)	可选(见8.3.4.3)	必选(见8.3.4.3)
教学管理系统	可选(见8.3.4.4)	必选(见8.3.4.4)	必选(见8.3.4.4)
科研管理系统	—	必选(见8.3.4.5)	必选(见8.3.4.5)
资产管理系统	可选(见8.3.4.6)	可选(见8.3.4.6)	必选(见8.3.4.6)
财务管理系统	可选(见8.3.4.7)	必选(见8.3.4.7)	必选(见8.3.4.7)

8.2.2 各类院校具体要求

各级各类院校智慧校园管理应达到以下要求:

a) 基础教育院校应不低于基础型要求;

b) 中职教育院校应不低于拓展型要求;

c) 高等教育院校应不低于高级型要求。

8.3 智慧校园管理总体架构

8.3.1 概述

智慧校园管理可以作为智慧校园总体架构的一部分进行构建,也可以独立进行部署。进行独立部署的智慧校园管理总体架构如图4所示,分为基础设施层、支撑平台层、应用平台层、应用终端和信息安全体系等。

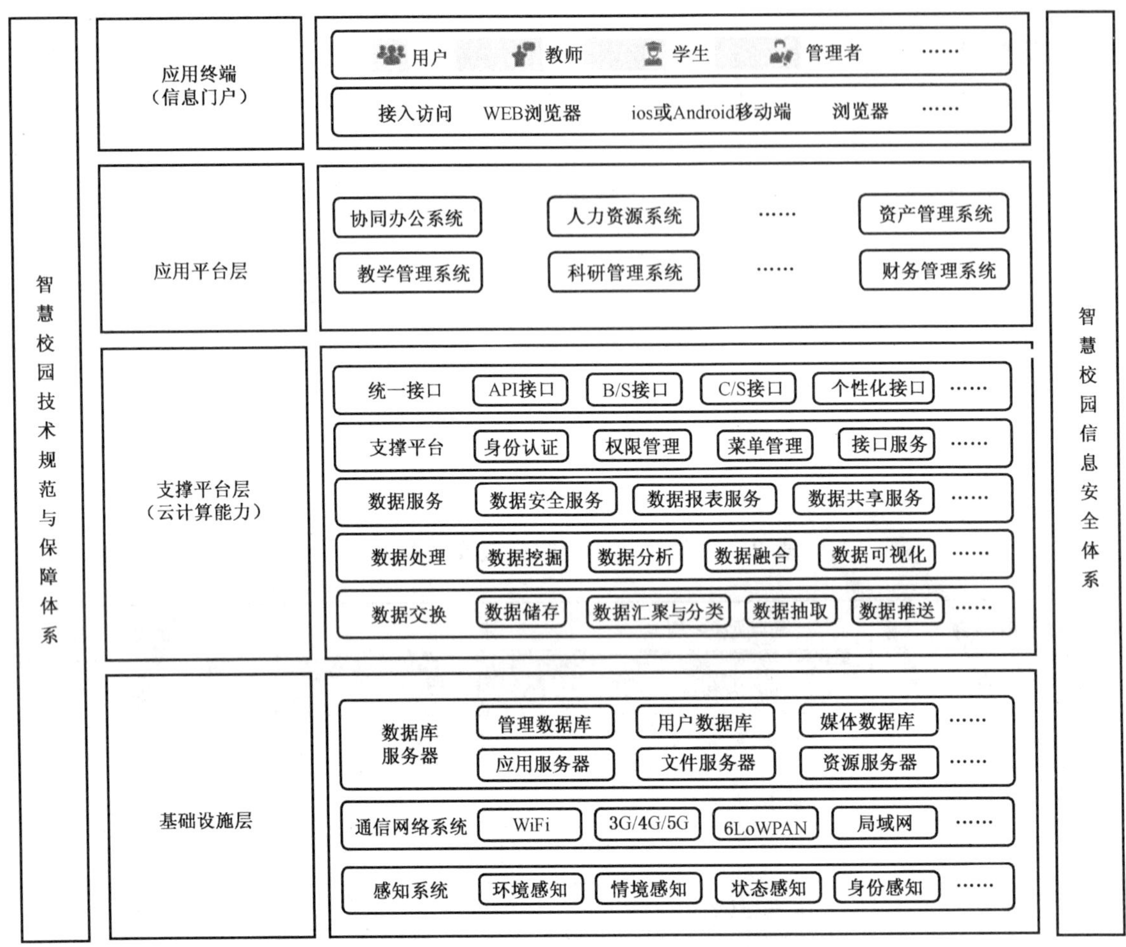

图4　独立部署的智慧校园管理总体架构图

8.3.2　基础设施层

8.3.2.1　概述

基础设施层是智慧教校园管理大数据信息生产源地，包括感知系统、通信网络系统、数据库与服务器等设施等应用模块。

8.3.2.2　感知系统

感知系统包括环境感知、状态位置感知、情境感知、用户身份感知等功能模块。

8.3.2.3　网络通信系统

网络通信系统包括互联网接入，如有线接入、无线接入等。

8.3.2.4　数据库与服务器

数据库与服务器配置管理数据库、用户数据库、媒体数据库、备份数据库等和与之相对应的应用服务器、文件服务器、资源服务器和备份服务器等。

8.3.3 支撑平台层

按5.3的规定。

8.3.4 应用平台层

8.3.4.1 概述

应用平台层是智慧教校园管理应用与服务的内容体现，在支撑平台层的基础上，构建智慧教学资源的管理和服务等应用，为在线用户提供支撑服务。包括：协同办公系统、人力资源系统、教学管理系统、科研管理系统、资产管理系统、财务管理系统等应用单元。

8.3.4.2 协同办公系统

协同办公系统是智慧校园的新型办公方式，系统具有收发文管理、个人邮箱、会议管理、日志管理、督查督办、校务要报、视频点播、内部办公短信服务、网上业务办理等多种功能模块，并具备下述功能模块及相关链接和导航功能：

——党政工作；
——人事管理；
——学生管理；
——财务管理；
——资产管理；
——教学管理；
——实验管理；
——科研管理。

8.3.4.3 人力资源系统

8.3.4.3.1 概述

人力资源管理系统应统筹管理校内所有与人有关的信息，系统具有自动生成各类表格和基于内容的查询的功能。

8.3.4.3.2 教职员工信息

涵盖教职员工的入职、在校、退休(离职)全过程，建立包括以下信息教工人事档案：
——基本信息：姓名、年龄、性别、学历、社会关系、政治面貌等信息；
——动态信息：工作履历、任职资格及其变迁、荣誉或成果等动态变更信息。

8.3.4.3.3 学生信息

涵盖学生的入校、在校、毕业全过程，建立包括以下信息的学生档案：
——基本信息：姓名、年龄、性别、学历、社会关系、政治面貌等信息；
——动态信息：学习履历、升学及其变迁、学习轨迹、荣誉和奖励等动态变更信息。

8.3.4.4 教学管理系统

8.3.4.4.1 教师指南

教师指南包括教师个人信息、教学设计、备忘录等功能模块，具体要求如下：

——个人信息：具备从人力资源系统导入教师档案功能；

——教学设计：具备资源导入、网上备课、在线辅导、网上组卷、在线评价等功能；

——备忘录：具备重大事项、重要通知、课程安排等动息提醒和变更等功能。

8.3.4.4.2 学生指南

学生指南包括学生信息、选课课表、备忘录等功能模块，具体要求如下：

——个人信息：具备从人力资源系统导入学生档案功能；

——在线注册：具备在线注册功能；

——学习计划：具备资源导入、网上学习、在线答疑、在线评价等功能；

——备忘录：具备重大事项、重要通知、课表安排等动态信息提醒和变更等功能。

8.3.4.4.3 教务管理

教务管理应具备教务公告、专业信息、培养方案、课程信息、教学过程、教室资源、SRT、学生三助和表格下载与数据统计等功能模块，具体要求如下：

——教务公告：具备重大教学教务活动、重要事项信息发布和动态变更功能；

——专业信息：仅适用于高等院校、职业院校，具备各院系专业设置及相关信息查询功能；

——培养方案：仅适用于高等院校、职业院校，具备培养方向、课程设置、教学培养模式等知识信息查询功能；

——课程信息：包括新开课申报、开课信息、课程库信息、新书登记、教师信息维护等功能模块；

——教学过程：包括网络学堂、电子课表、考试安排、成绩录入、公开课信息、教学评估、教学建议等功能模块；

——教室资源：包括情况、教室预约等功能模块；

——SRT：仅适用于高等院校、职业院校，具备教师在线提交 SRT 申请及其在线评审审核功能；

——学生三助：仅适用于高等院校、职业院校，具备学生在线提交三助（助教、助研、助管）申请及其在线评审审核功能；

——表格下载与数据统计：具备教学教务各类表格填写、提交和数据统计功能。

8.3.4.5 科研管理系统

科研管理系统仅适用于高等院校、职业院校，包括科研公告、科研人员基本信息、项目管理、成果管理、论文管理、奖励管理、保密管理和表格下载与报表数据统计等应用单元，具体要求如下：

——科研公告：具备重大科研活动、科研项目申报、重要事项信息发布和动态变更功能；

——科研人员基本信息：具备从人力资源系统导入参与科研的教师档案功能；

——项目管理：包括新建项目、在研项目、汇款认领、到款历史、项目授权、项目组成员等栏目；

——成果管理：包括成果查询、成果统计、著作查询、著作录入、专利查询、专利申请等栏目；

——论文管理：包括论文查询、论文认领、论文统计等栏目；

——奖励管理：包括项目奖、新建项目奖；人物奖、新建人物奖和奖励统计等栏目；

——保密管理：包括规章制度、保密措施及保密知识教育考试等栏目；

——表格下载：包括科研各类表格下载、填写、提交和数据统计功能。

8.3.4.6 资产管理系统

8.3.4.6.1 设备、家具、图书资产管理

资产管理系统应具备购置管理、设备建档、家具建档、图书建档等功能模块，具体要求如下：

——购置管理：建立包括购置申请、购置过程、合同办理与执行等功能栏目；

——设备建档：建立包括购置日期、合同或发票编号、设备名称、设备编号、主要技术规格、存放地点、管理人员信息、备注(报废日期等)等存档栏目的表格；

——家具建档：建立包括购置日期、合同或发票编号、家具名称、主要技术规格、存放地点、管理人员信息、备注(报废日期等)等存档栏目的表格；

——图书建档：建立包括购置日期、发票编号、图书名称、存放地点、管理人员信息、备注(报废日期等)等存档栏目的表格。

8.3.4.6.2 实验室管理系统

实验室管理系统包括实验室开放基金申请、实验室安全标识系统、仪器共享服务平台、实验室信息统计上报等功能模块。

8.3.4.6.3 房屋资产管理系统

房屋资产管理系统涵盖全校房屋资产从立项计划、审批、招标、使用、维护及分配全过程，包括公用房屋档案、个人住房档案和租赁房屋档案等。

8.3.4.7 财务管理系统

财务管理系统包括：个人收入查询、汇款查询、项目经费查询、校园卡查询、公积金查询、纳税申报查询、银行代发查询、工资查询、统一银行代发、自助报账等功能模块。

8.3.5 应用终端

按6.3.6的规定。

8.3.6 信息系统安全体系

按5.6的规定。

9 智慧校园服务

9.1 概述

智慧校园服务是指以信息技术为手段，为教学、提供基于互联网的智慧化校园公共服务支撑体系，它可以作为智慧校园总体框架的一部分进行构建，也可以独立进行部署。

9.2 智慧校园服务总体架构

9.2.1 概述

进行独立部署的智慧校园服务总体架构如图5所示，分为基础设施层、支撑平台层、应用平台层、应用终端和信息安全体系等。

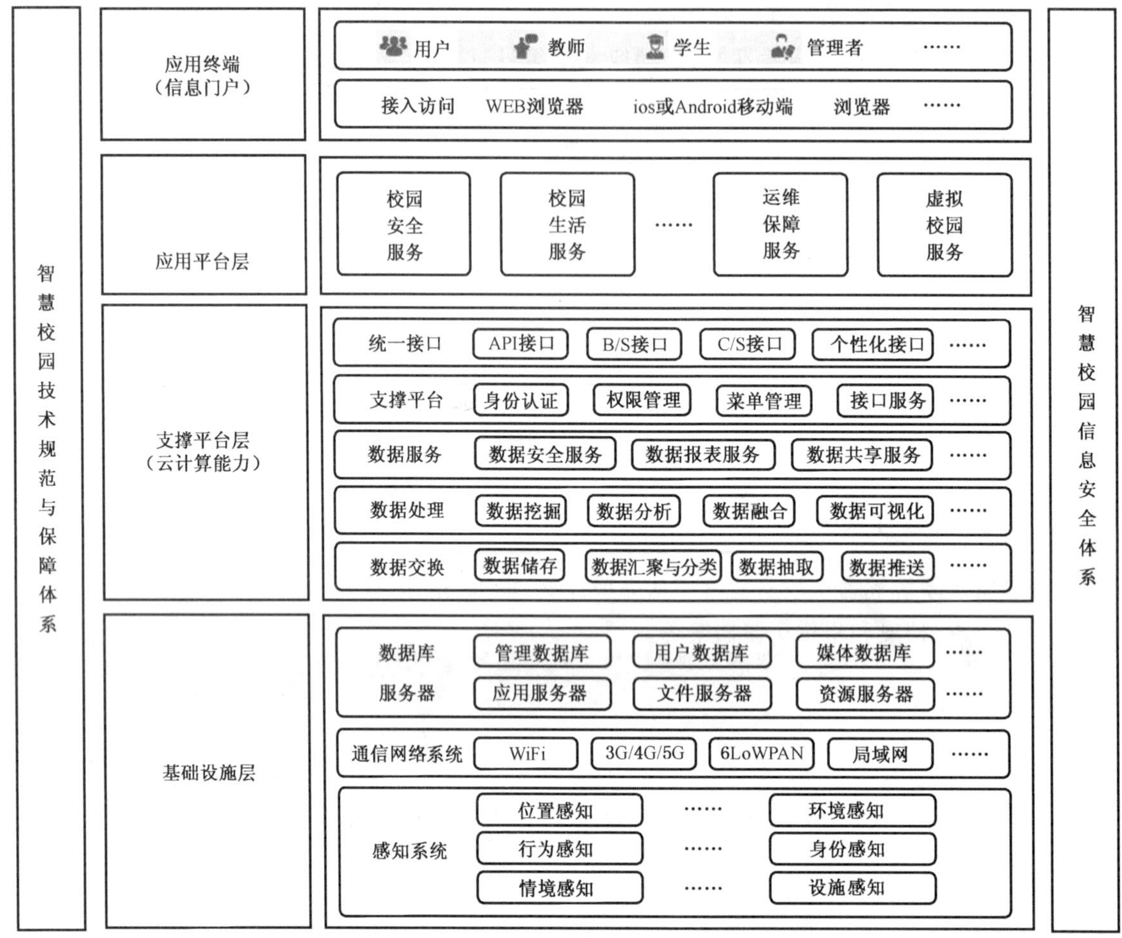

图5 独立部署的智慧校园服务总体架构图

9.2.2 基础设施层

9.2.2.1 感知系统

智慧校园服务的感知系统包括环境感知、设施感知、状态位置、情境感知、行为感知、身份感知等功能模块。

9.2.2.2 网络通信系统

网络通信系统包括互联网接入，如有线接入、无线接入等。

9.2.2.3 数据库与服务器

数据库与服务器是智慧教校园服务的数据汇集存储系统，配置管理数据库、用户数据库、媒体数据库、备份数据库等和与之相对应的应用服务器、文件服务器、资源服务器和备份服务器等。

9.2.3 支撑平台层

按5.3的规定。

9.2.4 应用平台层

9.2.4.1 概述

应用平台层是智慧教校园服务的具体内容体现,在支撑平台层的基础上,构建智慧校园服务体系的管理和服务等应用,为在线用户提供支撑服务。包括:数字图书馆、校园生活服务、校园安全服务、运维保障服务和虚拟校园服务等应用单元。

9.2.4.2 数字图书馆

数字图书馆具备下述功能:

——师生员工能够根据权限实现数字化图书、期刊的在线检索、浏览、下载;

——师生员工能够根据权限访问查阅或下载馆藏的相关档案和资料。

9.2.4.3 校园生活服务

校园生活服务包括下述功能:

——校园一卡通:根据设置的权限,具备考勤、门禁、图书借阅和消费等功能,为师生员工提供校内服务的支付通道和统一的收费管理服务;

——家校互联:适用于中小学,学生家长能够便捷地在线了解学生在校轨迹记录,并具备家校互联服务和互动信息数据记录保存等功能;

——文化生活:具备提供在线娱乐系统及服务等功能;

——个性化服务:具备在线咨询、在线求助和在线订购等功能。

9.2.4.4 校园安全服务

9.2.4.4.1 校园安全教育

具备师生员工在线学习安全知识学习、点播相关安全节目和在线接受安全培训等功能。

9.2.4.4.2 校园监控

建立校园重要区域、重点部位全覆盖的音视频或视频监控系统及可视化报警系统,具备实时的人员预警管控、车辆预警管控、应急指挥及应急方案等功能。

9.2.4.5 运维保障服务

9.2.4.5.1 日常巡视

日常安全巡视服务是智慧校园安全、稳定、高效运行的根本保证,宜采用在线远程监控和现场巡视相结合的方式,并建立“巡视档案”单元,其功能模块具备以下内容:

——巡视日志:包含“巡视日期”“巡视技术人员”“巡视时间”“巡视区域”和“设施状态”“设施预警”和“处理结果”等;

——远程监控日志:包含“监控日期”“监控技术人员”“监控时间”和“设施状态”和“设施预警区域、地点”和“处理结果”等;

——服务质量评价:设置“服务质量评价”栏目(列出 “优”“良”“中”“差”供选择)和“意见与建议”等栏目;

——系统具有自动生成各类表格和基于内容的查询的功能。

9.2.4.5.2 现场技术保障

现场技术保障指学校重大活动、重要会议的技术保障工作,其功能模块具备以下内容:

——时间预约:设置“议程导入”“活动期限(起止时间)”“举办地点”“人员规模”和“备注”等栏目;

——装备预约:设置“设备系统需求”栏目(列出常规应用系统供选择)和“特别说明”等栏目;

——联系方式:设置“预约单位”及“负责人”“联系人”,“技术服务单位”及“负责人”“联系人”;

——服务质量评价:设置“服务质量评价”栏目(列出“优”“良”“中”“差”供选择)和“意见与建议”等栏目;

——系统具有自动生成各类表格和基于内容的查询的功能。

9.2.4.5.3 维修保养

智慧校园具备基于监控系统设备感知的智能报警、智能监测和现场巡视的故障排除条件,设施维修保养服务功能模块具备下述内容:

——设备保养日志:包含“设备编号”“设备名称”“保养日期”“保养人员”“保养时间”和“维修申请”“意见建议”等;

——设备维修日志:包含“设备编号”“设备名称”“维修日期”“维修人员”“维修时间”和“验收人员”等;

——服务质量评价:设置“服务质量评价”栏目(列出“优”“良”“中”“差”供选择)和“意见与建议”等栏目;

——系统具有自动生成各类表格和基于内容的查询的功能。

9.2.4.6 虚拟校园服务

虚拟校园服务具备下述功能:

——校园展示:可快速放大、缩小并图文并茂全方位三维立体展示局部或校园全景;

——校园导航:可通过搜索引擎快速查询校园布局设计、交通布局、教学及生活环境、建筑物内外情景和人文景观,并定位展示相应目标的路线导引。

9.2.5 应用终端

按6.3.6的规定。

9.2.6 信息系统安全体系

按5.6的规定。

10 信息安全体系

10.1 概述

10.1.1 信息安全体系的构成

智慧校园信息安全体系包含智慧校园安全管理体系、智慧校园安全技术防护体系、智慧校园安全运维体系,其中安全技术防护体系又包括物理安全、网络安全、主机安全、应用安全和数据安全等,如图6所示。

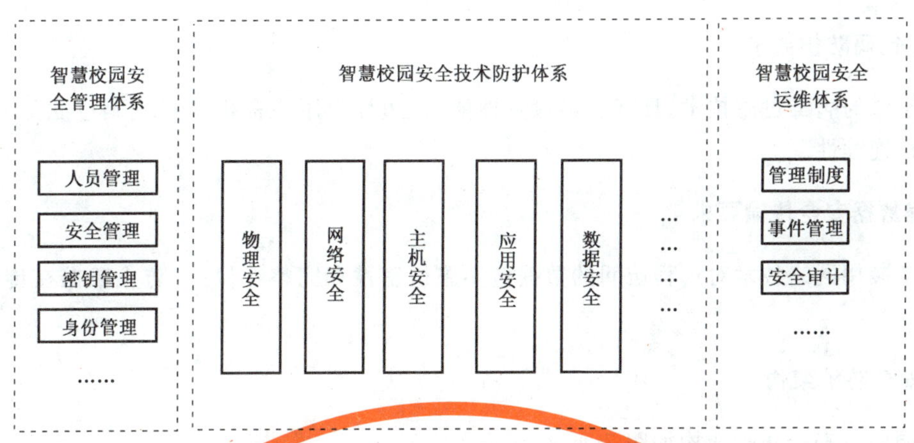

图6 智慧校园信息安全系统

10.1.2 安全技术防护体系的具体要求

安全技术防护体系的具体要求如下：

a) 物理安全：是指从校园网络的物理连接层面进行物理的隔离和保护，包含环境安全和设备安全等部分；
b) 网络安全：按照信息等级保护的原则，进行逻辑安全区域的划分和防护，包含结构安全、访问控制、安全审计、边界完整性检查、入侵防范、恶意代码防护以及网络设备要求等部分；
c) 主机安全：信息系统的计算机服务器等部署在安全的物理环境和网络环境；
d) 应用安全：对智慧校园的各应用系统如科研系统、门户网站、招生系统、校园一卡通系统、教务系统、财务系统等进行技术防护，免受攻击；
e) 数据安全：数据安全包括多个层次，如：制度安全、技术安全、运算安全、存储安全、传输安全、产品和服务安全等。数据安全防护系统保障数据的保密性、完整性和可用性，按照信息系统安全保护等级，具有对数据安全从三方面进行防护——对敏感数据进行加密、保障数据传输安全和建立安全分级身份认证。

10.2 信息安全防护要求

10.2.1 结构安全保障

信息网络分域分级，按用户业务划分安全域，并根据安全域支撑的业务，通过有效的路由控制、带宽控制，保障关键业务对网络资源的需求。

10.2.2 网络行为审计

提供可视化管理，对信息网络关键节点上的业务访问进行深度识别与全面审计，提供基于用户、访问行为、系统资源等实施监控措施，提升信息网络的透明度。

10.2.3 边界完整性保护

系统具备与第三方终端系统整合功能，对非法接入的终端进行识别与阻断。

10.2.4 攻击和入侵防范要求

提供基于应用的入侵防范，在实现对攻击行为的深度检测同时，通过应用识别来锁定真实的应用，并以此为基础进行深度的攻击分析，准确、快捷地定位攻击的类型。

10.2.5 恶意代码防护要求

提供基于流的病毒过滤技术，具有病毒检测性能，在边界为用户提供恶意代码过滤的同时，有效保障业务的工作连续性。

10.2.6 远程数据安全传输要求

采用虚拟装用网络技术对远程访问的数据包实施机密性和完整性保护，防止数据在传输过程中被窃取和篡改。

10.3 信息安全防护架构

智慧校园信息安全防护架构如图 7 所示。

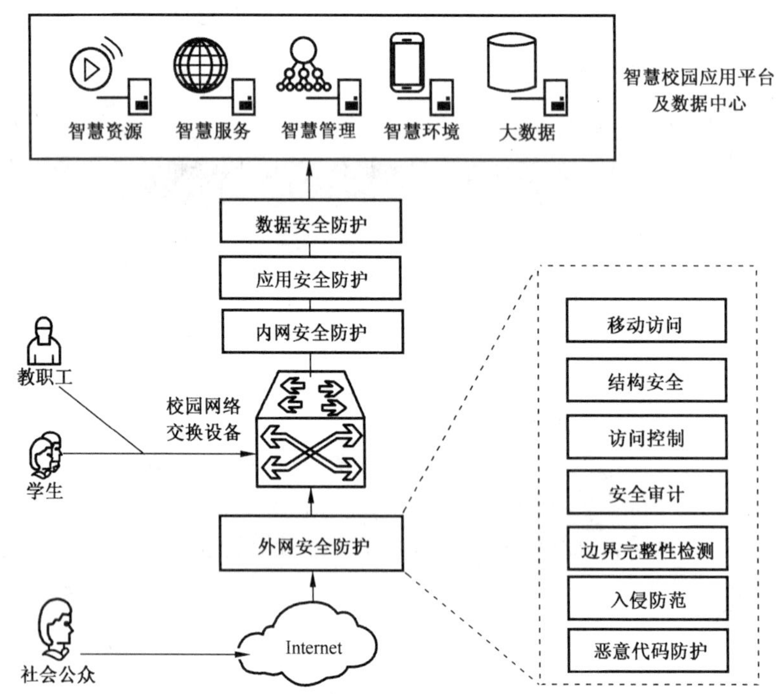

图 7 智慧校园信息安全防护架构

10.4 网络安全防护要求

10.4.1 内网的防护功能

内网包括以下防护功能：

——互联网协议地址与物理地址静态绑定；

——物理地址与端口静态绑定；

——ARP 反向查询；

——每 MAC 的互联网协议地址数限制；

——自动发送免费 ARP 包；

——为主机代发免费 ARP 包。

10.4.2 外网的防护功能

对于外网的安全防御,需在外网与核心交换设备之间部署相应的防火墙设备,并部署相关策略。外网防护功能包括结构安全、访问安全、安全审计、入侵防范、恶意代码防护等。

针对互联网对校园网内业务系统访问,执行严格的访问控制策略,可依据源、目标地址、协议、端口,以限制互联网不同级别的终端,按照权限访问不同服务器的不同应用,并有效禁止非法的访问。

10.4.3 VPN 访问控制

对于内网用户通过公众网络访问智慧校园内部系统,配置 VPN 功能,对数据进行机密性、完整性保护,避免数据被窃取,及保障数据在传递过程中不被非法篡改。

10.5 应用访问控制

部署的防火墙设备还根据具体的应用类型来配置访问控制策略,针对用户多业务的特点,区分不同的业务类型,确定外网终端可进行的具体应用,杜绝非法的访问,保障业务访问的合规性。

10.6 数据安全防护要求

数据中心出口针对具体应用,部署入侵防御系统,对访问数据包的内容进行深度检测,提升对攻击检测的准确性。

10.7 移动访问安全防护

10.7.1 移动身份认证

移动身份认证管理服务为智慧校园系统移动端提供统一身份认证管理,实现移动端的应用系统单点登录。

10.7.2 移动数据安全传输

移动数据安全防护是通过控制移动用户访问智慧校园内部数据资源,宜对受信任的移动应用建立 SSL 安全传输通道,进行数据的传输和访问。

10.7.3 移动应用控制

根据智慧校园应用系统的保护等级,对移动应用进行相应的应用接入控制。只有经过系统认证的移动应用 APP 才能通过安全网关访问授权管理智慧校园的资源和服务。对非法的应用 APP 访问,拒绝访问并宜给出相应提示。

参 考 文 献

[1] GB/T 2887—2011 计算机场地通用规范

[2] GB/T 13745—2009 学科分类与代码

[3] GB/T 14198—2012 传声器通用规范

[4] GB/T 19391—2003 全球定位系统(GPS)术语及定义

[5] GB/T 20518—2006 信息安全技术 公钥基础设施 数字证书格式

[6] GB/T 21062.2—2007 政务信息资源交换体系 第2部分:技术要求

[7] GB/T 21671 基于以太网技术的局域网系统验收测评规范

[8] GB/T 28049—2011 厅堂、体育场馆扩声系统设计规范

[9] GB/T 29808—2013 信息技术 学习、教育和培训 高等学校管理信息

[10] GB/T 31068—2014 普通高等学校安全技术防范系统要求

[11] GB/T 31778—2015 数字城市一卡通互联互通 通用技术要求

[12] GB/T 33745—2017 物联网 术语

[13] GB 50052—2009 供配电系统设计规范

[14] SJ/T 11343 数字电视液晶显示器通用规范

[15] SJ/T 11346 电子投影机测量方法

[16] YD/T 2437—2012 物联网总体框架与技术要求

[17] YD/T 2877.1—2015 智能终端支持个人健康管理的技术要求 第1部分:总体

[18] ISO 8601:2004 Data elements and interchange formats—Information interchange—Representation of dates and times

[19] ISO 55001:2014 Asset management—Management systems—Requirements

[20] ISO/IEC 14496-3:2009 Information technology—Coding of audio-visual objects—Part 3:Audio

[21] ISO/IEC 14496-10:2014 Information technology—Coding of audio-visual objects—Part 10:Advanced Video Coding

[22] IETF RFC 2048:1996 Multipurpose Internet Mail Extensions (MIME) Part Four:Registration Procedures